债券交易员实战手册

谭松珩　许畅　宋雅文　著

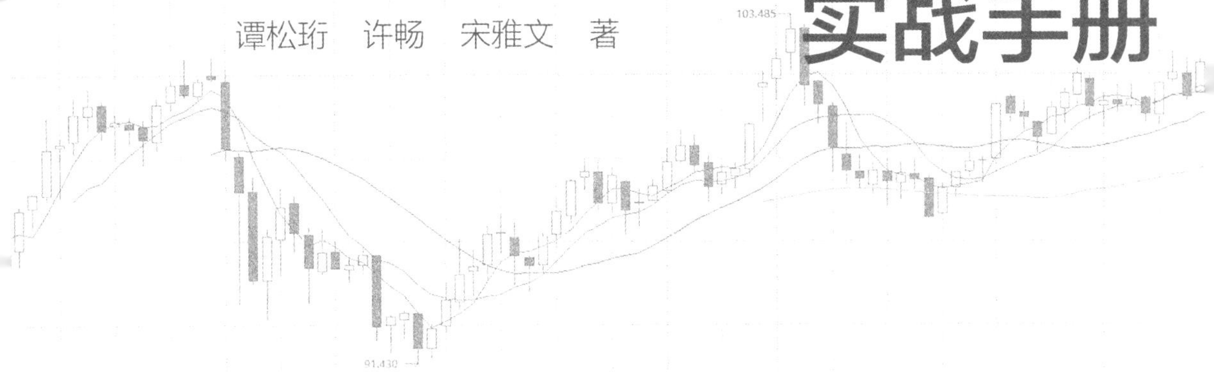

上海财经大学出版社
SHANGHAI UNIVERSITY OF FINANCE & ECONOMICS PRESS

图书在版编目(CIP)数据

债券交易员实战手册 / 谭松珩,许畅,宋雅文著. —上海:上海财经大学出版社,2023.3

ISBN 978-7-5642-4070-7/F·4070

Ⅰ.①债… Ⅱ.①谭…②许…③宋 Ⅲ.①债券市场-市场交易-手册 Ⅳ.①F830.91-62

中国版本图书馆 CIP 数据核字(2022)第 182133 号

责任编辑: 李成军

封面设计: 钱宇辰

版式设计: 朱静怡

债券交易员实战手册

著　　者: 谭松珩　许　畅　宋雅文　著

出版发行: 上海财经大学出版社有限公司

地　　址: 上海市中山北一路 369 号(邮编 200083)

网　　址: http://www.sufep.com

经　　销: 全国新华书店

印刷装订: 上海叶大印务发展有限公司

开　　本: 710mm×1000mm　1/16

印　　张: 27.25(插页:2)

字　　数: 427 千字

版　　次: 2023 年 3 月第 1 版

印　　次: 2023 年 3 月第 1 次印刷

印　　数: 0 001—4 000

定　　价: 108.00 元

序　一

谭松珩、许畅和宋雅文，这三位阳光的年轻人，任职于三湘银行金融市场部，是我的同事。

对于他们三位合作完成《债券交易员实战手册》这事，我一点都不感到奇怪。

这三位，专注于工作，热爱学习，热爱研究，热爱讨论，热爱交流。更重要的是，这三位具有开放的思想、高远的情怀、坚定的追求。

与他们在一起，我能深刻地感受到，他们希望将自己所学、所想、所思、所悟、所知，分享给行业同仁，并求教于市场大咖。我为他们的激情所感染。

银行是中国债券市场的重要参与者。对于大多数银行来讲，持有大量债券，且很多是持有到期。这可能与银行长期以来的信贷思维有关，与需要保持较高的优质流动性资产充足率有关。

然而，从资产效益角度，即使是保持某些监管指标达标，持有到期也不是一个最优选择。

从市场本身来讲，任何市场的价值在于有着活跃的交易。债券市场也不例外。作为重要参与者的银行机构，从持有到期为主转向交易为主，无疑对促进债券市场的进一步繁荣会做出更大的贡献。

从银行自身发展来讲，债券从持有到期为主转向交易为主，就是将债券资产效用进一步提升的现实选择。包括三湘银行在内的诸多中小银行在此方面做了很好的尝试。实践证明，中小银行是有能力在债券资产业务上取得既有利于自身发展又有利于市场发展的成果的。

然而，以交易为主的债券业务，需要有科学的投研体系、优秀的债券投资经理支撑。对于中小机构而言，建设自己的投研体系就像捅破窗户纸，在找到方法之前两眼一抹黑，捅破之后豁然开朗。在投研体系的建设过程中，投资经理的能力也会得到实质性提升。

谭松珩、许畅和宋雅文深度参与了三湘银行的投研体系建设。我想，这应该是这本《债券交易员实战手册》得以问世的基础。

当然，这本书更是凝聚了他们三位长期以来的大量研究成果以及自身实践经验，针对中小银行投资经理所面临的各种问题而尝试给出明确而实际的答案，为中小银行债券业务向交易转型提供铺垫。这能够从本书各章节的细节中看出。

我为与谭松珩、许畅和宋雅文三位优秀青年共事而骄傲。这份骄傲既来自他们为公司所创造的价值，更来自他们所具有的思想、情怀和追求。

为正式出版的书写序，是我人生的第一次。这让我诚惶诚恐。

好在这本书有足够的分量，大家重视的是书稿本身而不是序言。我相信，大家阅读此书一定能够感受到价值所在。

我真诚地将本书推荐给大家。

也期待谭松珩、许畅和宋雅文三位优秀青年能够再出新书，为这个市场做出自己更大的贡献。我相信，你们能！

胡鸿志

序　二

初见松珩时，我就认定他是固定收益界中的吴彦祖，颜值拉满，自带偶像光环，可为人又十分谦逊，热心于宏观研究，经常见他在公众号上发表对经济和市场的看法，见解独到而深刻，市场认同者众多。

在固定收益的江湖中，门派林立，高手云集，可能够把宏观讲好的，往往缺乏交易实战的经验；而实战经验丰富的投资经理，又往往疏于潜心研究宏观经济。松珩作为资深的宏观研究大V，是坚定向交易转型的孤勇者。这一转型的过程可谓充满着挑战，宏观研究可以指点江山，气吞万里如虎；而向交易转型却要躬身入局，历经百战，只以成败论英雄。当看到《债券交易员实战手册》成书时，我知道松珩已经完成了宏观研究与交易实战的融合，这本书一定是一部颜值在线、内涵满满的诚意之作。

本书的章节设计用心巧妙，综合基础篇、供需篇、监管篇、宏观篇、交易篇和实战篇六大方面，向读者徐徐展开整个债券市场的交易画卷，用通俗易懂的语言将市场、政策、宏观、策略有机联结起来，并从实战角度讲解了如何将所学融会贯通，并从技术方法向更高层次的心态管理延伸。当晦涩的理论和复杂的市场波动以生动形象、浅显易懂的方式呈现在眼前时，你就可以把握市场的脉动，参悟市场的玄机。

我把这本书推荐给三类读者。这本书非常适合有一定经济、金融基础，致力于从事债券交易的从业人员；也适合已经从业的债券投资经理重温、完善宏观研究和自身的交易框架；同样也适合向交易转型初心已定、却仍在苦苦摸索的同业机构。

不同的读者可以各取所需，一定会收获良多。

阅读这本书时，也引发了我对债券交易的一些思考。

对于初入债市的交易员来说，往往容易情绪高亢，认为自己是交易的天选之人，渴望快速取得成绩，得到认可。可做交易其实是一个不断磨炼自己心智的过程，每个人都将经历初入债市、获得收益、遭遇亏损、自我怀疑、系统学习、认知提升的往复循环。

是做高频交易，是做趋势交易，还是做策略交易？这些都是可选择的交易打法，需要结合个人的特长、机构所处的发展阶段选择，选择适合自己的，才是最好的。

是做左侧还是右侧，是做交易还是配置，是止盈止损还是坚定持有？资金属性不同，操作目的不同，对冲工具的有无，甚至机构考核方式的不同，都会影响交易员的投资策略和具体操作。

没有哪一种策略具有点石成金的长期特效，我们通过系统性学习和交易实践，要建立一套与交易员自身和机构发展相适应的交易体系，形成自己的交易蛛网，并不断迭代升级。

一名优秀的债券交易员，需要有自己的交易理念，形成自己的投资体系，严格遵守既定的交易纪律，更要有一颗强大的内心，具备了这些，就形成了自己的投资风格。

一名优秀的债券交易员，一定要知道交易是需要信念的，信念是需要交易体系守护的，交易结果正是交易体系与市场契合度的体现。

一名优秀的债券交易员，应该始终保持谦逊的态度，要懂得敬畏市场，更应懂得尊重自己的交易对手。

一名优秀的债券交易员，一定是一个乐观豁达的人，要保持对交易的热爱，保持对生活的热爱，只有这样才会享受交易的过程，才可以客观分析交易的得失，坦然接受交易的结果。

对于投资机构来说，在培养和选聘债券交易员时，要建立与之相匹配的培训机制和绩效考核机制，用市场化的手段来培养人才、吸引人才、留住人才、创造价值。需要充分调动个人的积极性和创造性、发挥好交易/研究团队的作用，通过投研一体的方式开展债券交易，实现交易员个人、交易团队和机构的共赢。

当前的世界生态正在经历一场重构，债务驱动经济增长的模式正在面临效能边际弱化的困境，稳定的宏观经济框架正在经受自身内在不稳定性的冲击，而政治政策因素对经济要素的影响力却在日益加强，金融市场的平衡将变得越来越脆弱，波动将变得越来越剧烈。

要适应这种新常态下的债券市场，需要我们跟随政策制定者的目光，重新审视影响市场的诸多因素，迭代优化自己的交易模型，方能跟上这个不断变化的市场。

我想，这也正是债券交易的迷人之处，手可摘星辰，笔落惊风雨，心中有猛虎，细细嗅蔷薇。我们贴近宏观，落在细处。通过交易，我们不仅懂得了市场，更了解了自己。

感谢松珩为我们带来这本书，因为热爱，所以专业；因为敬畏，所以成长；愿我们每个人都可以达成所愿。

蔡小泽

前　言

随着中国经济进入快速发展的轨道，中国的金融市场逐渐蓬勃发展成为全球第二大金融市场，成为中国政府、企业乃至海外机构融资的重要渠道，而债券市场的发展尤为迅速。截至 2022 年 3 月，中国存量社会融资规模为 325.64 万亿元，债券存量规模则超过 85 万亿元，是政府及企业除银行贷款之外最重要的融资渠道。

与此同时，高度发达的债券市场导致投资者越来越“卷”。以往主要依靠票息及骑乘收益的投资模式越来越无法满足投资者的业绩要求，众多机构不得不寻求“向交易转型”，被迫拥抱更多流动性，因此，不少机构特别是中小金融机构对市场解读能力和债券交易能力的渴求不断加大。

不过，由于其更多面向批发市场和机构客户，以及场外交易的特点，债券市场的交易模式与分析框架并不像股票市场那样为大众所熟知。而中国债市特殊的监管、交易、审批体系以及投资者结构，流动性相对较差的衍生品市场都与海外(特别是美国债券市场)有巨大的差别，针对中国债券市场，特别是投资的实操领域的入门类书籍较少，导致有志于从事中国固定收益市场交易的人们不得其门而入。这也是本书写作的重要原因之一。

本书旨在为新投资经理搭建一个粗浅但完整，且面向真实市场的投资分析与交易操作的整体知识框架，在尽量压缩基础知识的前提下，笔者将本书的整体框架设置为以下六篇：

基础篇共有 5 章，介绍了债券市场的基础知识。第 1 章简明扼要地讲解和梳理债券交易中常用的重要概念（如久期和到期收益率）；第 2 章介绍了债券交易场所（包括银行间债券市场和证券交易所）；第 3、第 4 章介绍了债券主要衍生品（包括国债期货和利率互换合约）的基础知识；第 5 章简单介绍了债券借贷这一工具。

供需篇共有 8 章，还原了交易市场的本质（即研究供给与需求的变化），将传统纷繁复杂的宏观经济分析框架拆解还原为最贴近市场的逻辑。第 6、第 7 章引入利率曲线概念，分析利率曲线不同部位的供需状况，并统计了利率曲线、利差的均值回归效应；第 8、第 9 章则从价格生成机制出发，讨论了对债券定价影响较大的宏观、结构、资金和情绪因素；第 10 章从供需分析框架出发，浅谈了影响债券市场主要是需求层面的宏观经济因素；第 11 至 13 章则系统性阐述了债券供给、债券需求以及资金面对债券价格的影响。

监管篇共有 4 章，主要介绍了中国对债券市场和金融机构的监管体系、货币政策的形成，特别是中国人民银行（又称央行）的监管体系和货币政策。第 14 章介绍了基于银行结算制的央行—银行金融体系，第 15 章介绍了央行的货币政策工具以及对货币政策工具的分析及解读；第 16 章主要介绍了央行的监管指标体系，以及金融机构为了完成相关监管指标所做出的努力会如何影响债券市场，第 17 章主要介绍了投资经理主要关注哪些重要会议，以及如何解读它们。

宏观篇共有 7 章，宏观经济分析（或称基本面分析）是传统债券分析框架中最主要的部分，传统分析框架中总结出了较多约定俗成、影响情绪但可能并不适合当前债券市场、监管框架的结论，本篇则仍从供需分析框架出发，提出笔者的宏观经济研究框架，介绍重要的宏观经济指标。第 18 至第 20 章从 GDP 角度出发分析整个宏观经济，分别介绍了从支出法和生产法出发统计的各种经济数据，构建了一个粗浅的解释宏观经济的指标；第 21 章介绍了通货膨胀与物价变动的经济指标以及这些指标对债券市场的影响；第 22 章指出了一些对债券市场影响密切的高频经济数据指标；第 23、第 24 章则主要介绍了与债券市场关系更加密切的金融数据以及基于问卷调查的景气度指标。

交易篇共 4 章，是笔者在面对实际投资交易环节中的策略制定、交易实操、如何盯市、如何进行心理建设等方面的问题时的经验总结，是本书中可能存在较大争议的部分，供读者参考。其中，第 25 章介绍了债券交易的基础知识，如何交易债券，如何理解交易中的“黑话”；第 26 章则侧重于“投资经理的一天”，以“自身经验＋案例”的方式介绍了应当如何盯市，从哪里获取市场信息，主要盯住哪些交易品种，关注哪些重要消息，以及如何处理这些消息并积极有效改变自己的头寸及方向；第 27 章介绍了债券市场的主要策略，并根据笔者经验提出了一种关注市场交易节点、预期变化从而制定策略的良好习惯；第 28 章介绍了作为投资经理的基本功：交易心态管理的重要性以及心态管理的方法。

实战篇作为前五篇的总结，也可以看作前五篇的“课后作业”，实战篇共有 3 章。第 29 章总结了投资交易与研究分析的四个基本原则，协助交易员与投资经理在复杂多变的市场信息中抓住关键信息与主要方向；第 30 章从资金收益目标、持有期限、会计处理方式等角度出发，协助交易员与投资经理理解头寸目标，并基于头寸目标制定交易策略；第 31 章是笔者摘取的两个案例，利用历史上真实发生的事件来检验本书框架的有效性。

分析框架、策略制定、交易手法和心态管理具有高度主观性，这也正是债券市场引人入胜的地方，本书内容受笔者的过往经验及思维模式的影响，难免出现错误或遗漏，望读者朋友海涵，希望本书能为读者朋友驰骋债券市场提供一些参考。

目　录

基础篇

债券及相关市场的基础知识是债券市场的入门之篇。通过本篇的学习，读者们能了解到净价、久期、DV01 和到期收益率等日常概念，以及相关衍生品市场与债券市场间的联动效应。

第 1 章

债券基本概念

当人们发生借贷关系的时候，债务人都会向债权人出具“借条”这一类凭证，以证明债权人持有债权的合法性，也约定了借款利率和归还本息的方式。企业发行债券的本质也是借钱，所以债券就是一类特殊的、标准化的“借条”或者说债务凭证。但不同于个人的借款行为，由于涉及金额巨大，债券发行的程序和约定的要素往往比“借条”的约定更为明确和标准化，对资金借入方和借出方也都有一定的准入要求，这使得债券成为一种可以在市场上交易的证券。

本章作为入门章节，我们将简要地讲解和梳理债券及债券交易中的重点概念。

1.1 债券的定义

债券，指的是发行人为了筹措资金，按照法定程序向市场上各类投资者发行的，并在一定期限内按照约定利率和条件向投资者偿还本息的一种债务凭证。

从发行人的角度看，中国市场上的债券主要有如下几类：

一是政府债券。政府机构发行的债券称为政府债券，具体可以分为财政部发行的国债和地方政府发行的地方政府债。

二是央行票据（简称央票）。央票是中央银行（中国人民银行）为调节商业银行超额准备金而向商业银行发行的短期债务凭证。

三是金融机构债。金融机构债为各类金融机构发行的债券，具体可以分为政策性银行金融债（又称政策性银行债、政金债）、商业银行债、保险公司债、证券公司债和其他金融机构债。其中，政策性银行债是由国家开发银行[①]、中国农业发展银行、中国进出口银行这三家国家专门设立、承担不同方向国家经济政策支持、执行国家产业支持策略的政策性银行发行的债券，是一种信用风险等同于国债的特殊金融机构债券，也是债券市场上交易最活跃的品类。

四是非金融机构公司债。非金融机构公司债为非金融类一般工商企业所发行的债券。具体来说，根据发行人是否具有国有背景又可分为企业债和公司债。其中，公司债是股份有限公司或有限责任公司发行的债券（非公司制企业不得发行公司债券）。企业债的发行主体为中央政府部门所属机构、国有独资企业、国有控股企业。

五是国际机构债。国际机构债是海外的政府、金融机构、工商企业或组织在我国金融市场上发行的债券。

从上述各类债券的定义中，不难发现，不仅债券的发行人需要“分门别类”，债券的投资者也因债券的类别不同而具备一定门槛。如政府债券中的国债不仅机构可以投资，个人也可以在柜台上购买，但央票作为央行调节超储的工具，其投资者则严格地限定为商业银行，企业债券的投资者需要视企业资质和申请程序而定，具体可以查询相关债券的公告详情。

1.2 债券的风险属性分类

站在债券投资者的视角看，债券市场上的债券可以更简单地依据信用风险的有无分为两类，一类是信用债，一类是利率债，而这也是债券交易实务中更为常用的分类方式。

利率债，指的是由政府、央行以及政策性银行发行的债券，由于这些主体代表国家信用，或有国家信用支持，其信用风险对于投资者而言接近于零。

---

① 国家开发银行经历过商业银行化改革，但仍在银保监会的政策性银行名单中。

信用债，指的是除上述主体外的主体所发行的债券，这类债券除市场风险外，还需要额外承担发行主体信用状况变化的风险。

还有一类特殊的债券介于信用债和利率债之间，为政府支持机构债券，常见的是中央汇金公司发行的汇金债和中国铁路总公司发行(2013年以前为原铁道部发行)的铁道债，这类债券由于具备国家支持的特定用途，故其信用风险也很低，市场习惯称为“准利率债”。

其中，利率债由于几乎没有信用风险，发行时间、规模相对稳定且可预测，相关要素标准化，投资者接受程度高等因素，成为交投最活跃的品种，也是债券交易业务的绝对主体。

那么，当我们在进行债券交易的时候，我们在交易什么呢?

1.3 债券的要素

1.3.1 发行要素

正如前文所说，债券的发行人需要在一定期限内按照事先约定的条件和形式向投资者偿付本息，这就决定债券在发行之初需要载明上述约定和条件，这一系列要素在发行之后一般不会再变更，可称为债券的发行要素。具体来说，发行要素包括债券名称、发行人及相关信息、发行方式、时间信息(发行日、缴款日、付息日、到期日)、利息信息(票面利率、利率类型、付息频率、计息基准等)、发行规模与票面、增信方式等。

表1.1以国家开发银行2022年第三期金融债券为例，说明债券的发行要素。

表1.1　国家开发银行2022年第三期金融债券基础要素

债券全称	国家开发银行2022年第三期金融债券		
债券代码	220203.IB	债券简称	22国开03
当前余额(亿元)	1 050	债券类型	政策性银行债
上市日期	2022—02—28	摘牌日期	2027—02—23
交易市场	220203.IB(银行间债券)	海外评级	有
票面利率(当期)	2.65	发行价格(元)/最新面值(元)	100/100
利率类型	固定利率	息票品种	附息

续表

付息频率	每年付息1次	下一付息日	2023－02－24
利率说明	2.650 0%	距下一付息日(天)	289
计息基准	ACT/ACT	票息类型	附息
剩余期限(年)	4.7945	期限(年)	5
起息日期	2022－02－24	到期日期	2027－02－24
发行规模(亿元)	100	发行方式	公募
发行人	国家开发银行	发行人企业性质	中央国有企业
发行人注册地址	北京市西城区复兴门内大街18号		
托管机构	中央国债登记结算有限责任公司	担保人	—
增信方式	—	增信情况	—
缴款日期	2022－02－24	主承销商	—
内含特殊条款	—	下一行权日	—
条款说明	—		

资料来源：Wind、湖南三湘银行。

下面我们将详细说明四类债券基础要素，而其他债券基础要素都较为简单，此处不再赘述。

(1)债券的名称及编码

债券的全称、简称和编码都具备一定规范，以常见的国债和政金债为例：

国债的全称是“年份＋票息类型＋期数＋‘国债’”，对应的简称则是“年份后2位＋票息类型＋期数”，对应的银行间债券代码则是“年份2位＋00＋期数”。例如，财政部发行的2022年十年期(第十期)记账式附息国债的全称是“2022年记账式附息(十期)国债”，简称是“22附息国债10”，代码是“220010”。值得一提的是，由于国债管理按期次排序，因此国债的发行期数与发行期限并不完全对应。

政金债的全称是“发行人＋年份＋期数＋‘金融债券’”，对应的简称是“年份后2位＋发行人简称＋期数”，对应的银行间债券代码是“年份后2位＋政策性银行专属编号＋期数”。例如，国家开发银行发行的2022年五年期(第三期)政策性金融债券的全称是“国家开发银行2022年第三期金融债券”，简称是“22国开03”，代码是“220203”。

值得一提的是，国债的发行按发行先后期数编号，因此期数与发行期限并不具备对应关系，但政金债的发行期数和单期发行规模相对固定，政金债的发行期数与期限基本固定。例如，国开 03/08/12 的期数通常对应的是发行时为 5 年期限的国开债，04/09 通常对应的是发行时为 7 年期限的国开债，05/10/15 通常对应的是发行时为 10 年期限的国开债。

利率债的编码规则见表 1.2。

表 1.2　　利率债编码规则

	细分类别	全称	简称	交易代码			示　例
				位数	交易市场	编码规则	
国债	附息	年份＋记账式附息＋(期数)＋国债	年份(2 位)＋附息国债＋期数(2 位)	6	银行间、柜台	年份(2 位)＋00＋期数(2 位)	全称:2022 年记账式附息(三期)国债 简称:22 附息国债 03 编码:220003(银行间)、019668(上交所)、102203(深交所)
				6	上交所	019＋序号(3 位)	
				6	深交所	10＋年份(2 位)＋期数	
	贴现	年份＋记账式贴现＋(期数)＋国债	年份(2 位)＋贴现国债＋期数(2 位)	6	银行间	年份(2 位)＋99＋期数(2 位)	全称:2021 年记账式贴现(一期)国债 简称:21 贴现国债 01 编码:219901
政金债	国开债	国家开发银行＋年份＋期数＋金融债券	年份(2 位)＋国开＋期数(2 位)	6	银行间	年份(2 位)＋02＋期数(2 位)	全称:国家开发银行 2022 年第三期金融债券 简称:22 国开 03 编码:220203
	进出口债	中国进出口银行＋年份＋期数＋金融债券	年份(2 位)＋进出＋期数(2 位)	6	银行间	年份(2 位)＋03＋期数(2 位)	全称:中国进出口银行 2015 年第十四期金融债券 简称:15 进出 14 编码:150314
	农发债	中国农业发展银行＋年份＋期数＋金融债券	年份(2 位)＋农发＋期数(2 位)	6	银行间	年份(2 位)＋04＋期数(2 位)	全称:中国农业发展银行 2015 年第三期金融债券 简称:15 农发 03 编码:150403

资料来源:湖南三湘银行整理。

(2)固定利率与浮动利率

顾名思义，固定利率指的是债券按照合同约定的利率付息，而浮动利率则是利率挂钩金融市场，在债券存续期内所付利息可能出现变化。具体来说，固定利率是指利率在发行之初一经确认，在后续债券存续期就始终维持固定的票面利率不再更改的利率。而浮动利率则是指通过约定基准期限利率加点的方式确认利率，后续利率随着基准期限利率的变化而变化的利率(见图 1.1)。

基本条款	
债券代码/ISIN	210214.IB/CND10004KDT4
当前余额(亿元)	60.000 0
质押券代码	--
上市日期	2021-08-18
交易市场	210214.IB(银行间债券)
最新债项评级	--
票面利率(当期)	2.580 0
利率类型	浮动利率
付息频率	每年付息4次
利率说明	票面利率以前10个交易日DR007算术平均值+0.5%，发行价参考利率2.61%
计息基准	ACT/ACT
剩余期限(年)	2.252 1
起息日期	2021-08-16
发行规模(亿元)	20.00
债券全称	国家开发银行2021年第十四期金融债券
发行人	国家开发银行
发行人注册地址	北京市西城区复兴门内大街18号
托管机构	中央国债登记结算有限责任公司
增信方式	--
缴款起始日/截止日	2021-08-16/--
内含特殊条款	--
条款说明	--

资料来源：Wind、湖南三湘银行。

图 1.1　浮息债 210214 的基本条款

(3)起息日与付息频率

正如前文所说，债券的发行人需要按照发行时的约定支付利息给投资者，但若是采用日日转账支付利息的形式，会给发行人和投资者带来极大的不便，故债券在发行之初不但会约定好开始计算利息的日子，还会约定好固定的支付期限。这种开始计算利息的日子便是起息日，而支付利息的定期频率就是付息频率。常见的付息频率按年记数，表述上采用“每年付息 X 次”的形式，如前文中的 220203 采用的就是从固定的起息日开始“每年一次”的付息频率。

通常而言，发行期限在 10 年或以上的债券，其付息频率为一年两次；发行期限低于 10 年的债券，其付息频率通常为一年一次。

(4)计息基准

债券要素中，关于计息基准的表述常见的有 ACT/365、ACT/365F、ACT/ACT、ACT/360、30/360 五种，代表了我们计算应计利息的不同规则。简单记忆，

“/”的左侧代表的是计息天数，右侧代表的是年计息天数，“ACT”代表的是实际天数。具体来说：

①ACT/365 表示的含义是非闰年按照 365 天计算每天利息，乘以 365 天为全年应付利息金额；遇到闰年时，2 月 29 日不计息。

②ACT/365F 表示的含义是非闰年按照 365 天计算每天利息，乘以 365 天为全年应付利息金额；遇到闰年时，该年按照 365 天计算每天应计利息，乘以 366 天为全年应付利息金额。若计息期包含 2 月 29 日，剔除该日，不计算该日利息。

③ACT/ACT 表示的含义是非闰年按照 365 天计算每天利息，乘以 365 天为全年应付利息金额；遇到闰年时，该年按照 366 天计算每天利息，乘以 366 天为全年应付利息金额。

④ACT/360 表示的含义是按照 360 天计算每天利息，乘以该月实际天数为该月利息金额，乘以 365 天(闰年 366 天)得全年应付利息金额。

⑤30/360 表示的含义是按照 360 天计算每天利息，乘以 30 天为每月利息金额，乘以 360 天为全年应付利息金额。

(5)贴现与附息

债券的主要票息品种可分为贴现和附息两种。贴现是指债券在发行时无票面利率，直接以低于债券面值的价格发行，到期时再按债券的面值偿还，其利息金额相当于面值与发行价格之间的差额。附息是指在发行时即约定票面利率，利息按固定频率支付，到期归还本金并支付最后一期利息。

1.3.2 交易要素

债券基础要素标准化，使得债券成为一类可以在市场上交易的标准化债权。这一类进行现券交易的市场称为现券二级市场。在二级市场上确认的价、量等称为债券的交易要素。债券的交易要素并不像基础要素一般一成不变，而是跟随外围环境、市场供需与投资者情绪不断变化。具体来说，债券的交易要素包括交易价格、到期收益率、券面总额、交易对手方、结算时间与结算方式等。债券的具体交易要素在现券成交时会注明在现券成交单上，图 1.2 就是交易中心成交单样本。

(1)净价、全价和应计利息

现券买卖成交单

中国外汇交易中心 全国银行间同业拆借中心 NATIONAL INTERBANK FUNDING CENTER

成交日期　2022/05/11　　　　成交编号 [redacted]

买方		卖方	
[redacted]		[redacted]	
债券代码	债券名称	净价(元/百)	到期收益率(%)
200005	20附息国债05	98.744 8	2.441 0
结算日	结算方式	券面总额(万)	结算金额(元)
2022/05/11	券款对付	4 000	39 567 706.30
全价(元/百)	98.919 3	应计利息(元/百)	0.174 47
交易金额(元)	39 497 920.00	应计利息总额(元)	69 786.30

资料来源:全国银行间同业拆借中心。

图 1.2　成交单样本

债券的净价和全价从本质上说都是债券的现值表现形式。前面提到,债券并非每天都在不断支付利息,而是具备一定付息频率,这使得债券的日常交易中涉及应计未付利息的问题。为了剔除这一部分应计未付利息的影响,更好地反映现券价格的变动,净价和全价的概念由此衍生。

一般来说,净价是全价扣除债券应计未付利息部分的价格,可简单用公式表示为:净价=全价-每百元面值应计利息,净价和全价在交易中一般都保留四位小数。

那么,应计利息该如何计算呢?

在债券的基础要素中,我们提到过现券发行时会确定债券的票面利率、利率类型、起息日以及计息频率等,应计利息就是通过这些基础要素计提而来。

请注意,下面内容可能比较枯燥,在交易实操中,由于交易软件会自动计算好全价与净价,下面的计算方式并不需要掌握。

①全国银行间债券市场的应计利息计算规则[具体内容可参见中央国债登记结算有限责任公司文件《关于调整中央债券综合业务系统债券应计利息计算公式的通知》(中债字〔2007〕88 号)]

a. 应计利息日计数基准为"实际天数/实际天数",即债券应计利息天数按当期的实际天数计算,付息区间天数按实际天数计算,闰年 2 月 29 日计算利息。

b. 实际天数的计算算头不算尾。

值得一提的是，很多国债的发行公告往往并未注明计息基准。在未注明的情况下，银行间市场惯例是采用“平均值付息”的形式。具体的中央债券综合业务系统债券应计利息计算公式见表 1.3。

表 1.3　　中央债券综合业务系统债券应计利息计算公式

债券品种		计算公式	变量含义
附息债券（包括固定利率债和浮动利率债、普通证券和资产支持证券）	付息周期等于一年	$AI=\frac{C}{TS}\times t\times\frac{m}{100}$	AI：每百元面值债券的应计利息额； C：每百元面值年利息，对浮动利率债券，C 根据当前付息期的票面利率确定； t：起息日或上一付息日至结算日的实际天数，含 2 月 29 日； TY：本付息周期所在计息年度的实际天数（从起息日起计算的结算日所属的整年度，即债券本身的完整计息年度），含 2 月 29 日； TS：本付息周期的实际天数，含 2 月 29 日； f：一年内的付息次数； m：百元面值当前剩余本金值
	付息周期小于一年，按实际天数付息	$AI=\frac{C}{TY}\times t\times\frac{m}{100}$	
	付息周期小于一年，按平均值付息	$AI=\frac{C}{f}\times\frac{t}{TS}\times\frac{m}{100}$	
利随本清债券		$AI=K\times C+\frac{C}{TS}\times t$	AI：每百元面值债券的应计利息额； C：每百元面值年利息； K：债券起息日至结算日的整年数； t：起息日或上一理论付息日至结算日的实际天数（从起息日起，一年为一个理论付息期），含 2 月 29 日； TS：本理论付息期的实际天数，含 2 月 29 日
贴现和零息债券		$AI=\frac{M-P_d}{T}\times t$	AI：每百元面值债券的应计利息额； M：每百元面值到期兑付额，均为 100； P_d：债券发行价； T：起息日至到期兑付日的实际天数，含 2 月 29 日； t：起息日至结算日的实际天数，含 2 月 29 日

资料来源：中国债券网，湖南三湘银行整理。

②交易所市场的应计利息计算规则[具体内容可参见深圳证券交易所《深圳证券交易所债券交易实施细则(2020 年修订)》]

a. 应计利息日计数基准为“计息天数/365”，应计利息天数按照 365 天计算，付息区间天数按付息日至交易日的自然日天数计算。附息式债券闰年 2 月 29 日不计利息，贴现式债券闰年 2 月 29 日需计入。

b. 付息天数计算时要算头又算尾。

c. 每笔债券现券交易的应计利息金额计算结果按四舍五入原则取至 0.01 元。

交易所应计利息的计算规则参见表 1.4。

表 1.4　　交易所应计利息的计算规则

债券品种	计算公式	说　明
附息式债券	应计利息金额＝债券面值×计息天数×票面利率/365天	计息天数是指本次付息起息日至交易日(包括交易日)期间的自然日天数(闰年2月29日不计入); 票面利率是指固定利率型债券发行的票面利率、浮动利率型债券本付息期的计息利率
贴现式国债	应计利息金额＝(到期兑付额－发行价格)×计息天数/债券存续天数	计息天数是指本次付息起息日至交易日(包括交易日)期间的自然日天数(闰年2月29日计入); 债券存续天数是指债券起息日至到期日(不含到期日)期间的自然日天数

资料来源:根据深圳证券交易所、湖南三湘银行相关资料整理。

下面我们通过一个具体案例说明。

"2021年记账式附息(十七期)国债"成交价格(净价)为98元,结算日为2022年4月12日,需计算截至当日该债券在银行间市场和交易所市场每百元面额的应计利息和交易全价。

参照表1.5,我们可以知道该债券是附息式固定利率债券,票面利率为2.89%,付息频率为每年2次(即,$f=2$),起息日为2021年11月18日。可推断出下一付息日为2022年5月18日。

表 1.5　　210017基础要素

债券名称	2021年记账式附息(十七期)国债	**债券简称**	21附息国债17
债券代码	210017	**发行总额(亿元)**	540.000 000 000 0
债券期限	10年	**票面年利率(%)**	2.89
计息方式	附息式固定利率	**付息频率(月/次)**	6
发行日	20211117	**起息日**	20211118
债权债务登记日	20211119	**结算服务起始日**	20211122
交易流通终止日	20311117	**兑付日**	20311118
面值(元)	100.000 000	**发行价格**	100 元/百元面值

资料来源:Wind、湖南三湘银行。

在银行间市场,该券每百元债券应计利息的计算如下:

第一步，计算每百元面值年利息：

$C=100\times2.89\%=2.89$(元)

第二步，统计计息年度的实际天数和本付息周期的实际天数(算头不算尾)，结果见表1.6。

表1.6　　应计利息统计区间

统计内容	区间	天数
付息周期天数	2021年11月18日—2022年5月18日	181
起息日(或上一付息日)至结算日的实际天数	2021年11月18日—2022年5月18日	145

资料来源：Wind、湖南三湘银行。

第三步，计算应计利息：

$$AI=\frac{C}{f}\times\frac{t}{TS}\times\frac{m}{100}=\frac{2.89}{2}\times\frac{145}{181}\times\frac{100}{100}=1.157\ 597(\text{元})$$

该券的交易全价(取四位小数)计算如下：

全价=净价+每百元面额应计利息

=98+1.157 597=99.157 6(元)

在交易所市场，该券每百元应计利息的计算如下：

应计利息金额=债券面值×计息天数×票面利率÷365天

=100×(145+1)×2.89%÷365=1.156(元)

该券的交易全价(取四位小数)计算如下：

全价=净价+每百元面额应计利息

=98+1.156 0=99.156 0(元)

不难发现，即便是基础要素和净价完全相同的同一只债券，在银行间和交易所市场也会有不同的应计利息计算规则和对应全价。我们也可以借助各类债券交易软件的“债券计算器功能”计算，结果见图1.3和图1.4。

债券计算器　持有期计算器　回购计算器　单券买断式回购　多券买断式回购　拆借分析

债券代码	210017.IB …	21附息国债17
交易日期	2022-04-12 ▾	T+0 ▾
结算日期	**2022-04-12** ▾	交易所债推荐T+0(交易日利息计入...
	模拟分析	中债估值 ▾
剩余年限	9.602 7Y	9.602 7
净价	**98.000 0**	100.663 1
全价	99.157 6	101.820 7
应计利息	1.157 597	1.157 6
到期收益率	3.132 6	2.809 6
行权收益率 ▾	-	
市场利差 ▾	-	-
久期 ▾	8.348 1	8.247 4
凸性 ▾	79.912 3	78.602 2
基点价值	0.080 4	0.084 0

资料来源：Wind、湖南三湘银行。

图 1.3　债券计算器——银行间债券

债券计算器　持有期计算器　回购计算器　单券买断式回购　多券买断式回购　拆借分析

债券代码	102117.SZ …	国债2117
交易日期	2022-04-12 ▾	T+0 ▾
结算日期	**2022-04-12** ▾	交易所债推荐T+0(交易日利息计入...
	模拟分析	中债估值 ▾
剩余年限	9.6027Y	9.602 7
净价	**98.000 0**	100.663 1
全价	99.156 0	101.820 7
应计利息	1.156 000	1.157 6
到期收益率	3.132 8	2.809 6
行权收益率 ▾	-	
市场利差 ▾	-	-
久期 ▾	8.348 1	8.247 4
凸性 ▾	79.911 9	78.602 2
基点价值	0.080 4	0.084 0

资料来源：Wind、湖南三湘银行。

图 1.4　债券计算器——交易所市场

(2)到期收益率(YTM)

现券交易中,到期收益率是按照商定的净价成交后,通过全价折算出来的、持有至到期可以获得的年化收益率。

债券的到期收益率的计算(其公式见表1.7)由中国人民银行发文规定,具体的制度文件为《中国人民银行关于完善全国银行间债券市场债券到期收益率计算标准有关事项的通知》(银发〔2007〕200号)。

表1.7　　到期收益率计算公式

适用范围	计算公式	计算说明
1. 处于最后付息周期的固定利率债券和浮动利率债券、待偿还期在1年以内的到期一次还本附息债券和零息债券	$y=\frac{FV-PV}{PV}\div\frac{D}{TY}$	y:到期收益率; FV:到期兑付日债券本息和,固定利率债券为$M+C/f$,到期一次还本付息债券为$M+N\times C$,零息债券为M; PV:债券全价; D:债券结算日至到期兑付日的实际天数; M:债券面值; N:债券期限(年),即从起息日至到期兑付日的整年数; C:债券票面年利息; f:年付息频率; TY:当前计息年度的实际天数,算头不算尾
2. 对待偿还期在1年以上的到期一次还本附息债券和零息债券	$PV=\frac{FV}{(1+y)^{\frac{d}{TY}+m}}$	PV:债券全价; FV:到期兑付日债券本息和,到期一次还本付息债券为$M+N\times C$,零息债券为M; y:到期收益率; d:结算日至下一最近理论付息日的实际天数; m:结算日至到期兑付日的整年数; M:债券面值; N:债券期限(年),即从起息日至到期兑付日的整年数; C:债券票面年利息; TY:当前计息年度的实际天数,算头不算尾
3. 不处于最后付息周期的固定利率债券	$PV=\frac{C/f}{(1+y/f)^{\frac{d}{TS}}}+\frac{C/f}{(1+y/f)^{\frac{d}{TS}+1}}+A+\frac{C/f}{(1+y/f)^{\frac{d}{TS}+n-1}}+\frac{M}{(1+y/f)^{\frac{d}{TS}+n-1}}$	PV:债券全价; C:票面年利息; f:年付息频率; y:到期收益率; d:债券结算日至下一最近付息日之间的实际天数; n:结算日至到期兑付日的债券付息次数; M:债券面值; TS:当前付息周期的实际天数

注:(1)付息周期的实际天数是指下一个付息日与上一个付息日之间的实际天数,算头不算尾,含闰年2月29日;(2)计息年度是指发行公告中标明的第一个起息日至次一年度对应的同

月同日的时间间隔为第一个计息年度，依次类推。

资料来源：根据中国人民银行、湖南三湘银行相关资料整理。

160010 的基础要素见图 1.5，其 IB 全价为 98 元，其在 2023 年 12 月 1 日、2025 年 12 月 1 日的到期收益率计算过程如下。

证券名称	2016年记账式附息（十期）国债	证券简称	16附息国债10
信用评级一		信用评级二	
主体评级一		主体评级二	
评级机构一		评级机构二	
证券代码	160010	发行总额（亿元）	359.000 000 00
证券期限	10年	票面年利率（%）	2.900000
计息方式	附息式固定利率	付息频率	6月/次
发行日	20160504	起息日	20160505
债权债务登记日	20160506	结算服务起始日	20160509
交易流通终止日	20260504	兑付日	20260505
面值（元）	100	发行价格	100.0000 元/百元面值

资料来源：Wind、湖南三湘银行。

图 1.5 160010 基础要素

在 2023 年 12 月 1 日债券距离到期日仍在一年以上，根据公式，全价 98 元对应的到期收益率可计算如下：

$$PV=\frac{C/f}{(1+y/f)^{\frac{d}{TS}}}+\frac{C/f}{(1+y/f)^{\frac{d}{TS}+1}}+\ldots+\frac{C/f}{(1+y/f)^{\frac{d}{TS}+n-1}}+\frac{M}{(1+y/f)^{\frac{d}{TS}+n-1}}$$

PV：债券全价＝98

C：票面年利息＝100×2.9%＝2.9

f：年付息频率＝2

d：结算日至下一付息日（2023 年 12 月 1 日—2024 年 5 月 5 日）的实际天数＝

n：结算日至到期兑付日的债券付息次数＝5

M：债券面值＝100

TS：当前付息周期（2023 年 11 月 5 日—2024 年 5 月 5 日）的实际天数＝182

代入公式后可得：

$$98=\frac{2.9/2}{(1+y/2)^{\frac{156}{182}}}+\frac{2.9/2}{(1+y/2)^{\frac{156}{182}+1}}+\ldots+\frac{2.9/2}{(1+y/2)^{\frac{156}{182}+5-1}}+\frac{100}{(1+y/2)^{\frac{156}{182}+5-1}}$$

$y=3.860\,1\%$

在 2025 年 12 月 1 日距离到期日已不足一年，且处于最后一个付息周期，全价 98 元对应的到期收益率为 8.29%，即

$$y=\frac{FV-PV}{PV}\div\frac{D}{TY}=\frac{(100+2.9/2)-98}{98}\div\frac{155}{365}=8.290\%$$

到期收益率的计算较为复杂，日常交易中仅需要掌握其概念即可，我们可以借助债券交易软件中的“债券计算器”工具倒算（见图 1.6）。

债券计算器　持有期计算器　回购计算器　单券买断式回购　多券买断式回购　拆借分析

债券代码	160010.IB ···	16附息国债10
交易日期	2025-12-01	T+0
结算日期	2025-12-01	交易所债推荐T+0(交易日利息计入...
	模拟分析	中债估值
剩余年限	0.424 7Y	3.969 9
净价	97.791 7	101.237 6
全价	98.000 0	101.324 3
应计利息	0.208 287	0.086 7
到期收益率	8.290 0	2.570 0

资料来源：Wind、湖南三湘银行。

图 1.6　债券计算器

1.4　债市的一些惯例

1.4.1　询价惯例

通常而言，利率债的交易采用的都是净价交易、全价交割的形式，结算价格为

成交价格与应计利息之和。其他的不同现券根据交易场所的规定有细微差异。

(1)债券询价用到期收益率

虽然遵循净价交易、全价交割的方式，但债券的到期收益率可以更直观地反映买入该债券之后金融机构能够获得的息差收入，因此在日常交易的询价中，用得更多的是债券的到期收益率，收益率在表示上习惯省略"%"，直接用数字表示。日常表达中，也是如此，我们会说 210205 的收益率是"3.346"，而不是"3.346%"(见图 1.7)。

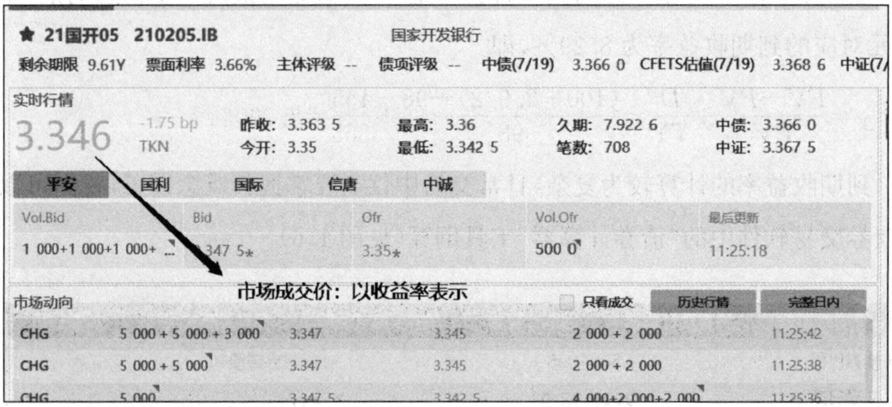

资料来源：qeubee、湖南三湘银行。

图 1.7　qeubee 中债券 210205 交易界面

债券到期收益率与债券价格呈反向变动(债券收益率在计算公式中是分母)，故我们一般所称的债券收益率下行，指代的含义是现券的价格上涨；债券收益率上行，往往指代的是现券的价格下跌。新手一般容易在收益率上下行与价格涨跌的关系上犯迷糊，需要特别注意。

(2)收益率的变动用 bp 表示

市场上债券收益率的变动幅度通常用基点(bp)表示，1bp 代表的是 0.01%。例如，210205 收益率从 3.10%变动为 2.99%，我们用"利率下行 11 个 bp"表述。

1.4.2　关键期限券与活跃券

前文有说到，利率债的信用风险接近于零，故其利率可以作为无风险利率的重要参考。对应到具体期限,国债按月发行1年、2年、3年、5年、7年、10年、30年期债券,按季发行50年期债券,政策性银行也同样发行1年、2年、3年、5年、7年、10年、20年以及30年期债券,这些期限的对应券种自然也就成为关键期限券。

关键期限券的具体发行时间可查询财政部官网中相应的发行计划表。在这里,我们以记账式附息国债为例进行发行的相关说明:每季度末,财政部会在官网上公布下一季度的国债发行计划(见表1.8)。

表1.8 2022年第一季度国债发行计划

品种	月份	招标日/发行起始日	期限	新发/续发	付息方式
记账式附息国债	1月	1月12日	1年	新发	按年付息
			10年	续发	按半年付息
		1月14日	30年	续发	按半年付息
		1月19日	2年	续发	按年付息
			5年	新发	按年付息
		1月26日	3年	续发	按年付息
			7年	续发	按年付息
	2月	2月9日	2年	续发	按年付息
			5年	续发	按年付息
		2月16日	1年	续发	按年付息
			10年	新发	按半年付息
		2月18日	30年	续发	按半年付息
		2月23日	3年	新发	按年付息
			7年	续发	按年付息
	3月	3月9日	1年	续发	按年付息
			10年	续发	按半年付息
		3月11日	30年	续发	按半年付息
		3月16日	2年	新发	按年付息
			5年	续发	按年付息
		3月23日	3年	续发	按年付息
			7年	新发	按年付息

资料来源:财政部、湖南三湘银行。

可以看到,记账式附息国债的发行具有新发、续发两种形式。"新发"从字面上就可以理解,就是发行的债券名称、票面利率、发行日及到期日等基础要素都全新的一期债券。

但,续发是什么呢?

续发就是在新发债券上市后,通过再次发行增加这期债券的规模,其在概念上类似于股票的增发,新发债和续发债共用一套基础要素,所以从标的上说,新发债和续发债是完全等质的。分期发行同质债券的处理,既可以保持国债存续只数的合理,又可以避免单期债券发行量过大的问题,表 1.9 是对应国债计划发行表的实际国债发行情况。

表 1.9　　2022 年第一季度国债发行情况

交易代码	债券简称	发行起始日	发行规模(亿元)	发行期限(年)	票面利率(%)	发行收益率(%)
210017X2.IB	21 附息国债 17(续 2)	2022 年 1 月 12 日	700.000 0	10.000 0	2.890 0	2.759 0
220001.IB	22 附息国债 01	2022 年 1 月 12 日	710.000 0	1.000 0	2.1000	
210014X3.IB	21 附息国债 14(续 3)	2022 年 1 月 14 日	200.000 0	30.000 0	3.530 0	3.318 9
210015X3.IB	21 附息国债 15(续 3)	2022 年 1 月 19 日	600.000 0	2.000 0	2.560 0	2.129 2
220002.IB	22 附息国债 02	2022 年 1 月 19 日	650.000 0	5.000 0	2.3700	
210012X4.IB	21 附息国债 12(续 4)	2022 年 1 月 26 日	550.000 0	3.000 0	2.470 0	2.188 3
210013X3.IB	21 附息国债 13(续 3)	2022 年 1 月 26 日	550.000 0	7.000 0	2.910 0	2.614 3
220002X.IB	22 附息国债 02(续发)	2022 年 2 月 9 日	700.000 0	5.000 0	2.370 0	2.389 6
210015X4.IB	21 附息国债 15(续 4)	2022 年 2 月 9 日	700.000 0	2.000 0	2.560 0	2.075 7
220001X.IB	22 附息国债 01(续发)	2022 年 2 月 16 日	700.000 0	1.000 0	2.100 0	1.832 6
220003.IB	22 附息国债 03	2022 年 2 月 16 日	700.000 0	10.000 0	2.750 0	
210014X4.IB	21 附息国债 14(续 4)	2022 年 2 月 18 日	200.000 0	30.000 0	3.530 0	3.333 1
220004.IB	22 附息国债 04	2022 年 2 月 23 日	300.000 0	3.000 0	2.2600	
210013X4.IB	21 附息国债 13(续 4)	2022 年 2 月 23 日	300.000 0	7.000 0	2.910 0	2.748 4
220003X.IB	22 附息国债 03(续发)	2022 年 3 月 9 日	730.000 0	10.000 0	2.750 0	2.812 9
220001X2.IB	22 附息国债 01(续 2)	2022 年 3 月 9 日	730.000 0	1.000 0	2.100 0	2.027 1
210014X5.IB	21 附息国债 14(续 5)	2022 年 3 月 11 日	200.000 0	30.000 0	3.530 0	3.418 4
220005.IB	22 附息国债 05	2022 年 3 月 16 日	740.000 0	2.000 0	2.280 0	
220002X2.IB	22 附息国债 02(续 2)	2022 年 3 月 16 日	740.000 0	5.000 0	2.370 0	2.5375
220006.IB	22 附息国债 06	2022 年 3 月 23 日	730.000 0	7.000 0	2.800 0	
220004X.IB	22 附息国债 04(续发)	2022 年 3 月 23 日	730.000 0	3.000 0	2.260 0	2.408 7

资料来源:Wind、湖南三湘银行。

(1)新发与续发债券在交易时不做区分

新发与续发债券在发行时有后缀区分,但实际发行结束交易上市后,两类债券不再进行区别。以 220001 的发行为例，第一期新发时编号 220001、第一次续发时编号 220001X、第二次续发编号 220001X2……但上市后大家都是按 220001 正常交易。同时，当一期债券累计发行规模达到一定程度后，就会出现同期限的新发券，如表 1.9 中 220005 接替 210015 成为两年期新发券。

(2)续发券有新的发行利率

对于新发券来说，发行利率就是票面利率。对于续发券来说却不是这样，新发券与续发券虽为同质标的，由于新发和续发存在时间差，市场环境可能已经发生很大变化。如 220002 在 2022 年 1 月新发时的发行利率(票面利率)为 2.37(见表 1.10)，但到了 2 月 9 日，220002 在二级市场的交易价格已经到了 2.42。这时候再以 2.37 的价格发行显然不太合适，即便与二级市场成交价保持一致，也可能会影响投资者的意愿(可以在二级市场上买到，何必去一级市场投标)。

表 1.10　　220002 的一季度新发与续发

交易代码	债券简称	发行起始日	发行期限(年)	票面利率(%)	发行利率(%)
220002.IB	22 附息国债 02(首发)	2022 年 1 月 19 日	5	2.37	
220002X.IB	22 附息国债 02(续发)	2022 年 2 月 9 日	5	2.37	2.389 6
220002X2.IB	22 附息国债 02(续 2)	2022 年 3 月 16 日	5	2.37	2.537 5

资料来源：Wind、湖南三湘银行。

所以，国债、政金债在发行时，具有招投标的制度设计，续发债也就具备了一个额外的市场发行利率。这一利率由投资者的市场投标行为所决定(具体的发行及投标制度，我们将在后续相应章节详细说明，此处不再赘述)，不同于新发券的票面利率。

也可以说，续发对期限债券具有重定价的功能，成为反映市场情绪和配置行为的重要参考。

(3)活跃券

随着续发债券的不断增多，发行券种的流动性不断增强，而原有的券种随着持有方的固定流动性不断递减，从而使得新发行券种在达到一定量后成为市场买卖交易的主力，即通常而言的活跃券。

以 10 年期国债为例，年初时，市场的活跃券为 210017，随后 210017 停发，220003 在新发之后经历多次续发，最终在 3 月底，220003 规模达到 1 430 亿元后取代 210017 成为活跃券(具体可见表 1.11 和图 1.8)。

表 1.11　　10 年期国债 220003 和 210017 新/续发情况与存量规模统计

交易代码	债券简称	发行起始日	发行规模(亿元)	累计规模(亿元)	发行期限(年)
210017.IB	21 附息国债 17	2021 年 11 月 17 日	540.000 0		10.000 0
210017X.IB	21 附息国债 17(续发)	2021 年 12 月 15 日	600.200 0	1 140.200 0	10.000 0
210017X2.IB	21 附息国债 17(续 2)	2022 年 1 月 12 日	700.000 0	1 840.200 0	10.000 0
220003.IB	22 附息国债 03	2022 年 2 月 16 日	700.000 0		10.000 0
220003X.IB	22 附息国债 03(续发)	2022 年 3 月 9 日	730.000 0	1 430.000 0	10.000 0
220003X2.IB	22 附息国债 03(续 2)	2022 年 4 月 20 日	760.000 0	2 190.000 0	10.000 0
220010.IB	22 附息国债 10	2022 年 5 月 13 日	530.000 0		10.000 0

资料来源：Wind、湖南三湘银行。

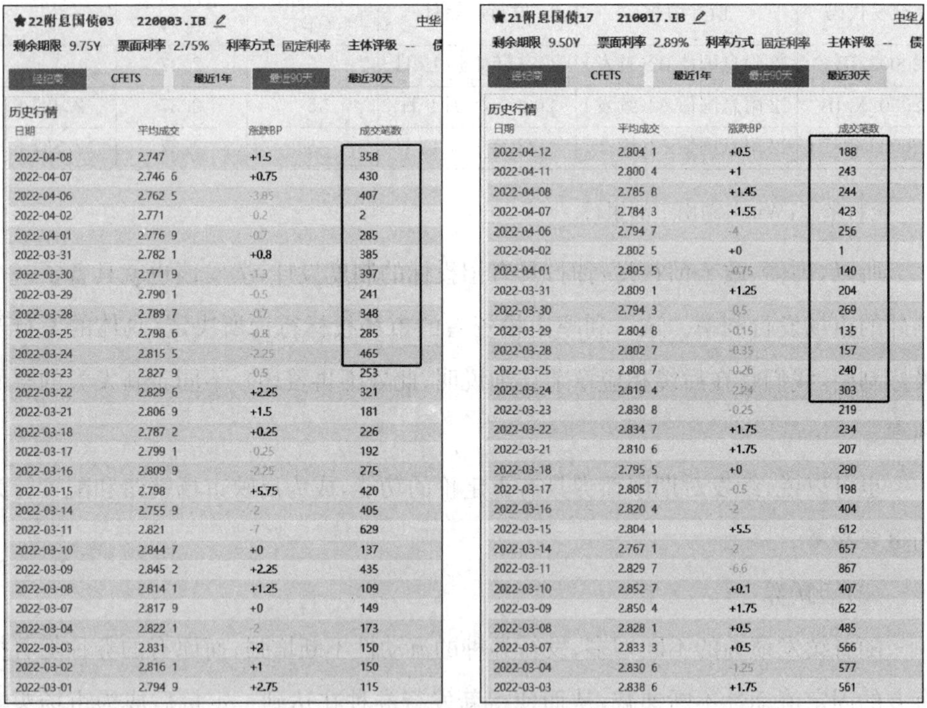

★22附息国债03　220003.IB

剩余期限 9.75Y　票面利率 2.75%　利率方式 固定利率　主体评级 --

经纪商　CFETS　最近1年　最近90天　最近30天

历史行情

日期	平均成交	涨跌BP	成交笔数
2022-04-08	2.747	+1.5	358
2022-04-07	2.746 6	+0.75	430
2022-04-06	2.762 5	-3.85	407
2022-04-02	2.771	-0.2	2
2022-04-01	2.776 9	-0.7	285
2022-03-31	2.782 1	+0.8	385
2022-03-30	2.771 9	-1.3	397
2022-03-29	2.790 1	-0.5	241
2022-03-28	2.789 7	-0.7	348
2022-03-25	2.798 6	-0.8	285
2022-03-24	2.815 5	-2.25	465
2022-03-23	2.827 9	-0.5	253
2022-03-22	2.829 6	+2.25	321
2022-03-21	2.806 9	+1.5	181
2022-03-18	2.787 2	+0.25	226
2022-03-17	2.799 1	-0.25	192
2022-03-16	2.809 9	-2.25	275
2022-03-15	2.798	+5.75	420
2022-03-14	2.755 9	-2	405
2022-03-11	2.821	-7	629
2022-03-10	2.844 7	+0	137
2022-03-09	2.845 2	+2.25	435
2022-03-08	2.814 1	+1.25	109
2022-03-07	2.817 9	+0	149
2022-03-04	2.822 1	-2	173
2022-03-03	2.831	+2	150
2022-03-02	2.816 1	+1	150
2022-03-01	2.794 9	+2.75	115

★21附息国债17　210017.IB

剩余期限 9.50Y　票面利率 2.89%　利率方式 固定利率　主体评级 --

经纪商　CFETS　最近1年　最近90天　最近30天

历史行情

日期	平均成交	涨跌BP	成交笔数
2022-04-12	2.804 1	+0.5	188
2022-04-11	2.800 4	+1	243
2022-04-08	2.785 8	+1.45	244
2022-04-07	2.784 3	+1.55	423
2022-04-06	2.794 7	-4	256
2022-04-02	2.802 5	+0	1
2022-04-01	2.805 5	-0.75	140
2022-03-31	2.809 1	+1.25	204
2022-03-30	2.794 3	-0.5	269
2022-03-29	2.804 8	-0.15	135
2022-03-28	2.802 7	-0.35	157
2022-03-25	2.808 7	-0.26	240
2022-03-24	2.819 4	2.24	303
2022-03-23	2.830 8	-0.25	219
2022-03-22	2.834 7	+1.75	234
2022-03-21	2.810 6	+1.75	207
2022-03-18	2.795 5	+0	290
2022-03-17	2.805 7	-0.5	198
2022-03-16	2.820 4	-2	404
2022-03-15	2.804 1	+5.5	612
2022-03-14	2.767 1	-2	657
2022-03-11	2.829 7	-6.6	867
2022-03-10	2.852 7	+0.1	407
2022-03-09	2.850 4	+1.75	622
2022-03-08	2.828 1	+0.5	485
2022-03-07	2.833 3	+0.5	566
2022-03-04	2.830 6	-1.25	577
2022-03-03	2.838 6	+1.75	561

资料来源：qeubee、湖南三湘银行。

图 1.8　220003 和 210017 成交笔数比照

识别活跃券可直接观察券种的每日成交笔数，长期居于成交笔数前列的就是我们所说的活跃券。通常而言，市场交易的主力活跃利率一般都是10年、5年、3年期限的新国债和次新国债、新国开债和次新国开债(见图1.9)。

活跃利率　数据来源

剩余期限	代码	成交笔数	平均成交	昨日平均	昨日中债(
9.92Y	220210.IB	505	2.997	2.981	2.984 0
9.66Y 新2	220205.IB	335	3.074	3.061	3.064 0
9.75Y	220003.IB	248	2.814	2.801	2.802 8
4.77Y	220203.IB	228	2.731	2.707	2.715 0
3.79Y	210203.IB	155	2.695	2.666	2.672 5
9.05Y 新2	210210.IB	141	3.115	3.101	3.105 0
9.99Y 新2	220010.IB	105	2.790	2.774	2.777 4
4.31Y	210208.IB	92	2.735	2.713	2.720 0
9.32Y 新2	210215.IB	74	3.114	3.101	3.105 0
29.41Y	210014.IB	58	3.337	3.328	3.330 0

资料来源：qeubee、湖南三湘银行。

图1.9　qeubee成交统计栏目

1.5　久期与基点价值(DVO1)

久期和基点价值(DVO1)是债券投资和交易中的两个重要概念。久期解答的是在不考虑信用风险的情况下，选择哪只债的问题，而DVO1解答的是收益率的变动对价格将产生多大影响的问题。下面我们将简单介绍这两个指标。

1.5.1　久期

当债券收益率和期限具备显著差异时，投资者往往能够很好地根据自身需要选出合适的债券，但现实情况更多的是债券要素相差不大，很难通过直观比较得出投资结论。例如，信用风险相同，债券A票面利率为3.0%，期限为3年，每年付息2次；债券B，票面利率为3.1%，期限为3年，到期一次还本付息。债券A和B就很难直接分出高下，久期的概念由此引入。

久期可以理解为一个时间概念，简单来说就是投资者收回债券本息的平均所用时间，即给每次现金支付的时间附上一个权重，用公式可表达为：

$$D=\sum_{t=1}^{T} t \times w_t$$

其中，

$$w_t=\frac{\frac{CF_t}{(1+y)^t}}{P}$$

公式右边的分子代表在时间 t 所发生的现金流量的现值，分母代表债券价格(总现金流量的现值)。这些权重和为 1，因为以到期收益率贴现的现金流总额等于债券价格(债券现金流折现模型)。

不难发现，在久期的计算公式中，未来现金流和时间在债券发行时就已经确定，唯一发生变化的是与折现相关的到期收益率的大小，故久期也可视作衡量债券利率风险的一类工具。

1.5.2 修正久期

久期虽可作为反映市场利率风险的一类工具，但对于利率变动对债券价格的变动影响的反应并不那么直观。为了直观地反映利率变化对债券价格的影响，修正久期由此而来。

根据债券现金流折现模型：

$$P=\sum_{t=1}^{T} \frac{C_t}{(1+y)^t}$$

用 P 对收益率 y 求导可得：

$$\frac{\partial P}{\partial y}=-\frac{D}{1+y}\times P$$

故，

$$D=-\frac{\frac{\Delta P}{P}}{\frac{\Delta y}{1+y}}=-\frac{\frac{\Delta P}{P}}{\frac{\Delta(1+y)}{1+y}}$$

从上述推导可以看出，久期的含义为价格变动的百分比与$(1+y)$变动的百分比的比值，即当$(1+y)$变动 1%时，价格变化 D%。但使用久期 D 反映价格的变动并不是那么直接，引入修正久期概念。

令修正久期 $MD=D/(1+r)$，则：

$$\frac{\partial P}{\partial y}=-\frac{D}{1+y}\times P=-MD\times P$$

等式左右换算后可得：

$$MD=\frac{D}{1+y}=-\frac{\frac{\Delta P}{P}}{\frac{\Delta y}{1+y}}\times\frac{1}{1+y}=-\frac{\frac{\Delta P}{P}}{\Delta y}$$

修正久期代表的含义是：价格变动的百分比与利率变动的比值，即修正久期＝债券全价的百分比变动/收益率的百分比变动。

利用修正久期，我们可以进行单笔交易收益的速算，公式如下：

$$交易收益=-MD\times\Delta y\times 持券面额$$

值得一提的是，久期和价格的关系用到对收益率求导的概念（数学中的切线概念），所以利用其推算出的 $DVO1$ 有轻微差异（见图 1.10），但整体影响可忽略。

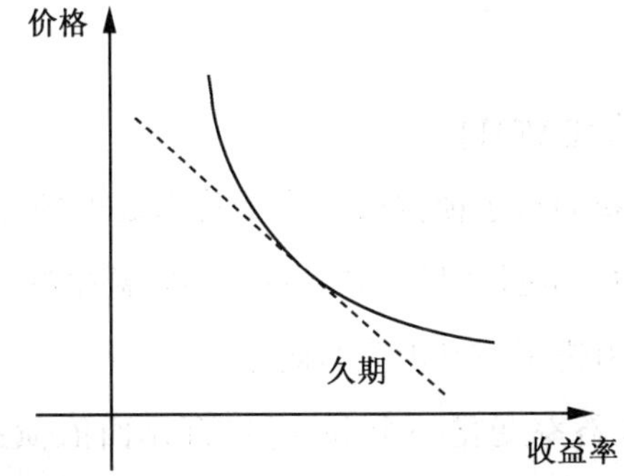

资料来源：湖南三湘银行。

图 1.10　收益率求导切线示意

我们通过案例来进一步说明。

已知 220210 的修正久期为 8.473 7，我们在 2022 年 5 月 18 日以 3.00 的价格买入了 1 亿元的 220210，后在 2022 年 5 月 20 日以 2.98 的价格全部卖出，那么该笔债券的盈亏为：

$$-MD\times\Delta y\times 持券面额=-8.4737\times(2.98\%-3\%)\times 100\,000\,000$$
$$=169\,474(元)$$

这笔交易所获得的盈利约为 16.947 4 万元。

债券计算器所计算出的盈亏数据为“169 373.87”(见图 1.11),尽管有轻微差别,但修正久期还是给我们提供了一个速算交易盈亏的方法。

220210.IB ···	22国开10	
计算 ⊙ 持有期收益率	○ 卖出价格	○ 买入价
	买入	卖出
交易日期	2022-05-18	2022-05-20
清算速度	T+0	T+0
结算日期	2022-05-18	2022-05-20
剩余年限	9.937	9.931 5
净价	99.827 5	99.996 9
全价	100.039 8	100.225 5
应计利息	0.21227 4	0.2286 03
收益率	3.000 0	2.980 0

持有期损益表	
拆入资金(万元)	10 000
交易收益	169 373.87
买入净价总额	99 827 540.05
卖出净价总额	99 996 913.92
利息收益	16 328.77
毛利	185 702.63
费用	0.00
资金成本	0.00
税费	0.00
净利	185 702.63

资料来源:Wind、湖南三湘银行。

图 1.11　债券计算器

1.5.3　基点价值(DVO1)

有了修正久期后,我们对于债券收益率变化引起的债券价格变化有了一定认识,但债券的交易惯例并不是用“1%”来表达债券收益率的变动,而是用“bp”衡量,为了更加简化计算,又引进了基点价值的概念。

DVO1 代表的是收益率变化一个 bp 时每百元面值债券价格的变化量(绝对值)。相应地,我们也可以用公式推导:

$$MD=-\frac{\frac{\Delta P}{P}}{\Delta y}$$

进行等式变换后:

$$\Delta P=-MD\times\Delta y\times P$$

令 $\Delta y=0.01\%$:

$$DVO1=-MD\times 0.01\%\times P$$

与修正久期类似，我们同样可以使用 DVO1 来进行债券收益的速算，交易收益的计算公式为：

$$交易收益 = DVO1 \times 累计变动\ bp \times 持券面额/面值$$

案例：用 DVO1 计算债券价格变动

假定我们在 2022 年 5 月 18 日以 3.00 的价格买入了 1 亿元的 220210，后在 2022 年 5 月 20 日以 2.98 的价格全部卖出，该日 220210 的 DVO1 为 0.084 7，那么该笔债券的盈亏为：

$$\begin{aligned} DVO1 \times 累计变动\ \mathrm{bp} \times 持券面额/面值 &= 0.0847 \times [(3-2.98)\times 100] \\ &\quad \times 100\,000\,000/100 \\ &= 169\,400(元) \end{aligned}$$

综上，该持仓的盈利约为 16.94 万元。

1.5.4　组合久期和组合 DVO1

债券交易实操中，久期和 DVO1 的概念也常被用于投资组合管理。由于投资经理很少只持有一只债券，单独换算再加总略显麻烦，因此日常提到的 DVO1 在多数情况下指的是组合 DVO1，相对地还有组合久期的概念。

组合 DVO1 是组合收益率每变动 1bp（或称收益率曲线整体向上/向下平移 1bp）引起的组合整体价格的变化量。

组合 DVO1 的计算公式可表达为：

$$组合\ DVO1 = \sum(单券\ DVO1 \times 持券面额/面值)$$

组合久期则指的是组合资产收回本息的平均时间。

组合久期的计算公式可表达为：

$$组合久期 = \frac{\sum(单券久期 \times 持券面额)}{持仓券总面额}$$

（注：此计算中，分子、分母持仓面额计算的单位保持一致即可。）

组合久期和组合 $DVO1$ 之间也可以利用公式简单换算：

$$组合\ DVO1=组合久期\times持券总面额\times0.000\ 1(基点)$$

案例:组合久期和组合 DVO1 的计算

假定 2022 年 5 月 18 日,投资经理 A 具备如下投资组合(见表 1.12)。

表 1.12　　投资组合

债券代码	债券简称	持仓金额（万元）	票面利率（%）	久期
150218	15 国开 18	2 000.00	3.740 0	4.171 8
200006	20 附息国债 06	1 000.00	2.680 0	8.137 1
200215	20 国开 15	1 000.00	3.700 0	8.026 1
200305	20 进出 05	2 000.00	2.930 0	3.725 9
200309	20 进出 09	8 000.00	2.530 0	0.522 4
2000003	20 抗疫国债 03	1 000.00	2.770 0	8.196 6
	持仓总计	15 000.00		

资料来源:Wind、湖南三湘银行。

可计算上述组合的组合久期和组合 DVO1 如下:

(1)计算组合久期:

组合久期=(2 000×4.171 8+1 000×8.137 1+1 000×8.026 1+2 000×3.725 9+8 000×0.522 4+1 000×8.196 6)÷15 000

=2.16

(2)计算组合 DVO1:

组合 DVO1=2.16×150 000 000×0.000 1=32 400(元)

(3)估算收益率变动对持仓组合收益的大致影响:

当收益率上行 1bp 时,组合亏损大致为 3.24 万元。

当收益率下行 2bp 时,组合盈利大致为 6.48 万元(3.24×2)。

以此类推。

第 2 章

债券交易场所与参与者

上章介绍了与债券相关的基本概念，本章我们介绍债券交易与流通的场所，以及债券市场的主要参与者。

2.1 债券的交易场所

在我国，债券的交易和发行有两个市场，分别是银行间市场和交易所市场。这两个市场相对独立，具有不同的债券交易规则和债券市场参与者。其中，银行间市场先于交易所市场诞生，这与债券交易最初的参与成员只有银行密切相关，而后债券市场参与主体不断扩展，证券公司、保险公司、基金公司、资管机构等都能参与债券交易，债券的交易场所也就由银行间拓展到交易所。

2.2.1 银行间市场

银行间市场的债券交易始于 1997 年。从投资者角度看，银行作为债券市场的主要参与者的交易主要集中于银行间市场，从发行方角度看，国债、地方政府债、政策性银行债和绝大部分企业债券均托管在银行间市场，银行间市场是债券发行、交易和借贷最主要的场所。

所有银行间市场的债券交易需依托外汇交易中心的本币交易平台完成(在“交

易篇”中我们会深入介绍该系统及系统内相关操作，详见第 25 章）。而在银行间市场的债券，视债券类型的不同分别托管在中央国债登记结算有限责任公司（简称“中债登”）和银行间市场清算所股份有限公司（简称“上清所”）。

其中，在中债登托管的债券品种有财政部主管的国债、地方债，中国人民银行及银保监会主管的央票、政金债、商业银行债、保险公司债、银行主管的资产支持证券（ABS），发改委主管的企业债、铁道债、汇金债、国际机构债等；在上清所托管的债券品种有同业存单、交易商协会主管的超短期融资券、短期融资券、中期票据、定向工具、资产支持票据（ABN）等。简言之，中债登托管债券为财政部、央行及银保监会（除同业存单）、发改委主管债券，上清所托管债券为交易商协会主管品种和同业存单。

2.2.2 交易所市场

我国的债券交易所市场由上海证券交易所（简称“上交所”）与深圳证券交易所（简称“深交所”）组成，目前交易所市场还是以股票交易为主的市场，债券交易的规模相对较小。在交易所市场的交易依托上交所和深交所的交易平台，交易债券托管于中国证券登记结算有限公司（简称“中证登”）。

在交易所市场交易的债券以信用债为主，主要有公司债、可转债、可交换债以及资产支持证券。

2.2.3 柜台市场

除了前面提到的银行间和交易所市场外，还有一类市场专供个人和企业买卖债券所用，这类市场称为柜台市场。

柜台市场交易的债券均属利率债，而这其中又以国债为主，日常的交易主要依托银行网点柜面或网银系统。柜台市场实行的是二级托管制度，一级托管在中债登，二级托管在商业银行。由于个人和企业的资金量和交易量很难与金融机构相比，因此柜台市场交易债券的规模很小。如表 2.1 所示，截止到 2022 年 3 月，划归柜台市场的债券托管量为 7 695.36 亿元，占整个中债登托管数据的比例不及 1%。

表 2.1　　截至 2022 年 3 月中债登托管的不同债券数

债券类别	合计(亿元)	占　比
一、银行间债券市场	833 482.73	95.79%
二、柜台市场	7 695.36	0.88%
三、其他市场	28 931.65	3.33%
合　计	870 109.74	100.00%

注:表中仅为中债登披露的数据,未计入上清所和中证登数据。
资料来源:中央国债登记结算有限责任公司、湖南三湘银行。

2.2.4　跨市场交易

部分债券采用双托管机制,其既可以在银行间市场交易,也可以在交易所交易。这也是前面在介绍债券基础要素时,部分债券存在多个代码的原因。

双托管机制主要是为了便于部分机构的交易所质押融资操作。双托管债券的范围包括国债、政金债、地方政府债和一些企业债,有需要时可根据需要开展转托管操作。

2.2　债券市场的参与者

2.2.1　供给方

债券分为利率债和信用债,债券的供给可分为利率债的供给和信用债的供给。

其中,利率债的发行主体为财政部、政策性银行和地方政府,此类债券具备政府的信用背书,反映的是中央和地方政府在财政政策层面的力量。当经济出现下行压力时,政府既需要加大财政支出(如兴修基础设施并加大转移支付),又需要缩减财政收入(降税减费来减轻市场主体的压力),这无疑加大了政府财政赤字,这时候就需要通过发行债券弥补这一缺口。所以经济下行阶段,国家和政府需要适当增加赤字,利率债发行的规模往往较大。

信用债的背后主体多为企业,更多反映的是市场自发融资需求的旺盛程度。当市场需求高的时候,企业自然会通过发债的方式加大投入,积极生产,以获取资金支持。

一般来说，利率债的供给与财政赤字规模密切相关，具有一定的预测范式，而信用债的规模多由市场主体自发融资行为决定。对于债券发行的决定因素和债券发行对债券收益率走势的影响，我们将在后面"供需篇"中展开详细介绍，此处不再赘述。

2.2.2 需求方

债券的发行和托管具有固定的托管场所，所以我们往往可以根据托管机构公布的债券托管数据来一窥债券市场整体的投资者结构。

根据2022年3月末中央国债登记结算有限责任公司的债券余额数据(见表2.2)，在中债登托管的存量债券规模已超过87万亿元。其中，前三名持仓及占比情况如下：商业银行及信用社合计持有规模为56.31万亿元，占比为64.71%；非法人产品(各类公募基金、银行理财、资管产品等)持有规模为15.33万亿元，占比为17.62%；境外机构持有规模为3.54万亿元，占比为4.07%。

表2.2　截至2022年3月末中央国债登记结算有限责任公司的债券余额数据

金额单位：万亿元

债券类别	国债	地方政府债	政策性银行债	商业银行债	企业债券	信贷资产支持证券	合计	占比
一、银行间市场	20.92	30.87	20.09	7.13	1.79	2.54	83.35	95.79%
1. 商业银行	13.61	26.68	10.88	1.95	0.50	1.74	55.36	63.62%
2. 信用社	0.20	0.16	0.56	0.02	0.01	0.00	0.95	1.09%
3. 保险机构	0.57	1.08	0.53	0.44	0.06	0.01	2.70	3.10%
4. 证券公司	0.59	0.33	0.26	0.17	0.20	0.06	1.60	1.84%
5. 非法人产品	1.46	1.23	6.67	4.35	1.00	0.62	15.33	17.62%
6. 境外机构	2.43	0.01	1.01	0.05	0.01	0.04	3.54	4.07%
7. 其他	2.08	1.38	0.18	0.14	0.01	0.08	3.87	4.45%
二、柜台市场	0.75	0.01	0.01	0.00	0.00	0.00	0.77	0.88%
三、其他市场	0.82	1.04	0.00	0.00	1.03	0.00	2.89	3.33%
合　计	22.50	31.92	20.11	7.13	2.82	2.54	87.01	100.00%

资料来源：中央国债登记结算有限责任公司、湖南三湘银行。

利率债的持有结构基本与总结构类似。截至2022年3月末，中国利率债存量规模为74.52万亿元，其中商业银行及信用社持仓规模最大，为52.09万亿元，占比为69.90%；其次为非法人产品，持仓规模为9.36万亿元，占比为12.56%；其他金融机构及境外机构持仓规模接近，持仓规模分别为3.63万亿元和3.45万亿元，占比分别为4.88%和4.63%；保险机构持仓规模为2.18万亿元，占比为2.92%；证券公司持仓规模为1.18万亿元，占比为1.58%（见表2.3）。

表2.3　截至2022年3月末中央国债登记结算有限责任公司的利率债余额数据

金额单位：万亿元

债券类别	国债	地方政府债	政策性银行债	利率债合计	利率债占比
一、银行间债券市场	20.92	30.87	20.09	71.89	96.46%
1. 商业银行	13.61	26.68	10.88	51.17	68.66%
2. 信用社	0.20	0.16	0.56	0.92	1.24%
3. 保险机构	0.57	1.08	0.53	2.18	2.92%
4. 证券公司	0.59	0.33	0.26	1.18	1.58%
5. 非法人产品	1.46	1.23	6.67	9.36	12.56%
6. 境外机构	2.43	0.01	1.01	3.45	4.63%
7. 其他	2.08	1.38	0.18	3.63	4.88%
二、柜台市场	0.75	0.01	0.01	0.77	1.03%
三、其他市场	0.82	1.04	0.00	1.87	2.50%
合　计	22.50	31.92	20.11	74.52	100.00%

资料来源：中央国债登记结算有限责任公司、湖南三湘银行。

从表2.3的数据可以看出，商业银行是利率债持仓的绝对主力。与被产品净值波动干扰，不得不追涨杀跌的各类非法人产品不同，商业银行利率债持仓以配置、获得稳定的息差收入为主要目的，少量头寸兼顾追涨杀跌的交易操作，商业银行是债券市场的基石投资者。

而除了非法人产品及境外机构、其他金融机构（如信托公司、财务公司等）之外，保险机构和证券公司作为重要的债券投资机构，其投资操作模式也值得我们关注。对于债券市场主要需求方的偏好，我们将在“供需篇”中详细说明。

第 3 章

国债期货

前两章我们介绍了债券的基础交易知识，从本章开始我们将陆续介绍与债券市场密切关联的几个市场：国债期货、利率互换与债券借贷市场。这三个市场既可以作为日常现券交易盯盘的参照物，又可作为现券市场的对冲工具使用。

3.1 国债期货合约

3.1.1 国债期货简介

国债期货合约就是双方约定在未来某个时间按事先约定的价格交易一定数量国债的合约。与其他的期货合约一样，国债期货合约在交易所上市，且每个要素均有标准化规定。

目前，上市国债期货合约的交易所为中国金融期货交易所，已上市国债期货主要包括 10 年期国债期货(T)、5 年期国债期货(TF)和 2 年期国债期货(TS)。

国债期货的主要参与者是券商，在国债期货上的持仓比例可达到 45%以上；资管产品(包括私募、公募专户、券商资管)的参与度也偏高，整体可达到 30%左右；公募基金也有参与，但因为实际限制较多，参与度不高；商业银行、保险公司虽然是国债的主要持有者，但几乎不能参与国债期货市场。

3.1.2 国债期货合约与标准券

国债期货合约采用的是实物交割方式，但国债品种众多，并不适合指定特定券种作为标的，而是采用设定标准券的方式计算。标准券并非实际存在的国债，只是用作计算中介的虚拟债券，并不参与最后的实际交割。

具体来说，在中国金融期货交易所上市的国债期货中，5年期国债、10年期国债期货合约标的标准券均设置为面值100万元人民币、票面利率为3%的名义国债；2年期国债期货合约标的标准券设置为面值200万元人民币、票面利率为3%的名义国债。

表3.1、表3.2和表3.3展示了10年、5年、2年期国债期货合约的交易要素。

表3.1　　10年期国债期货合约交易要素

合约标的	面值为100万元人民币、票面利率为3%的名义长期国债	每日价格最大波动限制	上一交易日结算价的±2%
可交割国债	发行期限不高于10年、合约到期月份首日剩余期限不低于6.5年的记账式附息国债	最低交易保证金	合约价值的2%
报价方式	百元净价报价	最后交易日	合约到期月份的第二个星期五
最小变动价位	0.005元	最后交割日	最后交易日后的第三个交易日
合约月份	最近三个季月(3月、6月、9月、12月中的最近三个月循环)	交割方式	实物交割
交易时间	9:30—11:30,13:00—15:15	交易代码	T
最后交易日交易时间	9:30—11:30	上市交易所	中国金融期货交易所

资料来源：中国金融期货交易所。

表3.2　　5年期国债期货合约交易要素

合约标的	面值为100万元人民币、票面利率为3%的名义中期国债	每日价格最大波动限制	上一交易日结算价的±1.2%
可交割国债	发行期限不高于7年、合约到期月份首日剩余期限为4～5.25年的记账式附息国债	最低交易保证金	合约价值的1%
报价方式	百元净价报价	最后交易日	合约到期月份的第二个星期五
最小变动价位	0.005元	最后交割日	最后交易日后的第三个交易日

续表

合约月份	最近三个季月(3月、6月、9月、12月中的最近三个月循环)	交割方式	实物交割
交易时间	9:30—11:30,13:00—15:15	交易代码	TF
最后交易日交易时间	9:30—11:30	上市交易所	中国金融期货交易所

资料来源:中国金融期货交易所。

表 3.3　　2 年期国债期货合约交易要素

合约标的	面值为200万元人民币、票面利率为3%的名义中期国债	每日价格最大波动限制	上一交易日结算价的±0.5%
可交割国债	发行期限不高于5年、合约到期月份首日剩余期限为1.5～2.25年的记账式附息国债	最低交易保证金	合约价值的0.5%
报价方式	百元净价报价	最后交易日	合约到期月份的第二个星期五
最小变动价位	0.005元	最后交割日	最后交易日后的第三个交易日
合约月份	最近三个季月(3月、6月、9月、12月中的最近三个月循环)	交割方式	实物交割
交易时间	9:30—11:30,13:00—15:15	交易代码	TS
最后交易日交易时间	9:30—11:30	上市交易所	中国金融期货交易所

资料来源:中国金融期货交易所。

国债期货的交易代码具有固定的命名规则,采用的是“合约类型＋交割年月”形式,如T2209代表的就是2022年9月交割的10年期国债期货。

对比上面的表格不难发现,除了代码的差异外,不同合约的主要差异之处在于保证金、波动限制和可交割国债的范围。保证金和波动限制与合约波动对金额的影响相关,此处不再赘述。可交割国债的范围方面,10年期国债期货合约交割标的为发行期限不高于10年、合约到期月份首日剩余期限不低于6.5年的记账式附息国债;5年期国债期货合约交割标的为发行期限不高于7年、合约到期月份首日剩余期限为4～5.25年的记账式附息国债;2年期国债期货合约为交割标的为发行期限不高于5年,合约到期月份首日剩余期限为1.5～2.25年的记账式附息国债。

3.2 国债期货交割

3.2.1 交割方式

国债期货虽然标的为虚拟债券，但最终交割的是一篮子实物国债，这部分我们将在后文详细阐述，在此之前，需简单说明国债期货的交割方式。

国债期货的交割可以分为两个阶段，分别是滚动交割阶段和集中交割阶段。

(1)滚动交割阶段，处于交割月至最后交割日之前，采用的是空头举手规则。空头在此期间可以主动提出交割申报，由交易所负责按一定的标准选择多方配对，多空双方就可提前了结头寸，交割离场。

(2)集中交割阶段，预计最后交易日收市之后，由中国金融期货交易所自动匹配多空持仓进行交割配对，整个过程在连续三个工作日完成。其中，第一交割日为申报交割信息和交券日；第二交割日为配对缴款日；第三交割日为收券日。

3.2.2 交割货款

国债期货合约正式交割时，空头需要向多头支付可交割债券，多头也需要向空头支付交割货款。由于空头选择的交割券种和时间均存在差异，因此金额也有所不同。每一手国债期货交割所得的金额，可通过如下公式计算：

$$\text{交割货款}=\text{交割数量}\times(\text{交割结算价}\times\text{转换因子}+\text{应计利息})\times\frac{\text{合约面值}}{100}$$

3.3 转换因子与最廉券

3.3.1 转换因子

空头举手后，可自行在合约规定的一篮子债券中选择具体的国债品种交割，所以对于国债期货多头而言，在交割前并没有办法确定自己收到的国债是哪一只。但同时，一篮子国债的选择也并不是没有章法可循的，国债期货合约的标的是标准券，所以实物交割国债需与标准券折算为等价值的，这一折算比例即为转换因子。

我们通过一个简单案例说明。

以 T2206 和 200006 为例，T2206 的最后交易日为 2022 年 6 月 10 日（合约到期月份的第二个星期五），最后交割日为 2022 年 6 月 13 日，200006 的票面利率为 2.68%。则可计算 2022 年 6 月 13 日 200006 的未来现金流按 3%（因为标准券的票面是 3%）折算出的净价为 97.753 6 元（见图 3.1）。

债券代码	200006.IB	20附息国债06
交易日期	2022-06-13	T+0
结算日期	2022-06-13	交易所债推荐T+0(交易日利息计入...
	模拟分析	中债估值
剩余年限	7.9370Y	7.969 9
净价	97.753 6	98.867 4
全价	97.921 1	98.947 5
应计利息	0.167 500	0.080 1
到期收益率	3.000 0	2.839 7

资料来源：Wind、湖南三湘银行。

图 3.1 债券计算器

可以认为，在 6 月 13 日，同样按照 3%的收益率，面值 100 元的 200006 净价为 97.753 6 元，但标准券的面值就是 100 元。

所以，在使用 200006 进行实物国债交割时，为达到与标准券等价值的结果，每 100 元面值所需要支付的 200006 为 1.023 0 个单位（100÷97.753 6＝1.023 0）。1.023 0 体现了 200006 与标准券之间的转换比例，也就是 T2206 与 200006 之间的转换因子。

在前述例子中，我们计算的是 2022 年 6 月 13 日的转换因子，而期货空头在进入交割月之后，无须等到最后交易日结束，即可选择提前交割，此前交割日给转换因子数值带来的影响较小，故中国金融期货交易所公布的转换因子计算公式不会精确到日，而只是精确到月份。对于某一国债期货合约而言，转换因子一经确认不再改变，与市场收益率的变动也没有关系（按 3%折现，与市场交易收益率无关）。

前述例子是为了说明转换因子的由来，实务中也可以直接用公式算出，中国金融期货交易所官网公示的转换因子的具体计算公式如下：

$$CF=\frac{1}{\left(1+\frac{r}{f}\right)^{\frac{xf}{12}}}\times\left[\frac{c}{f}+\frac{c}{r}+\left(1-\frac{c}{r}\right)\times\frac{1}{\left(1+\frac{r}{f}\right)^{n-1}}\right]-\frac{c}{f}\times\left(1-\frac{xf}{12}\right)$$

其中，

r 是 10 年期国债期货合约票面利率 3%；

x 是交割月到下一付息月的月份数；

n 是剩余付息次数；

c 是可交割国债的票面利率；

f 是可交割国债每年的付息次数。

我们在中国金融期货交易所官网“数据—可交割国债信息”中也可直接查询到合约可交割的债券范围及具体债券的转换因子(见图 3.2)

可交割国债信息　产品: T　合约代码 2206　查询

国债全称	国债代码			到期日	票面利率	转换因子
	银行间	上交所	深交所			
2022年记账式附息（六期）国债	220006	019671	102206	20290324	2.80	0.987 9
2019年记账式附息（六期）国债	190006	019616	101906	20290523	3.29	1.018
2019年记账式附息（十五期）国债	190015	019625	101915	20291121	3.13	1.008 6
2020年记账式附息（六期）国债	200006	019632	102006	20300521	2.68	0.977 6
2020年抗疫特别国债（四期）	2000004	019639	102064	20300716	2.86	0.99
2020年记账式附息（十六期）国债	200016	019646	102016	20301119	3.27	1.019 9
2021年记账式附息（九期）国债	210009	019657	102109	20310527	3.02	1.001 5
2021年记账式附息（十七期）国债	210017	019665	102117	20311118	2.89	0.991
2022年记账式附息（三期）国债	220003	019668	102203	20320217	2.75	0.979 1
2022年记账式附息（十期）国债	220010	019675	102210	20320515	2.76	0.979 5

资料来源：中国金融期货交易所。

图 3.2　可交割国债信息

3.3.2　最廉券

如前所述，市场收益率的变动与转换因子并不相关，换言之，就是现券的价格波动并不影响需交割债券的量。而国债期货空方具有选择权，即有权在一篮子可交割券中选择对其最有利的券交割。这只券就是最便宜可交割(cheapest to deliver)国债,通常也称 CTD 国债或最廉券。

最廉券也可以通过一个例子来说明:假设期货合约有 A、B、C 三只可交割券,三者转换因子的值均在 1 附近,但券 A 的市场价格为 101 元,券 B 的市场价格为 100 元,券 C 的市场价格仅为 99 元。显然,作为具有选择权利的空头,买入券 C 交割最为有利,在这个例子中券 C 就是最廉券。

但真实情况比上述例子更为复杂,转换因子与现券价格并不那么"一目了然",产生了挑选最廉券的 IRR 方法。

IRR 称为隐含收益率,为假定在现货市场上以全价买入某国债,同时做空国债期货,并将该国债持有至期货到期进行货款交割后,可得到的收益率。可交割国债范围内,某只国债的收益率越高,则使用该券交割可获得的收益越多。

其计算公式如下:

$$IRR=\frac{\text{期货报价}\times\text{转换因子}+\text{交割日应计利息}-\text{国债购买全价}}{\text{国债购买全价}}\times\frac{360}{\text{交割日之前的天数}}$$

一般来说,一篮子货币中 IRR 最高的券就是最廉券。但理论上的 CTD 国债和实际 CTD 国债通常存在一定差异,主要是由于虽然国债期货有一篮子国债可用于交割,但其中活跃券通常在 5 只以下,而非活跃券往往有价无量,获取也需要付出很高的交易成本,不具备实际大量操作的可能性,因此往常使用的 CTD 国债需要根据 IRR 和活跃度综合判断。

在国债期货交易系统中,系统往往也会自动计算出最廉券,图 3.3 是 qeubee 在 2022 年 6 月 2 日对 T2209 可交割债券的自动计算结果。其中 IRR 最高的券为 2000003,其次为 200006,再次为 210009,但 2000003 和 200006 并非活跃券(活跃券在图 3.4 中有 HOT 标识),所以在期货界面上,显示出的 CTD 国债为 210009。实务中,需要根据手中持仓情况和交割收益情况综合选择最廉券。

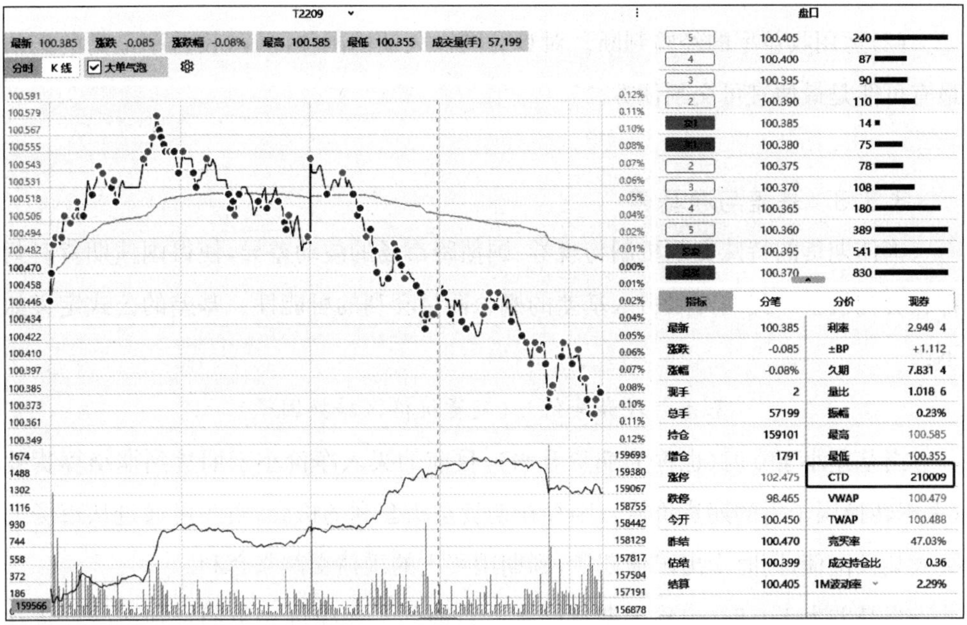

资料来源：qeubee、湖南三湘银行。

图 3.3　qeubee 中 T2209 在 2022 年 6 月 2 日的交易界面

可交割券

剩余期限	代码	活跃券	转换因子	Bid	Ofr	成交收益率	成交时间	成交基差	成交IRR(%)	买价基差	买价IRR(%)	卖价基差	卖价IRR(%)
7.97Y	200006.IB		0.978 2	2.845	2.845	2.845	16:05:56	0.633 9	0.416 4	0.633 9	0.416 4	0.638 8	0.398 8
8.98Y	210009.IB	HOT	1.001 5	2.8575	2.853	2.855	16:07:46	0.763 4	0.286 2	0.743 6	0.355 5	0.784 3	0.213 0
7.47Y	190015.IB		1.008 3	2.81	2.805	2.805	16:05:58	0.957 0	-0.280 5	0.923 2	-0.163 4	0.962 1	-0.298 0
6.81Y	220006.IB		0.988 2	2.778	2.77	2.777 5	16:15:27	0.931 4	-0.497 4	0.926 8	-0.481 2	0.982 4	-0.676 4
9.46Y	210017.IB		0.991 2	2.835	2.825	2.835	16:11:20	0.951 2	-0.501 4	0.951 2	-0.501 4	1.038 8	-0.809 6
8.47Y	200016.IB		1.019 4	2.80	2.7925	2.785	11:04:53	1.163 0	-0.846 2	1.186 0	-0.925 8	1.248 4	-1.138 6
9.71Y	220003.IB	HOT	0.979 6	2.809	2.8075	2.807 5	16:15:26	1.174 8	-1.402 7	1.164 3	-1.365 6	1.179 7	-1.420 1
6.97Y	190006.IB		1.017 4	--	2.71	2.71	14:14:35	1.484 5	-1.925 3	--	--	1.535 4	-2.099 0
9.95Y	220010.IB	HOT	0.980 0	2.7615	2.76	2.76	16:10:15	1.621 9	-3.006 0	1.608 9	-2.960 3	1.626 8	-3.023 3
8.12Y	2000004.IB		0.990 3	2.86	--	--		--	--	0.586 8	0.775 2	--	--
8.06Y	2000003.IB		0.984 2	2.87	Ofr	2.86	14:39:27	0.516 8	0.939 1	0.485 0	1.053 2	--	--

资料来源：qeubee、湖南三湘银行。

图 3.4　qeubee 可交割券计算版面

除了 IRR 方法以外，还有一种基于经验判断的方法，具体如下：

(1)运用久期的经验判断。对收益率在国债期货合约票面利率 3%以下的国债而言，久期最小的国债最有可能是最便宜可交割债券。对于收益率在国债期货合约票面利率 3%以上的国债而言，久期最大的国债最有可能是最便宜可交割债券。

(2)运用收益率的经验判断。对具有同样久期的国债而言,收益率最高的国债最有可能是最便宜可交割债券。

3.3.3 基差与净基差

国债期货的特殊交割机制与现券、国债跨市场的波动差异,使得国债期货时刻都有套利机会。我们可以引入基差的概念衡量套利的可能性。基差的公式定义如下:

$$基差=现券净价-(期货价格\times 转换因子)$$

当基差小于0时(也称为期货升水),目前的买入净价小于期货到期结算货款(考虑转换因子后的期货价格),则存在期货空头套利的机会,空头可通过从市场上买入某只国债,同时卖出国债期货,到期用买入的国债交割来套利。

当基差大于0时(也称为期货贴水),目前的买入净价大于期货到期结算货款(考虑转换因子后的期货价格),则存在期货多头套利的机会,多头可以通过买入国债期货,卖出某只国债套利,到期获得空头交割的国债。但由于多头事前并无法预知到空头会选择哪只国债交割,套利难度相对较大,且现券借贷做空需要支付额外的交易成本,也可能会面临现券空头到期难以顺利回补的问题,因此并不提倡在实操中进行该种套利。当然,临近交割月份且所有现券的基差均显著大于0时,可以尝试该种套利。

基差对于判断是否存在套利机会提供了参考,但实际上,还需要考虑更多的因素,其中资金成本和现券的利息收入就是重要的因素之一。我们可使用息差(CARRY)来衡量资金成本和现券的利息收入。

$$CARRY=持有国债至交割期间的利息收入-持有国债至交割期间的资金成本$$

由此引入净基差的概念:

$$净基差=基差-CARRY$$

净基差的原理类似于基差,能够更好地衡量现实的情况。

3.4　国债期货交易基础

3.4.1　国债期货盘面数据

（1）期货盘面走势

在利用国债期货走势指导交易之前，我们需要先掌握国债期货的相关盘面知识。图 3.5 是我们最常见的国债期货日内走势图。

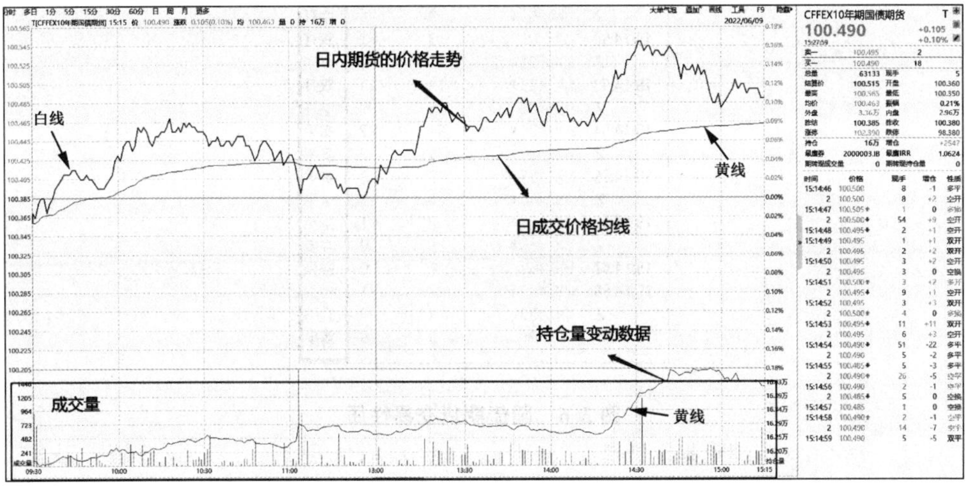

资料来源：qeubee、湖南三湘银行。

图 3.5　某交易日 10 年期国债期货日内走势

其中，白线表示国债期货交易时段（9：30—11：30，13：00—15：15）的日内价格走势，类似于股价的日内波动图；黄线表示至显示时点的国债期货成交均价；下方的黄线表示国债期货持仓量的变化情况；下方的小柱状图表示对应时点成交价格的成交量。

（2）交易方向

了解了国债期货盘面数据基础后，我们简单介绍国债期货的交易方向。与现券买入、卖出的两个方向不同，国债期货由于存在做空机制，交易性质更为多样，总共具有开仓、平仓、换仓三个大类，多开、空开、双开、多平、空平、双平、多换、空换八个具体小类(见图 3.6),不仅可以反映买卖的主动性,还可以反映出不同的交易目的。

时间	价格	现手	增仓	性质
15:14:46	100.500	8	-1	多平
2	100.500	8	+2	空开
15:14:47	100.505↑	1	0	多换
2	100.500↓	54	+9	空开
15:14:48	100.495↓	2	+1	空开
15:14:49	100.495	1	+1	双开
2	100.495	2	+2	双开
15:14:50	100.495	3	+2	空开
2	100.495	3	0	空换
15:14:51	100.500↑	3	+2	多开
2	100.495↓	9	+1	空开
15:14:52	100.495	3	+3	双开
2	100.500↑	4	0	多换
15:14:53	100.495↓	11	+11	双开
2	100.495	6	+3	空开
15:14:54	100.490↓	51	-22	多平
2	100.490	5	-2	多平
15:14:55	100.485↓	5	-3	多平
2	100.490↑	26	-5	空平
15:14:56	100.490	2	-1	空平
2	100.485↓	5	0	空换
15:14:57	100.485	1	0	空换
15:14:58	100.490↑	2	-1	空平
2	100.490	14	-7	空平
15:14:59	100.490	5	-5	双平

图 3.6　国债期货交易性质

①开仓

多开:指以卖出价格成交,反映的是多头的主动性买盘。

空开:指以买入价格成交,反映的是空头的主动性卖盘。

双开:新的多头开仓与新的空头开仓完全匹配,双方都为新开仓,所以增仓数与现手数保持一致,记为正。

②平仓

空平:以卖出价格为成交价格,反映的是主动性买盘,即空头主动平仓。

多平:以买入价格为成交价格,反映的是主动性卖盘,即多头主动平仓。

双平:老的多头卖出平仓与老的空头买入平仓成交,双方都为原有的持仓平仓。双方完全匹配,所以双平的现手和增仓都是相同的,记为负。

③换仓

多换:新的多头开仓与老的多头平仓成交。老多头平仓需要卖出,和新多头开仓成交。这实际上等于多头头寸从一个人手里换到另一个人手里,总体持仓没有变化,增仓为0。

空换:新的空头开仓与老的空头平仓成交。老空头平仓需要买入,和新空头开仓成交。这实际上等于空头头寸从一个人手里换到了另一个人手里,总体持仓没有发生变化,增仓为0。

(3)通过盘面走势基本判断开仓方向

通过交易明细数据判断国债期货交易的多空方向往往较为烦琐,所以在日常交易中,我们通常通过盘面数据大致判断期货的多空数据。

当国债期货的持仓量与现券价格同步向上时,往往反映的是多头在集中发力,对应的是多开的密集成交(见图3.7)。

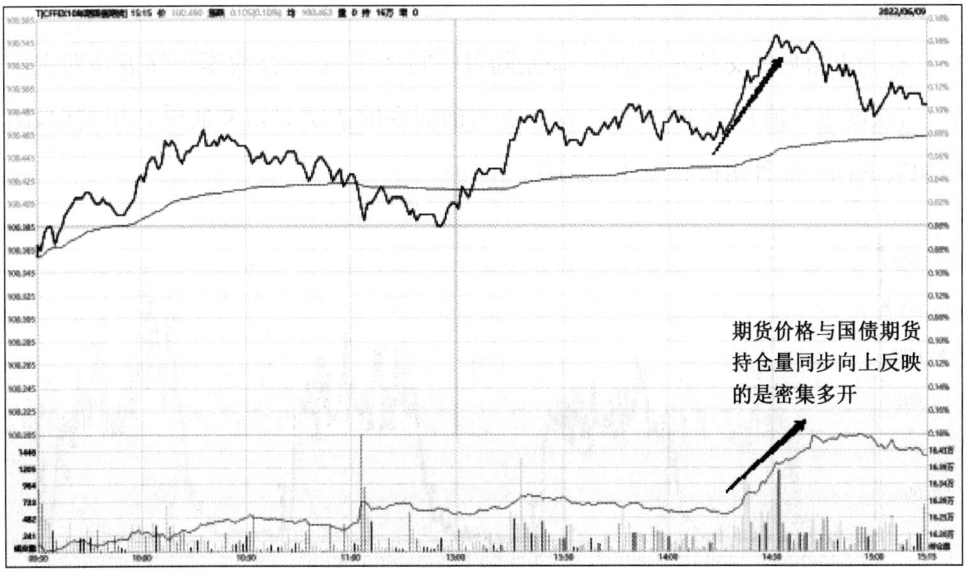

资料来源:Wind、湖南三湘银行。

图3.7 10年期国债期货走势与大致判断

当国债期货的持仓量与现券价格同步向下时,往往反映的是多头在逐步撤退,对应的是多平的密集成交。

当国债期货的持仓量与现券价格一增一减时，往往反映的是空头在集中发力，对应的是空开的密集成交。

当国债期货的持仓量与现券价格一减一增时，往往反映的是空头在逐步撤退，对应的是空平的密集成交。

当国债期货的持仓量与现券价格波动均不大时，往往反映的是多空在密集换手。

3.4.2　主力合约切换规律

对于国债期货来说，国债期货合约通常在交割月前 9 个月上市交易，故市场同品种的交易合约数量始终都是三个，如 2021 年 5 月 8 日，市场上已上市的 10 年期国债期货合约就是 T2106、T2109、T2112（5 年期和 2 年期合约也一样，只是代码字母不同）。

合约上市后的交易并不活跃，而是随着时间推移（上一合约逐步临近到期交割日）活跃度缓慢抬升（见图 3.8）。这一点与前面说的活跃券切换的概念相类似，国债期货的同一品种也面临着主力切换。

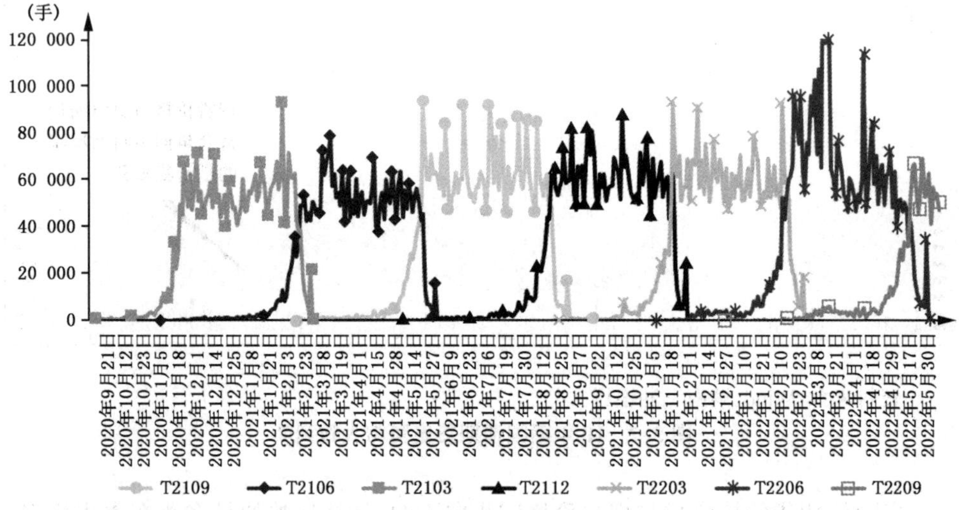

资料来源：Wind、湖南三湘银行。

图 3.8　期货成交量数据变动

通常而言，国债期货在上市后156天左右（5个月左右）成为主力，其成交量快速超越原主力合约，持仓量数据随即跟上；而在交割月前一个半月左右，成交量快速下降，持仓量数据随即跟随减少（见图3.9）。这与国债期货大多数持仓并不会真正留到正式交割阶段密切相关，所以在国债期货到期前一个月，原有国债期货的持有者就面临着移仓的问题，即从前一个主力合约切换至后一个主力合约，两个合约的持仓量此消彼长（见表3.4）。这也是国债期货主力切换的根源。

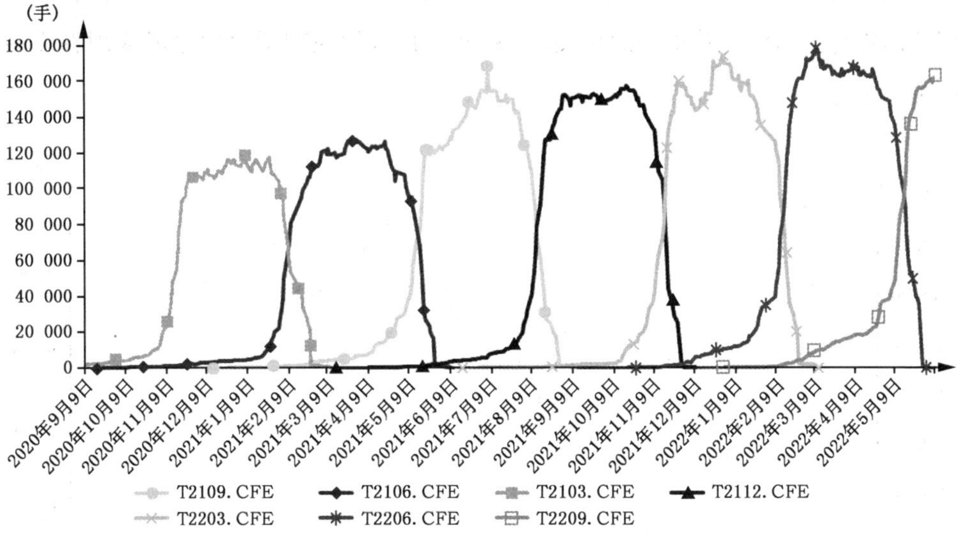

资料来源：Wind、湖南三湘银行。

图3.9　期货持仓量数据变动

表3.4　主力合约切换统计

	上市日期	最后交割日	主力切换日期	切换距离上市日（天）	切换距离交割日（天）
T2103	2020年6月15日	2021年3月17日	—	—	—
T2106	2020年9月14日	2021年6月17日	2021年2月18日	157.00	119.00
T2109	2020年12月14日	2021年9月15日	2021年5月19日	156.00	119.00
T2112	2021年3月15日	2021年12月15日	2021年8月18日	156.00	119.00
T2203	2021年6月15日	2022年3月16日	2021年11月19日	157.00	117.00
T2206	2021年9月13日	2022年6月15日	2022年2月16日	156.00	119.00
T2209	2021年12月13日	2022年9月15日	2022年5月18日	156.00	120.00

注：此处以日成交量数据作为主力合约切换统计依据。

资料来源：Wind、湖南三湘银行。

3.5 国债期货与现券市场

由于国债期货最终采用的是实物交割方式，因此在期货到期交割的时候，期货价格和现货价格一定会回归，这也是期货市场与现货市场能保持联动的先决条件。这也带来了不少的套利机会，一旦期货与现货的价差超过了交易成本，就有了无风险套利的机会，期货与现货价格在这种力量的推动下就会逐渐收敛。从历史上看，国债期货与国债保持着很强的相关性（见图 3.10），国债期货由此也成为现券交易的重要参考。

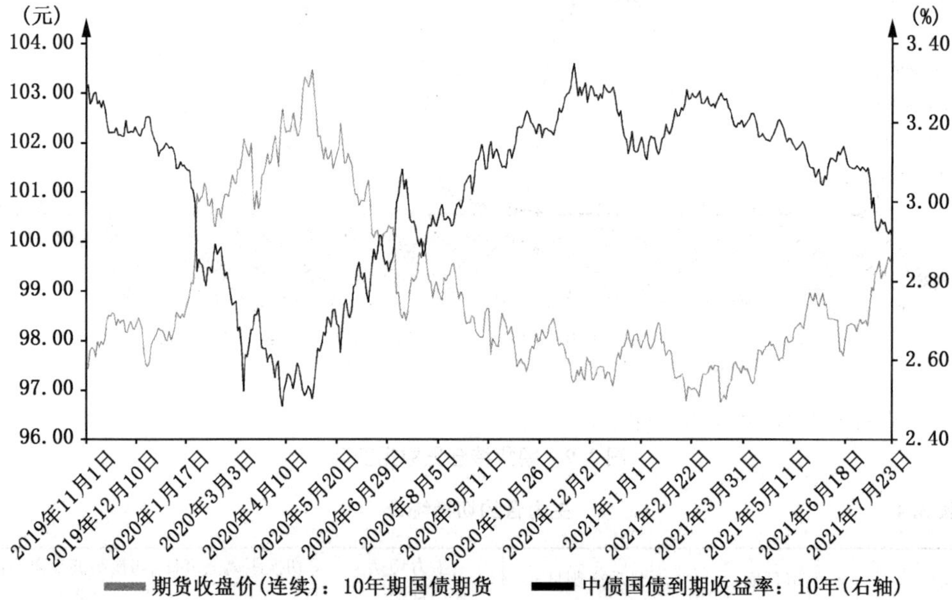

资料来源：Wind、湖南三湘银行。

图 3.10 10 年期国债期货与 10 年期国债历史走势

3.5.1 现券与国债期货互为参考

在日常交易中，国债期货开、平仓比现券更为便捷，主力合约品种相对明确，且能够容纳较大的资金量，期货的报价往往比现券更为连续。所以国债期货在交易时段内的走势往往成为现券日常交易的重要参考，这也是市场交易者的共识。在现券交易中，我们经常看到：国债期货突然拉升后，现券收益率也开始连续向下；或是期货砸盘时，现券收益率跟随期货下砸开始快速上行；又或是期货接连上拉后，国债现券始终无法突破关键位置，而后期货转头下砸等。

以2022年6月8日主力国债期货T2209与10年期国债活跃券220003的日内走势为例(见图3.11和图3.12)。可以看出期货日内走势与现券日内走势基本保持一致，且期货的价格更为连续，具备比现券更微小的波动幅度。10:40左右国债期货突然上拉，带动现券市场情绪走强，现券收益率开始下行，11:15左右国债期货日内走势开始见顶，现券日内收益率达到日内最低点后开始反弹，13:00期货开盘后下砸，现券跟随期货开始上行。期货15:15收盘后，现券走势恢复"自由"，当日基本无增量消息面扰动，现券收盘基本回到开盘位置附近。

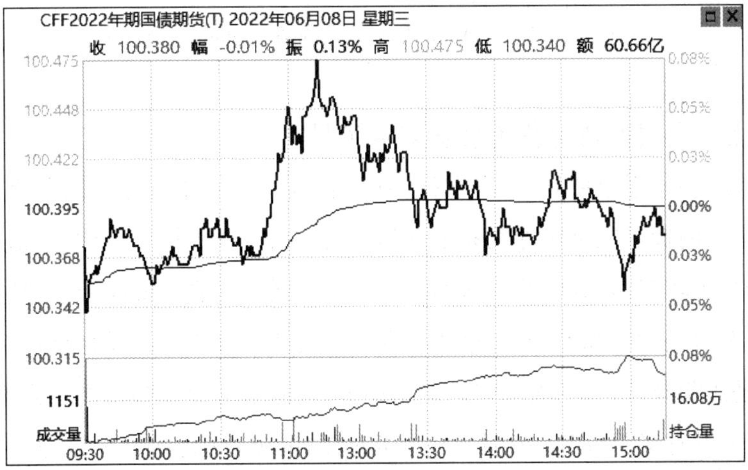

资料来源：Wind、湖南三湘银行。

图3.11　2022年6月8日国债期货日内走势

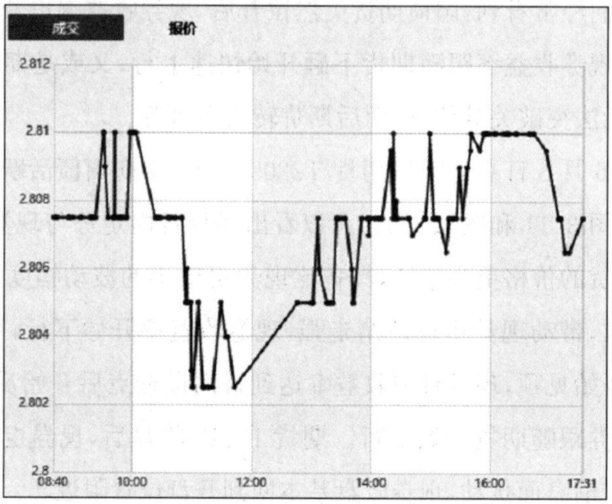

资料来源：qeubee、湖南三湘银行。

图 3.12 2022 年 6 月 8 日 10 年期国债 220003 的日内走势

3.5.2 国债期货可作为现券对冲工具

国债期货开、平仓便利，且存在做空机制，所以对于能进行国债期货交易的机构来说，国债期货往往是对冲现券波动的重要工具。正如第 1 章中所说，利率债现券涉及的品种较多，且其中绝大多数都是非活跃券，日常交易成交笔数寥寥无几。在面对利率市场的大幅波动时，这些非活跃券很难及时以合理的价格买入或者卖出，即便是活跃券，当市场面临突发消息冲击时，也经常会面临市场一致看多/空而导致盘面上没有买单(BID)或者卖单(OFR)的情况，这时候就可以通过在国债期货上快速开多/开空，规避利率大幅波动的风险。

我们以 2022 年 1 月 29 日“央行报警”为例说明。2021 年 1 月 29 日中午期货收盘后传出“SLF 加息”言论，午间现券快速上行(见图 3.13)，活跃券 200016 零星几笔上行 2bp 后市场已无合理价位的 BID 挂出，现券难以再度成交。13:00 10 年期国债期货开盘后，大量开空对冲单①涌入，国债期货下砸 0.3%(相当于现券 5bp 左右)后止跌，现券较低点瞬间上行 6bp，但成交寥寥。手头持有大量现券的主要机构在这种极端情况下均难以变现。而后，国债期货止跌出现小幅反弹，触及日内

① 开空单在期货走势中表现为期货成交量和持仓量快速上行，但期货价格下砸。

均线后转跌(见图 3.14),但现券依然成交稀少;随后 14:30 央行报警辟谣,现券才开始转头收复跌幅。虽在本次事件最后以央行辟谣收尾,但也是市场极端情况下期货作为对冲工具使用的一个典型案例。

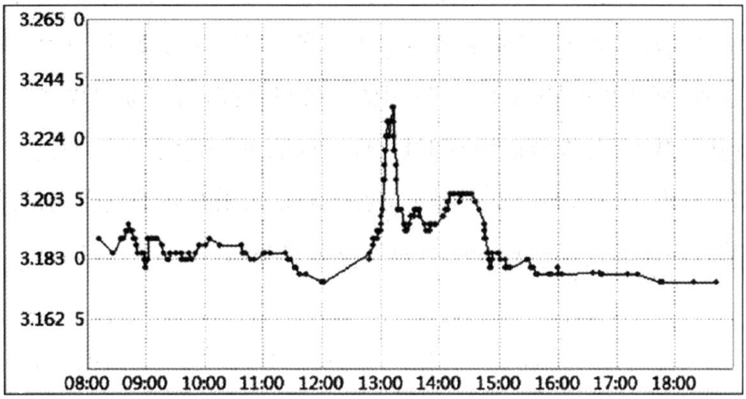

资料来源:Wind、湖南三湘银行。

图 3.13　10 年期国债活跃券 200016 对应走势

资料来源:Wind、湖南三湘银行。

图 3.14　2021 年 1 月 29 日 10 年期国债期货的走势

3.5.3 与现券一起进行套利获利

正如前文所述的，期货和现券的波动一旦不那么同步，往往就能衍生出基差套利的机会，市场会通过无风险套利交易来抹平这种差异。具体来说，基差＝现券价格－期货价格×转换因子，可用来描述期货价格与可交割券现券之间的相对价格，当基差越小时，期货价格相对于 CTD 国债的价格越高，可以通过做多基差来进行正向套利；基差越大，期货价格相对于 CTD 国债的价格越低，可以通过做空基差来进行反向套利，但做空基差会受到可交割券不确定的限制和借贷费用的约束，当所有现券的基差均显著大于 0 时（也就是 CTD 国债显著大于 0），可以进行该种套利的尝试。

所以，相对于其他现券而言，CTD 国债（或者说活跃 CTD 国债）的价格与期货的关系更为密切，其波动幅度往往比其他现券更为剧烈，这种现象在期货交割前一个月至期货合约交割日尤为明显。以 T2109 和当时活跃的 CTD 国债 200006 为例，交割日前 40 个交易日，200006 的日波动幅度与同为 10 年期国债的 200016 和 210009 基本相当，但来到交割日前 20 个交易日后，200006 的日波动幅度明显放大，日波动方差（2.093 8）开始显著大于同为 10 年期国债的 200016（1.654 2）和 210009（1.650 3），而在交割日之后，200006 再度恢复到与其他 10 年期国债同步波动水平（见表 3.5 和图 3.15）。对于看准走势的交易者来说，利用活跃 CTD 国债的这一特性进行快进快出交易，也不失为获取丰厚收益的一个手段。

表 3.5　　200006、200016 和 210009 的日波动方差统计

	统计时间区间	200006	200016	210009
交割日前 40 天	2021 年 7 月 21 日至 2021 年 8 月 16 日	2.696 2	2.347 3	2.730 5
交割日前 20 天	2021 年 8 月 17 日至 2021 年 9 月 13 日	2.093 8	1.654 2	1.650 3
交割日后 20 天	2021 年 9 月 14 日至 2021 年 10 月 20 日	2.253 5	2.210 8	2.366 3

资料来源：Wind、湖南三湘银行。

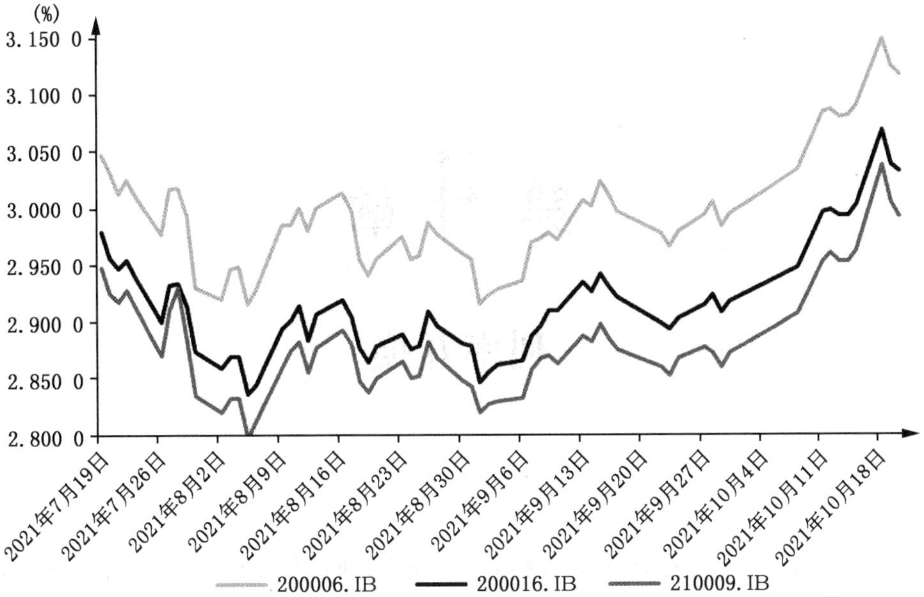

资料来源：Wind、湖南三湘银行。

图 3.15　CTD 200006 在交割月前后 20 个交易日的每日走势

3.5.4　成为交易中“带节奏”的工具

通过前面的描述，我们已经知道国债期货的走势能够影响现券的走势，所以对于想要引导市场情绪、放大市场波动来获取超额收益的投机交易者来说，国债期货无疑是个好的操作工具。与至少 10 多个交易活跃的债券现货品种相比，国债期货只有 3 个品种且期限划分明确，交易所的交割模式和衍生品无须当期现货交割的特性可以让投资者快速积累很大仓位[①]，同时期货采用杠杆交易的模式，很小的资金就可以撬动短期很大的行情。当市场情绪脆弱时，国债期货一个突如其来的下砸，就可以带动现券情绪的快速走弱；或是国债期货盘中的快速上拉，带动现券突破震荡点位后走出趋势；又或是通过在国债期货上拉动市场价格上行的方式，引诱现货市场买方进场接盘，从而实现现券出货成交目的等，这一类带节奏行为需要在市场中反复体验与识别，知道何时该参与、何时该离场，此处不再赘述。

① 如果你在现券市场上，很有可能会出现没有足够多的持有者愿意卖出债券的窘境。

第 4 章

利率互换

互换(Swap)是四大金融衍生品(远期、期货、期权和互换)中唯一不涉及标的物交割的品种,交易对手互换的是不同标的所产生的现金流、收益或损失。这也意味着互换合约的名义标的规模可以非常大,让它成为较好的投机或对冲品种。

根据当前监管环境,绝大多数银行和保险机构无法进入国债期货市场进行投机或对冲。对这些机构而言,国债期货虽好,却遥不可及,只能通过利率互换这一监管许可的利率衍生品进行投机或对冲。

那么,利率互换究竟是如何运作的呢?

4.1 利率互换合约基础

4.1.1 利率互换合约(IRS)是一类什么样的合约?

利率互换从本质上说是对赌,一方赌未来利率将要下跌,另一方赌未来利率将要上涨,赌赢的一方从对方处获得超额收益,赌输的一方则承担相应的亏损,我们可以举个简单的例子来说明。

假定交易方 A 认为 1 年后利率将要上行,交易方 B 认为 1 年后利率将要下行,交易方 A 和 B 都想要获得更多收益,于是在商议后达成一致约定:一年后,以本金 1 万元为标的,交易方 A 支付给 B 以固定利率 2%计算的利息,交易方 B 支付

给A浮动的以到期日FR007利率计算的利息。一年后,FR007的利率上升至2.5%,则:

A需支付给B:10 000×2%=200(元)

B需支付给A:10 000×2.5%=250(元)

A成为赌赢的一方,获取50元的超额收益,B则成为赌输的一方,承担50元的额外亏损。

现实中,市场上从来不乏对利率持看跌或看涨态度的人,双方诸如上述交易方A和B的频繁约定,也就产生了利率互换这一合约品种,合约品种在发展中越来越接近标准化,利率互换也自然同债券一样成为一类可以在市场上交易的标的。

从定义上说,人民币利率互换交易是指交易双方约定在未来的一定期限内,根据约定的人民币本金和利率计算利息并进行利息交换的金融合约。其中,买方为收取浮动利率利息的、支付固定利率利息的一方(看涨利率);卖方为支付固定利率利息、收取浮动利率利息的一方(看跌利率)(见图4.1)。

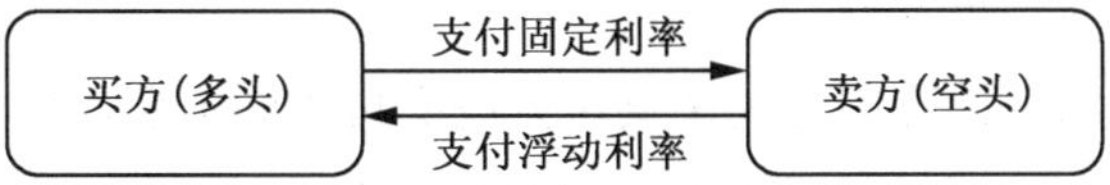

资料来源:湖南三湘银行。

图4.1 利率互换合约交易示意图

4.1.2 利率互换合约的基础要素

实际中,利率互换的双方虽然与上述例子中的交易方A和B类似,但合约约定的内容更为严格和标准,标准的利率互换合约具备以下基础要素:

(1)名义本金

名义本金指的是买卖双方约定用以计算利息的目标本金,在实务中并不需要实际交割,只是一个计算的"虚拟"金额。单笔名义本金以万元作为单位,最小交易量是10万元,最小变动单位是1万元。

(2)交易方向

收取浮动利率利息的、支付固定利率利息的一方为买方;支付固定利率利息、收取浮动利率利息的一方为卖方。

(3)交易日(成交日)、起息日、到期日和交易期限

交易日(成交日)、起息日、到期日和交易期限见表4.1。

表4.1 交易日(成交日)、起息日、到期日和交易期限

日期	含 义
交易日(成交日)	指交易双方达成一笔利率衍生产品交易的日期
起息日	指开始计算资金利息的日期,起息日默认为成交日+1
到期日	为合约结束日,即起息日+合约期限
交易期限	起息日至到期日之间的天数

资料来源:交易商协会,湖南三湘银行整理。

(4)计息方式

单利或是复利。目前,固定端均是参照单利计算利息,浮动端除了以FR007为基准的浮动端参照复利计算,其余均按单利计算利息。

(5)固定利率与固定金额

固定利率,指约定计算固定利率支付方应支付的固定金额所依据的利率水平。

固定金额,指固定利率支付方在支付日应支付的款项。除非交易双方另有约定,否则按如下公式计算:

$$C_{fix,i}=Qr_{fix}\frac{N_i}{D}$$

其中,

$C_{fix,i}$ 是固定利率支付方第 i 个计息期支付的现金流;

Q 是一笔利率衍生产品交易的名义本金;

r_{fix} 是一笔利率衍生产品交易的固定利率;

D 是该计息基准对应的年度计息天数;

N_i 是该计息期的天数。

(6)参考利率、计息基准和浮动金额

①参考利率是指用于确定浮动利率水平的基准利率。

②计息基准包括Act/Act、Act/365、Act/360等。

目前交易中心系统支持的利率指标及相应计息基准见表 4.2。

表 4.2 **利率指标及相应计息基准**

参照指标	品 种	计息基准
FR	FR001、FR007、FDR001、FDR007	Act/365
Shibor	Shibor_O/N、Shibor_1W、Shibor_1M、Shibor_3M	Act/360
存贷利率	LPR1Y、LPR5Y	Act/360
	一年定存利率、一年/三年/五年/五年以上贷款利率	
债券收益率	GB10:10 年期中债国债到期收益率 CDB10:10 年期中债国开债到期收益率 D10/G10:10 年期中债国开债到期收益率与 10 年期中债国债到期收益率之差 AAA3/D3:3 年期中债中短期票据收益率与 3 年期中债国开债到期收益率之差	Act/Act

资料来源:交易商协会,湖南三湘银行整理。

③浮动金额

单利计算规则:

$$C_{float,i} = \sum_{j=1}^{n} Q(r_{ref,j}) \frac{d_j}{D}$$

其中,

$C_{float,i}$ 是浮动利率支付方第 i 个计息期支付的现金流;

Q 是名义本金;

$r_{ref,j}$ 是第 i 个计息期中第 j 个重置日对应的浮动利率;

d_j 是第 i 个计息期中第 j 个重置期对应的实际天数(算头不算尾);

D 是参考利率计息基准对应的年度计息天数;

n 是第 i 个计息期中包含的重置期个数。

复利计算规则:

$$C_{float,i} = Q\left\{\prod_{j=1}^{d_0}\left[1+\frac{r_{ref,j}\times d_j}{D}\right]-1\right\}$$

其中,

$C_{float,i}$ 是浮动利率支付方第 i 个计息期支付的现金流。

Q 是名义本金。

$r_{ref,j}$ 是第 i 个计息期中第 j 个重置日对应的浮动利率。

d_j 是当参考利率为 Shibor_O/N 或 FR001 时，d_j 在某一营业日后继一天也为营业日的情况下为"1"，在某一营业日后继一天为非营业日的情况下，等于自该营业日起(含该日)至下一营业日(不含该日)为止的自然天数；当参考利率为其他利率时，d_j 为第 i 个计息期中第 j 个重置期对应的实际天数(算头不算尾)。

d_0 是第 i 个计息期中包含的重置期个数。

D 是参考利率计息基准对应的年度计息天数。

(7)支付日与支付周期

支付日与支付周期规定见表 4.3。

表 4.3　　支付日与支付周期

名 词	说　明
支付日	指交易一方支付的日期。当支付周期为整月或月的倍数时，支付日为按照该支付周期推算的相应月份中与起息日相同的一日(若按照该支付周期推算的相应月份中找不到与起息日相同的一日，则为该月的最后一日)。支付日根据约定的营业日准则调整
支付周期	指交易双方用以推算支付日的固定时间间隔，包括天、周、两周、月、季、半年、年、到期支付、期初支付；在推算支付日时，支付周期为季、半年、年，则等同于 3 个月、6 个月、12 个月

资料来源：交易商协会，湖南三湘银行整理。

(8)重置频率、重置日、利率确定日和重置期

重置频率、重置日、利率确定日和重置期规定见表 4.4。

表 4.4　　重置频率、重置日、利率确定日和重置期

名词	说　明
重置频率	每天、周、两周、月、季、半年、年一次，用以推算重置日，其中每天指每个营业日。在计算重置日时，若重置频率为季、半年、年，则等同于 3 个月、6 个月、12 个月
重置日	就一个计息期而言，重置日从计息期首日按重置频率依次推算，重置频率与支付周期相同的，则计息期内不发生重置。重置期为整月或月的倍数且在计息期内发生重置的，重置日为按照该重置频率推算的相应月份中与本计息期首个重置日相同的一日(若按照该计息期推算的相应月份中找不到与起息日相同的一日，则为该月的最后一日)

续表

名词	说　明
利率确定日	指确定某个重置日参考利率水平的日期。除另有约定，利率确定日适用上一营业日准则
重置期	就一个计息期而言，指相邻两个重置日间隔的天数(算头不算尾)，首个重置期始于计息期的首日，该计息期内的最后一个重置期应随所在计息期结束而结束。若该计息期仅有一个重置日，则重置期等于计息期

资料来源：交易商协会，湖南三湘银行整理。

(9)营业日及营业日准则

营业日一般为相关账户所在地商业银行正常营业的日期(不含法定节假日)。若某一相关日期并非营业日，则根据“营业日准则”调整(见表 4.5)。

表 4.5　　营业日准则

准则	说　明
下一营业日	顺延至下一营业日
经调整的下一营业日	顺延至下一营业日，但如果下一营业日跨至下一月，则提前至上一营业日
上一营业日	提前至上一营业日

注：与营业日准则相关的还有计息天数调整，需要约定是否按实际天数调整。
资料来源：交易商协会，湖南三湘银行整理。

除了上述基础要素外，还有另外一些利率互换合约交易专用术语，具体可查阅《中国银行间市场金融衍生产品交易定义文件(2012 年版)》。

4.1.3　利率互换报价惯例

利率互换的报价通常是指互换中固定利率的报价，通常报价中会有两个价格，左边为买价，右边为卖价(同债券中的 BID 和 OFR)：左边代表利率互换合约买方愿意支付的固定利率的水平，右边代表利率互换合约卖方愿意收取的固定利率的水平。

目前，国内已有的利率互换合约品种很多，但国内主流品种是 FR007 以及 Shibor，前者常称 IRS-Repo，后者称为 IRS-Shibor。品种的具体表达上，利率互换的品种表达方式为“‘浮动利率基准’_‘期限’”，如“FR007_5Y”指的就是浮动端以

FR007 计算，固定端以成交固定利率计算的 5 年期限利率互换合约。

代码	期限	最优买量(百万元)	最优买价	最优卖价	最优卖量(百万元)
FR007S1M	1M	100	1.600 0	1.985 0	250
FR007S2M	2M	-	-	-	-
FR007S3M	3M	150	1.850 0	1.912 5	200
FR007S6M	6M	250	1.945 0	1.992 5	150
FR007S9M	9M	250	2.020 0	2.030 0	150
FR007S1Y	1Y	50	2.055 0	2.057 5	500
FR007S2Y	2Y	150	2.170 0	2.177 5	150
FR007S3Y	3Y	150	2.282 5	2.307 5	50
FR007S4Y	4Y	100	2.375 0	2.460 0	150
FR007S5Y	5Y	120	2.505 0	2.507 5	140

我的关注　常用　FR007　Shibor 3M　FDR007　Shibor O/N　一年定存利率

资料来源：Wind、湖南三湘银行。

图 4.2　利率互换示范

4.1.4　利率互换案例说明

FR007_1Y 的基础资料如图 4.3 所示，FR007_1Y 的利率确定日为重置日前一营业日，适用于上一营业日法则，假定 2021 年 5 月 18 日以 2.06％的利率购入名义本金为 1 亿元的该合约，支付周期为年付，支付日调整参照经调整的下一营业日，重置频率为一周。

利率互换资料	
期限(年)	1
参考利率	FR007
参考利率最新值	1.6
计息天数调整	实际天数
支付日调整	经调整的下一营业日
支付周期	季
浮动利率重置频率	周
浮动利率计息基准	实际/365
固定利率计息基准	实际/365

图 4.3　利率互换资料

则该合约的起息日为 2021 年 5 月 19 日，重置日为 2021 年 5 月 26 日、2021 年

6月2日、2021年6月9日……利息确定日为重置日前一日，为2021年5月25日、2021年6月1日、2021年6月8日……其间计息频率及过程如下：

(1)第一个付息周期(2021年5月19日至2021年8月18日)

第一个付息周期计算见表4.6。

表4.6　　第一个付息周期计算

利率确定日	2021年5月18日	……	2021年8月18日	总计
对应FR007利率	2.22%		2.08%	
计息区间	2021年5月19日至2021年6月25日	……	2021年8月19日至2021年8月19日	
计息天数	7	……	1	92天
计息金额(浮动)(元)	298 027.397 3		5 698.630 137	58.82万
固定利率	2.06%	……	2.06%	
计息金额(固定)(元)	39 506.849 32		5 643.835 616	51.92万

注：期间天数总计92天。
资料来源：湖南三湘银行。

(2)第二个付息周期

第二个付息周期计算见表4.7。

表4.7　　第二个付息周期计算

利率确定日	2021年8月19日	……	2021年11月18日	总计
对应FR007利率	2.10%		2.22%	
计息区间	2021年8月20日至2021年8月26日	……	2021年11月19日至2021年11月19日	
计息天数	7	……	1	92天
计息金额(浮动)(元)	281 917.808 2		6 082.191 781	61.67万
固定利率	2.06%	……	2.06%	
计息金额(固定)(元)	39 506.849 32		5 643.835 616	51.92万

注：期间天数总计92天。
资料来源：湖南三湘银行。

(3)第三个付息周期

第三个付息周期计算见表 4.8。

表 4.8 第三个付息周期计算

利率确定日	2021 年 11 月 19 日	……	2022 年 2 月 18 日	总计
对应 FR007 利率	2.20%	……	2.10%	
计息区间	2021 年 11 月 20 日 至 2021 年 11 月 26 日	……	2021 年 11 月 19 日 至 2022 年 2 月 21 日	
计息天数	7	……	3	94
计息金额(浮动)(元)	295 342.465 8	……	51 780.821 92	65.77 万
固定利率	2.06%	……	2.06%	
计息金额(固定)(元)	39 506.849 32	……	16 931.506 85	53.05 万

注:期间天数总计 94 天,由于 2022 年 2 月 19 日为周六,参照下一营业日准则,计息天数顺延至周一。

资料来源:湖南三湘银行。

(4)第四个付息周期

第四个付息周期计算见表 4.9。

表 4.9 第四个付息周期计算

利率确定日	2022 年 2 月 21 日	……	2021 年 5 月 16 日	总计
对应 FR007 利率	2.15%	……	1.65%	
计息区间	2022 年 2 月 22 日 至 2022 年 2 月 28 日	……	2022 年 5 月 17 至 2022 年 5 月 19 日	
计息天数	7	……	3	87
计息金额(浮动)(元)	288 630.137	……	40 684.931 51	62.82 万
固定利率	2.06%	……	2.06%	
计息金额(固定)(元)	39 506.849 32	……	16 931.506 85	49.10 万

注:期间天数总计 87 天。

资料来源:湖南三湘银行。

汇总上述计算过程见表 4.10。

表 4.10　　　　　　　　　　　　　　计算汇总

支付日	计息天数	固定利率（%）	固定端金额（百万元）	浮动端金额（百万元）	支付日净额（百万元）
2021 年 8 月 19 日	92	2.060 0	−0.519 2	0.588 2	0.069
2021 年 11 月 19 日	92	2.060 0	−0.519 2	0.616 7	0.097 4
2022 年 2 月 21 日	94	2.060 0	−0.530 5	0.657 7	0.127 1
2022 年 5 月 19 日	87	2.060 0	−0.491	100.628 2	0.137 2
合　计			−2.06	102.490 8	0.430 8

资料来源：湖南三湘银行。

由于利率互换采用的是轧差支付，故在 2021 年 8 月 19 日、2021 年 11 月 19 日、2022 年 2 月 21 日以及 2022 年 5 月 19 日，卖方需分别支付给买方 6.9 万元、9.74 万元、12.71 万元和 13.72 万元。由于利率处于上行趋势，买方总计获得盈利 43.08 万元。

4.2　利率互换交易策略

(1)单向交易策略

单向交易策略，也可称为单一利率看涨/看跌策略，即在认为未来利率上行时买入利率互换合约，在未来以高的利率卖出平仓；在认为利率将要下行时卖出利率互换合约，并在未来以更低的利率买入利率互换合约。

我们通过一个案例说明：假定 FR007_5Y 在 2022 年 1 月 4 日成交价格为 2.58%，2022 年 1 月 29 日成交价格为 2.41%。

若 2022 年 1 月 4 日准确判断利率在后续将要继续下行，则可投入名义本金，卖出一笔利率互换合约，收入 2.58%的固定利息，支付 FR007 利率，在 2022 年 1 月 29 日利率下行至 2.41%时（见图 4.4），则可反向对冲买入一笔利率互换合约，收入 FR007 利率，赚取后续期间的利差。

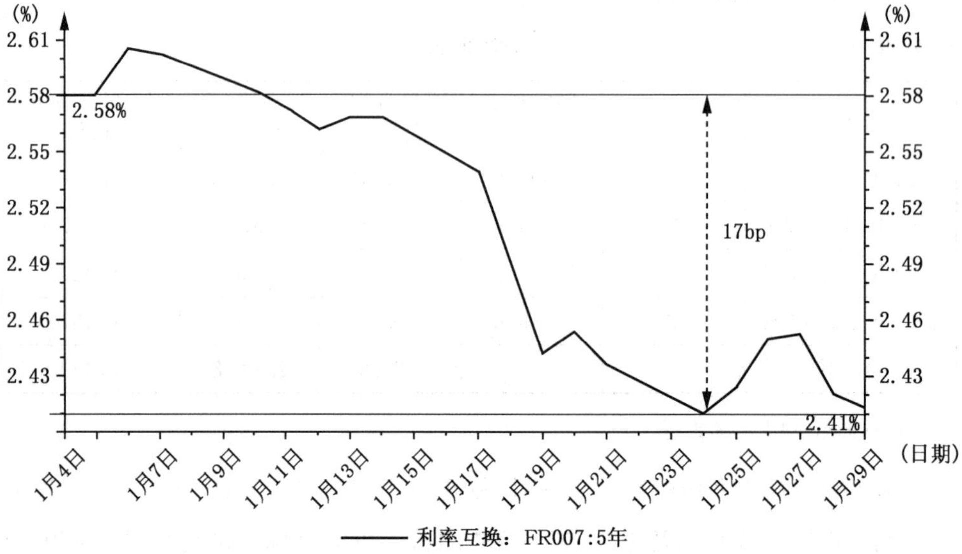

资料来源：Wind、湖南三湘银行。

图 4.4 FR007_5Y 走势

(2)曲线交易策略

曲线交易策略交易的是曲线的变化，主要是利用同一利率互换品种的不同期限产品获利，赚取的是利率互换曲线的变动差额。

该类策略的风险敞口基本为 0，在曲线发生异常或因市场情绪导致某期限超买/超卖变动时获利概率很高，但相对而言赚取的 bp 空间较单边敞口低，因此往往是通过大仓位交易获取收益。

①曲线做陡与做平(期差套利)。期差套利操作见表 4.11。

表 4.11 期差套利操作

	具体操作	盈亏计算
做陡曲线	买入长端的同时卖出短端，当长端与短端之间的价格差增大时，平仓	平仓时点的"长端－短端"利差－建仓时点的"长端－短端"利差
做平曲线	卖出长端的同时买入短端，当长端与短端之间的价格差缩小时，平仓	建仓时点的"长端－短端"利差－平仓时点的"长端－短端"利差

资料来源：湖南三湘银行。

我们通过一个案例来说明。

假定 FR007_5Y 在 2022 年 1 月 17 日成交价格为 2.54%，2022 年 1 月 29 日成交价格为 2.41%。FR007_1Y 在 2022 年 1 月 17 日成交价格为 2.175%，2022 年 1 月 29 日成交价格为 2.08%

在 2022 年 1 月 17 日，两者利差为 36.5bp，在 2022 年 1 月 29 日利差为 33bp。若在 2022 年 1 月 17 日准确判断利差后续将要走窄，则可按表 4.12 操作。

表 4.12　　案例示范

	操 作	收 支	利 差
2022 年 1 月 17 日	卖出 FR007_5Y，买入 FR007_1Y	收：2.54%－FR007 支：FR007－2.175%	36.5bp
2022 年 1 月 29 日	买入 FR007_5Y，卖出 FR007_1Y	收：2.08%－FR007 支：FR007－2.41%	33bp
		净收支：0.035%	获利 3.5bp

资料来源：湖南三湘银行。

②曲线做凹/凸（蝶式套利）：蝶式套利可以视作期差套利交易的嵌套版，做凸曲线即为卖出短端和长端，同时买入中端，获利后反向平仓；做凹曲线即为买入短端和长端，同时卖出中端，获利后反向平仓。

（3）基差套利策略

基差套利策略主要是利用不同利率互换品种的同一期限产品获利，赚的是品种之间的利差波动，也是零敞口，风险相对较低的策略，此处不再赘述。

4.3 利率互换与债券市场

（1）利率互换与债券套利

利率互换与债券套利损益见表 4.13。

表 4.13 套利操作与收益计算

开仓操作	开仓收支计算	简化计算	收益方向
买入债券,买入利率互换合约	(债券收益率－利率互换合约固定利率)＋(基准利率－正回购利率)	债券收益率－利率互换合约固定利率	利差走阔
卖出债券,卖出利率互换合约	(利率互换合约固定利率－债券收益率)＋(逆回购利率－基准利率)	利率互换合约固定利率－债券收益率	利差走窄

资料来源:湖南三湘银行。

套利时需要注意以下几点:

①利率互换使用轧差交易,所以这期间并不占用成本,但现券买卖会涉及资金的出入,所以精确计量时需计入回购利率。

②基准利率本就是货币市场利率,与回购利率高度相关,所以这部分计算可在简化时省去。

③策略结束时反向操作即可。

(2)作为债市的对冲工具

商业银行持有大量现券,却又无法参与国债期货市场,缺乏有效的做空工具。当预计市场的利率波动将对现券持仓产生不利影响时,就可以通过使用利率互换工具回避部分风险。

在债券的基础知识中,我们曾说过可以使用 DVO1 衡量 1 个基点的收益率变动对整个债券持仓组合的估值影响,在利率互换与债券持仓的对冲中,最常使用的也是 DVO1 匹配原则。

下面我们通过一个案例简单说明。

假定目前我们拥有债券 10 亿元,DVO1 是 80 万元,预计未来利率大概率将要上行。由于持仓规模的限制,我们必须要持有这一部分债券,并通过支付一笔利率互换(固定利率)FR001_1Y 对冲利率上行的风险,其中 FR001_1Y 的基础要素见图 4.5。

使用 DVO1 相匹配的原则,则可开设 80.56 亿元(800 000÷9 930.20)名义本金的 FR007_1Y 对冲头寸。

但值得一提的是,虽然采用 DVO1 相匹配的方式,利率互换能对冲利率上行

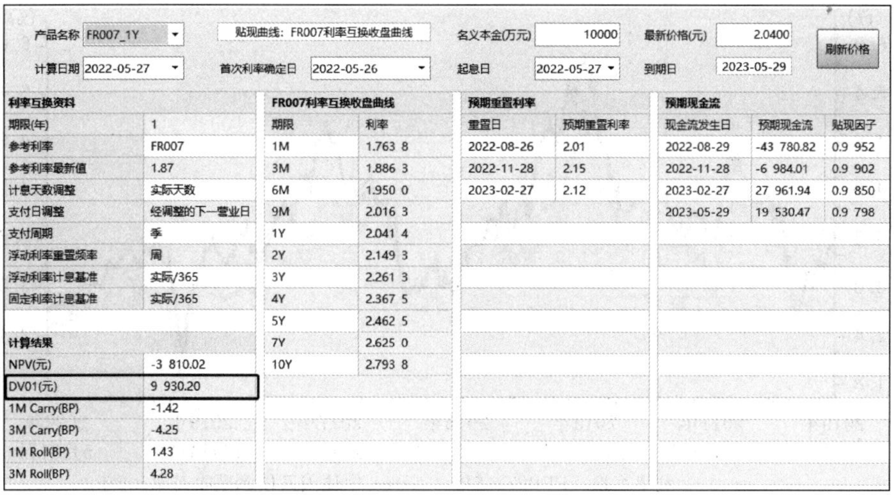

产品名称 FR007_1Y　贴现曲线：FR007利率互换收盘曲线　名义本金(万元) 10000　最新价格(元) 2.0400　刷新价格

计算日期 2022-05-27　首次利率确定日 2022-05-26　起息日 2022-05-27　到期日 2023-05-29

利率互换资料	
期限(年)	1
参考利率	FR007
参考利率最新值	1.87
计息天数调整	实际天数
支付日调整	经调整的下一营业日
支付周期	季
浮动利率重置频率	周
浮动利率计息基准	实际/365
固定利率计息基准	实际/365
计算结果	
NPV(元)	-3 810.02
DV01(元)	9 930.20
1M Carry(BP)	-1.42
3M Carry(BP)	-4.25
1M Roll(BP)	1.43
3M Roll(BP)	4.28

FR007利率互换收盘曲线	
期限	利率
1M	1.763 8
3M	1.886 3
6M	1.950 0
9M	2.016 3
1Y	2.041 4
2Y	2.149 3
3Y	2.261 3
4Y	2.367 5
5Y	2.462 5
7Y	2.625 0
10Y	2.793 8

预期重置利率	
重置日	预期重置利率
2022-08-26	2.01
2022-11-28	2.15
2023-02-27	2.12

预期现金流		
现金流发生日	预期现金流	贴现因子
2022-08-29	-43 780.82	0.9 952
2022-11-28	-6 984.01	0.9 902
2023-02-27	27 961.94	0.9 850
2023-05-29	19 530.47	0.9 798

资料来源：Wind、湖南三湘银行。

图 4.5　债券计算器

的风险，但这种对冲并不“精准”。因为活跃利率互换的利率往往是基于 FR007 和 Shibor，而货币市场利率虽与债券利率同方向变动，但并不那么一致，会有幅度和时点上的差异。差异大小因券种和期限的不同而各异，这种差异被称为基差风险。

此外，组合 DVO1 是整体组合的概念，所以 DVO1 匹配对冲的是曲线平移的风险，但无法对冲掉组合内部由于久期和持仓结构所导致的风险。

综上，利率互换作为利率衍生品，除了反映利率变动现实以外，由于对冲机制的存在还可以反映市场对利率变化的预期，成为债市交易中重要的参考指标之一，同期限的利率互换基本与债市保持一致变动(见图 4.6)。

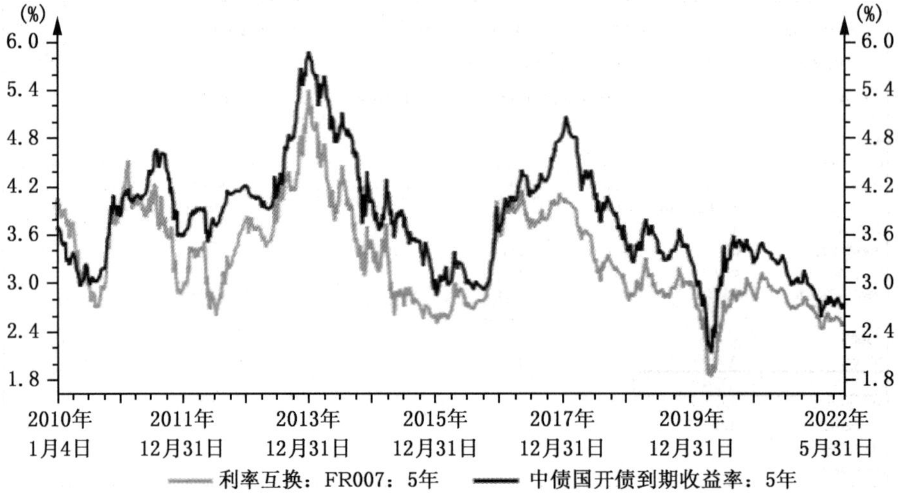

资料来源：Wind、湖南三湘银行。

图 4.6　5 年期利率互换与国开债走势

第 5 章

债券借贷

前文介绍了可作为对冲和做空工具的国债期货和利率互换品种,但上述两个品种都有明显劣势:国债期货不对绝大部分银行业金融机构开放,而利率互换本身的标的是资金利率而非债券价格,对冲和做空的效果并不好,跟踪误差很大,很有可能带来新的风险。那么,对于无法进入国债期货市场的机构而言,是否就不存在一个跟踪误差小的对冲和做空工具了呢?

显然不是,投资者仍然可以通过债券借贷的方式做空,而债券多头可以通过把所持有的债券借给其他投资者的方式增加收益。

5.1 债券借贷的定义

和股票市场上的融券类似,债券借贷也是一种融券行为,即融出方让渡债券的使用权给融入方,融入方取得借入的债券后可以在市场上卖出,到期支付"租用费"并归还债券。从定义上说,债券借贷是指债券融入方提供一定数量的履约保障品,从债券融出方借入标的债券,同时约定在未来某一日期归还所借入标的债券,并由债券融出方返还履约保障品的债券融通行为。

债券借贷的具体流程可用图 5.1、图 5.2 表示。

(1)借贷日:债券融出方 A 将标的券融给融入方 B,B 将其他券质押给 A 作为质押物。

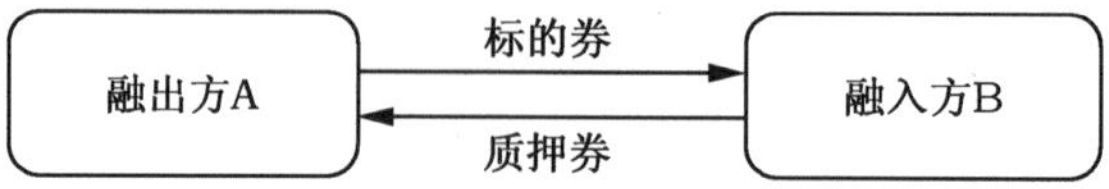

资料来源：湖南三湘银行。

图 5.1　债券借贷借贷日示意图

(2)借贷到期日：融入方 B 按照约定将标的券还给融出方 A，并且支付借贷费，融入方 A 释放质押券。

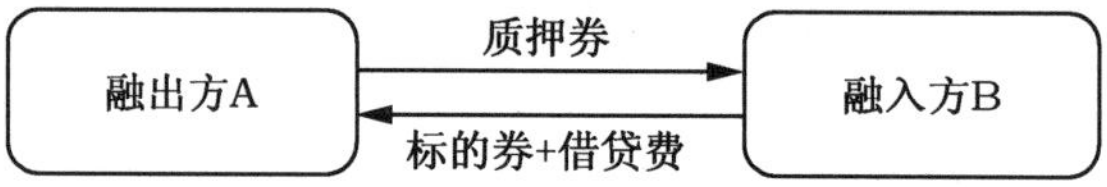

资料来源：湖南三湘银行。

图 5.2　债券借贷到期日示意图

5.2　债券借贷交易基础

金融机构目前只能在银行间市场完成债券借贷交易，在具体交易前，借贷双方需要签订债券借贷主协议，约定与债券借贷相关的具体事项。根据《银行间债券市场债券借贷业务管理办法(中国人民银行公告〔2022〕第 1 号)》规定，自 2022 年 7 月 1 日起，债券借贷业务管理需参照新的办法执行，办法规定“参与者进行债券借贷应当签署中国人民银行认可的债券借贷交易主协议(以下简称主协议)”。借贷双方与交易商协会签订借贷主协议后即可与其他机构交易，无须再与交易对手单独签约。

债券借贷的期限最长不超过 365 天，期限可自行协定。借贷费用因券种、流动性、需求不同而有所差异，也会随着市场行情的变动而变动，一般费用在 70～90bp，活跃券一般在 120～140bp。通常而言，国债比国开债费率低，非活跃券比活跃券费率低。

表5.1展示了2022年6月13日具体券种的借贷费用(表中最后一列代表的是借贷费用的bp数)。

表5.1　　2022年6月13日债券借贷费用参考

债券类型	期限	债券代码	借贷费率(bp)
国债	2Y	220005	60～65
	3Y	220004	50～55
	5Y	220002	55～60
	5Y	220007	67～70
	7Y	220006	50～60
	10Y	210009	60
	10Y	210017	60～67
	10Y	220003	65～70
	10Y	220010	70～75
	30Y	210014	87～95
	30Y	220008	95～105
	50Y	210003	60～65
国开债	1Y	220206	53
	2Y	210212	50
	3Y	220202	55～60
	5Y	210208	50
	5Y	220203	55～60
	7Y	210204	60
	7Y	210209	60
	10Y	210215	105～115
	10Y	210205	95～100
	10Y	210210	100～115
	10Y	220205	113～118
	10Y	220210	120～125
农发债	1Y	210411	70
	1Y	220401	63～65
	3Y	220403	67
	5Y	210403	65
	5Y	210408	60～65
	10Y	210405	60～65
	10Y	210410	60～65
	30Y	210430	70～75

续表

债券类型	期限	债券代码	借贷费率(bp)
口行债	1Y	220301	60
	2Y	210322	65～70
	3Y	210303	60
	3Y	210313	60
	5Y	210305	65～70
	7Y	210307	65～70
	10Y	210310	65～70
	10Y	220310	70～75

资料来源：湖南三湘银行整理。

5.3 债券借贷的功能

5.3.1 做空赚取投资收益

由于债券借贷的融入方具有融入标的券的使用权，因此债券融入方可以通过卖出借入标的债券，在借贷到期日期前再以较低的价格从市场上买入，并在借贷到期日归还给债券融出方，先高卖后低买，赚取价差收益，达到做空现券的目的。

如投资者A以70bp的价格借入1亿元210009，借贷期限14天。后判断市场收益率将要上行，遂以2.80的价格卖出，并在10天后以2.87的价格买入回补，后续无操作，到期后归还借入的债券。

已知210009的久期为7.705 8，则可以根据久期速算公式算出投资者A获取的价差收益。

其收益为：－7.705 800 00×(2.87%－2.80%)×100 000 000＝539 406(元)

所需支付的借贷费用为：100 000 000×0.7%×14/365＝26 849.32(元)

不考虑利息和资金成本，净收益为：53.940 6－2.684 9＝51.255 7(万元)

值得一提的是，若是单边做空，还需要综合考量票面利息支付成本和现券卖出后所得的闲余资金的融出收益。由于票面收益是现券收益的主要贡献来源，故通过债券借贷长期做空的方式需要谨慎考虑。

5.3.2　构建组合策略盈利

单边做空需要支出票面利息成本和借贷费，给单边做空造成了巨大的成本压力。因此做空债券必须快、准、狠，要求市场必须在短期内大幅下跌才可以覆盖“利息＋借贷费用”的双重成本支出。投资者必须谨慎对待利用债券借贷做空这一工具，稍有不慎就可能造成较大损失。正是由于存在票息这一巨大优势，债券具有很大的多头优势。

另外，债券借贷并卖空债券的行为会带来现金头寸，可以允许投资者买入其他债券，利用其他债券的利息弥补做空带来的利息损失。如果预判正确，还可以从做空的债券价格下跌中获利。

这种减少息差亏损的方式就是构建组合：投资者通过借贷做空与多头持有并行构建组合赚取价差收益。通常而言，债券借贷的组合构建有以下几种情况：

(1)曲线变动组合。由于影响各期限现券上下行幅度的因素不尽相同，如若发现曲线变动的可能趋势，则可以通过做空某一期限的债券，同时买入同一期限的债券构建期限利差组合。如其他条件不变，资金面突然由紧转松，且判定资金面松弛的局面还将维持一段时间，那么受到资金面影响的短期债券可能下行幅度将明显大于长期债券，此时可以通过做多短期债券，同时借贷做空长期债券的方式构建利差组合，并赚取收益。

(2)偏离回归组合。由于交易情绪的集中释放，导致某只债券的收益率明显过高，则可通过做多/做空这只债券，同时反向操作另一只同期限国债赚取收益。如果期限利差在市场情绪的影响下明显处于极端值状态，则可以通过做宽/做窄的方式赚取收益。

(3)新老券组合。构建新老券组合与活跃券的流动性溢价相关，通常来说，当一只券成为活跃券时，由于流动性好，市场会在定价中给予其较高的流动性溢价，这也是我们平时看到活跃券的收益率往往比部分短期限债券的收益率更低的重要原因之一，也就是收益率曲线上常见的活跃券凹点。但由于新老券换券(活跃券变换)，这种前期因“活跃”而给予的流动性溢价会逐步丧失，即活跃券变成老券后，其市场定价会向同期限的老券靠近，带来了新老券组合的套利机会。此时，我们可以通过做空将要逐步变成活跃券的老券，同时做多同期限的老券，等待它们收益率回归基本相当后获利。

除了上述几种方式外，通过债券借贷构建多空组合的途径还有很多，可在日常交易中慢慢练习体会。

5.3.3 临时对冲工具使用

前文已述，老券由于流动性缺失，很难在消息或事件突发时，以合理的价格变现，极端情况下，市场上压根没有买盘，流动性风险会转变为市场风险，从而造成较大的损失。不过，由于利率的变化具有统一性（即同一期限的债券，利率上下行的方向往往会保持一致），因此，对于没有交易衍生品资格的机构，也可以通过债券借贷，融入同期限活跃券并卖出做空的方式对冲。即在极端情况发生时，先行通过借贷的方式卖出具有买价的活跃券，并在利率上行/下行一段区间，或者市场情绪稳定后再以相对合理的价格平出老券，并对借贷空头进行平仓，规避部分利率上行的风险。

5.3.4 应对临时性的融资结算

除了赚取交易收益外，债券借贷还有一类重要的用途，就是应对临时性的融资结算需要。在实际交易中，由于债券持仓较多且肩负多重功能（如交易结算和回购质押物等），同一只券可能会被多个投资经理，甚至多个部门所使用。卖空券、押空券后导致所持有的债券经常无法满足当日结算需求，尤其是交投活跃但债券持仓规模不大的金融机构。在这种情况下，该机构就可以通过债券借贷融入相应债券，应对后台的结算需要。

参考资料

[1]中央国债登记结算有限责任公司:《关于调整中央债券综合业务系统债券应计利息计算公式的通知》。

[2]深圳证券交易所:《深圳证券交易所债券交易实施细则(2020年修订)》。

[3]中国人民银行:《中国人民银行关于完善全国银行间债券市场债券到期收益率计算标准

有关事项的通知》。

[4]中国人民银行:《关于开展人民币利率互换业务有关事宜的通知》。

[5]全国银行间同业拆借中心:《债券借贷业务操作指南》。

[6]全国银行间同业拆借中心:《人民币利率互换集中清算实时承接合约交易规程的通知》。

[7]交易商协会:《中国银行间市场金融衍生产品交易定义文件(2012年版)》。

[8]中国人民银行:《银行间债券市场债券借贷业务管理办法》(中国人民银行公告〔2022〕第1号)。

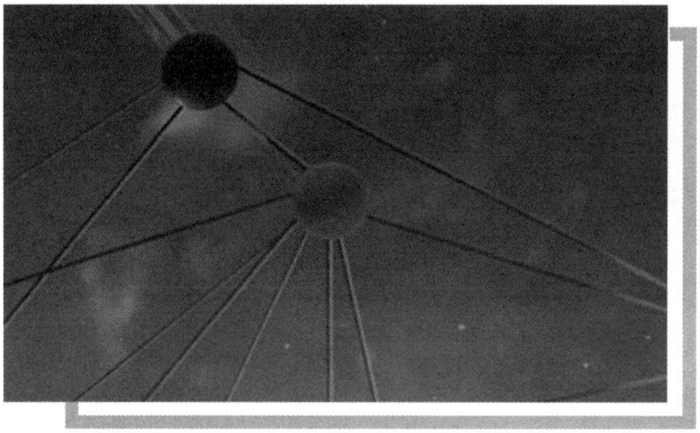

供需篇

价格永远是由供需双方决定的，债券也不例外。本篇通过介绍债券曲线、债券发行规则，以及了解主要投资者的约束条件等知识，分析和研究债券市场供需双方结构，找到预测债券供需力量强弱及价格变化的方法。

第 6 章

利率曲线

当同一个发行主体(如财政部或国家开发银行)发行的债券足够多时,不同期限债券的到期收益率会排列在以剩余期限为横轴,以到期收益率为纵轴的坐标系上,并形成一条曲线。该曲线被我们称为利率曲线。

图 6.1 显示了中债国债的利率曲线。

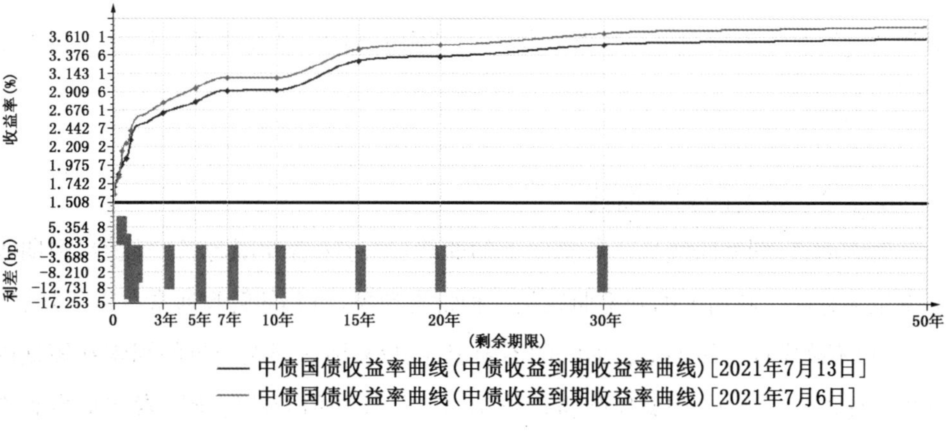

资料来源:Wind。

图 6.1　中债国债利率曲线

6.1 什么是利率曲线

6.1.1 关键期限

虽然足够多且期限各不相同的债券可以组成一条近似连续、光滑的利率曲线，但并非利率曲线上任何一个点都那么重要。债券投资经理更加关注的是关键期限利率，而其他剩余期限在关键期限附近的债券的定价则通常被关键期限利率所影响。

重要的关键期限由一级市场确定，国债通常按月发行3个月、6个月贴现国债与1年、2年、3年、5年、7年、10年、30年期附息国债(其中30年期国债为半年付息一次，其余为1年付息一次)，按季发行50年期附息国债；政策性银行债则发行1年、2年、3年、5年、7年、10年、20年以及少量30年期债券。

债券的定价是一二级市场相互影响形成的，由于正在发行或刚刚发行完毕的债券是交易量最大、市场买卖双方博弈最充分的品种，其定价自然也最为准确，其他贴近关键期限的债券定价只需要跟随关键期限即可。因此，债券的定价通常会形成聚集效应：3.2年债券的到期收益率会更贴近3年关键期限的利率，而3.7年债券的到期收益率则会更加贴近5年关键期限的利率，尽管两者只相差不到半年时间。

6.1.2 向上的利率曲线

通常而言，利率曲线是一条斜向上的曲线，这意味着期限越长的债券，到期收益率也会越高。斜向上的利率曲线是一种常态现象，对其的解释通常有以下几点：

(1)不确定性。短期债券面临的不确定性更小，诸多影响定价的因素在短期内剧烈变化的概率不大，因此风险溢价较小，相反，长期债券的定价因素在债券到期前变动概率较大，因此存在较大的风险溢价。

(2)受众更大。由于商业银行、公募基金等金融机构受到指标的制约，对长期债券的配置需求将弱于短期债券，这也使得短期债券的供需结构会好于长期债券。

站在供需角度上看，不同关键期限的定价逻辑以及其面临的供求关系是存在差异的,但无论如何,长期债券所面临的信用风险、市场风险和操作风险均比较大,对宏观经济、货币政策的结构调整以及通货膨胀冲击也更加敏感,理应要求更高的收益率。

6.2 骑乘效应与曲线中的凸点

6.2.1 骑乘效应

向上的收益率曲线带来了另一个重要的概念——骑乘效应:一只 10 年期债券在真空环境、一切条件都不改变的情况下持有 5 年,即使利率曲线的任何部位都不摆动,完全静止,投资者的持仓仍然会出现较大的浮盈,当投资者卖出时,就能获得投资收益。

这是因为债券的剩余期限会随着时间的推移而减少,长期债券也会随着时间的推移变成短期债券,但债券买入时的票面利率、买入净价和到期收益率已经确定,不会跟随债券剩余期限的减少而减少。当该笔债券剩余期限从 10 年变成 5 年时,它的市场均衡利率已经从 10 年关键期限利率变成了 5 年关键期限利率,而在正常的利率曲线里,10 年关键期限利率总是会大于 5 年关键期限利率,相同票面利率下,10 年关键期限利率所对应的净价总是小于 5 年关键期限利率对应的净价,两者的差额即为骑乘效应带来的投资收益。

如图 6.2 所示,如果投资者于 2021 年 7 月 13 日持有 10 年期国债至 2031 年 7 月 13 日,在利率曲线不发生任何变动的情况下,其盈利为 3.995%(47bp×久期 8.5)。

前文提到,由于债券的定价是围绕关键期限利率聚集而成的,因此“骑乘效应”并不是匀速进行、均衡排列,而是在某一些节点上存在加速,例如 2021 年 7 月 14 日 4.66 年国债 210002 的到期收益率为 2.74,5.39 年国债 190016 的到期收益率为 2.79(0.7 年骑乘效应为 5bp),6.39 年国债 200017 的到期收益率为 2.83(1 年骑乘效应为 4bp),6.83 年国债 210007 的到期收益率则为 2.91(0.4 年骑乘效应为 8bp)。

寻找到合适的券种,是在债市行情稳定环境中利用骑乘效应获取收益的最好

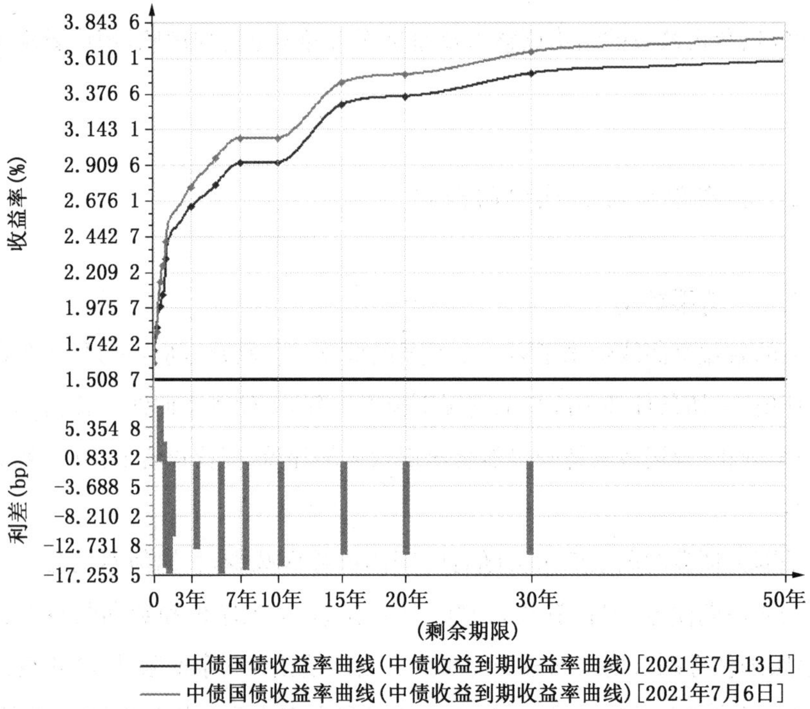

资料来源:Wind。

图 6.2 利率曲线的骑乘效应

方式。

6.2.2 特殊的 7 年期债券

从图 6.2 我们可以发现,利率曲线中呈现出一个内凹和外凸结合的形态,这就是利率曲线的 5 年～7 年～10 年段:7 年被 5 年和 10 年这两个债券市场最活跃、流动性最好的关键期限夹住,成为整条利率曲线中最凸的一点。

由于流动性溢价的存在,5 年和 10 年关键期限债券的收益率通常会更低,流动性溢价较低的 7 年期债券因此收益率会更高,在市场更加关注流动性(如交易更加活跃)时,7 年关键期限利率甚至可能会高于 10 年利率,形成利率曲线的结构性倒挂。

因此,7 年期限债券相对利率较高,但流动性较差的特点,使之成为配置户青睐的品种,而其与主力交易品种10年期限债券之间的价差变化,也通常暗示着配置盘与交易盘的强弱变化。

图6.3展示了过去10年以来7年与10年期国债关键期限利率倒挂的情形,二者利率的倒挂并不像市场某些错误认知的那样能够预示行情的转变,只能代表两种力量的强弱变化。

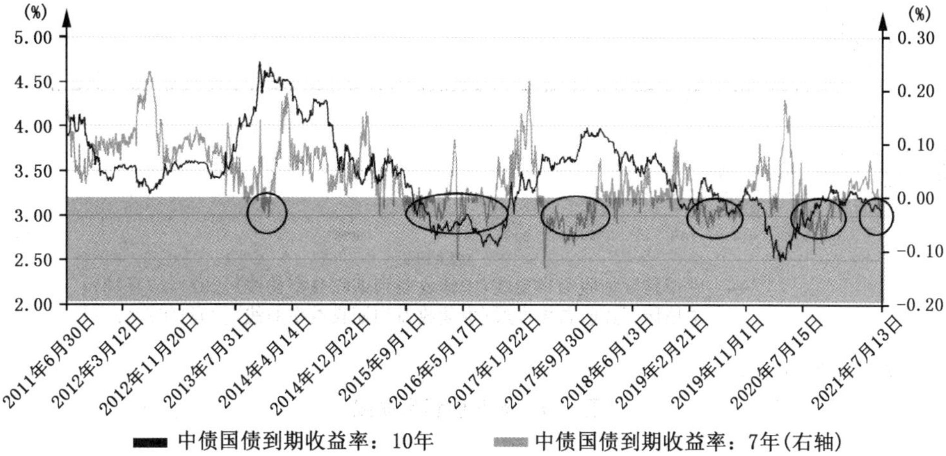

资料来源:Wind、湖南三湘银行。

图6.3　10年期国债与7年期国债利差变化

6.3　其他利率曲线

在交易员与投资经理主要参考的债券利率曲线中,除了国债利率曲线之外,还有两条利率曲线值得关注:一是政策性金融债利率曲线,主要是国开债利率曲线;二是地方政府债利率曲线。由于它们都有信用风险极小、市场认可度较高、交投较为活跃等“类国债”特点,其曲线通常会被市场用于和国债利率曲线对比。

政策性银行债利率曲线中,我们主要选取国开债曲线,这是因为国家开发银行是政策性银行中发债最多、债券交易最活跃的品种,因此与其他政策性银行利率曲线相比,国开债收益率通常较低,利率曲线也更加靠下。

图6.4展示了国开债利率曲线,通过与图6.3对比我们可以发现,由于10年

期国开债的交易接受程度更高，流动性更好，因此国开债利率曲线的 7～10 年段更加平坦，7 年与 10 年倒挂的现象也可能更加明显。

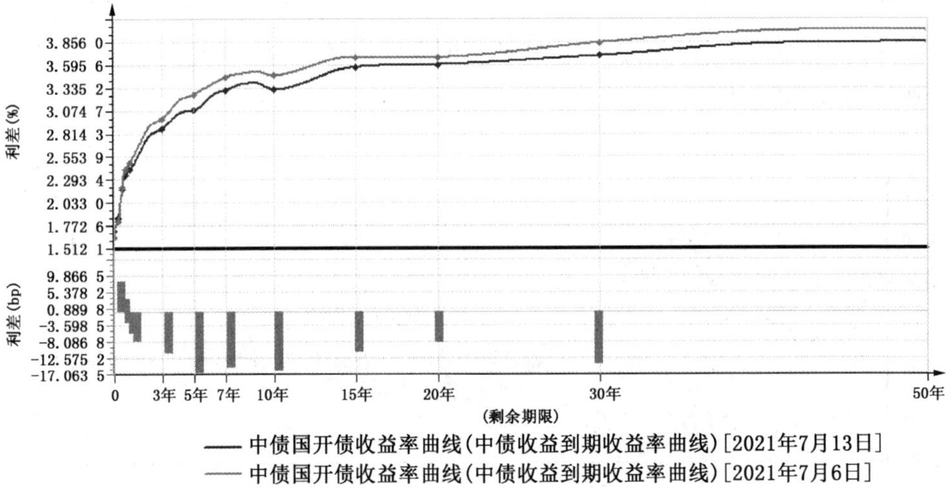

资料来源：Wind。

图 6.4 国开债利率曲线

除了流动性溢价会影响利率曲线的高低及形态之外，我们还需要关注不同利率曲线为什么会出现不同的走势。对比国债、国开债与地方债利率曲线，我们发现，国债利率曲线总是最低，其次为地方债，最高为国开债，但地方债与国开债在某些关键期限利率上出现了重合和倒挂的现象（见图 6.5）。出现上述现象的原因有以下三个：

（1）政府债券（国债和地方政府债）均免除利息所得税，由于所得税率通常为 25%，这也意味着如果计算税后利息收入，国债和地方政府债收益率很可能会高于国开债，因此在实际交易中，国开债的利率曲线会高于国债和地方政府债。

（2）在交易盘更强的 5 年及 10 年品种上，国开债的流动性更好，因此有更多流动性溢价，压低了 5 年和 10 年关键期限利率的收益率。

（3）从供给结构上看，地方政府债由于更多用于基础设施建设的融资，期限通常较长，10 年以上期限债券的发行规模和占比会显著高于国开债，较国开债更容易出现供需不平衡的情况。

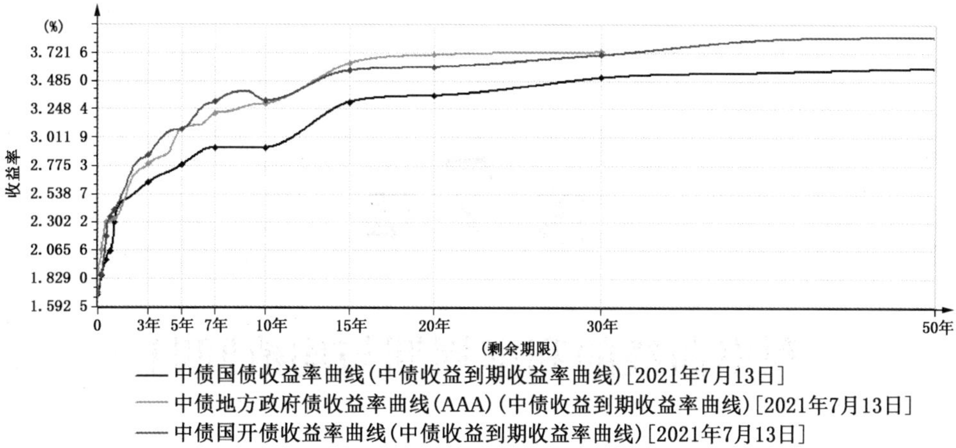

资料来源:Wind。

图 6.5　国债、地方债与国开债利率曲线

第 7 章

利率曲线的利率周期与均值回归

7.1 利率周期

7.1.1 区间运动的利率

与股票价格的上不封顶不同，债券市场通常不会出现利率为负的情况，即债券的净价通常是有顶的。由于中国经济管理层良好的通货膨胀和增长管理政策组合，中国经济一直呈现出比较平稳的增长，通货膨胀及其增速的变化并不大，且国内金融机构占据主导地位，债券供需面不会发生明显恶化或偏移。这也使得利率会在一个范围内(范围可大可小)持续波动——而这种上有顶、下有底的周期波动在 2008 年后更加明显(同时期其他主要国家的国债收益率波动区间也显著收窄)。

而债券收益率在区间的往复运动中具备周期性：由于国债没有信用风险，且其利率具有重要的基准利率作用，能够指示宏观经济的相对强弱，故国债收益率与经济一样，存在螺旋周期。这种周期性主要由三个层面造成：

(1)市场经济周期。由于供给与需求存在时滞，供需无法在时间上达到均衡点，而是围绕均衡点循环摆动，导致经济本身带有周期性，影响债券市场的周期性。

(2)政策管理周期。对于宏观经济政策管理者而言，其行动逻辑为相机决策，需要看到经济过热、过冷时才会强力干涉，而当问题已经显而易见时，它已经在经济体系中发酵了很久。宏观监管政策与经济的“时滞伴随”，导致宏观经济政策也存在周期性。

(3)情绪周期性。由于人性使然，投资者线性外推，总是认为当前面临的困难/优势会继续扩大，引发其更加恐慌的抛售和疯狂的买入，导致市场波动加大，使得金融市场出现了周期。

如图 7.1 所示，债券周期通常在 19～22 个月，且利率上行时间一般要短于利率下行时间。

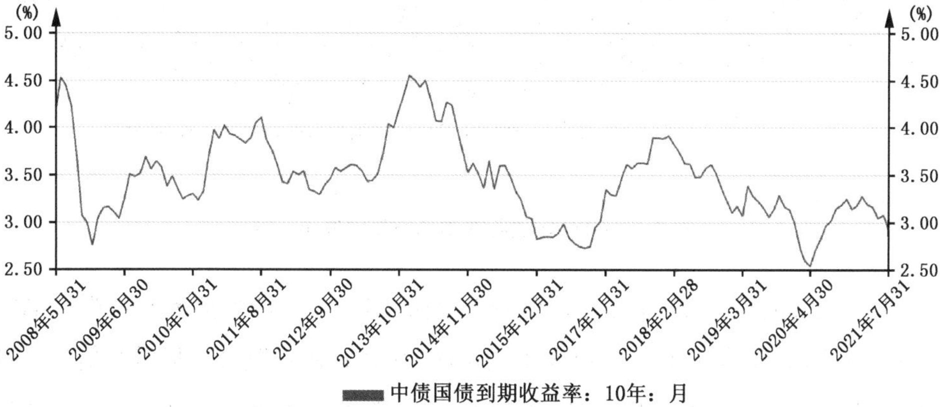

资料来源：Wind。

图 7.1　2008 年至 2021 年 10 年期国债收益率变化

7.1.2　利率周期与经济周期

既然债券收益率一直呈现出周期波动，且周期通常固定，那么债券周期和经济周期是否能够保持一致呢？

从数据对比上看似乎并非如此，图 7.2 为债券收益率与名义 GDP 增速自 2008 年以来的走势对比，我们可以直接从数据上看到，虽然大部分时间里，债券收益率与名义 GDP 增速走势趋同，但仍有较长的时间段(如 2013 年下半年和 2015 年末至 2016 年时)债券收益率与名义 GDP 增速走势并不一致。

由于债券市场的走势并不完全由经济周期所左右，因此在特定时点上，债券收益率和名义 GDP 增速不匹配是完全有可能的，经历过 2013 年和 2016 年这两个时

资料来源：Wind。

图 7.2　GDP 增速与国债利率变动并不一致

间段的人就会记得，2013 年正是监管敲打金融机构，打压非标业务和理财产品投资的时间段，2013 年 6 月甚至出现了全市场紧张的“钱荒”事件，货币及信贷政策的收紧造成了经济增速下行的同时债券收益率快速上升；2015 年年底至 2016 年则是股票市场的崩盘让央行不得不连续降准降息以应对，宽松的货币政策使得处于震荡中的名义 GDP 增速与快速下行的债券利率形成背离。

另外，我们还发现，10 年期国债收益率始终在 2.5%～4.5%的波动区间里往复运动，意味着除非你在最低点买入，否则即使买入成本再差，债券市场的周期性也能让你解套，再加上票息和前文我们所提到的“骑乘效应”，债券可谓是天生偏多头的品种。

7.2　利率的均值回归

7.2.1　利率的均值回归效应

前文已述，债券市场存在周期性，且历史数据显示中国 10 年期国债收益率上有顶下有底，波动区间有限，我们可以很轻易地发现周期运作的资产价格存在均值和均值回归效应。但是,中国经济仍未达到高度发达的稳定态,且处于经济转型期,若使用自2002年有数据以来的所有数据计算关键期限利率变动的均值,并用其来测算均值回归,其结果无法反映当前债券市场主导因素的时间性变化,采用1～2个周期(即3～6年)的利率走势计算均值可能更加合理。

图7.3展示了2008年以来利率以及其移动均值的走势变化。

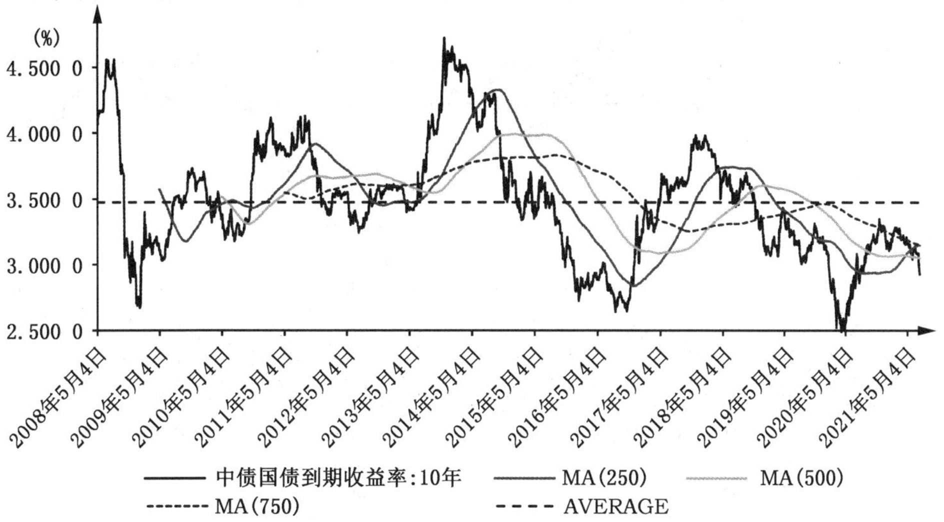

资料来源:Wind、湖南三湘银行。

图7.3 10年期国债收益率的不同移动均值线

7.2.2 均值与分位数

当我们选择好合适的时间区间(如1～2个债券周期)后,应当如何利用债券周期这一特性评估债券的相对性价比呢?市场通常采用分位数的方式为评估债券收益率在当前环境下的性价比做参考。

图7.4展示了2018—2021年3年多时间(即约1个债券周期)内,10年期国债收益率变化以及各分位数的位置。由图7.4我们可以发现,绝大部分时间里10年期国债收益率都在25%分位数至75%分位数之间,由于债券市场总体处于牛长熊短的周期当中,因此利率在上的时间不多,而利率在下的时间会更长一些。均衡来看,当收益率在1个周期里超过75%/2个周期里超过60%,意味着债券的性价比

正在慢慢变好，这并不意味着利率不能继续上行，而是有了买入的机会；同样，当收益率在 1 个周期里低于 25%/2 个周期里低于 40%，意味着利率已经被高估，理应逐步卖出。

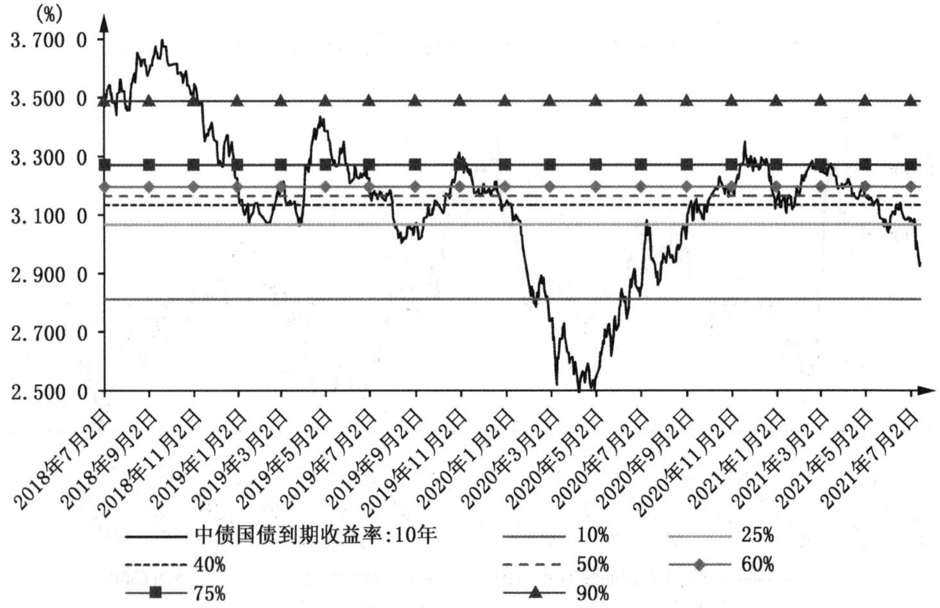

资料来源：Wind、湖南三湘银行。

图 7.4　10 年期国债收益率的不同分位数

但从投资的角度上看，25%～75%分位数虽然准确率较高，但常常会痛失更大的投资机会或未能规避阶段里最大的投资风险。如图 7.4 所示，25%～75%分位数所涵盖的收益率波动仅为 20bp 左右，但 25%～10%分位数和 75%～90%分位数所涵盖的收益率波动分别为 25bp 和 21bp，显然，分位数这一方法存在较大缺陷，仅能作为评价相对性价比的参考之一，不能作为评价性价比的唯一指标，更不能机械套用，“唯分位数论”。

7.3　利差

相对性价比的评价除了采用分位数指标外，我们常用的方法还有利差。使用利差评价当前债券收益率是否合理，是假定某一参照物的定价公允合理或更为领先的情况下，利用该参照物与债券的相对距离关系综合判断的，因此参照物的选择决定了利差这一工具是否好用。

另外，利差表达了两个不同资产的相关强弱关系，也暗示了市场当前的关切，这对我们解读市场、挖掘预期差的交易机会提供了帮助。

一般而言，我们主要关注的利差有三种，这三种利差分别代表了市场的一种观点。(1)期限利差：指的是不同期限的利率债之间存在的利差，主要与债券市场行情驱动因素变化有关。(2)品种利差：指的是同一期限不同利率债之间存在的利差，主要与不同品种之间的流动性有关。(3)信用利差：指的是同一期限利率债与信用债之间存在的利差，主要与产品户(如理财)的发展、信用风险变化有关。

此外，我们还会介绍两个重要的具备参考意义的利差。

7.3.1 期限利差

如前文所述，期限利差是同一个品种之下，长期债券和短期债券的利差。期限利差越大，说明长期债券和短期债券的相对距离越远，整个利率曲线更加陡峭；相反，期限利差越小，说明长期债券和短期债券的相对距离越近，整个利率曲线也更加平坦。

从逻辑上说，短期债券所面临的信用风险和市场风险更加确定，更容易受到资金面、货币政策变动的影响，而长期债券所面临的不确定性更大，市场风险更多，被经济增长和通货膨胀影响的概率也更大，因此更容易受到经济增长预期与通货膨胀预期的影响。

因此，期限利差或者说利率曲线的平坦化和陡峭化往往代表当前市场的主导力量，以及市场对主导力量的看法，而加上利率曲线的整体上移(即熊市)和整体下移(即牛市)，我们可以把债券市场的走势转变为以下四个部分：(1)牛陡，指短期利率下行超过长期利率；(2)牛平，指长期利率下行超过短期利率；(3)熊陡，指长期利率上行超过短期利率；(4)熊平，指短期利率上行超过长期利率。

图7.5展示了2016年9月至2021年7月债券市场经历的牛熊变换。值得注意的是，期限利差我们选择的是10年期国债—3年期国债，选择3年期而非市场更

常用的 1 年期国债的原因是 1 年及 1 年以内国债估值漂移较大。

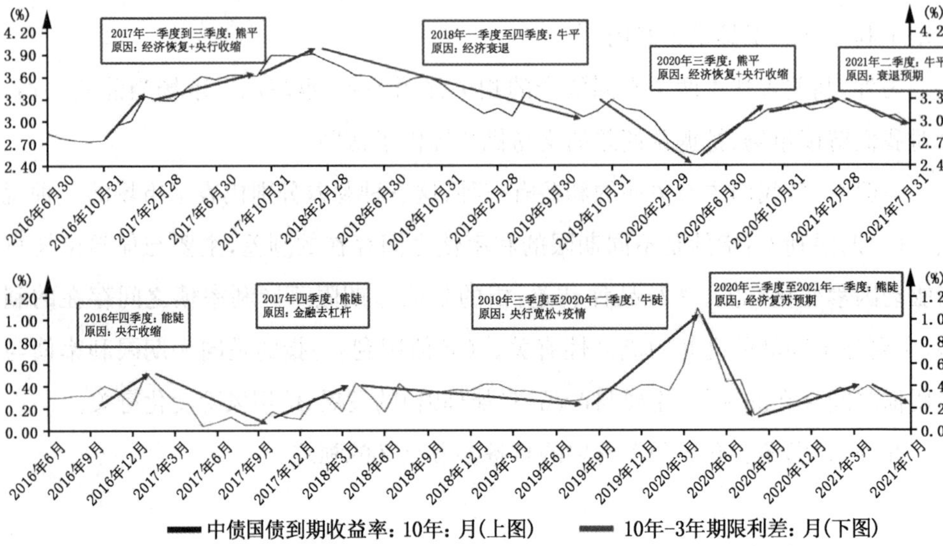

资料来源：Wind、湖南三湘银行。

图 7.5　2016 年以来债券牛熊周期

2016 年 9 月开始至 2017 年年初，市场表现为熊陡，主要原因有二：一是工业增加值自 2016 年 6 月后走出下行通道，基本面利空债市；二是央行自 9 月开始的锁短放长操作，抬高了银行获得资金的成本，打破了同业空转链条，引发踩踏，因此整体表现为 10 年期债券收益率上行更快，符合熊市初期的表现。

2017 年年初至 2017 年 10 月，市场表现为熊平，主要原因是央行去杠杆政策叠加经济加速恢复、社融大幅增加导致资金价格持续处于高位，使得短期债券收益率上行幅度大于长期债券，呈现出熊平特征。

2017 年四季度至 2018 年 3 月，市场表现为熊陡，主要原因是市场与央行在经济增长及通货膨胀上存在预期差，央行认为通货膨胀仍有可能进一步上行，导致长期债券再次迅猛下跌，收益率快速上行，呈现出熊陡特征。

2018 年 3 月至 2019 年 6 月，市场表现为牛平，3 月数据显示中国经济开始回落，叠加中美贸易摩擦、包商银行被托管事件，以及央行对贸易摩擦的对冲政策推动市场由熊转牛，且几乎是利率曲线平行下移，只能略微看出一些平坦化特征。

2019 年 9 月至 2020 年 6 月，市场表现为牛陡，主要原因是央行表达了猪周期引发的通货膨胀不会影响央行的宽松政策和新冠疫情的冲击，隔夜回购资金利率击穿 1%，1 年期存单发行利率跌破 2%，短债收益率快速下行，表现为牛陡。

2020 年 6 月至 2020 年 8 月，市场表现为熊平，这 2 个月市场行情完全由央行主导。6 月末央行纠偏前期过分宽松的货币政策，引导资金利率大幅上行，至 8 月 MLF 超量投放结束央行的货币政策调控，市场表现为极度熊平。

2020 年 9 月至 2021 年 2 月，市场表现为熊陡，长期利率快速上行，其主要原因是疫情得到控制后，国内承接大量海外需求，导致经济迅速恢复，市场纷纷预期 2021 年经济有望大反弹，央行说"不急转弯"，但也要转弯，受此影响，市场呈现出熊陡迹象。

2021 年 3 月至 2021 年 7 月，市场表现为牛平，长期利率上行后触底回落，主要原因是宏观经济政策从稳增长转变为调结构，叠加高频数据(特别是房地产数据)迅速走弱，市场开始修正之前过分看多经济的预期，市场呈现出牛平特征。

总的来说，期限利差告诉我们，对于不同的驱动方式，我们可以选择更加有效的交易策略进行交易：当资金主导行情时，应当多做短端；当基本面及基本面预期主导时，应当多做长端，增加资本利得。

而期限利差本身同样也存在均值回归的特征。观察图 7.6 我们可以发现，当期限利差收缩至 10%分位数时，应当选择做陡；相反，当息差上升至 90%分位数时，应当积极做平。

我们仍要提醒的是，分位数是一种具有缺陷的机械类比工具，该项指标不能作为投资开仓的唯一标准，有时它会提示风险，但有时也会错失机会。

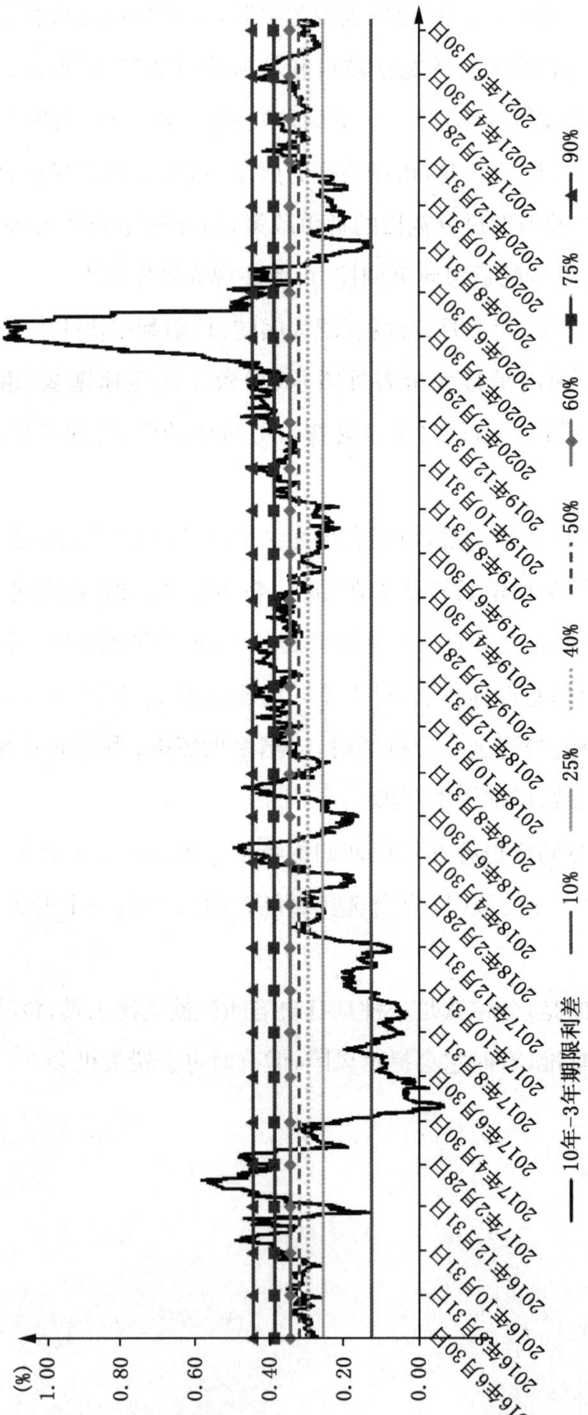

资料来源：Wind、湖南三湘银行。

图7.6 10年-3年期限利差以及其分位数情况

7.3.2　品种利差

在债券交易方面，我们最为看重的品种利差是国开债—国债利差。国债与国开债都属于在权重法下信用风险权重为0的品种，两者的差别前文也已经解释，主要是存在税负层面的差异：国债属于政府债，政府债是免收利息收入所得税的，而国开债属于金融机构债，只能免收利息收入增值税，无法减免利息收入所得税。国债对国开债有税盾优势，因而两者存在利差。

但是，税盾的计算方式是固定的，为“票面利率/(1－税率)－票面利率”，在票面利率固定的情况下，两者的利差应该完全一致。但事实是我们通常看到国开债—国债利差仍会周期性地反弹和收缩，这主要是由两方面造成的：投资者属性和流动性溢价。

当不关注税的主体(如无法免税的资管产品和已经分红免税的公募基金)在当前行情中更为强势，或是关注流动性的主体(如金融机构的自营交易盘)在当前行情中更为强势的时候，国开债—国债利差将会逐步收窄，反之则会逐步走阔。

由于产品户和交易盘通常会在牛市里表现强势，在熊市里表现更疲软，国开债—国债利差透露出一个有意思的结论：熊市买国债，亏得少；牛市买国开债，赚得多。

但我们仍要提醒，投资决策是一个综合各种指标、模型得出的结论，不应单独依赖某一个指标给出的结论。

7.3.3　信用利差

信用利差并不是本书讨论的内容，本书仅做简单介绍。图7.7展示了2016年6月至2021年7月信用利差与债券市场波动之间的关系，信用利差绝大部分时间里和国债收益率保持一致，这主要是因为货币政策的边际宽松对信用债和利率债同时有利，只有少数时间(如2017年三季度、2020年一季度和2020年三季度)呈现出明显走势分别，其中2017年三季度是因为去杠杆政策见效、信用风险增加，2021年一季度则是因为疫情原因经济衰退，2020年三季度则因政策思路逐渐从宽货币转变为宽信用，信用利差收缩导致。

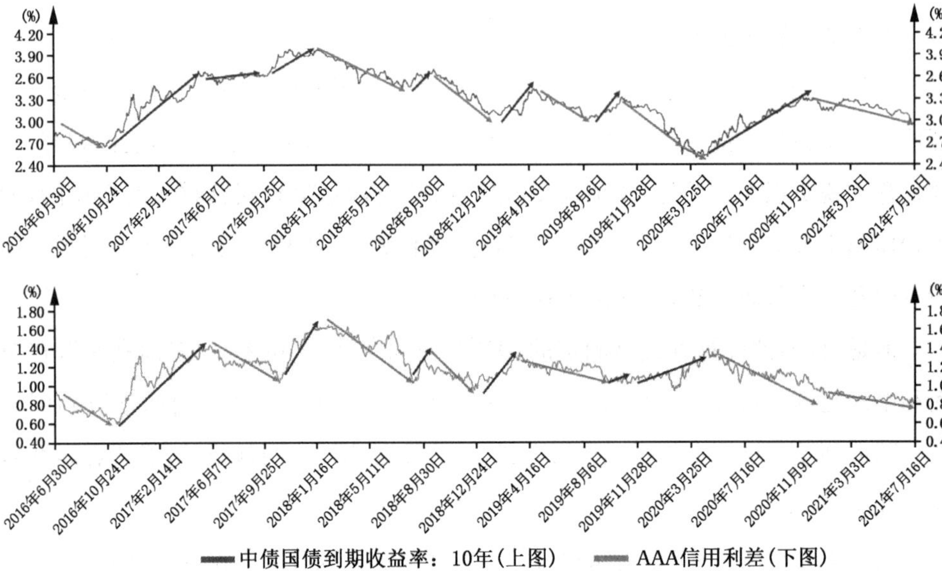

资料来源：Wind、湖南三湘银行。

图 7.7　10 年期国债与信用利差的走势变化

信用利差和利率曲线的逆转通常预示着大周期的结束，对指导短期交易帮助不大，但能帮助我们分清楚当前推动利率波动的主要因素。

7.3.4　政策利差

政策利差是本书目前介绍的所有利差里最为特殊的一个。其他利差的组成双方都是市场博弈的结果，不论是国开债—国债的品种利差，还是各种期限利差、信用利差，其组成部分国债收益率、信用债收益率、国开债收益率都是交易出来的，体现的是买卖双方的意志，利差只能说明某个资产的相对价值。但政策利差中作为基准的政策利率不是市场博弈的结果，而是市场之外给定的外部性因素，因此政策利率就能给出某个资产在当前政策环境下的绝对价值。

在本书的“监管篇”中，我们会详细介绍中国人民银行能控制的政策利率，分别为公开市场操作利率、中期借贷便利利率和存贷款基准利率。在经过 2015 年利率走廊改革之后，基准利率作为利率定价的基石已经退出了央行常规调控的政策工具箱，常态化使用的则是公开市场操作利率和中期借贷便利利率，特别是7天公开市场操作（以下简称OMO7D）利率。

政策利率是央行表达对资金市场、宏观经济看法的最主要方式。中国人民银行相关负责人曾在媒体采访和货币政策执行报告中多次表示：“判断短期利率走势首先要看政策利率是否发生变化，主要是央行公开市场7天逆回购操作利率，以及中期借贷便利利率是否变化，而不应过度关注公开市场操作数量和银行体系流动性。”由此可见，采用货币市场工具箱中使用频率更高的OMO7D利率作为政策利差的参照组是具有极强合理性的。

在实践中，笔者所采用的政策利差是10年期国债利率－7天公开市场操作利率（以下简称10Y－7D利差），10Y－7D利差是关注债券绝对价值是否存在高估和低估的良好指标。图7.8和图7.9展示了当10Y－7D利差小于60bp时的债券价值高估预警和10Y－7D利差大于100bp时的债券价值低估预警，可以发现，实际预警效果较好。

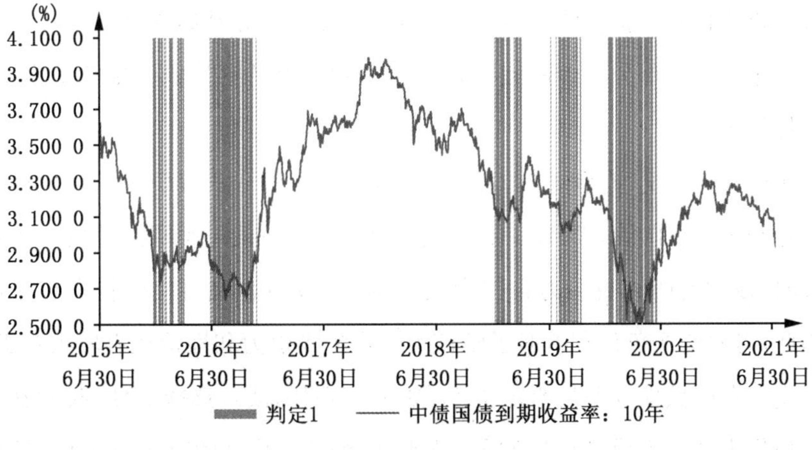

资料来源：Wind、湖南三湘银行。

图7.8 10Y－7D判定规则的实用效果良好(1)

我们选取60bp和100bp作为债券价值被高估和低估的标准是经验性的，读者也可以根据历史数据开发自己的标准。

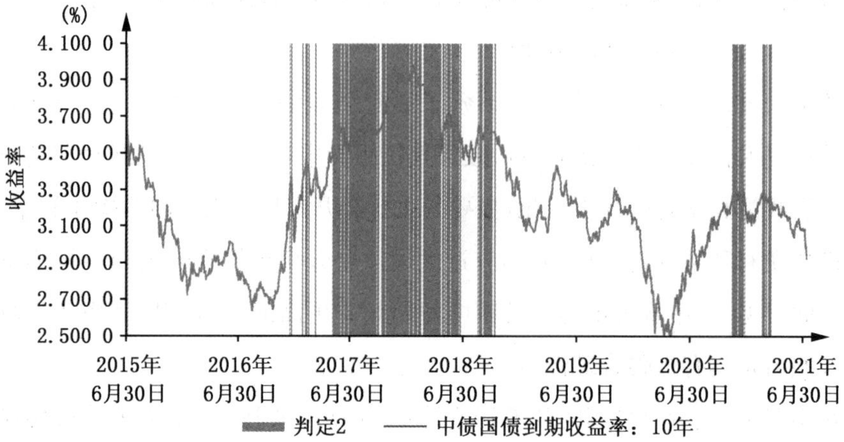

资料来源：Wind、湖南三湘银行。

图 7.9　10Y—7D 判定规则的实用效果良好(2)

7.3.5　资产负债利差

金融机构特别是银行业金融机构，其最重要的业务基础为资产与负债之间的利息差。本篇后半部分将会谈到存款的指标效应以及存款如何影响债券的需求，本节仅做简单介绍。

由于金融机构的"吃利差"业务模式，金融机构的资产投资模型可以简化为在各种指标约束和风险管控策略下最大化利差，因此当某一类资产的资产负债利差足够大时，该类资产的吸引力自然会大幅提升，吸引金融机构的投资权重向其偏移。因此，考察资产负债利差对了解该类资产的吸引力和性价比有较大帮助，极有必要。由于资产负债利差是给定资产(如 10 年期国债)，选择负债，我们在选择哪一类负债作为利差组成部分的时候，需要了解哪一类负债对金融机构(特别是银行)的意义最大。

对债券而言，最重要的负债是同业存单。

在 2018 年后，同业存单市场日益成熟并拥有了巨大的存量市场之后，同业存单成为债券投资的重要负债来源和成本，同业存单的发行利率也是影响金融机构投资交易行为的重要因素。图 7.10 展示了同业存单的资产负债利差与 10 年期国债走势。由图 7.10 可以发现,两者具有高度趋同性。

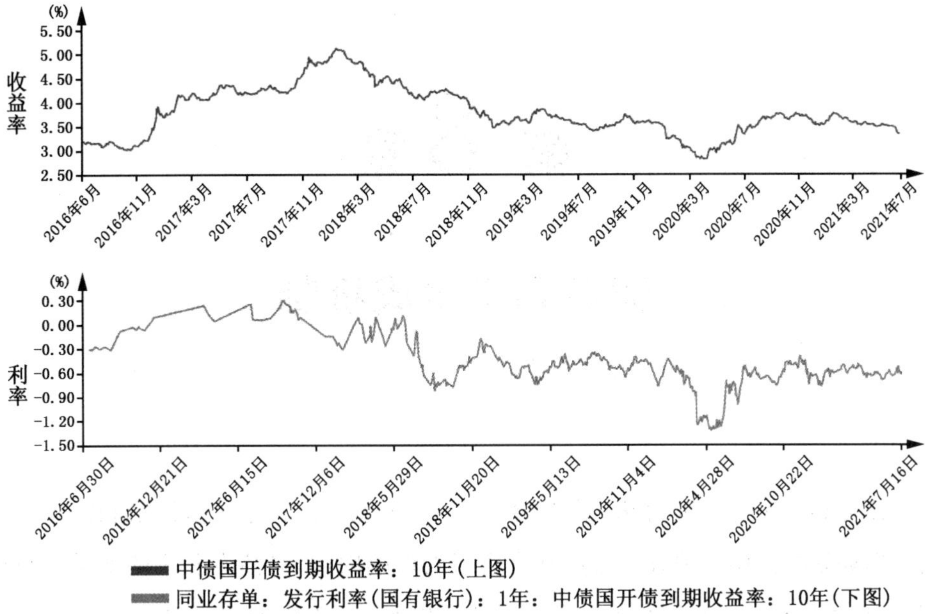

资料来源:Wind。

图 7.10　同业存单是很好的债券市场同步指标

第 8 章

债券利率生成机制

债券利率作为一种价格，是买卖双方博弈的结果，当然是由供给和需求决定的。但如果我们换一种方式考察利率生成的影响因素，对债券利率的变动进行归因分析，就将有助于我们从另一个层面理解和预测债券市场的变动。

传统模型上看，名义利率的变动主要来自两个方面：(1)市场对未来利率变化的预期；(2)不同期限之间的溢价。

其中市场的预期主要包括预期的通货膨胀率和预期的实际利率，后者与央行的政策、经济的变化有较大关系。期限溢价则主要来自通货膨胀风险的溢价，以及随时间推移信用/市场风险变大的溢价。扩展之后如图 8.1 所示。

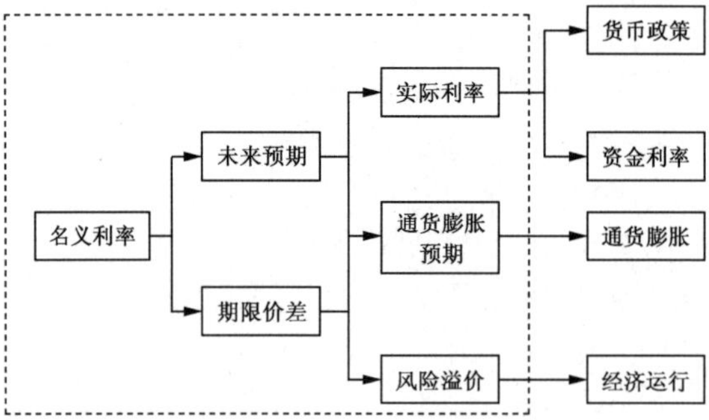

资料来源：湖南三湘银行。

图 8.1　利率生成机制

8.1　货币政策

货币政策的变动是影响债券市场走势的最重要因素，哪怕只是相关官员在表态上的一些细微变化也会被市场敏锐察觉，并在价格上表现出来。除了即时的情绪影响之外，货币政策作为宏观经济调控体系的重要组成部分，其变动也会影响宏观经济总需求的变化，进而带来基本面的转变(但是，在制定交易策略时，一定不要忘了基本面带有极大的惯性，想要转变是很难的，不要戴着望远镜做投资)。

另外，货币政策并非总是针对金融市场，或者绝大部分时间并不针对金融市场，因此对金融市场而言，货币政策通常可看作外部因素，且央行的货币政策带有一定连贯性。例如央行的降准、降息政策不会只做一次，一次降准降息打开了货币宽松通道，通常意味着 2 个月至半年后央行还会继续降准降息。

图 8.2 展示了 2011 年 6 月至 2022 年 4 月中国货币政策(主要是降准与降息)的变动情况。

可以发现，在 2011 年至 2022 年这 10 年内，中国主要经历了 7 个货币政策密集操作期，分别是:(1)2011 年 1 月至 2011 年 10 月，为控制国内较大幅度的信贷扩张和通货膨胀压力选择了提准提息;(2)2011 年 6 月至 7 月，为应对欧债危机采用快速且密集的降准降息政策;(3)2015 年 6 月至 2016 年 1 月，因股票市场崩盘引发流动性冲击，央行选择连续降准降息;(4)2016 年 12 月至 2018 年 3 月，国内同业空转现象明显，央行选择连续加息压制金融市场杠杆;(5)2018 年 4 月至 2018 年年底，实体经济出现需求不振现象，同时中美贸易摩擦，央行通过连续降准予以对冲，但未降息;(6)2019 年 7 月至 2020 年 4 月，包商银行被托管、中美贸易摩擦深化、新冠疫情等事件使得央行通过一系列降准降息策略予以对冲;(7)2021 年 7 月至 2022 年 4 月，因房地产大幅走软、新冠疫情卷土重来影响经济，央行再次采用降准降息予以对冲。

由此可见，中国央行更倾向于通过结构化手段而非全面性的降准降息手段调控宏观经济，降准降息或提准加息通常都是为了应对某些外部冲击或风险，这除了能直观告知我们货币政策的宽松或紧缩通道不会打开一下就立马关上之外，还告

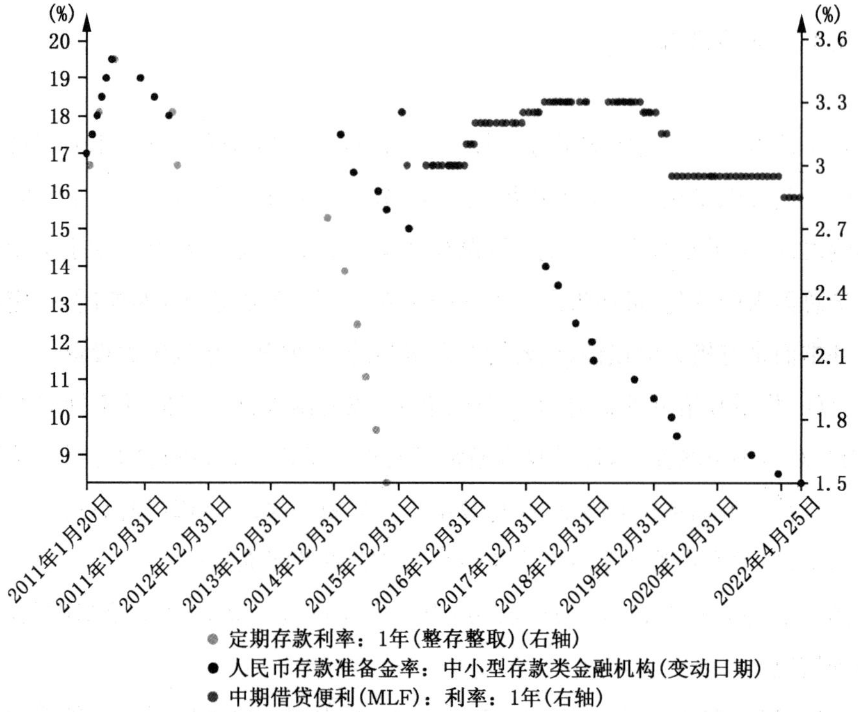

资料来源：Wind、湖南三湘银行。

图 8.2　货币政策 10 年变动一览图

诉我们，中国的货币政策并不像美国或日本央行那样货币工具有限且总量政策居多，而是微调、结构性政策居多，研判和预测效果难度更大。

关于央行货币政策更详细的解读分析，请见本书“监管篇”。

8.2　资金价格

对债券市场而言，“Carry is King”(息差为王)是至理名言，毕竟，在没有发生信用风险的情况下，债券仍是一种净价变动上有顶、下有底的固定收益类产品，即使是厉害的投资经理，他取得的投资收益平均来看也有至少一半来自息差收入。

债券市场上最主要的融资方式是债券质押式回购，中国每天发生 4 万～5 万亿元人民币的债券回购交易，比每天全国产生的 GDP 都多，其中最主要的回购品种为隔夜债券质押式回购，借贷有效期只有1天，其次为7天质押式回购，因此隔夜和7天债券质押式回购利率是市场最主要关注的资金价格。

资金价格的波动通常比债券更加迅速，这一方面是因为资金市场体量庞大且期限较短，实际收益和损失有限，因此市场能够接受较大的资金价格波动；另一方面也是因为资金交易一般对应的是资金缺口，刚性较强，如2013年6月时，为了避免违约，再贵的资金金融机构也必须借。

当债券到期收益率与资金价格形成的息差足够大且能覆盖绝大部分市场不利变动导致的风险时，杠杆交易就会产生。在不考虑指标的情况下，投资者可以通过将自己已持有的债券质押融入资金，并继续买入其他债券，循环往复以提升投资收益：当债券利率为3%，而隔夜资金价格为1.5%时，每一次循环都能为头寸带来1.5%的息差收入。这种加杠杆的行为无疑会推高债券价格。

相反，当资金价格快速上升时，杠杆交易就会变得不那么划算。息差无法保证能够覆盖市场不利变动带来的估值损失(极端情况下甚至会出现负息差的情况)，或者更极端的情况是如同2008年金融危机时期的美国货币市场，市场上已经借不到钱了，投资者就会自发选择降杠杆卖出资产，从而导致债券被抛售，价格下跌。

图8.3展示了2011年6月至2021年7月10年期国债收益率和7天回购利率的走势变化，两者走势同样高度趋同。

但是，我们仍然要指出，资金价格虽然能够成为债券利率定价的一个因素，但不是唯一因素。虽然债券投资经理们素有"看隔夜利率做债"的自嘲，但短期资金利率也不应当成为债券定价的唯一指标(见图8.4)。

在2015年逐步建立了利率走廊之后，央行对短期利率的管控能力开始加强，使得短期资金价格能够更加贴合政策利率，政策利率因此也能更好地引导市场。

在绝大部分时间里，7天市场资金价格与OMO7D收益率保持一致，而一旦资金价格开始偏离均衡位置向上，债券市场的上行风险就增加了。

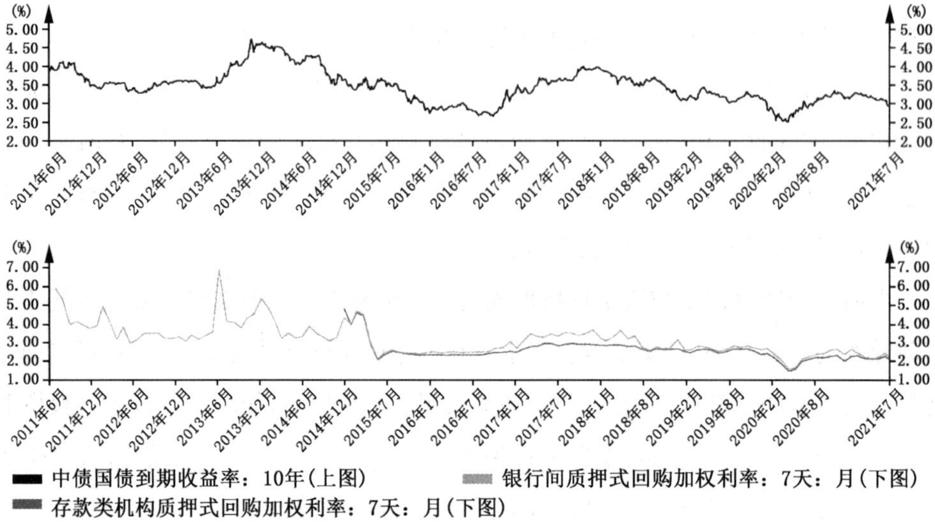

资料来源：Wind。

图 8.3 资金价格与 10 年国债利率走势密切但不趋同

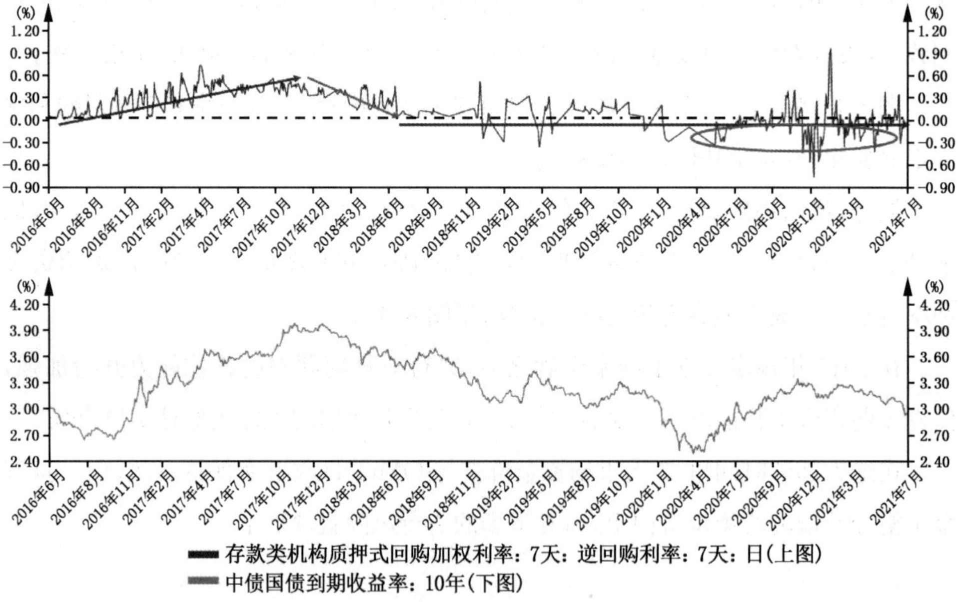

资料来源：Wind。

图 8.4 短期资金利率对债市定价有帮助

8.3　债券供给

前文已述，债券价格作为一种价格，也是供需双方的博弈产物，因此债券供给与需求也是债券利率形成的重要因素。但前期我们讨论的债券利率生成机制的因素中，大多是在影响债券的需求方：货币政策能不能够提供足够多的资金，资金是不是足够便宜让债券的性价比凸显出来，很少讨论到债券的供给方。

这是传统债券分析框架过于关注宏观经济基本面的缺陷，忽略了供给一方对债券市场的影响。诚然，由于债券供给特别是国债、政策性银行债和地方债的供给通常比较固定，债券供给很难成为债券行情(特别是长期行情)的决定性因素，但在短期，特别是以周为维度考量债券投资交易策略时，债券供给的变化仍然是重要的行情影响因素。

债券市场通常有两条路径影响短期市场，一是过多的供给会直接影响债券需求方的承载能力，直接影响需求方的投资热情，供给方需要支付更高的对价完成债券发行；二是发行结束后，债券需求方需要集中缴款，可能会在短期内影响资金价格，导致资金面紧张，影响债券定价。

债券供给至少有两方面的定义，一个是只考核在一段时间内发行了多少债券，即债券总供给；另一个是考核在一段时间内发行了多少债券，减去该时间段内到期了多少债券，即债券净供给。

那么，我们在衡量债券供给的时候应该采用哪个供给指标呢？

实践中笔者发现，在衡量债券供给影响需求承载能力和情绪时，应当采用债券总供给，而在衡量债券供给影响资金面的时候，应当采用债券净供给。

8.3.1　按周估算的债券供给

由于单期发行规模最大的国债通常是按周发行，且国债、地方政府债和政策性银行债通常会提前一周公布发行要素，因此我们在考察债券供给是否会影响需求方承载力和情绪的时候，最小的时间段为周。

我们测算了周度政府债券总供给的环比变动对10年期国债收益率的影响。

如图 8.5 所示，通过相关性分析发现，债券供给对 10 年期国债收益率的 5 年相关性为 0.197 3，3 年相关性为 0.094 3，1 年相关性为 0.176 5，看似不高，但本书后续章节的内容及实际案例证明，其对需求承载力和债市情绪的影响并不算小。

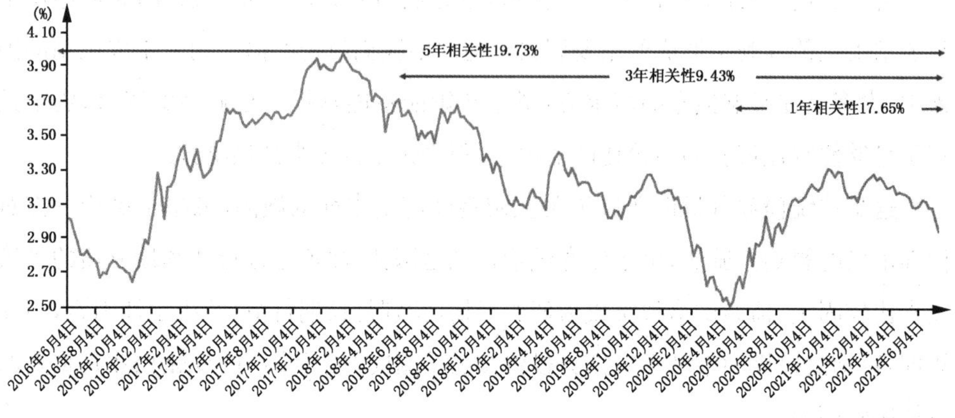

资料来源：Wind。

图 8.5　债券供给对利率走势影响似乎相关性不大

8.3.2　债券供给的结构性机会

即使总供给不存在任何预期差，债券供给的结构性变化也会影响利率曲线形态上的变化。当 1 年期国债发行规模超出了市场承载能力时，其市场收益率就会上升，从而带动 1 年期地方债、政策性银行债收益率的上升；反之，当 1 年期国债发行规模小于市场承载能力时，其收益率也会下降并带动其他 1 年期债券收益率下降。这很好理解，利率曲线的每个节点都是相对独立的市场，对某一个小市场增加或减少供给，就可以达到调控整条利率曲线的目的。

2020 年以来，为了让利率曲线更加平滑，财政部曾多次通过增加短期国债发行规模，减少长期、超长期国债发行规模的方式调控利率曲线，引导利率曲线变得更加平滑。而财政部等发行人的结构调整行为同样也可以成为债券投资经理的获利机会。

例如，图 8.6 展示了 2021 年上半年一个非常重要的债券投资机会，即在保持久期中性①的情况下，通过构建一个“做多30年期国债，做空10年期国债”，后期转向为“做空30年期国债，做多10年期国债”的头寸组合，可以实现比单边下注投资更高的收益。

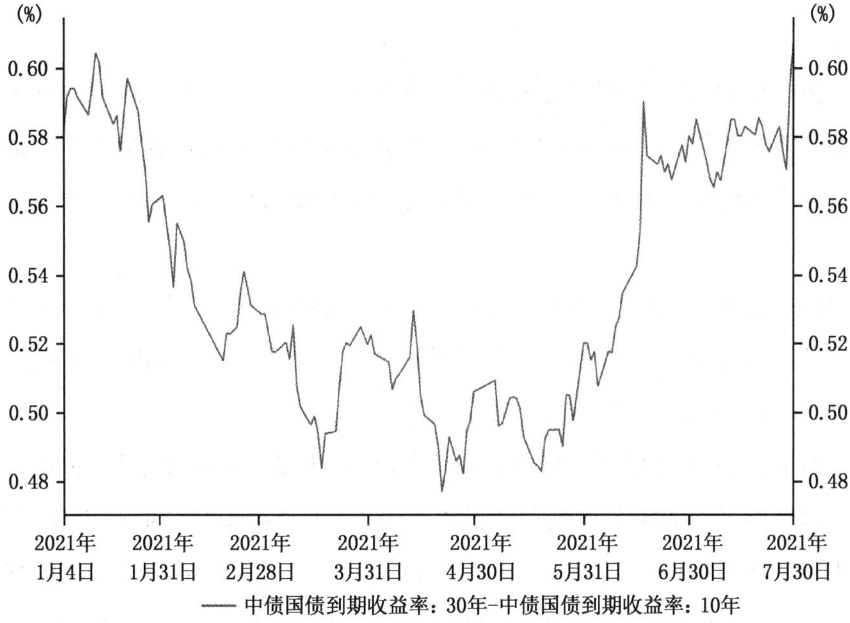

资料来源：Wind。

图 8.6　供给结构的变化也会提供投资机会

2021年年初，财政部继续沿袭2020年四季度试图让国债利率曲线更加平滑的政策目标，通过减少发行30年期、50年期国债，引导地方政府减少发行10年期以上地方债，压低地方政府专项债提前批发行规模②的方式，降低了10年以上超长期债券在政府债券发行总额中的占比，使得30年期国债走势远好于10年期国债③；4月中下旬开始，随着地方政府专项债的逐步铺开，10年以上超长期政府债券的供给开始回升，原本平坦的利率曲线也在2个月内逐步陡峭起来，通过30年期

① 中性指的是该投资组合对久期(即利率曲线单边平移波动)的风险为0。

② 全国人大确认财政预算前财政部批准发行的债券规模。

③ 其原理在于，地方政府专项债由于资金投向为期限长回报慢的公益类项目，债券的期限通常都较长，往往在10年以上。

国债和10年期国债的多头、空头组合的久期中性策略，能在整体风险较小的情况下实现超过20bp的投资收益。

8.4　通货膨胀

在传统模型里，通货膨胀通常是影响债券市场非常重要的因素，例如在宏观投资策略的重要著作《美林投资时钟》中，通货膨胀被认为是对债券最为不利的影响因素。通货膨胀的影响虽然很大，但并不直接，必须依托一些逻辑链条才能够实现。

要理解这些逻辑链条，我们首先需要理解通货膨胀的特性：由于全球宏观经济的复杂性，通货膨胀并不全是如教科书所说的那样主要是一个货币问题，按照现实情况，至少可以将通货膨胀划分为以下几类：

(1)特定重要商品供需失衡带来的通货膨胀。例如石油危机、俄乌冲突等突发重大事件影响了全球能源和粮食的供需平衡，供给被严重抑制而产生通货膨胀。这种类型的通货膨胀不受国内经济总需求的影响，通过压制需求虽然能够强行与已经因重大事件而影响的供给匹配，降低通货膨胀，但会带来经济增长和人民福祉上更大的损失。

(2)过度投资导致资本品价格上涨的通货膨胀。主要是由过度宽松的货币信贷政策导致的投机需求大增，其最大表现为资本品、实物商品的价格在短时间内的快速上升。房价大幅上涨带动一系列大宗商品上涨是这类通货膨胀的最大特点，它不是只有能源和食品价格上涨，而是内生需求增加导致的通货膨胀，这类通货膨胀通常会导致央行通过加息的方式予以控制。

(3)劳动力价格上涨导致的通货膨胀。劳动力价格上涨并不是这类通货膨胀的最初成因，而是最主要的表现部分。劳动力价格上涨大多是因为过分宽松的货币信贷政策引发的需求大增，但这种信贷引发的需求增长已经传导到了劳动力市场，让存在价格棘轮[①]的工资开始上涨。这类通货膨胀持续时间可能更长，对经济

① 指价格通常只能涨，不能跌。

的影响也更大。

通货膨胀对债券市场的影响通常有两条路径：一是通货膨胀会带来政治压力，推动央行采取更加具有紧缩性的政策（如提高利率、减少资金供给等方式），引发债券市场下跌；二是通货膨胀导致人们对资产投资回报的需求上升，引导市场把资金投向更有上涨潜质的资产（如房地产、大宗商品等），降低了债券资产的需求。

在上述三类通货膨胀中，第一种央行通常不会调控，因为这是由外部冲击造成的，强制压低国内经济总需求对经济而言弊大于利，例如 2019 年 11 月中国人民银行货币政策执行报告专栏 4《全面看待 CPI 与 PPI 走势》中就对这种逻辑进行了阐述："消费者价格指数（CPI）和工业生产者出厂价格指数（PPI）分别是反映某一时期内消费领域和生产领域价格变动情况的重要经济指标。2019 年以来，CPI 由年初不到 2％的水平逐步走高至 10 月份的 3.8％，PPI 从 4 月份 0.9％的年内高点逐步下探至 10 月份的－1.6％，对此应全面分析、辩证看待……当前，我国经济运行总体平稳，总供求大体平衡，不存在持续通货膨胀或通货紧缩的基础。预计进入 2020 年下半年后，翘尾因素对 PPI 的影响将小于 2019 年且更加稳定，CPI 受食品价格上涨的冲击将逐步消退，两者间的差距有望趋于收窄。下一阶段，稳健的货币政策保持松紧适度，根据经济增长和价格形势变化及时预调微调，稳定经济主体的通货膨胀预期，促进总体物价水平保持在合理区间运行。"在报告发布不久，中国人民银行不仅没有选择收缩，反而顶着持续升高的 CPI 进行了降息操作。

第二种和第三种通货膨胀都是商品价格的全面上涨，且都预示着宏观经济的需求过热和信贷市场的过分繁荣，所以央行一般在应对时会密切关注通货膨胀的发展趋势，必要时甚至会影响央行的货币政策。这两种通货膨胀对债券市场影响的两条路径都是通畅的：既能够引发央行的紧缩政策，也会因为其背后的经济、信贷因素导致资金流出债券市场，投入其他资产。

因此，通货膨胀对债券的影响并不是一成不变的。债券投资者需要甄别通货膨胀的诱因、类型和持续性，以及通货膨胀对央行和金融机构投资行为的影响才能做出准确的判断。

图 8.7 展示了 2010 年至 2021 年期间，10 年期国债与 CPI 同比增速的走势。通过对比我们可以发现，两者的确在大部分时间走势趋同，但其相关性并不明显，

在进入 2015 年之后,两者的相关性更是进一步降低。

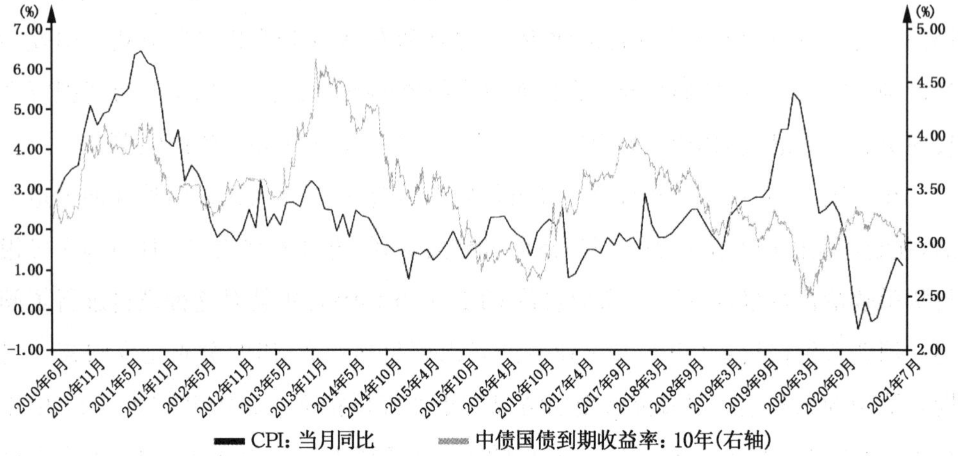

资料来源:Wind。

图 8.7 通货膨胀率对债券收益率走势的影响并不明确

8.5 市场情绪对债券定价的短期影响

在金融市场上有一句名言,"buy the rumor, sell the fact"(买谣言,卖现实),讲的是金融资产的定价规律并不是依托于当时已经兑现的所有事实,而是站在当前所有信息面前,市场所能得出的被最多人相信的预期。

由于预期不是现实,其具有极大的不确定性,每增加一些新的信息,或者解释现有信息的方式发生了改变,都会影响市场情绪,从而导致预期的同步改变。

这种短期情绪来自预期差,追踪难度极大,但又确实是债券利率生成机制中很重要的一环。短期投资者最多只能跟随,玩起"跑得快"的游戏,或者无视短期波动,关注真正影响定价机制的东西。

例如,2020 年 7 月 22 日中午,此时债券价格已经因为中国人民银行的调控政策和经济数据的触底反弹而走入下跌轨道(见图 8.8),但外网推特上传出的一张照片还是让债券走势出现了持续约 1 周的反转行情。照片显示中国驻休斯敦领事馆的外交官们正在烧文件准备撤离,此时正好是中美关系剑拔弩张的时候,开盘前市场终于得知，美国政府悍然要求关闭中国驻休斯敦领事馆，中国政府也立即准备应对反击。在此事件后，利率债迅速反弹上涨，从最低点到最高点反弹超过 0.5 元，是当时难得的一次大反弹，周五中国反制，关闭成都美领馆时，债券又上涨一波。

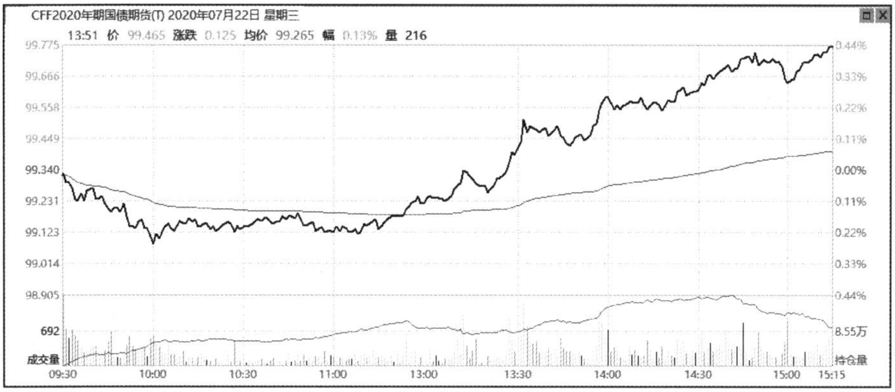

资料来源：Wind。

图 8.8 国债期货 2020 年 7 月 22 日走势

但这样的情绪并没有影响债券价格太久。一周之后，随着双方打完各自手上的制裁牌，债券又重新回到了下跌的轨道，10 年期债券又继续下跌两个月，至 2020 年 10 月才找到底部开始震荡。

除了这种完全无法预知的突发状况，比拼的是交易员的手速之外，还有一些事件如同“灰犀牛”一样，市场都发现了问题，但因为无法确定问题何时爆发甚至会不会爆发，而无法形成对该问题的一致预期，也就无法将该因素定价。换句话说，市场也并不是每时每刻都保持清醒，短期来看更像个要性子的孩子，问题一直存在，但在爆发之前市场却总是视而不见，市场情绪和随之而来的定价调整总是在不经意间突然袭来。

例如 2021 年 7 月中旬，因新冠疫情的再度不可控，全球市场出现了一波非常明显的风险偏好收缩，原油价格暴跌 8%，欧美股市也跌幅明显。但疫情的反弹与解封后新增病例、死亡病例的激增并不是当天才出现的，如果市场真的有效，为什么市场会看不到眼前的风险？

答案是：市场其实也在等“量变到质变”的过程。对于交易员而言，除了时刻关注当前还没有表现在盘面上的信息，等待信息兑现外，更重要的是临场应变能力，当量变到质变，问题爆发市场情绪突然逆转的时候，我们应当怎样操作才能实现投资收益的最大化。

第 9 章

供需角度分析框架

9.1　长期影响与短期影响

本书前面的章节简单分析了债券利率生成机制中的一些因素，但显而易见，这些因素有些是短期的，有些是长期的，甚至有些因素（例如货币政策）同时有短期影响和长期影响，且两者方向可能相反。

同样，对投资者而言，其自身所管理的头寸也有长期和短期之分：持仓期限更短的头寸自然无法采用左侧、长期的投资模式，关注更多的是情绪的变化、短期供需均衡或者长期因素的短期影响；而持仓期限更长的头寸会更加关注债券相对资产的性价比、利差的绝对高度、货币政策的中长期影响等。

所以，对掌握头寸的债券交易员来说，在制定交易策略之前，首先需要了解自己的头寸特性，根据头寸特性更加偏向于短期还是长期选择更加关注的影响因素，制定自己的交易策略，并执行交易计划。

在不同的时间跨度之下，债券交易关注点会有明显不同：(1)短期交易更加关注市场的短期情绪变化、各种新闻，以及经济金融数据是否超预期；(2)中期交易更加关注配置力量的变化，债券供需是否平衡；(3)长期视角更加关注性价比和经济周期的变化。

下面列示了一些因素的长期和短期影响的简单分析，更详细的解读将会在本篇的其他章节介绍。

9.1.1　宏观经济数据的长期与短期影响

宏观经济数据当然属于影响债券市场的长期因素，但其同样也会造成短期影响。关注宏观经济数据的短期影响主要是考察是否会存在“超预期”的可能性。当市场预期数据超预期的时候，资产价格往往会在数据出炉之前完成调整，所以操作上应随市场预期顺势而为，并在数据与预期相符之后获利了结。反之，当市场情绪、当前走势与经济数据的预期并不一致(比如预期经济数据较上月回落，但市场持续抛售债券，让价格比上月还低)时，数据的出炉大概率会成为市场转折的节点。总体而言，短期来看，宏观经济数据短期给市场带来了一个交易的节点，但是如何运用这个交易节点做交易，需要进入当时的市场环境，感受市场情绪。

而经济数据的长期影响则在于通过对经济数据的解读，判断经济处于哪一个阶段，数据会继续滑落还是会触底反弹，以及通过对经济前景的判断，进一步推断货币政策、财政政策的走势以及金融机构的配置，短期的市场情绪反倒并不那么重要。

9.1.2　货币政策的长期与短期影响

货币政策与经济数据类似，短期影响主要依靠情绪冲击，而长期影响则是关注该项货币政策的转变是否能够真正实现其政策目标。我们都知道，不论是降准降息，还是结构性的再贷款再贴现、定向降准等政策，其政策目标并不是降低金融市场和金融机构的融资成本，而是通过调整金融市场和金融机构的融资成本来调节其政策目标的真正对象，实现经济增长、就业率和通货膨胀目标，但货币政策的调整能否真正实现、什么时候实现，是需要思考和分析的。毕竟经济机器如此复杂，货币政策只是影响经济运作的一个方面而已。

例如 2021 年 6 月 20 日，利率自律机制修改了存款加点模式，中长期存款利率加点大幅减少，极大地限制了存款创新产品（如智能存款、靠档计息产品、结构性存款）的利率上限。这一举措可以被理解为通过结构调整的方式降低银行的存款负债成本，给银行减负，从而带动实体经济融资成本的综合下降。故存款加点政策调整后很快被市场解读为存款降息的利好，市场情绪迅速高涨，走出了2021年6月以来的情绪低谷，利率自高位回落。

但是，如果考虑政策效果，存款加点政策调整并没有为银行带来存款利率的下调。由于存款并不是储户的唯一选择，银行也面临较大的竞争压力，当存款利率下降时，储户可能会选择将存款换成理财产品、货币基金等资产。而面临存款流失的银行不得不继续其他方式的“存款创新”，或是发行更多同业存单以弥补这部分存款的流失，吸收负债的成本会维持不变甚至上升。2021年年报显示，四大行的存款付息率较2020年均有上升，上升幅度最大的有8bp，最小的也有2bp，存款加点改革效果并不好。

“存款利率加点改革带不来融资成本下降”这个逻辑本身并不复杂，且在历史上已被多次验证。有经验的投资者要得出这个结论并不困难，但要思索货币政策的有效性和长期效能并不能局限于此：如果央行的目的是通过向金融市场减负的方式，降低实体经济融资成本，那么当存款利率加点改革不成功或者需要对冲的情况下，央行下一步的动作应该是继续降准对冲利率加点改革带来的冲击，或者直接降息以降低实体经济融资成本。

因此，该货币政策的短期影响与长期影响保持一致。

但是，我们在考量货币政策或其他政策的长期有效性时，不能过于关注长期，而忽略了经济自身的惯性。要考虑政策制定到政策起效中间的时滞等因素，例如看到央行降准降息就立刻联想到总需求回升、经济触底反弹，在降准降息的短期情绪宣泄后就立刻开始跑“利空出尽”的超长期逻辑，这种戴着望远镜做交易的方法显然是不对的。

9.1.3 债券供给的短期与长期影响

债券供给的短期影响主要由两方面构成，一方面是对资金面的影响：影响资金面的主要是债券净供给规模，特别是当地方债供给较大的时候。由于地方债几乎是指定价格投标(目前地方政府债的一级市场定价模式为同期限国债收益率+10/25bp),因此地方债供给大的周,主要影响的是资金面而非情绪面。另一方面则是大量供给对市场情绪的冲击,主要来自国债。由于国债是一个期限每个月只发行一次,而每一次量都相对较大,历史最大发行规模达到单期 850 亿元,对市场情绪的影响极大,极有可能成为市场短期行情的变盘节点。因此,同经济数据一样,国债发行同样会成为市场的交易节点,要根据债券发行规模和当时市场情绪的变化妥善制定交易计划。

债券供给的长期影响也有两个方面,一是结构性的变化,当地方债特别是地方政府专项债发行较多(注意,债券发行具有季节性)的时候,通常意味着 10 年以上期限的债券供给会比较大,在地方政府债上量期间,30 年期国债的走势可能会弱于 10 年期国债;二是综合考虑政府赤字率,可估算剩余时期内政府债券供给的压力是否较大,例如某年中央政府赤字为 3 万亿元,前三季度已经累计净发行(指发行-到期)了 2.9 万亿元,意味着四季度只有 0.1 万亿元国债净发行,供给压力极小。

另外,地方债(特别是地方政府专项债)的供给通常意味着基建项目的开建,这对宏观经济和固定资产投资的增长亦有所帮助,也需要将此纳入宏观经济预测框架综合考虑。

9.2 搭建决策框架

债券作为金融资产,其特征与大宗商品等实物资产十分相似:与股票主要为存量市场不同,债券和大宗商品每年都会有不少增量,且存在消耗与新增(到期与发行),有时增量甚至会大于存量,因此判断资产的增量供需,很多情况下比判断存量供需更加重要。但债券供给与大宗商品的供给情况不同,债券供给是批发性质的、提前公告的,由此也导致不少的“砸发行”交易。

债券市场如此重视供需也导致在预测债券行情(特别是短期行情)时,供需分析将会放到更加重要的位置。但是,在实际操作过程中,我们常常会遇到一种情况:宏观经济数据、货币政策预期、通货膨胀走势、市场情绪和债券供需往往多空交织。这个指标指向做多,那个指标就会指向做空,或者市场解读方式纷繁复杂,同一件事情，有人拿出令人信服的逻辑说应当做多，就有另外的人拿出同样令人信服的逻辑说应当做空，有些因素短期来看是利多债券的，可长期来看又是利空债券的，十分复杂。

因此，对投资者而言，一定要为各种因素赋权重：对走势预测拿得准的权重大，拿不准的权重小；对债券影响的逻辑链短、传导迅速的权重大，逻辑链长、传导缓慢的权重小；能够直接影响债券供需平衡的权重大，不能直接影响债券供需平衡的权重小；对市场情绪影响大的权重大，对市场情绪影响小的权重小。

那么，在上一节我们提到的三个因素中，哪个因素最直接、哪个因素测得最准，而哪个因素对情绪影响最大，应当如何对三个因素的权重排序呢？

我们认为，虽然债券市场对宏观经济数据研究最为深入，对宏观经济数据的关注也最多，但宏观经济一来很难测准，二来宏观经济对大类资产的影响并不直接，逻辑链条很长，传导需要时间，使其权重不能最高，反倒应该是最低。

最直接、最具有外部性、最有确定性，对市场情绪影响最大的当属政策的调整，货币政策能够直接决定债券的需求，而财政政策能直接决定债券的供给，因此，应当为政策调整赋予最大的权重。

债券供需的研究，例如金融机构的指标压力、主要策略和关注点、套息模式和债券供给的总量多少、结构变化，每次债券发行的结果等要素的变化，直接指向了债券市场的供需平衡，逻辑链条更近，且并不像宏观经济数据那样难以预测（后续章节会谈到，我们对债券供需双方力量的跟踪数据通常是日度的和周度的，具有更强连续性）。

因此，宏观经济的影响最深远却最难以测量，应当是我们最后考虑的因素（因为你的观点很有可能是错的），特别是当债券供需、宏观经济、货币政策等因素出现了背离或者方向完全相反的时候，应当首先以政策为重，其次是债券供需及机构行为，最后才考虑宏观经济。

值得说明的是，本书所提倡的思维框架只是笔者经验所得，并非债券市场投资交易的“标准答案”，仅供读者参考。

下一章开始，本书会从大类资产角度观察债券资产，以及债券的供给方与需求方的主要诉求、约束条件等。

第 10 章

初探宏观经济对债市的影响

10.1　债券的大类资产属性

债券市场是一个高度机构化的市场，几乎没有散户存在。由于金融机构的主业就是配置各类金融资产，在各种资本、指标约束下实现投资收益的最大化，因此债券只是其资产配置中的一个部分。

换句话说，对金融机构而言，债券只是其摆布资金的一个方向，投资者会在不同的资产之间做选择——或者，反过来看，是债券要与其他金融资产竞争，让投资者把尽量多的资金投到自己身上。

以银行为例，除了债券(其中还包括利率债和信用债)，以及按照要求不得不存入央行的保证金之外，银行还可以选择投资贷款、各类特殊目的载体的投资工具、非标资产、回购拆借和同业借款，以及权益类资产、投资性房地产等。

表 10.1 展示了不同类型的资产的特征，从流动性和风险偏好光谱上看，还是整体呈现出流动性越好、信用风险越小的资产，其收益率越低，越需要通过交易(零和博弈)的方式增厚收益，而越是高收益的资产，其流动性风险和信用风险就越大，在投资方面的限制就会越大。

表 10.1 各类资产特征

资产类别	资产特点
利率债	无信用风险、流动性高、利率较低、免利息收入增值税(部分免利息收入所得税)
信用债	有信用风险、流动性按信用风险程度变化、利率按照信用风险程度变化
利率衍生品	本金占用少、部分流动性较差/极好、允许双边下注
贷款	有信用风险、银行业务基石、流动性差
SPV 投资	视底层资产承担市场风险、信用风险和操作风险,流动性差,可表外加杠杆
权益类资产	存在较高波动风险、无静态收益率

资料来源:湖南三湘银行。

在资产投资领域,金融机构主要面临的是资本约束。由于金融业的跨时期性① 和高杠杆经营②的特征,金融机构投资失败可能会造成债权人的极大损失,因此金融机构的每笔投资和每笔业务收入都会根据实际承担的风险按照不同比例占用一部分资本。资本将会成为金融机构投资的上限,这也是金融机构面临的最主要的投资约束之一。

以银行为例,2012 年颁布的《商业银行资本管理办法》就已明确金融机构的资本约束和具体指标资本充足率。

商业银行资本应抵御其所面临的风险,包括个体风险和系统性风险。商业银行应当符合《商业银行资本管理办法》规定的资本充足率监管要求。

资本充足率,是指商业银行持有的符合《商业银行资本管理办法》规定的资本与风险加权资产之间的比率。一级资本充足率,是指商业银行持有的符合《商业银行资本管理办法》规定的一级资本与风险加权资产之间的比率。核心一级资本充足率,是指商业银行持有的符合《商业银行资本管理办法》规定的核心一级资本与风险加权资产之间的比率。

商业银行总资本包括核心一级资本、其他一级资本和二级资本。

---

① 当前的投资要到未来才能确定是赚是赔。

② 资产负债率普遍在 70%以上。

商业银行风险加权资产包括信用风险加权资产、市场风险加权资产和操作风险加权资产。

由于固定收益类资产在金融机构资产中的占比巨大，金融机构整体更加关注信用风险，而银行更甚，信用风险也是占用金融机构资本最多的风险类别。信用风险加权资产的计量有多种方法，我们采用最基础和适用最广的权重法估算上述大类资产(见表 10.2)。

表 10.2　　各类资产信用风险权重及其说明

资产类别	风险权重	说　明
现金等价物	0%	现金及现金等价物的风险权重为 0%。
利率债	0%～20%	商业银行对我国中央政府和中国人民银行债权的风险权重为 0%。 商业银行对我国公共部门实体债权的风险权重为 20%。我国公共部门实体包括:(1)除财政部和中国人民银行以外，其他收入主要源于中央财政的公共部门。(2)省级(直辖区、自治区)以及计划单列市人民政府。 商业银行对上述公共部门实体投资的工商企业的债权不适用 20%的风险权重。 商业银行对我国政策性银行债权的风险权重为 0%。 商业银行对我国政策性银行的次级债权(未扣除部分)的风险权重为 100%。
信用债	20%～100%	商业银行对我国其他商业银行债权的风险权重为 25%，其中原始期限 3 个月以内(含)债权的风险权重为 20%。 以风险权重为 0 的金融资产作为质押的债权，其覆盖部分的风险权重为 0。 商业银行对我国其他商业银行的次级债权(未扣除部分)的风险权重为 100%。 商业银行对我国其他金融机构债权的风险权重为 100%。 商业银行对一般企业债权的风险权重为 100%。
贷款	50%～100%	商业银行对一般企业债权的风险权重为 100%。 商业银行对同时符合以下条件的微型和小型企业债权的风险权重为 75%: (1)企业符合国家相关部门规定的微型和小型企业认定标准。 (2)商业银行对单家企业(或企业集团)的风险暴露不超过 500 万元。 (3)商业银行对单家企业(或企业集团)的风险暴露占本行信用风险暴露总额的比例不高于 0.5%。 商业银行对个人债权的风险权重如下: (1)个人住房抵押贷款的风险权重为 50%。 (2)对已抵押房产，在购房人没有全部归还贷款前，商业银行以再评估后的净值为抵押追加贷款的，追加部分的风险权重为 150%。 (3)对个人其他债权的风险权重为 75%。

续表

资产类别	风险权重	说　明
权益类资产	400%～ 1 250%	商业银行对工商企业股权投资的风险权重： (1)商业银行被动持有的对工商企业股权投资在法律规定处分期限内的风险权重为400%。 (2)商业银行因政策性原因并经国务院特别批准的对工商企业股权投资的风险权重为400%。 (3)商业银行对工商企业其他股权投资的风险权重为1 250%。
投资性房地产	100%～ 1 250%	商业银行非自用不动产的风险权重为1 250%。 商业银行因行使抵押权而持有的非自用不动产在法律规定处分期限内的风险权重为100%。

资料来源：湖南三湘银行根据中国银行业保险业监督管理委员会相关资料整理。

我们可以发现，不同资产的信用风险各不相同，其对待宏观经济变动的感受也各不相同。例如，权益类资产和投资性房地产更乐见经济的强烈恢复；贷款资产的投放则更希望经济进入增长叠加高通货膨胀的过热阶段；信用债资产需要资金成本与资产价格之间存在足够大的息差，资金成本要越低越好；利率债资产则在经济衰退、货币政策宽松时表现最好。

将上述表述再度简化，我们可以将大部分资产放置在一个横轴是经济增长，纵轴是资金价格的图上（见图10.1）。本书的主角债券特别是利率债，表现最好的时候是经济衰退且资金价格低时。

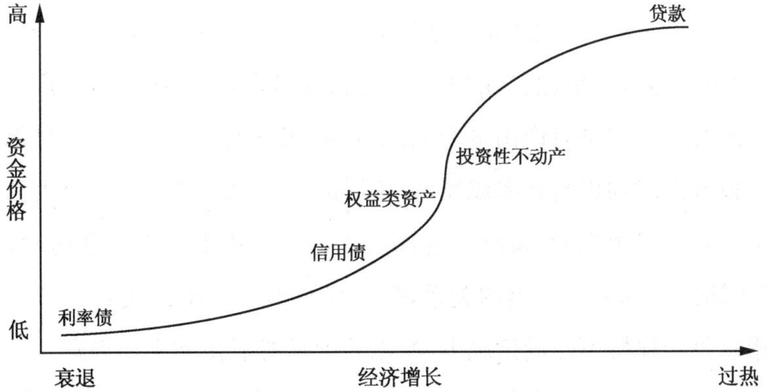

资料来源：湖南三湘银行。

图10.1　不同资产的大类资产分布曲线

那么宏观经济是如何影响债券市场的呢？

10.2 宏观因素初探

10.2.1 IS-LM 模型

上节末尾出现的大类资产分布图（即横轴为经济增长，纵轴为资金价格即利率的分布图）与宏观经济学中基础、但非常重要的 IS-LM 模型十分接近，该模型揭示了利率水平与经济增长之间的关系。当然该模型中的利率水平指的是宏观经济面临的广义利率水平。

必须指出的是，作为宏观经济学发展初期的理论成果，IS-LM 模型已经被更加复杂、包含更多市场均衡的动态均衡模型所取代，但其所揭示的宏观经济学基本逻辑仍然具有现实的指导意义。

IS-LM 模型是由英国经济学家希格斯和美国经济学家汉森所提出的，用以揭示凯恩斯主义宏观经济学基本观点的静态经济模型，通过两个部门均衡组合成一个新的利率—产出模型。

从支出法角度看，宏观经济的总产出（Y）是由最终消费（C）、资本形成（I）以及净出口（NX）三个部分组成，而其中最终消费与总产出关系密切——有产出才能消费，资本形成则与利率有关——利率低才更愿意投资，这形成了第一个利率与产出的关系，即 *IS* 曲线，*IS* 曲线是一条斜向下的曲线，当利率越低时，产出越大。

从货币供给与需求角度看，由于货币作为交易媒介，形成了所有产出的定价机制，对货币的总需求即是对产出的总需求，而除了交易需求外，经济对货币还存在投资需求，投资需求则仍与利率成反比；货币的总供给通常并不完全由经济自发决定，而是由央行等货币主管、金融监管部门决定。当货币的供需平衡时，供需平衡条件形成了第二个利率与产出的关系，即 *LM* 曲线。*LM* 曲线是一条斜向上的曲线，在货币总供给保持不变的情况下，产出的增长背后是利率的提升。

IS 曲线和 *LM* 曲线相交的点即为当前均衡的利率水平和产出水平。

通过把 *IS-LM* 曲线与本书上节提到的大类资产分布图结合，我们就可以发现在当前均衡位置下，哪种资产可能更受欢迎，哪种资产可能会被抛售。

在理解了 *IS-LM* 模型与大类资产分布图的基本逻辑之后，我们需要通过一些方法将 *IS-LM* 曲线和均衡点移动起来。

10.2.2　均衡点的移动

由于 *IS* 曲线代表的是经济总产出，*LM* 曲线代表的是货币总均衡，因此当经济增长层面发生变化时，*IS* 曲线将会发生变动，而当货币供需层面发生变化时，*LM* 曲线将会发生变动。

而两条曲线的形变和移动也会导致利率均衡点位的移动，导致大类资产配置的“最优解”发生了偏移。由于本书“宏观篇”将会对宏观经济数据、指标进行详细解读，本节仅提供一个简单的框架思路。

通常而言，导致 *IS-LM* 曲线发生形变及偏移的情况有如下几种：

(1)经济周期所导致的 *IS* 曲线变化

在相同的利率水平之下，处于过热阶段的经济增长率会显著高于平常状态，而处于衰退阶段的经济增长率会显著低于平常状态，意味着在经济过热阶段，*IS* 曲线会变得更加平坦，而在经济衰退阶段，*IS* 曲线会变得更加陡峭。

在 *LM* 曲线(即货币金融政策)不发生变化的情况下，*IS* 曲线变得更加平坦将会让利率水平及经济产出水平上升，反之，*IS* 曲线变得更加陡峭将会让利率水平及经济产出水平下降。

这可以得出经济衰退期对债券市场更有利的结论。

(2)经济刺激政策所引发的 *IS* 曲线变化

当经济波动明显过大时，政府会采取一些手段以调节经济增长的形态，例如大规模财政刺激(增加基础设施建设投资)或节衣缩食过紧日子(减少政府消费行为)，以及鼓励投资消费(发放消费券等)或抑制投资消费政策(增加消费税等)等方式，而正如前文所述，这些政策都会作用在 *IS* 曲线上。

但是，上述政策变量对 *IS* 曲线而言是一个外生变量，这些政策的变动作用到 *IS* 曲线上会导致 *IS* 曲线平行移动：扩张的政策会让 *IS* 曲线向外移动，而收缩的政策会让 *IS* 曲线向内移动。

与曲线变得更加陡峭和平坦一致，在货币供给环境保持不变的情况下，向外移

动的 *IS* 曲线会让经济增长和利率更高，而向内移动的 *IS* 曲线会让经济增长和利率更低。

但是，现实生活中扩张政策和收缩政策都会伴随着货币供给环境的改变，引发 *LM* 曲线的改变。

(3)货币供给变化带来 *LM* 曲线的变化

LM 曲线的移动并不仅仅代表着货币政策的变化，通常还会包括信贷可得性的调整(即信贷政策)，换句话说，考虑 *LM* 曲线变动不仅要关注央行是否加息降息，也要关注金融监管政策、监管指标体系调节等因素是否会发生变化。

当货币供给呈现宽松时，*LM* 曲线将会向外移动，反之，当货币供给呈现紧缩时，*LM* 曲线将会向内移动。在经济产出即 *IS* 曲线保持不变的情况下，*LM* 曲线向内移动将会导致利率上升、产出下降，而 *LM* 曲线向外移动将会导致利率下降、产出上升。

由此，我们可以根据上述模型变化与大类资产分布图结合，做出与现实更接近的推论：

逻辑 1：宏观经济及宏观经济预期越强的时候，总需求越强，债券市场走势愈发负面，反之亦然；

逻辑 2：货币政策边际放松将会为债券市场带来更多资金，有利于债券市场，但货币宽松也会带来经济的恢复，推动逻辑 1，反之亦然；

逻辑 3：信贷政策的放松会带来更多的融资，一方面增加了总需求，再次回到逻辑 1 路径上，另一方面融资增加会挤占债券资源，导致债券被抛售，反之亦然；

逻辑 4：财政政策效果与信贷政策类似，当财政政策放松时，会增加大量的总需求，推动逻辑 1，同时，财政政策会消耗储蓄、发行更多的政府债券，导致债券供需失衡，反之亦然。

10.3　经济周期与债券周期

除了重要的宏观经济政策变动带来的均衡点变化影响金融机构资产配置之外，经济周期性的变动也会影响债券市场的走势。如图 10.2 所示，通货膨胀的周期性变化和库存的周期性变化都会影响债券市场的周期性变化。

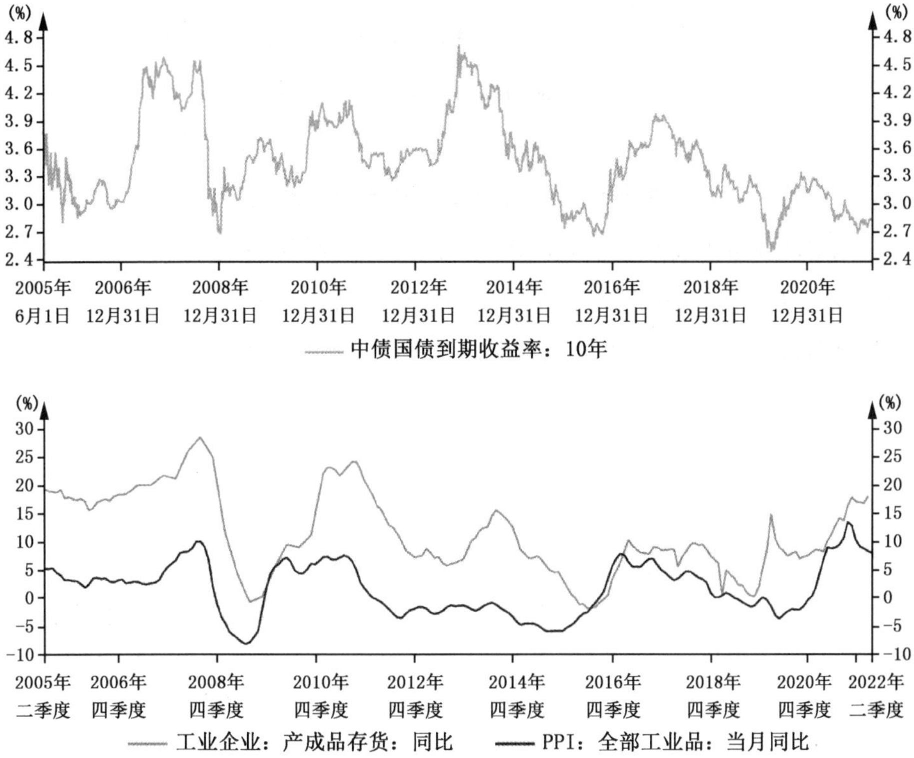

资料来源：Wind。

图 10.2　库存周期

自 2005 年 6 月至 2022 年 5 月，绝大部分时间里债券周期与库存周期和通货膨胀周期相匹配，但在某些时刻也会出现背离，特别是当 2020 年新冠疫情改变了中国和全球供应链之后，债券利率与库存和通货膨胀的匹配性被长时间破坏。具体来看：

(1)2005 年年底至 2008 年年中，债券利率随着库存和通货膨胀逐步上行。2005 年至 2008 年是中国外贸爆发式增长，整体国力不断增强的阶段，叠加美国经济步入过热期，通货膨胀压力逐渐显现，美联储通过连续加息的方式压制了全球需求。

(2)2008 年 9 月至 2009 年年中，雷曼兄弟的倒闭引爆了次贷危机，经济迅速走入衰退，进入降价停产主动去库存的阶段，通货膨胀也迅速回落，在此情况下，债券利率也同步走低。

（3）2009 年年中至 2012 年年初，中国大刀阔斧的一揽子财政计划带来经济巨大的需求，带动债券利率、通货膨胀与库存同步上升，直至欧债危机的爆发。

（4）2012 年年初至 2013 年年末，该时期为债券利率和库存周期、通货膨胀周期的第一次背离。该时期内欧债危机不断发酵导致全球性需求回落，中国政府不得不采用财政及货币刺激政策对冲影响，库存及通货膨胀在这一时期内整体是下降的，但债券利率在经历了 2012 年的小幅下行后，在 2013 年迎来猛烈的上行，原因是央行对市场的敲打，由此可见本书在第 9 章中提出的决策框架具有相当的有效性。

（5）2013 年年末至 2014 年年末，经过 1 年的敲打，经济过热现象得到了解决，地产销售疲软，投资收缩，过剩产能问题出现，企业开始被动积累库存，库存上行，债券利率随着通货膨胀下行。

（6）2014 年年末至 2016 年 9 月，经济乏力问题加重，股市泡沫破裂，央行不得不连续降息予以对冲。该时期整体来说，通货膨胀、库存与债券利率均处在下行通道。

（7）2016 年 9 月至 2017 年年底，由于棚改货币化安置促进需求、供给侧改革初见成效，经济逐步恢复及央行打击同业杠杆等动作，因此该时期内通货膨胀、库存与债券利率整体处于上行通道。

（8）2017 年年底至 2019 年 11 月，2018 年后中国经济数据见顶并遭遇中美贸易摩擦、包商银行破产事件，经济比较疲软，央行也通过宽松手段予以应对，整体来看，债券利率、库存与通货膨胀周期的频率仍然一致，同步下行。

（9）2019 年年底至 2020 年 4 月，随着新冠疫情的暴发和蔓延，全球供应链受到极大冲击，导致库存迅速上升，而价格则因封城等因素迅速下降。由于经济前景堪忧，央行释放大量流动性予以对冲，债券利率快速下行至有史以来的低位。

（10）2020 年 4 月至 2020 年 11 月，由于武汉封城结束且中国相较于世界其他国家的疫情防控处于优势，中国产能被海外需求消化，库存下降、通货膨胀回升，债券利率也随之上升。

(11)2020 年 11 月至 2022 年 5 月，由于全球经济始终未能在疫情中恢复，叠加疫情在中国的反复小规模爆发，供应链遭到完全破坏。央行不得不再度宽松，使得供应链破坏后的供需失衡和货币供应上的绝对宽松同时存在，债券利率与库存、通货膨胀周期完全背离，继续下行。

通过对上述 11 个阶段的复盘，我们可以发现，债券周期与库存周期、通货膨胀周期等短期周期相关性极高，但两者并没有因果关系，而是共同被其中一个或几个因素部分影响。而从两个债券周期与库存、通货膨胀周期背离的时期，2012 年年初至 2013 年年末和 2020 年年末至 2022 年来看，比起经济基本面，债券周期对央行的政策更加敏感。

下一章开始，本书将分析机构行为，提供研究债券供需双方行为的思路和工具。

第 11 章

理解债券市场的供给

本篇一直强调的一个基础概念是，债券利率作为债券的价格，其变化是由供需双方实力变化决定的，这是影响债券变化的直接也是决定性因素。然而，实践中市场总是过分关注宏观经济和通货膨胀等因素对供需的影响，逻辑链显然过长，出错概率更大。

因此，在分析预测债券利率的走势时，我们应回到供需分析的本源上来，从供给与需求出发，建立自己的投资分析决策框架。基于供需关系，我们可以得出以下简单推论：

(1)供需维持阶段平衡时，因为存在季节性的变化和周期、情绪的扰动，债券利率会在某个位置上下波动；

(2)供给持续增加但需求维持不变时，债券收益率上行，价格下跌；

(3)需求持续增加而供给保持不变的时候，债券收益率下行，价格上涨。

需要注意的是，由于经济持续自发扩张，和大宗商品一样，即使是在各种政策都维持不变的情况下，金融机构对债券的需求也是稳步上涨的。但与大宗商品不一样的是，对利率债而言，一般情况下全年供给是给定的，供给曲线类似于一条平行于利率纵轴的直线，是不受市场行情波动影响的(见图 11.1)。

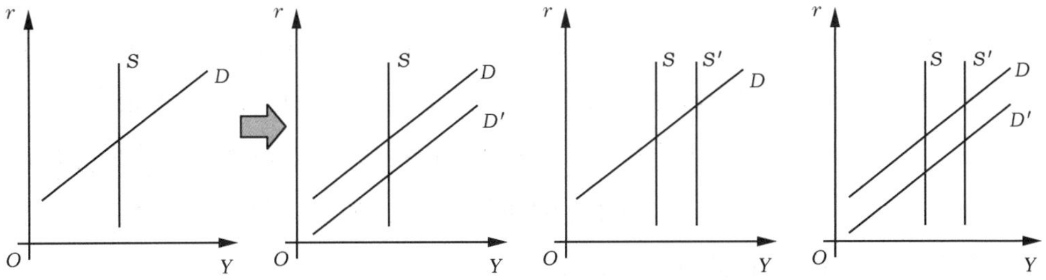

资料来源：湖南三湘银行。

图 11.1　供需曲线

11.1　债券供给对其他因素的影响

由于债券的融资特性，以及发行人在融资之后必然会选择投资/消费的这一“后续动作”，债券供给并非仅仅增加了供给压力，同样也会在其他领域产生影响，进而对债券市场的供需平衡造成影响。

11.1.1　供给影响资金价格

债券发行的本质是投资人把资金借给发行人使用，从资金流的角度看，在银行结算体系之下，债券发行是资金从投资人账户所在银行流入发行人账户所在银行的过程。而银行间资金市场是有资金盈余的金融机构向有资金缺口的金融机构输送资金的场所。资金价格主要是由整个金融行业而非某个金融机构的资金盈余情况决定的，而债券发行只是资金从一个银行转移到另外一个银行，并不会影响整个行业的资金盈余情况，因此，除非某些特殊情况，债券发行一般不会影响资金价格。

但政府债券除外，由于作为发行人的政府的资金账户并非开立在某个商业银行，而是开立在中央银行，导致政府债券的发行实际上是资金从商业银行转入中央银行的过程，而这会降低整个金融行业的资金盈余水平，且政府债券的发行规模通常较大，当面临较大缴款压力的时候，会导致银行间市场的资金价格出现大幅扰动。政府债券的发行对银行间资金面的影响，本书第 14 章中的央行资产负债表有详细阐述。

这种扰动不会持续太久，毕竟对于政府而言，它融到了钱还是会用掉，一旦把钱花掉，钱就会从中央银行转移到商业银行，提高整个金融业的资金盈余水平，而这个过程一般持续 2～3 个工作日；反之，对于政府而言，它偿还资金之前也需要归集资金到其在央行开立的账户，而债券到期前 1～2 天的资金归集期也会影响金融业的资金盈余水平，进而影响资金价格。

从历史数据看，由于央行通常为了维护资金稳定会选择对冲，除非大笔发行（政府债券超 5 000 亿元）和大笔到期可能会影响资金价格，通常债券发行和偿还对资金面的影响并不明显。

11.1.2 供给推动经济需求

上文提到，债券发行人融入资金的目的是将资金花出去，而政府最主要的花钱方式有两种：一是维持政府正常运转，保证国家发展所需要的诸如国防、治安、医疗、教育等经费；二是基建投资和产业支持政策。第二种方式会大量新增或收缩政府投资带来的经济需求，从而从宏观经济的角度影响债券市场的需求。政府债券的发行，特别是用于新增基建等政府投资项目的政府债券的发行，对债券价格的不利影响会远大于其他类型的政府债券供给。

那么哪些政府债券具有更强的影响力呢？由于普通国债和地方政府一般债所募集资金的绝大部分都是维持政府运转和社会发展的经费，而特别国债和地方政府专项债券则更多对应具体建设项目，因此是对经济增长具有更强影响的债券品种。

由于并不经常发行特别国债，地方政府专项债的发行就成了重要的观测财政力量介入的指标之一。

2019 年中共中央办公厅与国务院办公厅联合印发的《关于做好地方政府专项债券发行及项目配套融资工作的通知》就已明确，“发挥专项债券带动作用和金融机构市场化融资优势，依法合规推进专项债券支持的重大项目建设。对没有收益的重大项目，通过统筹财政预算资金和地方政府一般债券予以支持。对有一定收益且收益全部属于政府性基金收入的重大项目，由地方政府发行专项债券融资；收益兼有政府性基金收入和其他经营性专项收入(以下简称专项收入,包括交通票款收入等),且偿还专项债券本息后仍有剩余专项收入的重大项目,可以由有关企业法人项目单位(以下简称项目单位)根据剩余专项收入情况向金融机构市场化融资”。

同时也允许地方政府专项债资金作为项目资本金使用,进一步放大了专项债资金的使用杠杆,“对于专项债券支持、符合中央重大决策部署、具有较大示范带动效应的重大项目,主要是国家重点支持的铁路、国家高速公路和支持推进国家重大战略的地方高速公路、供电、供气项目,在评估项目收益偿还专项债券本息后专项收入具备融资条件的,允许将部分专项债券作为一定比例的项目资本金,但不得超越项目收益实际水平过度融资。地方政府要按照一一对应原则,将专项债券严格落实到实体政府投资项目,不得将专项债券作为政府投资基金、产业投资基金等各类股权基金的资金来源,不得通过设立壳公司、多级子公司等中间环节注资,避免层层嵌套、层层放大杠杆”。

另外,由于众多重大基建及政府投资项目需要获得各级发改委的审批许可,发改委的项目审批成为专项债券发行的前置条件,因此直接观察发改委的项目审批情况无疑是更为领先的指标。从历史数据看,发改委项目审批个数与债券市场的供给压力和债券市场的走势存在3～6个月的数据领先。

读者可登录国家发改委的全国投资项目在线审批监管平台统计近期有多少项目被审批通过,并可以据此测算出短期内可能的政府债券供给规模。

11.2 国债与地方债的发行

11.2.1 国债的发行

从发行形式看,我国的国债以凭证式国债和记账式国债为主。

凭证式国债是指国家采取不印刷实物券,而用填制国库券收款凭证的方式发行的国债。它是以国债收款凭单的形式来作为债权证明,不可上市流通转让,从购买之日起计息。在持有期内,持券人如遇特殊情况需要提取现金,可以到购买网点提前兑取。提前兑取时,除偿还本金外,利息按实际持有天数及相应的利率档次计算。

而记账式国债是由财政部通过无纸化方式发行的、以电脑记账方式记录债权，并可以上市交易的债券。机构投资者用于投资和交易的国债就是记账式国债。

凭证式国债是财政部面向普通散户投资者的一类债券，通常也被称为储蓄国债，由于债券不能够交易，没有二级市场，储蓄国债的票面利率通常要高于同期限的记账式国债。

本书关注的重点是记账式国债。根据利息给付方式的不同，它可以分为贴现国债和附息国债：贴现国债即发行时通过面额折价的方式卖出，到期还本时按面额支付本息的债券，通常为1年以内的短期债券，目前我国主要发行的贴现国债期限有1个月、2个月、3个月和6个月；附息国债则是按照半年或一年一次的付息频率，按照票面利率支付利息，到期则按照面额支付本金的债券，通常期限较长，主要的发行期限有1年、2年、3年、5年、7年、10年、30年和50年，其中1年、7年期国债为按年付息，10年、30年和50年期国债则按半年付息。

从发行方式看，1年至10年期附息国债由于市场需求较好，发行人有较强议价权，因此采取了混合式的招标方式，而30年、50年等超长期国债由于市场需求比较单一，主要依靠保险公司消化，发行人议价权较低，因此采取了荷兰式招标方式。

混合式招标与美国式招标比较类似，但并不完全一致：当债券为新发时，票面利率并未确定，投标标的为利率时，全场加权平均中标利率为当期国债票面利率。投标机构中标利率低于或等于票面利率的标位，按票面利率购买当期国债；高于票面利率一定价位以内，按各自中标利率购买当期国债；高于票面利率一定价位以上标位，全部落标。当债券为续发时，票面利率已确定，投标标的为价格时，以各标位中标数量为权重计算全场加权平均中标价格，投标机构中标价格高于或等于全场加权平均中标价格的标位，按全场加权平均中标价格购买当期国债；投标机构中标价格低于全场加权平均中标价格一定价位以内的标位，按各中标价格购买当期国债；低于全场加权平均中标价格一定价位以下的则全部落标。

换句话说，混合式招标会形成两个价格：加权价格是所有中标人的加权平均报价，边际价格则是报价最低的中标人的报价，在加权价格之上的中标人按加权价格全额中标，在加权价格与边际价格之间的中标人按自己的投标价格全额中标，投标边际价格的中标人按照边际倍数全额或部分中标，在边际价格之下的投标人无法中标。

而荷兰式招标则简单得多，荷兰式招标只会形成一个价格（即边际价格），在边际价格之上的投标人以边际价格全额中标，投标边际价格的中标人按照边际倍数全额或部分中标，在边际价格之下的投标人无法中标。

本书第6章曾阐述了利率曲线和利率曲线的关键期限来源于国债发行，因此关键期限的附息国债发行规模、发行方式格外值得我们注意。

原则上来说，财政部每季度末会公布下一季度的国债发行计划，上半年也会适时发布全年的国债发行计划。一般而言，1～30年期附息国债每个月发行1次，全年共发行12次；50年期国债每季度发行1次，全年最多发行4次。

但有时也会存在例外，例如2022年4月末财政部公布了2022年全年国债发行计划，10年期国债在2022年会发行15期，分别在8月、9月和11月末多发行一期国债。

年度计划和季度计划通常只会公布发行债券的日期、年限和发行次数，并不会公布每一期的发行规模，发行规模一般提前一周公布。不论是年度和季度发行计划，还是单期发行规模，财政部都会在其国库司的网站上对外公布。读者可通过访问财政部国库司网站查看。

1年至10年期附息国债通常会在每周三上午招标，中午11:35后公布招标结果，周三下午公告下一周的国债发行规模；30年和50年期附息国债通常会在每周五上午招标，中午11:35后公布招标结果，30年期国债每月招标1次，50年期国债每季招标1次。

由于国债发行总量且单期发行规模较大，一次性增加大量供给自然会影响债券市场的供需均衡，因此国债的发行将会制造一个交易节点。交易节点是笔者在工作中总结的市场情绪节点，它通常是一个会引导和产生预期的事件，例如国债的发行、经济金融数据的公布、政府官员的重要讲话、重要会议的举行等，市场会将该事件与当前的市场情绪结合，并形成预期。而当预期兑现、落空或超量时，旧有的市场情绪可能会被打破，形成新的市场情绪和驱动力量。

换句话说，交易节点代表着短期市场情绪的一次可能的总爆发和转折，值得投资者关注。

从更长远的角度看，债券招投标结果也透露出了债券供需平衡的变化，而读懂债券招投标结果，首先需要认识债券投标倍数和投标价格。

根据惯例，一级市场招投标所形成的交易价格并不能直接和二级市场对比，而是通过“边际价格(在边际倍数超过 10 倍，几乎分不到量的情况下采用次边际价格)－承销费收入”修正之后计算的发行价格与二级市场的交易价格对比，观察这次发行得“好不好”。

通常而言，新发债券由于即将成为主力券，且因为没有库存，空头无法做空，利率会略低于目前正在交易的主力券种的到期收益率。而续发债券则更加直接，只要一级市场修正之后的交易价格与二级市场的交易价格相比更高，则意味着债券市场出现供小于求，反之则是供大于求。

另一个需要关注的是倍数。我们主要关注两个倍数，一个是全场倍数，指的是总投标的规模/发行规模，另一个是边际倍数，指的是边际标位上的投标总规模/中标总规模。全场倍数高意味着投标人数众多，边际倍数较高则意味着套利盘和交易盘较多。若全场倍数低，但边际倍数高，则意味着配置力量不足。

但是，从现实角度出发，债券一级发得好并不代表债券短期可能走得好，债券一级发得差也不代表债券短期就会走得差。由于短期市场受到情绪和预期差影响，利好/利空的落地反倒可能成为短期利好/利空出尽，市场走势反转的节点。

11.2.2　地方债的发行

按照《地方政府债券发行管理办法》的相关定义，地方政府债券包括一般债券和专项债券。一般债券是为没有收益的公益性项目发行，主要以一般公共预算收入作为还本付息资金来源的政府债券；专项债券是为有一定收益的公益性项目发行，以公益性项目对应的政府性基金收入或专项收入作为还本付息资金来源的政府债券。

该办法同时还要求，地方财政部门应当在国务院批准的分地区限额内发行地方政府债券。新增债券、再融资债券、置换债券发行规模不得超过财政部下达的当年本地区对应类别的债券限额或发行规模上限。地方财政部门应当根据项目期限、融资成本、到期债务分布、投资者需求、债券市场状况等因素，合理确定债券期限结构。

地方财政部门应当均衡一般债券期限结构，充分结合项目周期、债券市场需求等合理确定专项债券期限。专项债券期限应当与项目期限相匹配；专项债券期限与项目期限不匹配的，可在同一项目周期内以接续发行的方式融资。专项债券可以对应单一项目发行，也可以对应多个项目集合发行。财政部对地方政府债券发行期限进行必要的统筹协调。

总之，地方债的年度发行规模由中央政府决定，地方政府只能合理设计一般债的发行期限，而对于地方政府专项债，则由地方政府上报项目，发改委审批通过后，主要根据项目期限确定债券发行期限。由于地方政府的项目期限通常较长，因此一般债的发行期限较为均衡，而专项债则主要以中长期为主。

而从发行价格角度看，地方债的一二级市场价格是完全割裂的——地方债的二级市场交易价格同其他债券一样，但地方债的一级发行价格跟地方债的二级交易无关，而是与同期限的国债利率有关，一般为过去一段时间同期限国债估值利率的均值加点（通常为加 10～40bp），这也导致地方债的发行不能传递市场供需双方的情绪，地方债更多影响资金面而非情绪面，是债券投资者们不太关注的短期供给因素。

一二级市场价格的割裂也带来了一些机会或者风险：假设一级市场发行价格[①]与二级市场交易价格存在倒挂，意味着投资者从债券中标的那一刻起就面临浮亏，地方政府必须通过其他方式（如财政存款、允许金融机构参加重大基建项目等）对投资者予以补偿；反之，若一二级市场价格存在利差，意味着投资者买入后就会立刻盈利，形成了显而易见的无风险套利机会。

与附息国债一样，地方债的主体是 1 年至 30 年期的附息债券。在发行计划公布方面，地方政府通常会按月公布自己下个月的发行计划，但发行计划并非完全准确，具体的发行规模和期数仍以前一周公布的发行公告为准。

---

① 由于国债利率均值及加点已经确定，地方债一级市场发行价格已事先确定。

地方债发行计划及发行公告在中国债券信息网的地方政府债券信息披露门户(https://www.chinabond.com.cn/dfz/#)上披露。

11.3 周度的短期供给影响

按照相关债券发行管理办法,国债与地方债通常都必须在发行前一周公布发行公告,确定投标时间、发行规模、投标方式等基础要素,也给了投资人统计发行规模,确定供给压力的最小周期——按周统计债券短期供给影响。

从这个角度看,债券的短期供给因素既制造了债券发行投标日这一情绪上的短期交易节点,还通过周度发行规模统计的方式,帮助投资者理解下一周的债券供给压力和可能的资金压力。

2021年3月至2021年5月的债券市场走势向我们展示了短期供给压力对市场行情的影响。图11.2展示了该时期内每周政府债券净供给(当周发行规模－当周到期规模)变动和10年期国债收益率走势,显示出当宏观经济和央行货币政策保持静默或未能体现出明确方向时,债券市场的短期波动几乎和净融资环比变动表现一致。

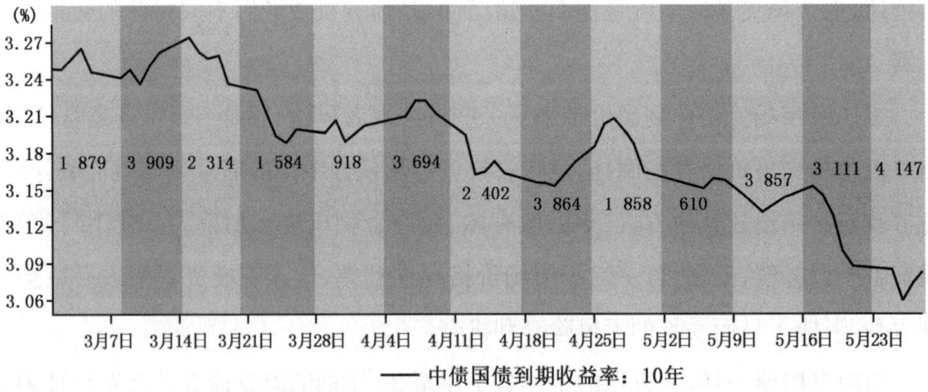

资料来源:Wind、湖南三湘银行。

图11.2 周度视角下供给对10年期国债利率走势的影响

正是因为短期供给对债券市场情绪的影响,市场常常会根据债券发行的时点开发“砸发行”和“玩反转”等套路。而所有债券的发行供给中，国债最容易作为“砸发行”和“玩反转”触发点的资产，也最值得我们关注。其原因有三：

一是国债采用完全的市场化发行方式，很少存在承销团成员或某个投资者操控发行结果的情况，发行结果完全反映市场情况；

二是国债的发行规模较大①，每周都在固定时间发行，且1个期限1个月只发一次，供给的脉冲较大，也更容易影响市场情绪和预期；

三是国债发行后资金会从银行处回到国库，短期影响资金面。

“玩反转”策略已在前文中有所转述，本质上是把国债发行投标日当作一个交易节点，交易节点前是情绪放大器，交易节点后是情绪反转点，而“砸发行”策略会在“交易篇”中展示。

但是，这些短期策略的核心仍然是预期差和“比谁拳头大”的头寸思路。相信随着市场的进化，投资者们仍然会基于预期差和头寸思路开发出新的基于债券短期供给压力的短期交易策略。

11.4 政府债券的长期供给

要了解政府债券的长期供给变动，首先需要知道政府债券的供给包括什么。

按照《中华人民共和国预算法》，中央政府和地方政府债务采用余额管理的模式，且余额规模不得超过全国人民代表大会所批准的限额。换句话说，政府预算及赤字规模均由全国人民代表大会审议批准。

但赤字并不是政府债券供给的全部，政府赤字只包括普通国债和地方政府一般债，并不包含特殊用途的特别国债和以项目回收资金作为还款来源的地方政府专项债。

因此，全年政府债券供给＝普通国债＋地方政府一般债＋特别国债＋地方政府专项债。政府赤字是余额管理，是净供给概念，因此全年政府债券供给＝政府赤字规模的普通国债和地方政府一般债＋特别国债＋地方政府专项债＋全年到期的

---

① 10年期国债发行规模为单期500亿～700亿元，而10年期政金债单期发行规模仅为80亿～180亿元。

政府债券规模。

政府赤字规模在每一年两会期间的政府工作报告中披露，如 2022 年政府工作报告中指出了当年的赤字率，“提升积极的财政政策效能。今年赤字率拟按 2.8% 左右安排，比去年有所下调，有利于增强财政可持续性。预计今年财政收入继续增长，加之特定国有金融机构和专营机构依法上缴近年结存的利润、调入预算稳定调节基金等，支出规模比去年扩大 2 万亿元以上，可用财力明显增加。新增财力要下沉基层，主要用于落实助企纾困、稳就业保民生政策，促进消费、扩大需求。今年安排中央本级支出增长 3.9%，其中中央部门支出继续负增长。中央对地方转移支付增加约 1.5 万亿元，规模近 9.8 万亿元，增长 18%，为多年来最大增幅。中央财政将更多资金纳入直达范围，省级财政也要加大对市县的支持，务必使基层落实惠企利民政策更有能力、更有动力”。

而更加具体的数字则会出现在财政部部长在两会上向人大代表汇报的全国财政决算预算报告上，如 2022 年决算预算报告中就明确了债券发行的具体规模：

中央一般公共预算收入 94 880 亿元，比 2021 年执行数增长 3.8%。加上从中央预算稳定调节基金调入 2 765 亿元，从中央政府性基金预算、中央国有资本经营预算调入 9 900 亿元，收入总量为 107 545 亿元。中央一般公共预算支出 134 045 亿元，增长 14.3%。收支总量相抵，中央财政赤字 26 500 亿元，比 2021 年减少 1 000 亿元。地方一般公共预算本级收入 115 260 亿元，增长 3.7%。加上中央对地方转移支付收入 97 975 亿元、地方财政调入资金及使用结转结余 10 620 亿元，收入总量为 223 855 亿元。地方一般公共预算支出 231 055 亿元，增长 8.9%。地方财政赤字 7 200 亿元，通过发行地方政府一般债券弥补，比 2021 年减少 1 000 亿元。

按照保持政府总体杠杆率基本稳定要求，2022 年安排新增地方政府专项债券额度 3.65 万亿元，与上年持平。经报全国人大常委会备案，已提前下达新增专项债券额度 1.46 万亿元。坚持“资金跟着项目走”，做深做细专项债券项目储备，用好用足专项债券作为重大项目资本金政策，优化专项债券投向领域，严格资金使用监管，不撒“胡椒面”，重点支持在建和能够尽快开工的项目，扩大有效投资。

由此可知，一般国债净发行 2.65 万亿元、地方政府一般债净发行 0.72 亿元，政府赤字 3.37 万亿元，而地方政府专项债则新增 3.65 万亿元，没有特别国债的发行计划。

这也意味着2022年新增政府债券最大净供给为7.02万亿元，较2020年和2021年均有所减少。理解债券净供给规模，对我们理解政府债券供给的节奏变化有较大帮助。例如，2022年受海外经济及国内疫情、结构性政策调整等多重因素影响，中国经济下行压力加剧，要求财政及货币政策靠前发力、精准发力，更加积极有为，也导致了政府债券的发行出现了“上半年多，下半年少”的结构变化，既要发现一二季度政府债券供给规模较大的风险，也要看到三四季度政府债券供给收缩带来的机会。

另外，债券供给会带来一些结构性的机会。

由于政府债券的发行，特别是特别国债和地方政府专项债，是钱跟项目走，意味着经济节奏的季节性导致政府债券的发行同样有季节性，即是一季度和四季度发行少，二季度和三季度发行多，债券供给通常会在三季度达到顶峰。

图11.3展示了2010年至2020年单月政府债券发行的全年占比情况。通常而言，1、2、3、10、11、12月这6个月为发行较少的时间节点，平均每月发行了当年的5.76%，1、2、12月这3个月发行规模最少，平均每月发行规模占比不到4%。

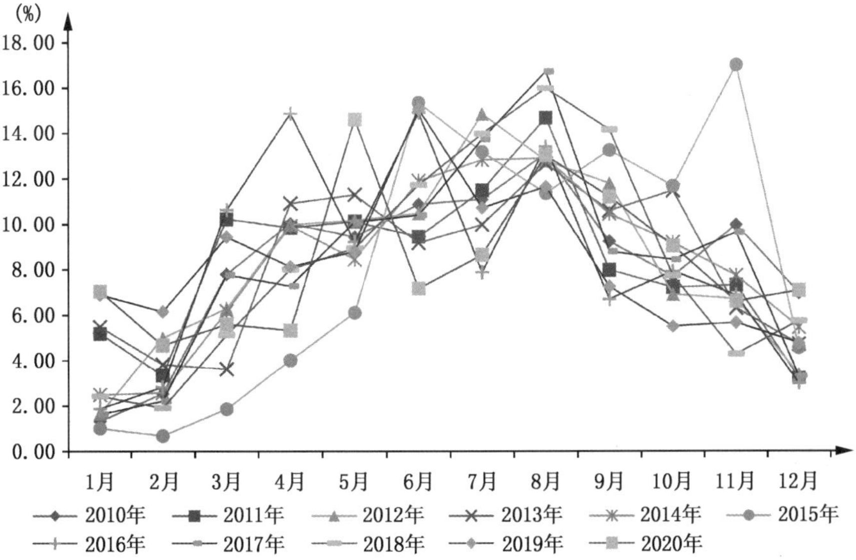

资料来源：Wind。

图11.3 每个月政府债券发行占比情况

二季度与三季度的发行规模逐步增加，通常发行规模的上涨从 3 月开始，到 8 月达到顶峰，随后逐步下降。若政府债券的季节性发行规律被打破，则会出现预期差，影响债券市场的走势。

另一个结构性机会则主要是债券发行期限的结构。通常而言，自 2019 年地方政府专项债发行上量之后，政府债券的发行期限被逐步拉长，都是以 5 年以上长期及超长期债券为主，其中 10 年和 10 年以上债券的发行规模迅速膨胀，也为 10 年期与 30 年期这两个交易品种的相对利差交易提供了获利机会：当发行结构调整为更偏向于短期债券时，30 年期国债将会受益，反之 10 年期国债将表现更强。

第 12 章

理解债券市场的需求

前文提到，债券市场是一个高度机构化的市场，而每个金融机构所面临的监管约束、可投资范围、利润约束各不相同，其投资债券的逻辑框架和决策模型自然也各不相同。但无论如何，债券作为固定收益类资产，投资者持有债券的最大目的仍然是为了获取利息收入，对金融机构而言，则是为了获取扣减掉负债成本后的息差收入。

对金融机构而言，由于每一年业务发展和所投资资产的滚动到期等因素，始终存在对债券的“配置压力”，即使是在债券完全遁入熊市，市场情绪异常悲观的时候，配置压力也始终存在。

因此，了解谁在购买债券，理解不同金融机构购买债券的不同考量，是我们理解债券需求的前提。

12.1 债券投资者

如表 12.1 所示，截至 2022 年 3 月末，托管在中央国债登记结算有限责任公司的国债余额为 224 967.58 亿元，其中约有 136 099.93 亿元国债被商业银行持有，其次为境外机构，持有 24 316.54 亿元，再次为非法人机构，持有 14 564.73 亿元，保险公司及证券公司各持有 5 669.51 亿元和 5 854.56 亿元，商业银行持有国债约

60.50%的份额。

表 12.1　　截至 2022 年 3 月末各机构的各类债券持仓情况　　单位:亿元

债券类别	国债	地方政府债	政策性银行债	商业银行债	企业债券	信贷资产支持证券
合计	224 967.58	319 195.75	201 072.42	71 285.76	28 162.06	25 426.17
一、银行间债券市场	209 226.85	308 726.20	200 933.25	71 285.76	17 884.50	25 426.17
1. 商业银行	136 099.93	266 809.17	108 765.49	19 534.01	4 973.79	17 373.04
2. 信用社	1 951.59	1 636.20	5 633.31	227.16	55.28	0.00
3. 保险机构	5 669.51	10 786.76	5 340.53	4 442.51	642.91	129.99
4. 证券公司	5 854.56	3 297.72	2 621.79	1 663.90	1 984.22	580.86
5. 非法人产品	14 564.73	12 302.29	66 733.36	43 494.35	10 038.51	6 185.08
6. 境外机构	24 316.54	109.90	10 053.46	475.91	75.56	371.67
7. 其他	20 769.98	13 784.15	1 785.32	1 447.93	114.23	785.53
二、柜台市场	7 491.51	64.68	139.17	0.00	0.00	0.00
三、其他市场	8 249.22	10 404.88	0.00	0.00	10 277.55	0.00

资料来源:中央国债登记结算有限责任公司。

地方政府债余额为 319 195.75 亿元,其中商业银行持有了 83.59%的份额(即 266 809.17 亿元),非法人产品持有 12 302.29 亿元,保险机构持有 10 786.76 亿元;政策性银行债余额为 201 072.42 亿元,商业银行持有 108 765.49 亿元,占比为 54.09%,非法人产品持有 66 733.36 亿元,占比为 33.19%,信用社和保险机构分别持有 5 633.31 亿元和 5 340.53 亿元。

从累加国债、地方政府债和政策性银行债发行规模可知,截至 2022 年 3 月末,中国利率债券存量规模为 74.52 万亿元,其中商业银行持仓规模最大,为 51.17 万亿元,占比为 68.66%;非法人产品(即各类公募基金、银行理财、资管产品等)持仓规模为 9.36 万亿元,占比为 12.56%;其他金融机构及境外机构持仓规模接近,分别持仓 3.63 万亿元和 3.45 万亿元,占比为 4.88%和 4.63%;保险机构持仓 2.18 万亿元,占比为 2.92%。

由此可见,商业银行是利率债持仓的绝对主力,且与被产品净值波动干扰,不得不追涨杀跌的各类非法人产品不同，商业银行利率债持仓以配置、获得稳定的息差收入为主要目的，少量头寸兼顾追涨杀跌的交易操作，也是债券市场的基石投资者。

而除了非法人产品及境外机构、其他金融机构（如信托公司、财务公司等）之外，保险机构和证券公司作为重要的债券投资机构，其投资操作模式也值得我们关注。

因此，关注债券需求其实就是在关注这些金融机构对债券的态度，一般而言，投资者主要关注以下四类机构：

（1）商业银行。商业银行持有大量低息、期限较短、流动性要求较高的短期负债，需要买入大量短期或流动性较好、作为抵押品能够被央行和广泛的交易对手接受的债券用于支持其流动性。

（2）保险公司。保险公司受到《保险资产负债管理监管暂行办法》的相关要求，对各类债券有较大的配置任务，特别是寿险公司（其负债期限通常较长），其对超长期利率债的需求较大。

（3）摊余成本法类资管产品。该类产品主要包括摊余成本专户基金、部分理财产品等，这些产品能够规避或者无视债券市场的波动和市场风险，且产品存续期通常较长，负债比较稳定。

（4）证券公司。证券公司由于资金成本比较高，同时其他业务资本损耗较少，因此通常会采用信用债配置的方式获取较高的价差。这些机构会买入大量的信用债，除非发生信用风险或可能发生信用风险，否则它们很少卖出。

但是，上述投资者的行为规律并不是一成不变的，因为金融机构投资债券的目的是获取息差，当利率债相较于信用债的息差不再具备吸引力时，主要投资利率债的金融机构也会卖出利率债转而买入信用债，同样，当利率债相较于信用债的息差优势较大，信用利差较小时，主要投资信用债的金融机构也会将大量资金投资信用债。

无论如何，商业银行作为债券市场上的绝对主力，其对债券的胃口和对债券的承载能力都值得我们关注。

12.2 银行的决策机制

我们曾在10.1节里以银行为案例，讲述了债券作为大类资产的一种，与其他大类资产竞争投资额度及各种指标的模式。本节我们将从银行业务视角出发，理解银行挑选大类资产的逻辑。

从银行报表出发，银行的收入主要来自三个方面：利息净收入、投资收益和手续费收入。利息净收入通常来自贷款与存款之间的息差；投资收益来自商业银行投资债券及各类产品所产生的投资回报；手续费收入则主要依赖银行办理信用卡、汇款、产品代销、资金资产托管、资产管理业务时产生的不由银行承担投资风险的收入。

由其收入来源进行衍生，可以发现银行[①]的主要业务板块大致会分为零售业务[②]、批发业务[③]、金融市场业务[④]和资产管理业务[⑤]。有些银行可能会更加笼统地将零售业务、批发业务切分为对私业务和对公业务，但无论如何，前两者对应的都是主要依靠存贷息差获得业务收入，金融市场业务以自营投资和资金往来为主，资产管理业务则主要依赖管理规模。

这四类业务都能为银行带来收入，但存贷业务带来的利息净收入是商业银行的根本，也是货币主管机构和金融监管机构希望商业银行承担的主要社会责任。

不过，商业银行的业务目标是利润最大化，在同业业务方兴未艾的2010年至2017年里，金融市场业务因其批发、合作便利性、可多重嵌套等特征，成为商业银行业务收入的主要来源之一。随着金融市场业务、同业业务的监管力度不断加强，对多重嵌套、刚性兑付等积聚隐匿风险，增加金融体系不稳定性的业务进行了监管和规范之后，虽然资产占比仍然较大且仍是营业收入的重要组成部分，但商业银行的同业业务和金融市场业务已全面回归流动性管理本源。

---

① 大到中国工商银行、摩根大通，小到一家当地城农商行。

② 或称消费者业务，主要为面向居民及中小微公司的存、贷、汇业务。

③ 或称企业业务，主要服务于大型企业的金融需求。

④ 有些银行会称为投资银行业务，指面向金融市场、同业金融机构开展的资金、资产交易业务。

⑤ 为客户提供财富管理规划、产品代销推介，发行理财产品等业务。

回归流动性管理本源意味着金融市场业务不应以利润最大化为目的，而是应该优先为存贷业务提供流动性，处置富余流动性，调节存贷业务带来的监管指标，成为存贷业务的重要补充，这导致债券在商业银行资产配置上的整体相对弱势。银行的资产负债配置基础逻辑见图 12.1。

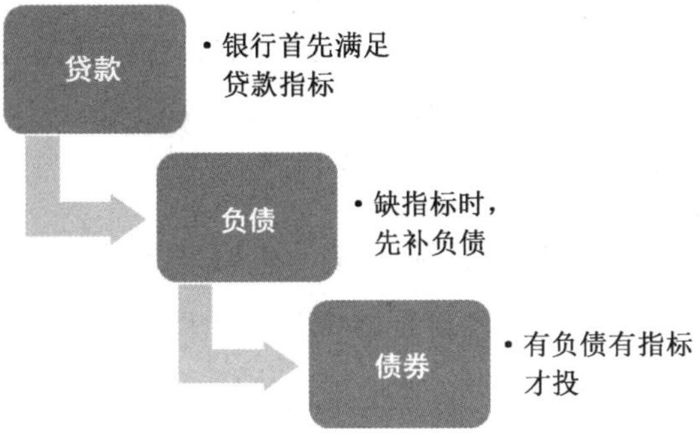

资料来源：湖南三湘银行。

图 12.1 银行的决策机制

由于回归流动性本源要求和息差收入占银行营收的绝对主导地位，银行首先要保证的是贷款的增长；指标充裕时，银行会大量投资债券，而指标紧张时，银行最终的选择是卖出债券；在卖出资产之前，银行首先会选择通过吸收负债的方式维持指标的稳定，卖出资产是最后一步。

那么，银行金融市场业务和债券资产配置应当如何回归流动性管理本源呢？

12.3 头寸与指标

前文曾经提到过，银行面临的监管约束主要分为两大类：资本约束和流动性约束，分别对应的是银行抵御信用风险、市场风险和流动性风险的能力。本书曾在 10.1 节中介绍了资本约束，下面我们从流动性约束的角度观察银行的流动性管理。

从逻辑上说，金融业是赚取货币的时间价值和投资的风险回报的行业，其业务模式本身就包含了期限错配。银行的存款负债中，活期存款占比通常超过 40%，而定期存款仍然可以提前取回，意味着银行的负债期限并不长，但银行可以投资30年期按揭贷款、10年基建项目贷款和50年期国债，不少资产缺乏流动性，无法很快变现和融资。

期限错配为银行带来了投资收益。极端的期限错配（如通过隔夜回购借款投资10年期贷款）也可以带来极端的息差收益，但期限错配本身是存在风险的，而这种风险的最极端表现是银行挤兑：所有储户蜂拥进入银行提款，银行的流动性储备迅速枯竭，不得不在流动性压力之下贱卖资产，甚至贱卖资产也无法兑现银行储户的提款需求，引发业务中止。

在存款保险制度建立之后，银行挤兑的发生概率已显著降低，但流动性风险并不会因此而消失，银行仍然需要备付足够多的流动性资产以应对日常负债波动的影响，同时也需要积极调配资产与负债的期限结构，让期限错配变得不那么极端。

因此，银行（其他金融机构同理）的流动性管理其实有两个层面：一个层面是要保证银行持有足够多的现金和高流动性资产以应对日常的负债波动，也就是需要预留多少资金应对储户的日常提款需求，属于资金头寸管理；另一个层面是要保证银行在中长期内的负债结构与资产结构保持相对稳定，期限错配程度不要过高，且资产整体流动性必须满足在一个稍长的时期内的负债需求，属于流动性指标管理。

不过，不少银行的司库人员以及非银行机构的投资者通常会混淆银行的流动性管理，以为就是每天管理头寸，但事实上头寸和流动性指标是两个截然不同的出发点和管理方向。在头寸并不紧张的时候，银行有可能出现流动性问题，导致无法正常开展业务，或者以高价吸收负债；同样，在流动性紧张的时候，银行也有可能并不缺头寸，同样有较大的投放能力。

例如，(1)2013年6月“钱荒”后，银行的资金头寸受到了显著影响，但由于当年的金融创新让非标资产变成了买入返售资产，使得指标不能完全反映银行流动性问题，导致指标失效，银行仍然可以通过卖出债券补充流动性，然后继续买入非标资产；(2)2020年8月至2021年11月，考虑到大量政府债券的发行，央行通过大量释放流动性予以对冲，使得银行持有了大量的流动性，但在监管机构打击了结构性存款之后，银行负债结构较差，指标较差，导致其无法投放较多资产，债券被大量抛售。

银行的资金头寸管理是直观的，易于理解的，而且通常只会在特殊时点(如春节、国庆节等大型假期)和某些重要的缴税、缴准期对银行的债券投资造成影响，我们将会在第13章中详细介绍。而指标管理则通常更加复杂和专业，虽然对债券市场的影响较大，但对外部投资人来说，了解各类流动性管理指标的难度较大且并不直观，这也造成了不少投资人在分析市场时，常发现不了银行指标与债券投资的关联性。

12.4　银行的流动性指标

银行的流动性指标管理主要受到两个规定的影响，即发布于2017年的《商业银行流动性风险管理办法》和2021年的《商业银行负债质量管理办法》。由于金融市场业务和债券投资业务的主要目的就是流动性管理和实现指标达标，因此了解指标是理解银行配置能力的重要因素。

《商业银行负债质量管理办法》规定：商业银行应当提高负债来源的稳定性，密切关注影响本行负债来源稳定性的内外部因素，加强对负债规模和结构变动的监测和分析，提高对负债规模和结构变动的管理，防止负债大幅异常变动引发风险。

商业银行应当采用适当的指标和内部限额评估负债来源异动引发的相关风险，包括但不限于：净稳定资金比例①、核心负债比例、存款偏离度、同业融入比例等。

商业银行应当提高负债结构的多样性，形成客户结构多样、资金交易对手分散、业务品种丰富、应急融资渠道多元的负债组合，防止过度集中引发风险。商业银行应根据本行情况，建立行业、客户类型、产品种类等不同维度的负债结构指标管理体系，包括但不限于：最大十户存款比例、最大十家同业融入比例等相关参考指标。

商业银行应当提高负债与资产匹配的合理性，通过多种方式提升负债与资产在期限、币种、利率、汇率等方面的匹配程度，防止过度错配引发风险。商业银行应

① 适用于资产规模不小于2 000亿元人民币的商业银行。

当采用适当的指标和内部限额评估负债与资产的错配风险，包括但不限于：流动性覆盖率[①]、优质流动性资产充足率[②]、流动性匹配率、流动性缺口率、重要币种流动性比例、净息差、银行账簿最大经济价值变动比例、累计外汇敞口头寸比例等。

从《商业银行负债质量管理办法》可知，商业银行的流动性管理指标至少包括了净稳定资金比例、核心负债比例、存款偏离度、同业融入比例，以及流动性覆盖率、优质流动性资产充足率、流动性匹配率、流动性缺口率等指标。

而其中最重要的指标则是与《商业银行流动性风险管理办法》规定重合的流动性比例、流动性覆盖率、优质流动性资产充足率、流动性匹配率、净稳定资金比例这五个指标。

12.4.1 流动性比例

流动性比例是在《商业银行流动性风险管理办法》出台之前就已经被使用的，且无论商业银行资产规模大小都必须要达标的、比较简单的流动性指标，其计算方式比较简单，即流动性比例＝流动性资产余额÷流动性负债余额。其中流动性资产主要包括现金及现金等价物、存放同业、买入返售、短期拆出资金以及短期金融投资，而流动性负债主要包括卖出回购、短期拆入资金、同业存放、一年内到期的债券等。

流动性比例的最低监管标准为不低于25％。

流动性比例是一个极好满足且极好操纵的指标。在2010—2014年的同业狂潮里，通过金融创新（如三方买入返售等方式），将原本缺乏流动性，几乎只能持有至到期且信用风险与一般贷款无异的非标资产包装成一个买入返售金融资产，摇身一变成为流动性资产，完美绕过了流动性比例的监管壁垒。

直至2014年中国人民银行、银监会、证监会、保监会和外汇管理局联合发布《关于规范金融机构同业业务的通知》，明确规定：

买入返售（卖出回购）是指两家金融机构之间按照协议约定先买入（卖出）金融资产，再按约定价格于到期日将该项金融资产返售（回购）的资金融通行为。买入

① 适用于资产规模不小于2 000亿元人民币的商业银行。
② 适用于资产规模小于2 000亿元人民币的商业银行。

返售(卖出回购)相关款项在买入返售(卖出回购)金融资产会计科目核算。三方或以上交易对手之间的类似交易不得纳入买入返售或卖出回购业务管理和核算。

买入返售(卖出回购)业务项下的金融资产应当为银行承兑汇票,债券、央票等在银行间市场、证券交易所市场交易的具有合理公允价值和较高流动性的金融资产。卖出回购方不得将业务项下的金融资产从资产负债表转出。

金融机构开展买入返售(卖出回购)和同业投资业务,不得接受和提供任何直接或间接、显性或隐性的第三方金融机构信用担保,国家另有规定的除外。

12.4.2　流动性覆盖率

流动性覆盖率同样是在《商业银行流动性风险管理办法》发布之前就已经在使用的流动性监管指标,该指标由于相对比较复杂,因此只要求总资产规模超过2 000亿元的商业银行达标。

流动性覆盖率监管指标旨在确保商业银行具有充足的合格优质流动性资产,能够在规定的流动性压力情景下,通过变现这些资产满足未来至少30天的流动性需求。

流动性覆盖率的计算公式为:

流动性覆盖率=合格优质流动性资产÷未来30天现金净流出量

按照流动性覆盖率计量标准,银行的不同资产会根据不同的变现能力赋予不同的权重,合格优质流动性资产被分为一级资产和二级资产,一级资产主要为现金、存放央行的款项和国债、政策性银行等信用风险权重为0%的资产;而二级资产由2A资产和2B资产构成,合格优质流动性资产中二级资产占比不得超过40%,2B资产占比不得超过15%。2A资产在当前市场价值基础上按85%的折扣系数计入合格优质流动性资产,2B资产在当前市场价值基础上按50%的折扣系数计入合格优质流动性资产。2A类资产主要包括地方债、评级为AA－以上且债券价值波动较小、回购折扣率不低于90%的非金融机构发行的信用债,2B类资产主要包括非金融机构发行的评级为BBB－及以上且债券价值波动较小、回购折扣率不低于80%的信用债。

在分母项,按照计量方法的规定,“现金净流出量是指在流动性覆盖率所设定的压力情景下，未来 30 天的预期现金流出总量与预期现金流入总量的差额。预期现金流出总量是在流动性覆盖率所设定的压力情景下，相关负债和表外项目余额与其预计流失率或提取率的乘积之和。预期现金流入总量是在流动性覆盖率所设定的压力情景下，表内外相关契约性应收款项余额与其预计流入率的乘积之和。可计入的预期现金流入总量不得超过预期现金流出总量的 75%”。预期现金流出中 30 天内到期的一般存款的权重为 3%～10%，同业存款权重为 20%～40%，卖出回购带来的负债资金中，抵押物为一级资产权重为 0%，以 2A 资产抵押的权重为 15%，以 2B 资产抵押的权重为 50%。

流动性覆盖率的最低监管标准为不低于 100%。

由此可见，来自同业的存款是显然不及一般性存款的，这也代表了金融监管机构不希望银行在负债结构中过度依赖同业负债。在合格优质流动性资产中，信用风险权重为 0%的资产极为占优，然后是那些在回购市场上折扣率较高、市场接受度较好的信用债。

12.4.3 优质流动性资产充足率

优质流动性资产充足率是简化版的流动性覆盖率，是专为资产总规模 2 000 亿元以下银行准备的指标体系，其衡量的是 30 天内的银行负债履约稳定性，但其在指标设定上对同业负债的歧视非常明显。

《商业银行流动性风险管理办法》规定：

优质流动性资产充足率监管指标旨在确保商业银行保持充足的、无变现障碍的优质流动性资产，在压力情况下，银行可通过变现这些资产来满足未来 30 天内的流动性需求。

优质流动性资产充足率的计算公式为：

优质流动性资产充足率＝优质流动性资产÷短期现金净流出

优质流动性资产充足率的最低监管标准为不低于 100%。

从计算规则出发，相较于流动性覆盖率，优质流动性资产充足率大大减少了优质流动性资产的计算复杂度，资产等级从“一级、2A、2B”三级结构调整为“一级、二级”二级结构。从权重角度看，优质流动性资产充足率和流动性覆盖率的差别并不大，均是一级资产权重为100％，二级资产权重为85％，从统计范围角度看，一级资产的范畴与流动性覆盖率基本一致，但二级资产的统计范围与流动性覆盖率2A资产的统计范围则有差异，优质流动性资产充足率中二级资产“包括非金融机构发行的信用债、中国铁路总公司发行的债券及地方政府债。纳入二级资产的债券的信用评级应在AA－级以上。二级资产无论剩余期限长短，均在当前市场价值基础上按85％的折扣系数计入优质流动性资产。计入优质流动性资产的二级资产不可超过优质流动性资产的40％”，对信用债在回购市场上的折扣率未做要求，有明显的简化。

而在分母端，与流动性覆盖率相比，可能现金流出主要是30天内负债的到期，但对同业业务明显歧视：同业存款不论期限均为100％流出，但同业存单则不受此歧视影响。显然监管机构希望中小银行更多采用同业存单的方式吸收同业负债而非线下同业存款；确定现金流入主要是资产的到期，明显歧视贷款，贷款到期的流入权重为50％，债券为100％。

因此，同业存单是严格优于同业存款，同业存单也是我们关注银行负债情况的重要工具。

12.4.4　流动性匹配率

与上述三个主要关注能否满足30天内债权人的提款需求不同，流动性匹配率和下面将要介绍的净稳定资金比例都是考察银行在更长期限下的期限错配以及流动性覆盖情况。

《商业银行流动性风险管理办法》规定：

流动性匹配率监管指标衡量商业银行主要资产与负债的期限配置结构，旨在引导商业银行合理配置长期稳定负债、高流动性或短期资产，避免过度依赖短期资金支持长期业务发展，提高流动性风险抵御能力。

流动性匹配率的计算公式为：

流动性匹配率＝加权资金来源÷加权资金运用

流动性匹配率的最低监管标准为不低于100％。

各类资产和负债在流动性匹配率中的权重见表12.2。

表 12.2　　流动性匹配率各要素权重

项　目	折算率(按剩余期限)		
	≤3 个月	3～12 个月	>1 年
加权资金来源			
1. 来自中央银行的资金	70%	80%	100%
2. 各项存款	50%	70%	100%
3. 同业存款	0%	30%	100%
4. 同业拆入及卖出回购	0%	40%	100%
5. 发行债券及发行同业存单	0%	50%	100%
加权资金运用			
1. 各项贷款	30%	50%	80%
2. 存放同业及投资同业存单	40%	60%	100%
3. 拆放同业及买入返售	50%	70%	100%
4. 其他投资	100%		
5. 由银行业监督管理机构视情形确定的项目	由银行业监督管理机构视情形确定		

资料来源:中国银行业保险业监督管理委员会。

其中,其他投资指债券投资、股票投资外的表内投资,包括但不限于特定目的载体投资(如商业银行理财产品、信托投资计划、证券投资基金、证券公司资产管理计划、基金管理公司及子公司资产管理计划、保险业资产管理机构资产管理产品等),这也意味着债券和股票等标准化金融资产的投资不在测算范围内,与现金、央行存款一样不会影响指标变化。

这是非常明显的歧视特殊目的载体投资,说明金融监管机构不希望银行通过复杂嵌套的特殊目的载体投资,而是鼓励银行自主投资,并将所投资的资产放到自己的资产负债表上。

而从分子端看,流动性匹配率和优质流动性资产充足率一样,都歧视同业存款,鼓励同业存单。但值得关注的点是,同业负债不论是线下同业存款还是线上同业存单,3 个月内一文不值。换句话说,1 年同业存单只有 9 个月的保质期。

还需要注意的是,活期存款的效用只有 50%,而 3 个月以上定期的效用有

70％～100％，这一方面证明了活期存款虽然资金价格便宜，但对银行指标的帮助并不明显，另一方面也侧面印证了本书 12.3 节中提到的关于头寸和指标之间的异同点。

例如，假设某一家银行所拥有的所有定期客户一夜之间全部转变为活期客户。虽然从头寸的角度看，因为存款并没有流失只是改变了期限结构，银行的头寸并没有减少，还是有足够的备付金以应对客户的提款需求，但从指标的角度看，由于100％权重的长期定期存款变成了 50％权重的活期存款，使得该银行的流动性匹配率分子减少 50％，该银行甚至会面临有钱但没指标无法投资的窘境。

12.4.5　净稳定资金比例

净稳定资金比例是 2 000 亿元以上银行采用的重要监管指标，对负债期限和负债结构的要求更加严格，也让银行时刻渴求长期负债和稳定资金：随着剩余期限的减少，净稳定资金比例指标会加速恶化，要求银行必须不断补充长期负债或优化资产结构。

《商业银行流动性风险管理办法》规定：

净稳定资金比例监管指标旨在确保商业银行具有充足的稳定资金来源，以满足各类资产和表外风险敞口对稳定资金的需求。

净稳定资金比例的计算公式为：

净稳定资金比例＝可用的稳定资金÷所需的稳定资金

净稳定资金比例的最低监管标准为不低于 100％。

净稳定资金比例考察的是在面临支付时银行有多大能力从资产和负债中获取流动性维持自身流动性。

净稳定资金比例计算方式非常复杂，不论是资产端还是负债端，其权重分档较多，但在指标设计上，同样显示出监管者对一般性存款的支持和对同业负债的否定态度，简化可用稳定资金的计算公式可得：

可用的稳定资金＝(资本和 1 年以上资本与债务工具)×100％＋(活期存款＋1 年内定期存款)×(90％～95％)＋(6 个月～1 年金融机构/央行负债)×50％

可以发现，不论同业存款还是同业存单，甚至是来自央行的资金，净稳定资金比例只有6个月有效期，3月发的9个月同业存单在6月就没有指标作用了。

从所需的稳定资金角度看，指标设计上监管机构同样更加倾向于债券(特别是利率债)，所需的稳定资金＝(现金及等价物)×0%＋(风险权重为0的利率债和6个月以内由上述资产担保的融资)×(5%～10%)＋(二级资产、向金融机构和央行发放的1年内融资、其他1年内融资)×(15%～50%)＋(剩余期限超过1年的各类贷款)×(65%～85%)＋其他变现困难的资产×100%。

同样可以发现，现金、一级资产和2A资产在所需稳定资金的比例上要显著优于其他类型的资产，也显示出监管部门的主要目的是希望银行的金融市场业务更多投资于现金、利率债和流动性较好的市场接受度较高的信用债，从而达到“回归流动性管理本源”的监管目的。

总结上述5个流动性监管指标，我们可以轻易发现，监管机构在设置这些指标时意图十分明显，具体归纳如下：

(1)负债端上，监管机构将中长期负债，特别是1年以上的一般性存款和半年以上的同业负债赋予了更高的权重，并明显歧视3个月、1个月以内的同业负债，当负债的剩余期限不断收缩时，银行的流动性指标也会逐渐恶化。

(2)资产端上，监管机构按照“先看资产类别，再看资产期限”的模式来对不同资产的类别赋权，现金、风险权重为0的国债和政策性银行债、地方债以及市场接受程度较高、回购抵押折扣率较高的信用债普遍权重较高，意味着监管机构希望银行的金融市场业务能够更加关注“流动性管理本源”；对于其他类型的资产，除了特殊目的载体投资受到歧视之外，其余资产则主要根据期限赋予不同的权重，期限越长的资产权重越低，越不被当作流动性资产。

12.5 存款与同业存单

从12.4节中我们可以总结发现，一般性存款是监管机构最认可的银行负债，原因是一般性存款的增速虽然会随经济周期与信贷周期波动，但数额庞大的存量会相对保持稳定。虽然存款产品的结构可能会从1年定期、靠档计息产品转变为1

年结构性存款、活期存款，但就整体而言，存款的整体波动相对较小，对受到金融周期影响的银行而言，一般性存款是很好的负债基石。而同业负债则因为其资金批发、易于获得、通常资金成本较低、便于期限错配等优势，成为银行负债管理极好的补充，但无法取代一般性存款（特别是中长期一般性存款）对银行流动性指标的增益。

因此，针对存款政策的调整，虽然看起来对债券市场的影响并不直观，特别是那些不涉及利率的政策调整，但实际上会经由银行指标的调整，最终影响了银行对债券的配置能力。

例如，监管机构曾在2019年至2021年前后打击银行的存款创新业务，对高息揽储性质的结构性存款出手进行了限制。随着中国金融业的发展，存款作为居民和企业资产配置的一种方式受到了理财产品、货币基金等的挑战。而银行存款受到自律机制严格限制，不能随意调整，银行于是选择产品创新，通过设计极为宽松的结构性存款的期权部分，使得买入结构性存款的储户必定能够获得期权行权获益，增厚结构性存款的投资收益，来吸引更多储户，充实自己的流动性指标——因为结构性存款是固定期限的存款。

但随着监管对上述产品的限制，银行储户失去了高息产品，便会重新买回理财产品或货币基金，而货币基金等资管产品通过投资债券或同业存款、同业存单等方式再以同业负债和短期企业存款的方式将资金交还给银行。

整个过程中，银行的头寸并没有出现明显损失，但银行的流动性指标却遭到了很大程度的破坏，这将影响银行的资产配置能力，而银行的经营业态又要求银行必须优先保证信贷的投放，因此，对存款创新的监管将显著影响银行的债券投资承载能力。

另外，存款利率的调整（非降息这类普降政策）会在银行自我适应政策的过程中出现效果的变形。因为存款利率的调整同样可能会触发银行一般性存款的流失或者由长变短，导致银行的负债结构和流动性指标出现恶化。为了维持资产投放的增长，银行将不得不选择存款创新或者抓紧推出利率较高的存款产品，导致存款结构发生变化，一般性存款平均付息率反倒有可能会上升。

例如，2021年6月利率自律机制调整了银行存款利率向上浮动的加点机制，从百分比上限调整为点数上限，这也意味着短期存款的利率上浮上限将会上调，而长期存款的利率上浮上限将会下降。外人看来应该是一个降低银行存款总成本的政策[①]，但实际却事与愿违。根据2021年四家国有大行的年报，四家大行的存款平均付息率均有所上升，上升最高的甚至超过了8bp，显然，在经历了一次降准和一次降息的2021年下半年里，存款利率政策的调整并没有为银行降低负债成本。

总之，由于存在通常情况下更加便捷的资金批发渠道和市场(即同业市场)，因此银行一般性存款在头寸管理中的调节作用不强。但是在指标管理上，由于一般性存款的稳定性和指标权重较大等因素，意义较大，成为制约银行长期投资的重要因素之一。

那么，如果银行的负债结构遭遇变故，导致指标严重受损，或者面对巨大投资机会银行不想放弃或不能放弃的时候，银行如何调节指标呢？

答案是同业存单。

根据中国人民银行于2013年发布的《同业存单管理暂行办法》的相关规定，同业存单是由银行业存款类金融机构法人在全国银行间市场上发行的记账式定期存款凭证，是一种货币市场工具。截至2022年3月末，全市场存量同业存单共16 761只，存量规模14.59万亿元，是整个债券市场里存量规模第四大的品种，仅次于地方债、国债和政策性银行债。

同业存单的发行利率、发行价格等以市场化方式确定。其中，固定利率存单期限原则上不超过1年，为1个月、3个月、6个月、9个月和1年，参考同期限上海银行间同业拆借利率定价。浮动利率存单以上海银行间同业拆借利率为浮动利率基准计息，期限原则上在1年以上，包括1年、2年和3年。实践过程中，浮动利率存单发行规模极小，市场仍然接受1年以内的固定利率同业存单。

表12.3展示了发行不同期限同业存单对银行不同指标的影响。

---

① 因为短期存款利率再往上走，也是低于长期存款的。

表 12.3　　各期限同业存单对头寸和指标的帮助情况

同业存单各期限	头寸	流动性比例	流动性覆盖率	流动性匹配率	净稳定资金比例	优质流动性资产充足率
1个月	Y	期限内均可	N	N	N	N
3个月	Y	期限内均可	2M	N	N	2M
6个月	Y	期限内均可	5M	3M	N	5M
9个月	Y	期限内均可	8M	6M	3M	8M
12个月	Y	期限内均可	11M	9M	6M	11M

注：Y表示对指标有帮助；N表示对指标无帮助；M表示月内有效。
资料来源：湖南三湘银行整理。

通过表12.3对比可知，净稳定资金比例是对期限要求最高也最难补充的指标，只有9个月和1年期限的同业存单能够补充净稳定资金比例，而1个月内的同业存单几乎没有任何指标效应，只有补充头寸的作用。

统计2021年全年同业存单发行可以发现，1年期同业存单的发行规模最大，占比为47.21%，1个月的同业存单发行规模最小，占比仅为8.99%，由此也可以证明，银行对同业存单的需求更多表现在指标上而非头寸上。

而银行能否大量买入债券，能否以真金白银支持债券的发行和债券当前的价格，是由银行的指标和头寸决定的。银行通常也会在指标和头寸中寻找平衡，但头寸易得，指标难求，两者成本也大相径庭。这也因此造成了债券与同业存单发行利率而非DR007利率关系密切。

图12.2展示了2020年至2021年7月10年期国债收益率与1年期国有银行同业存单发行利率的走势，我们发现至少有两次同业存单走势领先了10年期国债收益率。

(1)2020年4月初，中国人民银行决定降准的同时调降了超额存款准备金利率[①]，引导资金价格迅速下降，同业存单利率也快速回落。但随后，银行开始为5月巨量的地方债和可能的特别国债发行积累指标，同业存单的发行规模迅速上升，在债券利率还在下行的时候，同业存单的供需结构发生了逆转，收益率开始逐步上

① 超额存款准备金利率是银行存在央行、超过法定存款准备金规模的备付流动性，调降超额存款准备金利率是引导银行将钱用出去而不是存在央行。

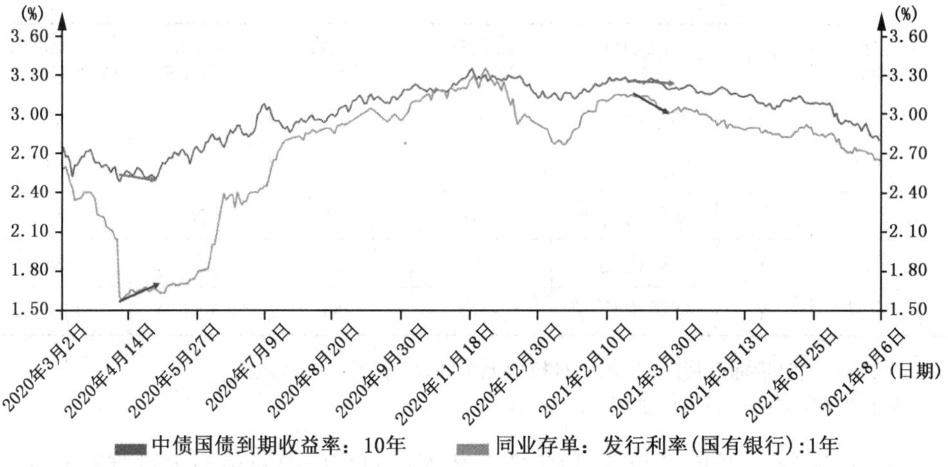

资料来源：Wind。

图 12.2 同业存单市场领先债券市场

行，显示出银行对未来债券大量供给的担忧以及对当前资金利率水平的看法。

上行的同业存单发行利率也显示了央行对货币政策的预调微调态度，随着5月天量债券供给的来临，债券市场从5月开始快速转熊，大批投资人亏损。

(2)2021年2月，市场情绪相当悲观。这一方面是因为市场预期疫情结束之后中国经济迅速增长，支持经济的扩张性政策会逐步退出，虽然货币主管部门和金融监管部门均提出“不急转弯”，但市场情绪并没有被完全安抚；另一方面则是因为1月末资金突然紧张，回购利率在春节前迅速抬升至超过5%的高位，引发市场崩盘，以至于到了一季度传统的银行开门红季节，债券还在高位的时候，银行却并没有选择投资。同时，由于2020年打击结构性存款和智能存款导致银行负债结构出现了变化，银行(特别是受到结构性存款限制政策影响较大的股份制银行)的指标滑落明显，不得不通过同业存单补充，尤其是9个月和1年的同业存单。

但是2月中旬后，同业存单发行利率(特别是9个月同业存单利率)开始率先回落，随后1年同业存单发行利率也开始回落，再度显示出对债券利率的领先性。随着同业存单利率的下行，震荡半个月的10年期国债收益率终于开始下行，开启了2021年的下行进程。

由于同业存单的成本较高，银行在不缺指标的时候通常会选择减少发行，同业存单供需结构发生变化，发行利率逐步下行；反之则会上行。因此，同业存单可以成为较好的衡量银行配置能力的指标，当银行指标可以覆盖当前供给时，同业存单利率通常会下行，反之同业存单发行利率则会上行。

那么，如果以更宏观的角度看待银行的配置能力呢？

12.6　读懂央行报表

站在更宏观的立场上观察银行的配置能力或者说指标富余程度的变化，需要关注央行的报表。由于银行结算制的存在，我们可以近似认为所有的金融资产及负债都会在银行的资产负债表上留下痕迹，而央行是银行的银行，所有的银行都必须要在央行处开户，这也就意味着银行的所有行为都会在央行的报表上留下痕迹。

对于债券市场而言，由于央行的报表发布较晚，更多只能用作验证而非预测，但央行的报表所展示的内部逻辑，能够帮助投资者从更加长期的角度观察市场。

12.6.1　信贷收支表

中国人民银行按月公布不同口径下的信贷收支表，其中涵盖面最大的为“金融机构本外币信贷收支表”，主要包括了中国人民银行、政策性银行、商业银行、城市和农村信用社、信托公司和财务公司等。如果只关注银行信贷收支情况，则可以关注“存款类金融机构本外币信贷收支表”，将只包括中国人民银行、政策性银行、商业银行和信用社，但由于上述四个类别的金融机构规模远超剩余类别的机构，因此两张报表的差别不大。

报表采用统计平衡表的模式，统计了资金来源（负债）和资金去向（资产），可以从大类角度透露出银行对流动性指标的渴求程度。

(1)资金来源

表 12.4 展示了 2022 年 1 月至 4 月存款类金融机构信贷收支表关于资金来源方面的所有项目。

表 12.4　　信贷收支表资金来源部分　　单位:亿元

项　目	2022年1月	2022年2月	2022年3月	2022年4月
来源方项目				
一、各项存款	2 431 660.97	2 457 962.71	2 503 143.86	2 505 553.02
(一)境内存款	2 396 405.65	2 422 222.55	2 468 620.05	2 471 002.86
1.住户存款	1 087 206.35	1 084 226.44	1 111 296.05	1 104 594.31
(1)活期存款	370 984.49	349 692.71	355 729.61	345 838.14
(2)定期及其他存款	716 221.86	734 533.73	755 566.44	758 756.16
2.非金融企业存款	714 056.26	716 596.38	743 259.48	741 440.88
(1)活期存款	248 336.04	255 280.36	268 154.09	259 282.86
(2)定期及其他存款	465 720.23	461 316.02	475 105.40	482 158.02
3.机关团体存款	306 197.48	312 967.67	320 013.84	321 736.37
4.财政性存款	56 644.25	62 643.95	54 219.90	54 638.43
5.非存款类金融机构存款	232 301.30	245 788.10	239 830.78	248 592.88
(二)境外存款	35 255.32	35 740.16	34 523.81	34 550.16
二、金融债券	128 688.74	127 744.68	127 312.96	125 706.91
三、对国际金融机构负债	5.37	5.35	5.37	4.58
四、其他	188 701.25	180 557.48	169 431.33	187 007.36
资金来源总计	2 749 056.33	2 766 270.22	2 799 893.52	2 818 271.87

资料来源:中国人民银行。

具体来看,存款类金融机构的资金来源主要为四个方面,即各项存款、金融债券、对国际金融机构负债与其他(其他类主要是往来款与轧差项),而其中最主要的是存款项,特别是境内存款。

境内存款共由5个部分组成,分别是:住户存款,指的是自然人在银行的活期存款、定期存款、通知存款、结构性存款等;非金融企业存款,指的是工商企业在银行的活期、定期等存款产品;机关团体存款,指的是国家机关、事业单位、各类社会团体、军队等在商业银行的一般性存款,从流动性指标角度看,机关存款与非金融企业存款没有差别;财政性存款,指的是政府机构存入中国人民银行或商业银行的财政存款,其中绝大部分财政存款存入央行;非存款类金融机构存款,则是作为银行业整体的同业存款，其中绝大部分非存款类金融机构存款都是由保险公司和非法人产品提供的。

根据12.4节及12.5节对相关流动性指标相关要素的介绍，我们可以发现，自然人、非金融企业存款中活期存款如果占比减少，一般就意味着银行流动性指标开始下降，而如果自然人、非金融企业存款中的定期存款占比增加，银行指标就可能会好转。

另外，财政存款的变动通常有季节性。在缴税大月及财政投放大月时，财政存款通常会有较大波动：财政存款越多，说明银行回流央行的资金越多，流动性也可能会更加紧张。

同业存款则是银行通常最后考虑的一种"主动负债"，是在银行缺指标，但必须投资的时候，为了维护自己指标及流动性主动选择的一种负债。这种负债的增加，意味着银行负债结构和流动性指标的恶化。

(2)资金去向

表12.5展示了2022年1月至4月存款类金融机构信贷收支表关于资金用途方面的所有项目。

表12.5　　信贷收支表资金用途部分　　单位：亿元

项　目	2022年1月	2022年2月	2022年3月	2022年4月
运用方项目				
一、各项贷款	2 028 444.36	2 042 603.22	2 073 605.75	2 082 934.74
(一)境内贷款	1 985 783.34	1 997 637.76	2 030 151.40	2 037 102.57
1.住户贷款	711 633.66	708 384.42	716 087.13	714 066.95
(1)短期贷款	174 101.26	171 194.91	175 047.57	173 199.90
消费贷款	92 569.15	89 700.18	90 572.70	89 632.21
经营贷款	81 532.11	81 494.73	84 474.87	83 567.69
(2)中长期贷款	537 532.40	537 189.51	541 039.55	540 867.04
消费贷款	453 567.88	453 043.88	454 884.35	454 315.78
经营贷款	83 964.52	84 145.62	86 155.20	86 551.27
2.企(事)业单位贷款	1 228 847.29	1 241 315.99	1 266 372.67	1 272 476.53

续表

项目	2022年1月	2022年2月	2022年3月	2022年4月
(1)短期贷款	353 227.80	357 616.22	365 980.58	364 132.35
(2)中长期贷款	771 851.91	776 877.23	790 443.16	793 235.65
(3)票据融资	100 301.07	103 353.52	106 540.09	111 688.20
(4)融资租赁	711.91	690.44	669.60	651.95
(5)各项垫款	2 754.60	2 778.57	2 739.25	2 768.38
3.非存款类金融机构贷款	45 302.38	47 937.35	47 691.60	50 559.10
(二)境外贷款	42 661.02	44 965.46	43 454.35	45 832.17
二、债券投资	531 827.23	535 664.57	543 091.58	547 443.33
三、股权及其他投资	184 645.89	183 886.36	179 100.82	183 729.90
四、在国际金融机构资产	4 138.85	4 116.06	4 095.37	4 163.89
资金运用总计	2 749 056.33	2 766 270.22	2 799 893.52	2 818 271.87

资料来源:中国人民银行。

资金运用是存款类金融机构的资产部分,由于信贷收支表的统计性质,资金运用与资金来源两者在总量上应保持一致。资金运用同样包括四个部分,即各项贷款、债券投资、股权及其他投资以及在国际金融机构资产。由于商业银行比较厌恶股权类投资带来的不可控风险,对存款类金融机构的信贷收支表而言,变动最大的量来自债券投资和各类贷款。

在本书12.1节曾经介绍过中国债券市场最主要的资产类别是国债、地方政府债和政策性银行债这样的利率债,而这些债券的发行规模相对确定(由财政部等政府机构确定发行规模和节奏),站在存款类金融机构的角度看,其债券投资规模的变化与利率债的净发行规模高度相关,具有较强的"被动性",较难反映银行自身的投资倾向与指标富裕程度。

因此,在资金运用端,我们的主要关注点仍然是各种贷款,其中住户贷款主要包括发放给居民的信用卡贷款、短期消费贷款、购车购房等长期消费贷款、个人经营贷款等;而企事业贷款包含了法人的短期及中长期贷款、票据贴现融资、融资租赁和各项垫款等类型,其中中长期贷款代表了企业的扩产投资需求,与经济增长高度相关。而票据贴现融资带有三类重要的功能：一是银行可通过全额存单质押开票贴现的方式增加存款规模，即套利票；二是企业真实贸易需求带来的开票贴现，即真实票；三是银行为了提高信贷规模而大量主动开票贴现，即充数票，前两种功能带来的需求比较稳定，第三种是票据贴现融资逆季节性大幅上升或下降的主要原因。

对贷款类资产而言，短期贷款越多，对指标的影响越小，长期贷款越多，对指标的影响越大；而债券类资产普遍比贷款消耗的指标更少。

由于商业银行的业务逻辑是在资本约束和流动性约束下实现利润最大化，而资本约束较强，补充资本难度较大，流动性约束相对较弱，补充负债难度较小，银行面对更多投资机会的时候并不会降低自身的投资规模，而是在有利差的情况下通过吸收更多负债的方式满足资金投放需求。

因此，在关注信贷收支表的时候，投资者更应该关注资金来源部分而非资金使用部分，关注银行是否大量使用同业存款补充流动性，若同业存款规模大幅上行，则意味着银行的负债结构和流动性指标正在恶化，银行未来的配置能力正在转弱。

12.6.2 资产负债表

央行每月会公布货币当局和其他存款性公司的资产负债表，由于本书的目标是讨论银行的流动性约束对债券需求的影响，因此主要关注其他存款性公司资产负债表的变化。

表12.6展示了其他存款性公司的资产负债表。从资产端角度看，资产负债表并没有按照流动性指标那样按照“客户—期限”双切的方式，而是按照“客户”对资产进行了切分，从资产方向分析对流动性指标影响的价值较小。

表12.6 其他存款性公司资产负债表项目及备注

项　目	备　注
国外资产	指的是银行存放的境外资产，与境外机构产生的债权资产
储备资产	存放在央行的款项
准备金存款	指存入央行的存款准备金，包括法定准备金和超额准备金

续表

项 目	备 注
库存现金	指银行所持有的现金
对政府债权	指国债与地方债
其中:中央政府	指的是国债
对中央银行债权	指银行对央行的债券,主要是央行票据
对其他存款性公司债权	指购买的其他银行发行的同业存单、商业银行债、二级资本债、同业拆借回购等
对其他金融机构债权	指购买的非银行金融机构发行的债券、同业拆借回购等
对非金融机构债权	主要指投放工商企业的贷款、票据,投资其发行的票据
对其他居民部门债权	主要指投放居民储户的贷款类产品
其他资产	轧差项
总资产	
对非金融机构及住户负债	指一般工商企业、政府机关团体和居民户的一般存款
纳入广义货币的存款	
单位活期存款	工商企业、政府机关团体的活期存款
单位定期存款	工商企业、政府机关团体的定期存款
个人存款	居民户的各类活、定期存款产品
不纳入广义货币的存款	
可转让存款	
其他存款	
其他负债	
对中央银行负债	指银行向央行借入的再贷款、再贴现、MLF、质押回购、PSL 等资金
对其他存款性公司负债	吸收其他银行的同业存款、同业拆借回购
对其他金融性公司负债	吸收其他非银行金融机构的同业存款、同业拆借回购
其中:计入广义货币的存款	

续表

项　目	备　注
国外负债	吸收境外机构的存款等负债
债券发行	在境内境外发行金融债券，其中绝大部分为政策性银行债
实收资本	指的是股东投资的实收资本
其他负债	轧差项
总负债	

资料来源：中国人民银行，湖南三湘银行整理。

从负债端角度看，虽然仍然没有按照"客户—期限"对负债端进行严格双切，但从使用价值角度看，通过资产负债表的负债端观察流动性指标的变动存在更大使用价值。

整体来说，资产负债表作为平衡表，资产端的增长必然会引来"负债＋权益端"的增长，而权益通常比较稳定，因此可以近似认为资产端的增长压力必然会带动负债端的增长压力。

在此前提之下，我们可以得出一些推断：同业类存款占比上升，通常意味着银行面临较大的负债结构和流动性指标的压力，定期存款特别是个人存款和单位定期存款的增加，同业类存款的占比下降，也通常意味着银行的负债结构和流动性指标压力有所减轻。

而流动性指标压力的增加与减轻，也会反映到同业存单的发行规模和发行期限上。若 9 个月和 1 年同业存单短期内的发行规模大幅增加，发行占比快速提升，发行利率不断上行，债券市场表现通常也不会太好；反之，若流动性指标压力较小，银行较少发行 9 个月和 1 年同业存单，供给下降，同业存单发行利率也会见顶回落，债券市场也会迎来利好。

对央行资产负债表每个科目的解读，详见 14.2 节。

第 13 章

资金面的影响

第 12 章介绍了影响银行债券中长期投资需求的流动性指标因素，本章将简单介绍头寸（即资金面）对债券需求的影响。

在展开研究之前，我们首先需要知道，市场里大家常说的“资金面”究竟是哪一碗面。

在债券市场里，投资者经常讨论的资金市场有两个，一个是同业拆借市场，是银行间债券市场的资金交易市场，另一个是证券交易所。这两个市场都可以进行从隔夜到最长 1 年的资金交易，其中同业拆借市场占据主力地位。2021 年全年，发生在同业拆借市场里的资金交易量为 1 167.19 万亿元，而上交所的资金交易量为 305.18 万亿元。

同业拆借市场里交易三个资金品种：同业拆借、质押式回购、买断式回购。同业拆借相当于金融机构自营之间的信用借款，而质押式回购和买断式回购都需要合格押品。质押式回购不涉及押品所有权的转移，而买断式回购则需要资金需求方将押品卖给资金供给方并约定在未来某个时间内买回且支付利息。

交易所只能进行质押式回购交易。

从交易量看，三个资金品种中，质押式回购占据绝对主力地位。2021 年仅同业拆借市场成交的质押式回购规模就超过 1 043.60 万亿元，而买断式回购规模仅为 4.76 万亿元，同业拆借规模为 118.82 万亿元。

而从交易期限看，由于隔夜回购的利率最低，能够给投资者提供最大的息差收入，因此隔夜回购仍然是最主要的交易品种，其次为7天回购利率。以2022年4月为例，同业拆借市场共成交质押式回购约为103.83万亿元，而其中绝大部分为隔夜回购，成交规模为86.52万亿元，其次为7天回购，成交规模为13.83万亿元。

交易所资金市场并不仅向债券市场供给资金，两个市场虽然可以联动，但整体而言还是存在一定的差异。如果投资者的目的是研究资金面与债券市场的关系，关注银行间市场的R001和R007品种可能更好。

另外，中国人民银行曾多次在货币政策执行报告中提到了DR007对标其公开市场操作利率的说法，也将DR007这一品种放到了更重要的位置。DR007是存款类金融机构7天质押式回购，指的是银行与银行之间的7天质押式回购交易。

13.1　理解央行—银行结构

哪些因素会影响资金面，资金面是由什么决定的，是研究资金面对债市影响的前提和基础。而要了解这一点，必须知道流动性是怎么产生的。通过下述的简单模型，我们可以发现答案。

假设一个小型经济体中共有1家央行、2家商业银行和2个储户/借款人。初始状态下，这5个机构均未发生业务往来。

央行向银行A投放了100亿元现金，因此对银行A而言，它的资产负债表变化为"资产增加100亿元——现金，负债增加100亿元——央行负债"。

而银行A将100亿元贷款给储户A，储户A将100亿元支付给了在银行A开立账户的储户B，这样银行A的资产负债表较初始状态变化为"资产增加200亿元，分别为100亿元——现金，100亿元——贷款；负债增加200亿元，分别为100亿元——央行负债，100亿元——储户存款"。

银行A通过同业拆借市场将100亿元资金借给银行B，银行B又将其贷款给储户B，储户B将资金存入银行B，这样银行A的资产负债表较初始状态变化为"资产增加200亿元，分别为100亿元——拆借同业，100亿元——贷款；负债增加200亿元，分别为100亿元——央行负债，100亿元——储户存款"，银行B的资产负债表较初始状态变化为“资产增加200亿元，分别为100亿元——现金，100亿元——贷款；负债增加200亿元，分别为100亿元——同业拆借，100亿元——储户存款”。

央行通过正回购方式，向银行B收回了100亿元资金。银行B的资产负债表较初始状态变化为“资产增加200亿元，分别为100亿元——买入返售央行资产，100亿元——贷款；负债增加200亿元，分别为100亿元——同业拆借，100亿元——储户存款”。

经过整个循环之后，A银行增加了200亿元资金和100亿元存款，B银行增加了200亿元资金和100亿元存款，但两个银行并没有新增任何可以应对债权人提取的现金资产，所以流动性或者说头寸并没有增加。

由这个案例我们可以发现，整个体系的流动性或者说现金只能由央行创造。如果把银行看作一个整体的蓄水池，那么央行则是一根水管，既可以放水也可以抽水。日常的资金面利率就像蓄水池里水位的波动，虽然上下变动，但始终在一个范围内。

只有央行数量型货币工具如正逆回购、MLF、SLF、法定准备金率调整等的使用与回售、发放贷款带来的法定准备金增加、缴税、发行政府债券、财政投放会让现金从银行端回收到央行端，把水从蓄水池里抽走，影响市场流动性水位，其余业务均不会影响市场流动性。

13.2 影响资金面的季节性因素

前文提到过，一方面，央行数量型货币政策工具、缴纳法定存款准备金、缴税、发行政府债券与财政资金投放都会影响央行给银行提供的现金流动性，继而引发资金利率的变化；另一方面，每逢一些重大时刻，金融机构会受制于储户提款需求、监管指标限制等多方面因素，增加资金储备需求，也可能导致资金利率出现波动。

上述因素中，有不少因素都有季节性特点，特别是与监管机构和财政收支有关的部分，具有季节性特征的因素如下：

(1)缴税与财政资金投放

缴税通常而言是每月 15 日，遇节假日顺延（投资者可在国家税务总局官网上查询到全年报税截止日数据），缴税截止日当天资金最为紧张，而财政投放主要发生在每月月末。

每月报税截止日前，纳税人须缴纳上月经济活动所产生的税费，而每季度第一个月，纳税人须缴纳上个季度经济活动所产生的税费，每年年初第一个月，纳税人须缴纳上年经济活动所产生的税费。这种缴税制度造就了 1、4、7、10 这四个月的缴税规模较大，但 5 月 30 日是个例外，需要汇算清缴上年没有结清的税款。

图 13.1 展示了 2014 年至 2021 年纳税规模的季节性变化。我们可经由图 13.1 清楚地发现，1、4、5、7、10 这 5 个月的税收规模最大，在缴税截止日时对资金的影响也会较大。

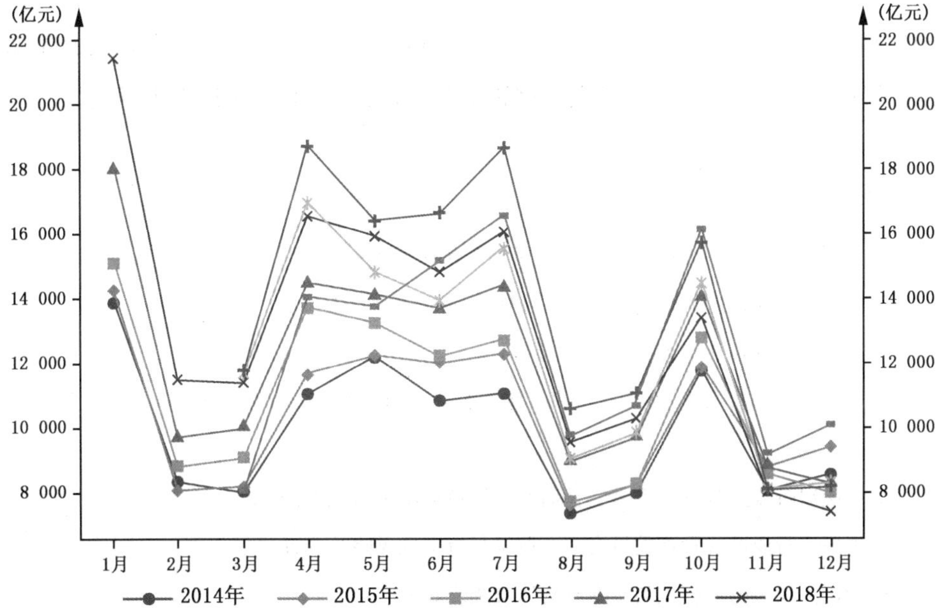

资料来源：Wind。

图 13.1　中国存在明显的缴税大小月

而财政开支通常在二、三季度投放较大，特别是 6～9 月这 4 个月，这既与政府投资主要发生在二、三季度有关，也与二、三季度税收较多和政府债券发行较多有较大关系。由于财政投放的季节性变化，最终导致财政存款的季节性波动，因此3、6、9、12这4个月通常是财政存款的低谷。

(2)监管考核及节假日

每到季末，金融机构便会面对金融监管部门的指标考核。不少流动性指标、资本指标以及MPA考核等因素均会要求银行在月末留存现金或减少对非银金融机构的资金融出，导致虽然整个金融业的现金并没有减少，但资金市场的供给减少了。这是季末资金缺乏的主要原因。

另外，大型节假日(如春节和国庆节)前，由于长时间无法通过同业市场补充资金，但储户的提款、交易需求并不会因此减少，银行不得不提高自己的现金备付水平，导致资金的需求增加，也可能导致节前资金面的紧张。

通常而言，央行对这些季节性因素会采取释放短期资金的方式对冲和平滑资金价格的波动，但是，一旦央行采取的对冲策略力度不够，或并没有采取对冲策略，上述季节性关键时点就会对资金价格造成较大冲击，从而影响债券市场。

参考资料

[1]中国人民银行:《2019年第三季度货币政策执行报告》。

[2]中国银行业监督管理委员会:《商业银行资本管理办法》。

[3]中国国务院:《2022年政府工作报告》。

[4]中国财政部:《关于2021年中央和地方预算执行情况与2022年中央和地方预算草案的报告》。

[5]中国银行业监督管理委员会:《商业银行负债质量管理办法》。

[6]中国银行业监督管理委员会:《商业银行流动性风险管理办法》。

[7]中国人民银行:《存款类金融机构信贷收支表》。

[8]中国人民银行:《其他存款性公司资产负债表》。

监管篇

无论是发达经济体还是新兴经济体，理解以央行为中心的货币政策意图，是债券交易核心中的核心。本篇主要阐述了中国特色的监管体系，并给出明确的学习路径。

第 14 章

信用货币创造及央行资产负债表

14.1 信用货币创造

是贷款创造了存款，而不是存款创造了贷款。乍听起来这似乎不符合逻辑，尤其是对那些曾经在银行分支机构工作过的投资者来说，就更不符合逻辑，监管指标也显示贷款规模受到了存款的限制。但这句话从整个金融系统的角度理解，却是正确的，也是理解信用货币创造的关键。

为了帮助投资者理解这句话，我们举这样一个简化例子：整个市场简化为只有一家商业银行 A，当企业 B 从商业银行贷款 1 亿元的时候，瞬间就增加了 1 亿元存款，完成了货币创造。从复式记账的原理可以很好地理解这一问题，“有借必有贷，借贷必相等”。银行资产端增加一笔债权，同时伴随的是负债端债务的等量增加。也就是贷款和存款同时增加。从上述表述可以知道，是贷款创造了存款。

央行并不是信用货币创造的主体，商业银行才是，中央银行通过调节基础货币为银行货币创造提供支持和约束。超储可以支持银行的货币信用创造。

是什么影响了银行的货币创造能力？央行货币政策报告中已经给出答案：分别是流动性、资本、利率。在 2022 年第一季度货币政策执行报告专栏 1《健全现代货币政策框架取得明显成效》，2021 年第一季度货币政策执行报告专栏 1《健全现代货币政策框架》,2020 年第一季度货币政策执行报告专栏 1《我国货币政策向实体经济传导更为通畅》中给出明确表述。

流动性约束:保持银行间流动性合理充裕。

资本约束:发行永续债,资本不足,肯定影响银行放贷,进而影响货币创造。

利率约束:降息、贷款市场报价利率(LPR)机制等。

利率影响的是贷款的需求,如果贷款需求不足,也会影响货币创造。

央行会通过解决流动性、资本和利率三大约束,提高银行货币创造能力。

14.2 央行资产负债表

那么,央行会通过什么手段解决金融业的三大约束,这些手段又如何被我们捕捉和分析呢?央行资产负债表提供了一些有用的信息。

央行资产负债表(见表 14.1)是理解流动性和货币政策的起点,也是理解信用货币创造的基础,是利率债交易员的基本功。无论是宏观经济分析还是基本面分析,出发点和落脚点都是央行。

14.2.1 央行资产负债表—资产端

央行资产负债表的资产端共分为 6 个一级科目,分别为国外资产(占比为 56%)、对政府债权(占比为 4%)、对其他存款性公司债权(占比为 34%)、对其他金融性公司债权(占比为 1%)、对非金融性部门债权(占比为 0%)、其他资产(占比为 5%)。

(1)国外资产

国外资产分为外汇占款、货币黄金和其他国外资产,其中外汇占款比重最大。

在 2014 年以前,外汇占款是央行投放基础货币的重要手段(见图 14.1)。

自从我国加速融入世界贸易组织后,进出口的贸易顺差大幅增加,且由于强制结售汇制度的存在,中国人民银行不断投放基础货币回收外汇,导致基础货币投放过度。此阶段央行为了应对充裕的流动性不得不多次“提准”来应对。

表 14.1　　2022 年 1—5 月央行资产负债表

项目 Item	2022年1月	2022年2月	2022年3月	2022年4月	2022年5月
国外资产 Foreign Assets	225 696.18	225 836.31	226 202.31	226 267.60	225 477.56
外汇 Foreign Exchange	213 200.55	213 262.43	213 494.82	213 318.52	213 228.67
货币黄金 Monetary Gold	2 855.63	2 855.63	2 855.63	2 855.63	2 855.63
其他国外资产 Other Foreign Assets	9 640.00	9 718.25	9 851.87	10 093.45	9 393.26
对政府债权 Claims on Government	15 240.68	15 240.68	15 240.68	15 240.68	15 240.68
其中：中央政府 Of which: Central Government	15 240.68	15 240.68	15 240.68	15 240.68	15 240.68
对其他存款性公司债权 Claims on Other Depository Corporations	134 700.09	137 638.35	129 348.52	120 160.20	119 480.95
对其他金融性公司债权 Claims on Other Financial Corporations	4 112.28	4 114.28	4 118.03	4 119.28	1 770.79
对非金融性部门债权 Claims on Non-financial Sector					
其他资产 Other Assets	23 376.00	23 399.38	23 816.35	23 548.27	23 349.79
总资产 Total Assets	**403 125.23**	**406 229.00**	**398 725.89**	**389 336.03**	**385 319.77**
储备货币 Reserve Money	331 197.31	328 648.67	335 458.34	326 823.44	325 085.37
货币发行 Currency Issue	111 876.69	104 182.46	100 737.77	100 856.54	100 710.16
金融性公司存款 Deposits of Financial Corporations	194 279.92	204 313.02	215 231.70	206 134.42	204 605.98
其他存款性公司存款 Deposits of Other Depository Corporations	194 279.92	204 313.02	215 231.70	206 134.42	204 605.98
其他金融性公司存款 Deposits of Other Financial Corporations					
非金融机构存款 Deposits of Non-financial Institutions	25 040.69	20 153.20	19 488.86	19 832.48	19 769.22
不计入储备货币的金融性公司存款 Deposits of financial corporations excluded from Reserve Money	6 040.61	6 918.20	7 090.10	7 321.34	6 446.57
发行债券 Bond Issue	950.00	950.00	950.00	950.00	950.00
国外负债 Foreign Liabilities	1 036.28	1 633.74	1 188.03	1 186.55	1 293.58
政府存款 Deposits of Government	49 781.39	54 659.49	42 002.79	43 329.60	46 413.92
自有资金 Own Capital	219.75	219.75	219.75	219.75	219.75
其他负债 Other Liabilities	13 899.89	13 199.15	11 816.88	9 505.35	4 910.57
总负债 Total Liabilities	**403 125.23**	**406 229.00**	**398 725.89**	**389 336.03**	**385 319.77**

资料来源：中国人民银行官网。

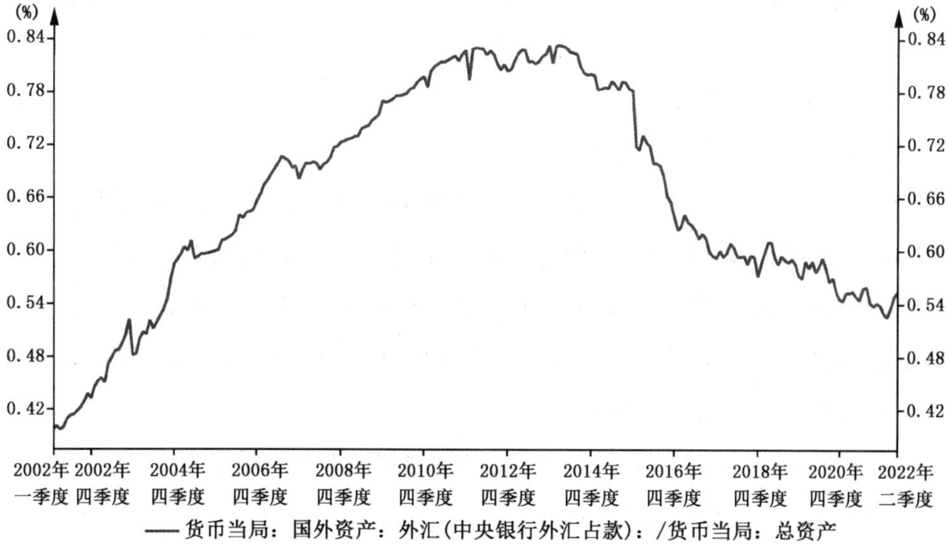

资料来源：Wind、湖南三湘银行。

图 14.1　2014 年是外汇占款的顶峰

通过外汇投放基础货币，央行资产负债表下的会计分录如下：

借：国外资产——外汇

　　贷：储备货币

（2）对政府债权

《中华人民共和国中国人民银行法》（下称《中国人民银行法》）要求“中国人民银行不得对政府透支，不得直接认购、包销国债和其他政府债券。中国人民银行无法在一级市场上直接购买国债”。中国人民银行无法直接认购、包销国债和其他政府债券，其对政府债权的来源主要为间接持有，主要是从商业银行手中购买。

2007年为注资中投公司和中国农业银行，财政部发行了特别国债1.55万亿元，其中1.35万亿元向商业银行定向发行，另外2 000亿元向社会公众发行。随后央行从商业银行处购买了这1.35万亿元特别国债，致使2007年央行资产负债表对政府债权增加约1.35万亿元人民币。作为置换，财政部利用发行特别国债获得的1.35万亿元人民币，向央行购买等值外汇，央行得以回笼这部分基础货币。

由于这种操作十分罕见，因此绝大部分时间里此科目不发生变化。

由于新冠疫情及美国等西方国家激进的货币政策，2021年左右对于财政赤字货币化问题的讨论甚嚣尘上。国外央行纷纷在二级市场上购买国债以支持财政赤字货币化，但是我国央行一直严格遵守《中国人民银行法》相关规定，除了在2007年购买过特别国债，从未在二级市场交易。

（3）对其他存款性公司债权

央行作为一家银行，也是存款性公司，商业银行相对于央行来说就是其他存款性公司。顾名思义，对其他存款性公司债权，就是央行对商业银行的债权。

此类债权包括再贷款、再贴现、OMO、MLF、PSL、SLF等货币政策工具，是央行向金融市场和银行业注资的最常见手段，也是在2014年外汇占款下降后，央行投放基础货币的重要渠道（见图14.2）。

央行动用公开市场工具或者再贷款、再贴现投放基础货币的会计分录如下：

借：对其他存款性公司债权

　　贷：储备货币

不同于外汇占款只能被动投放基础货币，央行通过对其他存款性公司债权可

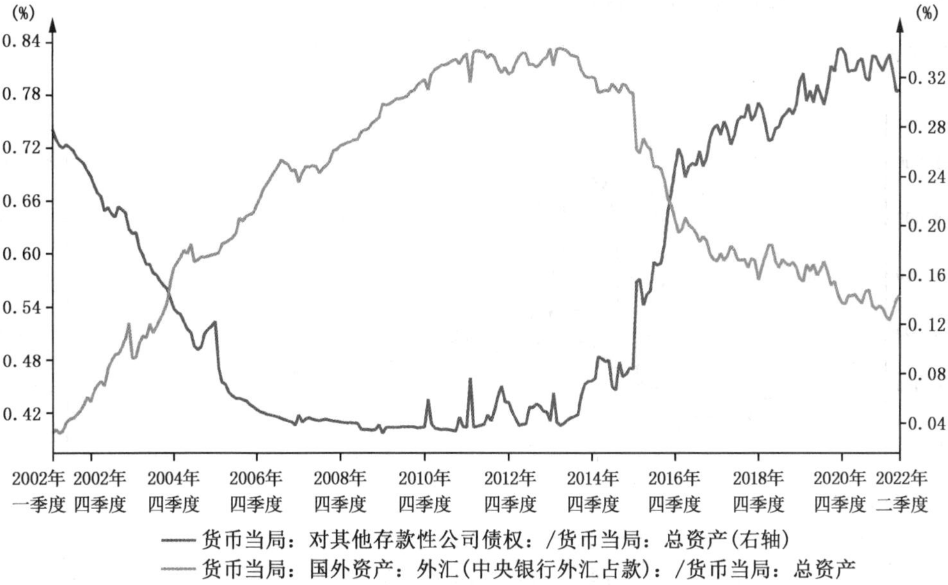

资料来源：Wind、湖南三湘银行。

图 14.2　2014 年成为基础货币投放方式的分水岭

以做到收放自如，既能投放基础货币，也可以收回基础货币。同时，央行可以自主掌控投放力度，央行对货币供给和金融市场的掌控力大幅增强。这也使得利率债交易员对于判断央行的货币政策或者政策取向成为一项重要的工作。

(4)对其他金融性公司债权

此处所指的其他金融性公司是指除央行、其他存款性公司之外的所有金融性公司，包括证券公司、保险公司、期货公司、金融租赁公司、信托投资公司。

对其他金融性公司债权即是央行向非银行类商业金融机构直接注资，这种货币政策央行很少使用，因此变动较少。

由图 14.3 可知，该科目发生过两次大的变动。第一次是 1999 年，为了使得四大国有银行符合《巴塞尔协议》规定，财政部成立了华融、长城、东方和信达四大不良资产管理公司，分别承接工商银行、农业银行、中国银行和建设银行的 1.4 万亿元不良贷款。为了支持四大不良资产管理公司，央行对其发放了 6 041 亿元的再贷款，同时四大不良资产管理公司对四大银行和国家政策性银行发行了 8 110 亿元金融债券。随着时间的推移,四大不良资产管理公司逐渐归还再贷款,此科目逐渐下降。

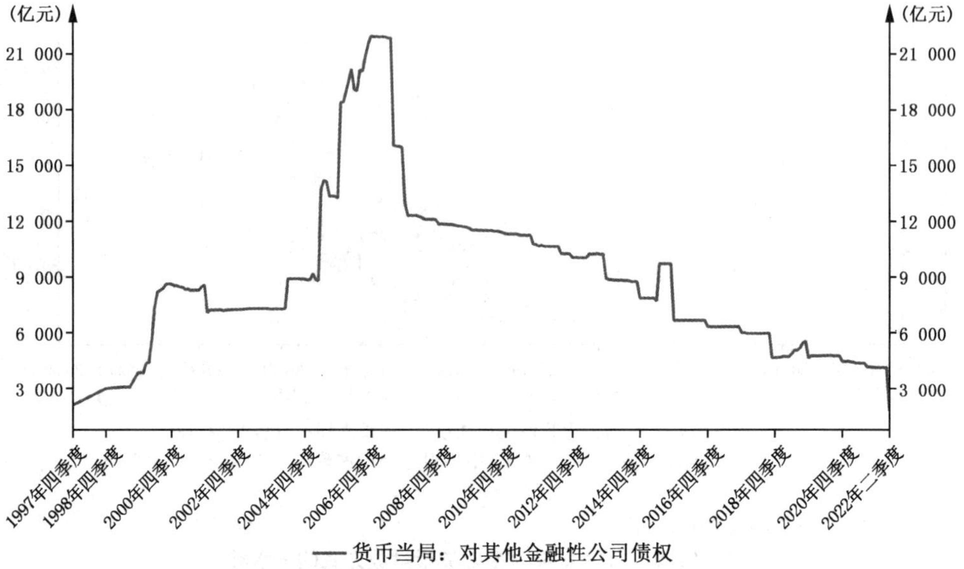

资料来源:Wind、湖南三湘银行。

图 14.3 对其他金融性公司债权的两次大的变动

第二次是 2015 年"股灾",为了支持中国证券金融股份有限公司救市,央行为其提供了包括再贷款在内的多种支持手段。

(5)其他资产

其他资产占比约为 5%,波动不大,具体的核算内容和二级科目央行均未公布。在 2019 年 1 月金融统计数据解读吹风会上,央行调查统计司司长阮健弘表示:其他资产是未单独列示的资产科目集合,主要是一些杂项资产项目和应收暂付项目。年底时,这些项目中有不少会有季节性变动的特点。待年末时点过去后,这些季节性变动会减弱或消除。

14.2.2 央行资产负债表——负债端

央行资产负债表的负债端共分为 7 个一级科目,分别为储备货币(占比为 80%)、不计入储备货币的金融性公司存款(占比为 2%)、发行债券(占比为

0.2%)、国外负债(占比为0.25%)、政府存款(占比为10%)、自有资金(占比为0.05%)、其他负债(占比为4%)。

(1)储备货币

储备货币包括货币发行(占比为26%)、金融性公司存款(占比为52%)和非金融机构存款(占比为4.5%)三个二级科目。

央行提供的货币就是基础货币。基础货币最终的表现形式为老百姓手中的现金、商业银行的库存现金以及商业银行的准备金存款(包括法定存款准备金和超额存款准备金)。

①货币发行

货币发行是央行发行的现金,由M0和商业银行库存现金构成。货币发行具有明显的季节性,尤其是春节的时候,由于中国习俗或者企业发放年终奖等,有很强的取现需求,导致货币发行出现较大波动(见图14.4)。

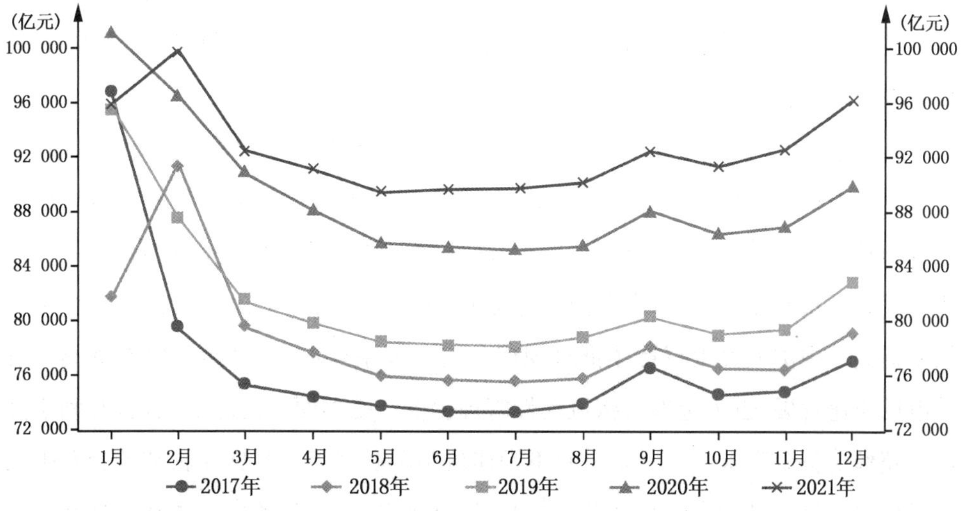

资料来源:Wind、湖南三湘银行。

图14.4 货币发行在春节期间出现明显异动

居民从商业银行取现的会计分录如下:

借:其他存款性公司存款——超储

贷:货币发行

从上述会计分录可知，取现是在负债科目内调节的，会导致超储减少，现金增加。所以，取现会对银行间流动性产生影响。根据往年的经验，春节期间的取现规模在1.5万亿元左右，会抽离银行间流动性，此时央行会通过公开市场操作投放巨量流动性，在春节后现金回流，央行公开市场操作到期，从而熨平流动性。但随着电子支付、电子红包的兴起，居民对于取现的需求明显下降。

②金融性公司存款

该科目包括商业银行在中央银行的法定存款准备金和超额存款准备金。

做利率交易经常会听到流动性这个概念，其实做债券常说的流动性是指狭义的流动性，本质上就是银行的超储情况。超储率是超额准备金余额与各项存款余额之比，是衡量银行体系流动性的关键指标。超储率高说明银行间流动性充足，但是站在央行的角度看，过高表明央行货币政策失效，货币没有进入实体经济；过低表明流动性紧张。保持在合适区间最重要。

理解了超储和狭义流动性的关系，就能理解，为什么公开市场投放会增加银行间流动性？因为同时增加了资产端的“对其他存款性公司债权”和负债端的“其他存款性公司存款——超储”。

近年来，超储率正逐年降低（见图14.5）。对于这部分超储率降低的原因，央行在货币政策执行报告中给出了答案：一是存款持续增长带来的规模效应。随着经济增长，金融机构存款余额持续增加，而日常支付清算所需的超额准备金并不需要与存款规模同比例增长，在此过程中超储率会自然下降。二是支付清算和市场效率提高。中国人民银行持续推进现代化支付体系建设，资金清算效率提高。货币市场快速发展，也为金融机构流动性管理提供了更加便利的融资渠道，有利于降低其超额准备金需求。三是货币政策操作机制不断完善。实施存款准备金双平均法考核，公开市场操作从每周两次增加至每日操作，推出常备借贷便利工具和自动质押融资工具等，均有利于降低金融机构的预防性超额准备金需求。四是金融机构流动性管理能力增强。通过开发流动性管理系统，目前大部分商业银行已经能够实时掌握全行的资金往来情况，资金使用效率提高，超额准备金需求下降。

③非金融机构存款

非金融机构存款指的是支付机构备付金。所谓支付机构备付金，是指非银行

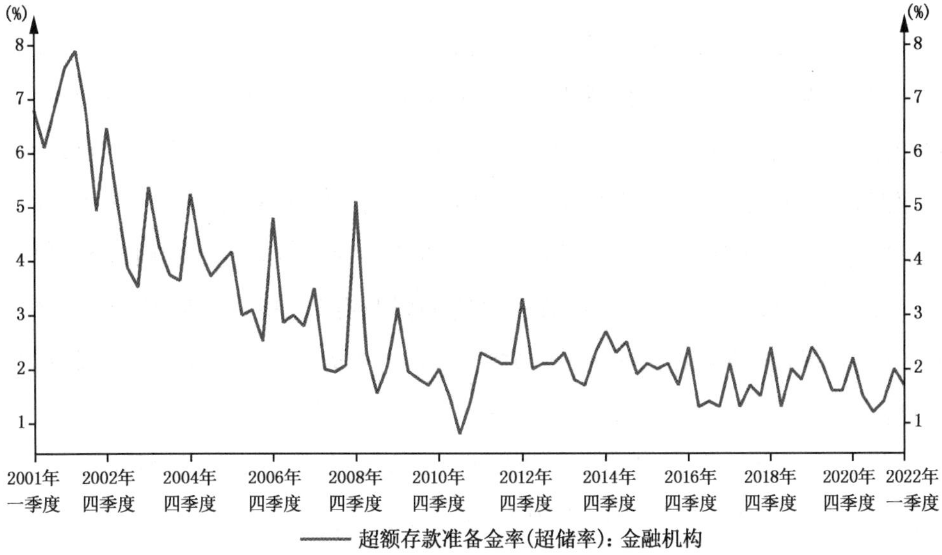

资料来源:Wind、湖南三湘银行。

图 14.5 超储率在逐年降低

支付机构为办理客户委托的支付业务而实际收到的预收待付货币资金。用户在电商平台购物付款后、商户收到资金前支付机构累积的资金,用户通过预付费的形式充值的款项,以及用户在支付平台中的账户余额等,均属于备付金范畴。

根据《非银行支付机构客户备付金存管办法》,非银行支付机构应当在中国人民银行开立一个备付金集中存管账户,其接收的客户备付金应当直接全额交存至中国人民银行。

截至2022年3月末,备付金余额已经突破了2万亿元,其变化也会对银行间流动性产生影响,如"双十一"购物高峰,会使得"非金融机构存款"科目增加,"其他存款性公司存款——超储"减少,从而影响银行间流动性。

(2)政府存款

国库业务由中国人民银行管理,所以央行的政府存款,是指各地政府、机关团体等机构存放在国库的存款。

首先,我们要了解,当地政府从国库将存款取出并存入政府在商业银行开立的普通存款账户,会释放流动性,反之亦然。会计分录如下:

借:政府存款

贷:其他存款性公司存款——超储

其次,要区分金融机构信贷收支表下的政府存款和货币当局资产负债表下的政府存款。金融机构信贷收支表中的广义政府存款包括机关团体存款和财政性存款两部分,机关团体存款包括机关法人、事业单位法人、军队、武警、团体法人的存款。这部分包含了住房公积金、社保基金等存款。而信贷收支表的财政性存款又可以分为两部分,第一部分是存放在央行的财政存款(狭义政府存款),占比为90%;第二部分是存放在商业银行的财政存款,占比为10%左右,主要是国库现金定存。

截至2022年5月,广义政府存款规模38.54万亿元,其中机关团体存款32.52万亿元,占广义政府存款的比重为84.38%,财政性存款6.02万亿元,占比为15.62%。另外,狭义政府存款(央行口径)4.64万亿元,略低于财政性存款,差额是国库现金定存。

通过上述表述可知,只有狭义的政府存款变动才会影响银行间的流动性。

从狭义政府存款变动角度看,政府存款的收入和支出都会影响银行间的流动性。收入一般包括政府债券净融资、税收收入等;支出一般包括财政支出。

企业缴税会影响财政存款,在缴税截止日前,企业会将其在商业银行开立的银行账户中的资金划转到国库。以2020年为例,我国前几大税种分别为国内增值税(5.68万亿元)、企业所得税(3.64万亿元)、进口货物增值税和消费税(1.45万亿元)、国内消费税(1.20万亿元),占比分别为36.81%、23.59%、9.98%和7.78%。所以分析缴税的影响一般分析上述几个税种即可。

不同年份、不同月份的缴税截止日均有所差异,具体缴税时间可通过查阅税务局官网"办税日历"栏目获取(见表14.2)。

表14.2　2021年的缴税日历

1月	1—20日:增值税、消费税、企业所得税(元旦放假顺延)
2月	1—23日:增值税、消费税(春节放假顺延)
3月	1—15日:增值税、消费税
4月	1—20日:增值税、消费税、企业所得税(清明节放假顺延)

续表

5月	1—21日:增值税、消费税(劳动节放假顺延) 1—31日:年度企业所得税汇算清缴
6月	1—18日:增值税、消费税(端午节放假顺延)
7月	1—15日:增值税、消费税、企业所得税
8月	1—16日:增值税、消费税(周日顺延)
9月	1—15日:增值税、消费税
10月	1—26日:增值税、消费税、企业所得税(国庆节放假顺延)
11月	1—15日:增值税、消费税
12月	1—15日:增值税、消费税

资料来源:国家税务总局,湖南三湘银行整理。

增值税和消费税都是按照月度缴纳,企业所得税是按照季度缴纳,而且企业所得税波动较大,按照季度缴纳的企业所得税成为资金面的胜负手。所以1、4、5、7、10月是缴税大月,大部分属于季度缴纳的次月。

缴税时间一般为当月的1—15日,企业为了尽可能多地使用资金,一般选择在临近截止日时缴税。由于企业的缴税时间集中,因此会对资金面产生影响。

政府债券发行也会对狭义政府存款产生影响,无论是何种金融机构认购政府债券,最终动用的都是银行的超储,超储向政府存款的转移会造成短时间内的流动性收紧。通常而言,政府债券一般会提前一周披露,我们可通过Wind查询政府债券的下周发行及到期情况,从而大致了解下周的流动性。

财政支出是将政府存款转移至商业银行超储,会增加银行间流动性。财政支出也有明显的季节性,一般来说季末是财政支出的大月,3、6、9、12月的财政支出规模均明显高出其他月份,尤其是12月,财政支出较大。

本章中我们了解了信用货币创造的机制,通过银行资产负债表我们理解了影响银行间流动性的基本要素。下章,我们将着重分析央行构建的利率走廊及常见的货币政策工具。

第 15 章

利率走廊及货币政策工具

15.1 利率走廊

15.1.1 利率走廊基本原理及作用

2015 年央行发表的工作论文《利率走廊、利率稳定性和调控成本》中提到利率走廊的基本操作原理是:“中央银行通过向商业银行提供一个贷款便利工具和存款便利工具,将货币市场的利率控制在目标利率附近。这样,以央行目标利率为中心,在两个短期融资工具(即央行贷款利率与存款利率)之间形成了一条‘走廊’。”

通过原理可知,利率走廊有以下几个要素:贷款利率构成的上限、存款利率构成的下限、货币市场利率和目标利率。

构建利率走廊有如下作用和意义:

第一,利率走廊有助于降低货币市场利率波动性,稳定商业银行和市场预期。构建利率走廊的初衷之一是降低资金利率的波动。在没有利率走廊的情况下,商业银行具备囤积流动性的潜在需求以应对可测和不可测的流动性冲击,产生冲击后市场利率的短期均衡水平越高,商业银行的理性选择越倾向于囤积流动性。而如果建立了利率走廊,在流动性紧张的情况下商业银行均衡状态下的行为处在最优状态,而预期到走廊的存在会使得商业银行减少对流动性的额外需求,在冲击发生时市场利率会稳定在利率走廊的上限，减小了市场利率的潜在波动。因此利率走廊的实施有利于稳定商业银行预期，避免预期利率飙升而出现囤积流动性倾向，从而达到稳定利率作用。更为重要的是，只有明显降低短期利率的波动性，商业银行才有意愿使用某种短期利率作为定价基础，才可能培育出未来的政策利率。

第二，央行只需调整走廊的边界即可实现货币政策的调整，而不需要频繁地进行公开市场操作，从而降低货币政策操作成本。

15.1.2 利率走廊的构建

第一步，创立常备借贷便利（Standing Lending Facility，SLF）工具。根据利率走廊的国际实践，央行需要创设类似于存贷款便利的工具，为利率走廊的上限做好铺垫。为此，2013年央行创设了常备借贷便利（SLF），在金融机构缺少流动性时，可以随时向央行通过SLF借入资金，能够随时解决流动性的SLF就构成了利率走廊上限。

第二步，在工作论文中明确利率走廊初步构想。从2014年起，在央行与IMF的研讨会"货币政策新问题——国际经验和对中国的借鉴"、央行工作论文《利率走廊、利率稳定性和调控成本》中，均提出了打造利率走廊的初步构想。

第三步，两次大幅下调SLF利率，并公告利率走廊上限形成。真正形成利率走廊雏形的标志性事件是2015年3月和11月央行两次调降SLF利率，且在11月调降中，央行明确表示"为加快建设适应市场需求的利率形成和调控机制，探索常备借贷便利利率发挥利率走廊上限的作用，结合当前流动性形势和货币政策调控需要，中国人民银行决定下调分支行常备借贷便利利率"。自此利率走廊上限的职能正式确立。

第四步，在工作论文中明确利率走廊下限。在央行的官方表态中，已明确探索发挥SLF利率走廊上限的作用，但并未提及下限的安排。在2015年11月工作论文《利率走廊、利率稳定性和调控成本》中，央行提及了最适合作为利率走廊下限的政策利率工具是超额存款准备金利率。

至此利率走廊的四个要素形成，上限为SLF利率、下限为超额存款准备金利率、政策利率中枢为7天OMO利率、目标市场利率为DR007。

利率走廊的上限意味着，商业银行在缺乏流动性的时候，可以随时从央行足量、及时地以 SLF 利率借入资金，所以利率走廊上限为 SLF 利率；而下限意味着商业银行最低的资金回报率就是把资金存入央行对应的超额存款准备金利率。

由图 15.1 可知，DR007 没有触碰利率走廊下限，对利率走廊上限有所突破，但是进入 2020 年以后 DR007 波动明显变小，且能较好地围绕 OMO7D 利率震荡。

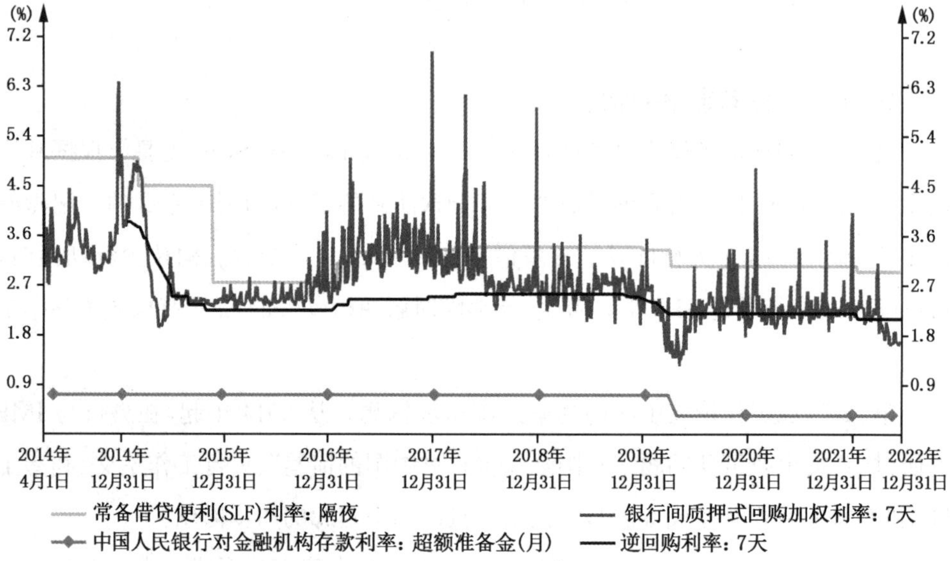

资料来源：Wind、湖南三湘银行。

图 15.1 利率走廊运行情况

15.1.3 利率走廊的缺点

由前文可知，利率走廊是中国货币政策价格体系的关键支柱，使得无风险利率的变动范围更加清晰。但是，利率走廊仍然有较明显的缺陷：

(1)利率走廊过宽，目前我国的利率走廊宽度为 260bp，虽然较设立初的 300bp 有所下降，但仍远高于欧美一些国家，过宽的利率走廊不利于稳定市场预期。

(2)SLF 形同虚设，利率走廊上限的意义就在于商业银行遇到流动性危机时，可以足量从央行借入资金缓解流动性压力，但是由于我国强监管的属性，商业银行宁愿从资金市场借入更高成本的资金，也不愿意借入 SLF。如果借入 SLF，会给监管层留下流动性紧张、业务激进等印象。例如2021年2月，全月常备借贷便利仅仅操作了34亿元，2月末SLF余额为0。

(3)利率走廊下限设置得过低。政策利率中枢与利率走廊下限宽度为175bp，而利率中枢与利率走廊上限的宽度为85bp，可以看出我国的利率走廊是非对称的——利率走廊下限设置得过低加之SLF利率的特殊性，使得利率走廊的中枢并不在上限和下限的中点，而是偏上方的位置。因而不利于引导市场预期。

正是由于利率走廊的上述缺点，其整体作用发挥有限，我国利率走廊构建的时间短，后续还会不断完善。完善后的利率走廊在稳定市场预期、降低操作成本上将会有更重大的意义。

15.2 货币政策工具

15.2.1 公开市场业务

公开市场业务(Open Market Operation，OMO)，又称公开市场操作，是指央行与一级交易商的交易业务。目前我国的一级交易商包括20家全国性银行、22家地方性银行、5家外资银行、2家券商在内的共49家机构。

公开市场业务中最频繁的是回购交易，包括正回购和逆回购两种。正回购为中国人民银行向一级交易商卖出有价证券，并约定在未来特定日期买回有价证券的交易行为。正回购为央行从市场收回流动性的操作，正回购到期则为央行向市场投放流动性的操作。

逆回购为中国人民银行向一级交易商购买有价证券，并约定在未来特定日期将有价证券卖给一级交易商的交易行为。逆回购为央行向市场上投放流动性的操作，逆回购到期则为央行从市场收回流动性的操作(见图15.2)。

央行公开市场操作业务的回购期限一般为7D和14D，其中7D每天都会操作，14D视情况操作。

2021年以来，央行连续多日回购操作100亿元，100亿元的体量对流动性影响微乎其微，但每天操作仍是与市场沟通、释放信号的重要工具。

OMO7D也是央行确定的短期政策利率，上文的利率走廊也明确了DR007应

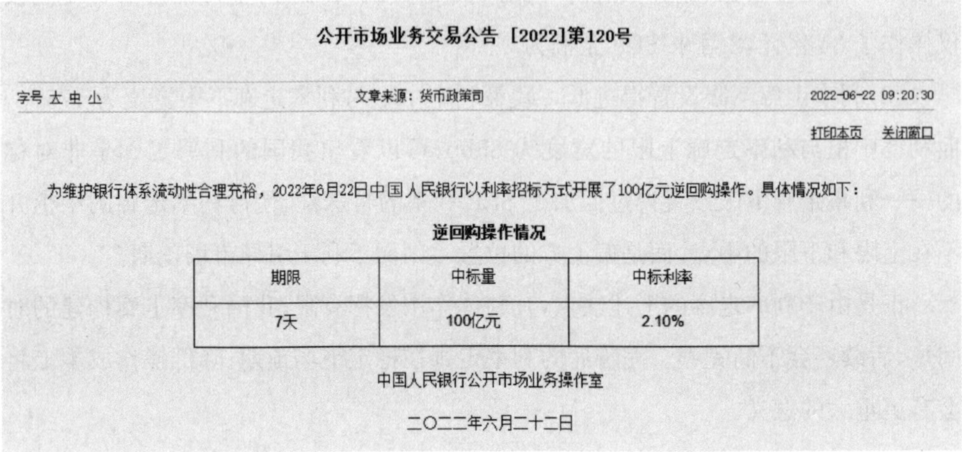

公开市场业务交易公告 [2022]第120号

字号 大 中 小　　文章来源：货币政策司　　2022-06-22 09:20:30

打印本页　关闭窗口

为维护银行体系流动性合理充裕，2022年6月22日中国人民银行以利率招标方式开展了100亿元逆回购操作。具体情况如下：

逆回购操作情况

期限	中标量	中标利率
7天	100亿元	2.10%

中国人民银行公开市场业务操作室

二〇二二年六月二十二日

资料来源：中国人民银行官网。

图 15.2　央行公开市场业务

该围绕 OMO7D 波动。同时央行在货币政策执行报告中也多次强调，市场应该关注价格，不应关注数量，投放的流动性是央行为了熨平流动性。

市场观察货币政策取向时，只需看政策利率是否发生变化即可，无须过度关注公开市场操作数量。

15.2.2　常备借贷便利

常备借贷便利(SLF)是利率走廊的上限，常备借贷便利最主要的特点是由金融机构主动发起，金融机构可根据自身流动性需求申请。中央银行与金融机构“一对一”交易，针对性强。

但申请常备借贷便利意味着银行自身无法从金融市场正常融资，说明金融机构或者货币市场出现一定问题，所以金融机构很少用常备借贷便利(见图 15.3)。

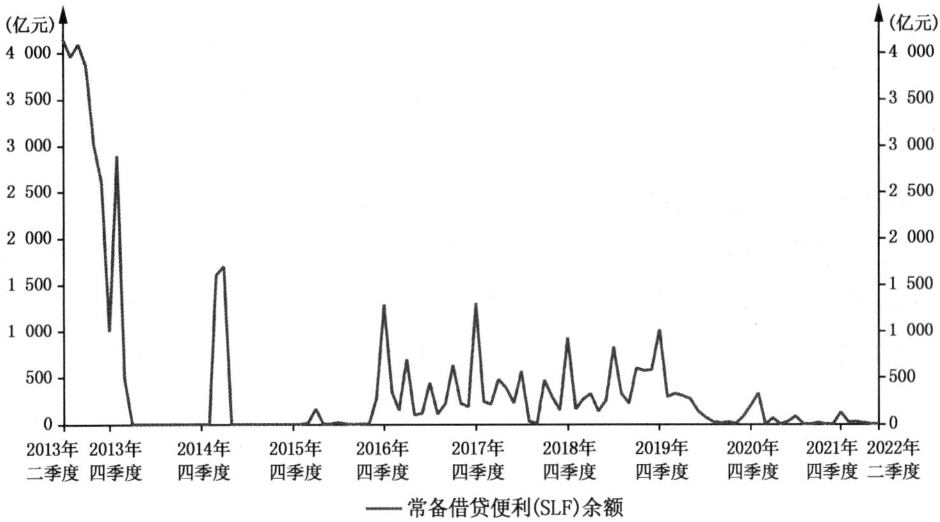

资料来源:Wind、湖南三湘银行。

图 15.3 金融机构很少使用 SLF

15.2.3 中期借贷便利

中期借贷便利(Medium-term Lending Facility,MLF)是重要的中期政策利率,是银行提供合格押品,从央行获得中期资金的重要渠道。央行每月 15 日进行 MLF 操作(见图 15.4),以 1 年为主。

公开市场业务交易公告 [2022]第114号

字号 大 中 小　　文章来源:货币政策司　　2022-06-15 09:20:30

打印本页　关闭窗口

为维护银行体系流动性合理充裕,2022年6月15日中国人民银行开展2 000亿元中期借贷便利(MLF)操作和100亿元公开市场逆回购操作。具体情况如下:

MLF操作情况

期限	操作量	中标利率
1年	2 000亿元	2.85%

资料来源:中国人民银行官网。

图 15.4 央行在每月 15 日进行 MLF 操作

LPR与MLF挂钩机制(LPR=MLF+加点)的存在,使得MLF利率成为市场最关心的政策利率。央行可以通过政策利率影响贷款利率,这是央行利率并轨的重要一步。目前的1年期LPR为3.70%,5年期LPR为4.45%。

目前金融市场所说的"降息"就是降低OMO或者MLF利率。降低OMO或者MLF利率,能有效改善银行的负债成本,对债市形成明显利好。

MLF的操作数量有等量续作、超量续作、缩量续作三种情况,央行会根据市场流动性情况选择操作数量,但以等量续作居多。央行虽然形成了月度操作MLF的习惯,但也存在特殊情况。例如2020年11月,由于永煤事件,央行在11月16日正常操作了一笔8 000亿元MLF,在11月30日又额外操作了一笔2 000亿元,并在2021年11月一笔等额续作10 000亿元,相当于在2020年11月操作了两次,共释放了1.2万亿元MLF资金。

15.2.4 存款准备金

金融机构按照中央银行的规定将其吸收存款的一定比例缴存在中央银行,这部分缴款资金被称为法定存款准备金。中央银行规定金融机构缴纳的存款准备金占其存款总额的比例就是法定存款准备金率。

央行提高或者降低存款准备金率不影响央行基础货币的规模。这点从央行资产负债表的会计分录中可以看出:

降低存款准备金率:

借:储备货币——其他存款性公司存款——法定存款准备金

贷:储备货币——其他存款性公司存款——超额存款准备金

提高存款准备金率:

借:储备货币——其他存款性公司存款——超额存款准备金

贷:储备货币——其他存款性公司存款——法定存款准备金

目前我国实施的是"三档两优"的存款准备金率框架。"三档"指的是根据银行规模和服务地区划分为三档存款准备金率;"两优"在基准档次基础上有两项优惠,对第一档和第二档达到普惠金融领域贷款情况考核标准的银行,可享受0.5个或1.5个百分点的存款准备金率优惠(普惠金融定向降准政策),对第三档中部分达到新增存款一定比例用于当地贷款考核标准的机构，可享受1个百分点的存款准备金率优惠。

2022年4月降准后，目前“三档两优”的存款准备金率见表15.1。

表15.1　“三档两优”的存款准备金率

	类　型	法定存款准备金率	优惠0.5%	优惠1.5%
第一档	大型银行	11.25%	10.75%	9.75%
	中型银行	8.25%	7.75%	6.75%
第二档	中型银行(服务省内)	7.0%	6.5%	5.5%
	中型银行(非县域)	7.0%	6.5%	5.5%
第三档	小型银行	5.0%		

资料来源：湖南三湘银行整理。

在2014年以前，我国投放基础货币的方式主要是外汇占款，央行也因此被动投放了大量的基础货币，不得不提高存款准备金率来回收流动性。2014年以后，基础货币投放的方式逐渐转变为央行的货币工具，例如再贷款、再贴现、公开市场操作等，央行通过降低存款准备金率释放流动性(见图15.5)。

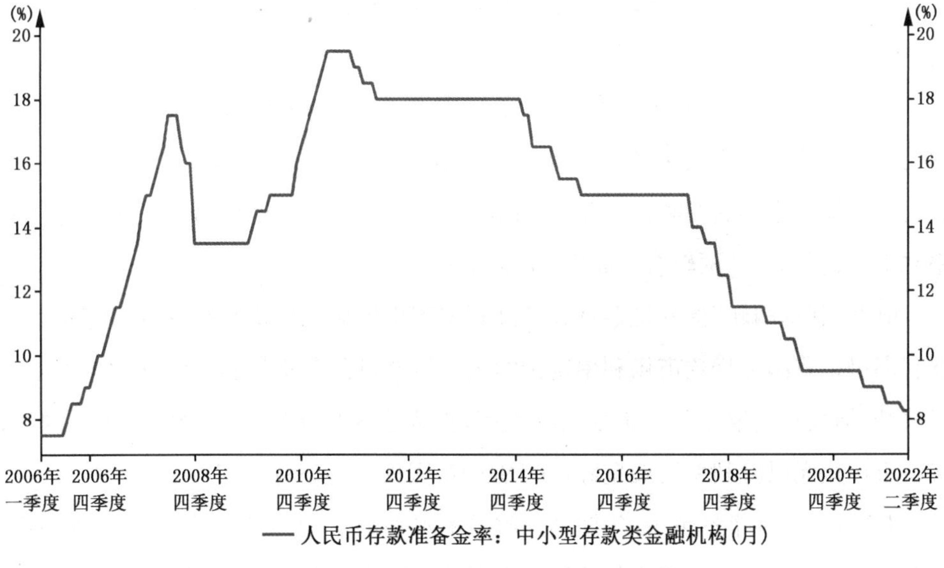

资料来源：Wind、湖南三湘银行。

图15.5　存款准备金率变化

15.2.5 存贷款基准利率

目前贷款基准利率已经改革成为贷款市场报价利率(LPR)机制。

央行副行长刘国强接受《金融时报》专访时表示:存款基准利率是我国利率体系的“压舱石”,将长期保留。

目前我国存款基准利率及存款自律定价的上限见表 15.2。

表 15.2　存款基准利率及存款自律定价的上限

	活期	3 个月	半年	1 年	2 年	3 年
存款基准利率	0.35%	1.1%	1.3%	1.5%	2.1%	2.75%
自律上限:国有大行 (加 50 基点)	0.45%	1.6%	1.8%	2%	2.6%	3.25%
自律上限:其他银行 (加 75 基点)	0.55%	1.85%	2.05%	2.25%	2.85%	3.5%

资料来源:湖南三湘银行整理。

2022 年 4 月,中国人民银行指导利率自律机制建立了存款利率市场化调整机制,自律机制成员银行参考以 10 年期国债收益率为代表的债券市场利率和以 1 年期 LPR 为代表的贷款市场利率,合理调整存款利率水平。

2022 年二季度的央行货币政策执行报告指出,中国人民银行指导利率自律机制建立了存款利率市场化调整机制,自律机制成员银行参考以 10 年期国债收益率为代表的债券市场利率和以 1 年期 LPR 为代表的贷款市场利率,合理调整存款利率水平。这是利率“两轨合一轨”的重要推进。

所谓“利率两轨”指的是存贷款基准利率和市场化无风险利率并存。存贷款基准利率仍是我国存贷款市场利率定价的锚。虽然目前存贷款利率浮动的上下限已经放开,但央行仍继续公布贷款基准利率,作为金融机构利率定价的参考。同时,我国市场化无风险利率发展良好,如 DR007、国债收益率等。

此次,存款利率参考 10 年期国债收益率水平调整,也是利率并轨的重要一步。随着 LPR 改革、存款利率改革的稳步推进,“两轨合一轨”日趋成熟。

15.2.6 结构性货币政策工具

上文讲的货币政策工具的作用对象是整个经济体系，强调总量控制，但总量货币政策难以解决地区发展不平衡、行业发展不均匀等问题，也难以定向支持中小微企业的发展。由此，中国人民银行在近些年开始逐步推出一系列结构性货币政策工具。

下文将梳理目前存量的结构性货币政策。

（1）再贷款

再贷款分为流动性再贷款、信贷政策支持再贷款、金融稳定再贷款、专项政策性再贷款四类。

目前以信贷支持再贷款存量为主，其他几项的再贷款余额非常小（见图15.6）。信贷支持再贷款主要包括支农再贷款、支小再贷款、扶贫再贷款。

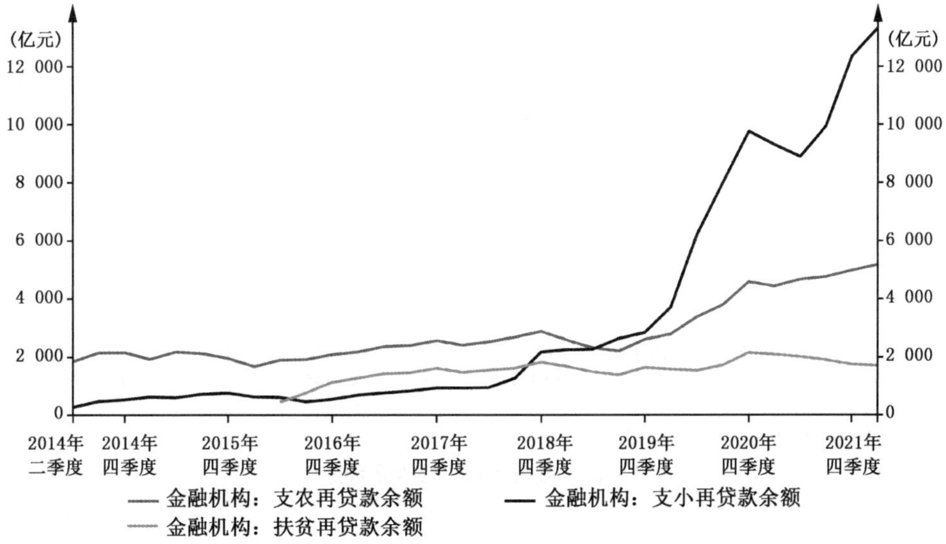

资料来源：Wind、湖南三湘银行。

图15.6 信贷支持再贷款余额

再贷款3个月、6个月和1年期利率分别为1.7%、1.9%和2%。

再贷款发放模式有两种：先借后贷和先贷后借。

“先借后贷”模式：金融机构先获得央行资金后发放符合要求的贷款，并在要求借用央行资金到账后1个月内完成发放，对超过2个月未用于发放贷款的资金及时收回。

“先贷后借”模式：金融机构先发放符合要求的贷款后再获得央行资金。“先贷后借”是目前的主流发放模式，因为央行能够控制发放对象、用途等，能够有效支持特定行业。

(2)再贴现

再贴现是中央银行对金融机构持有的未到期已贴现商业汇票予以贴现的行为。再贴现政策工具优先支持涉农票据、小微企业票据和民营企业票据，重点支持票面金额为500万元以下的票据。最长办理期限为180天，再贴现利率为2%。

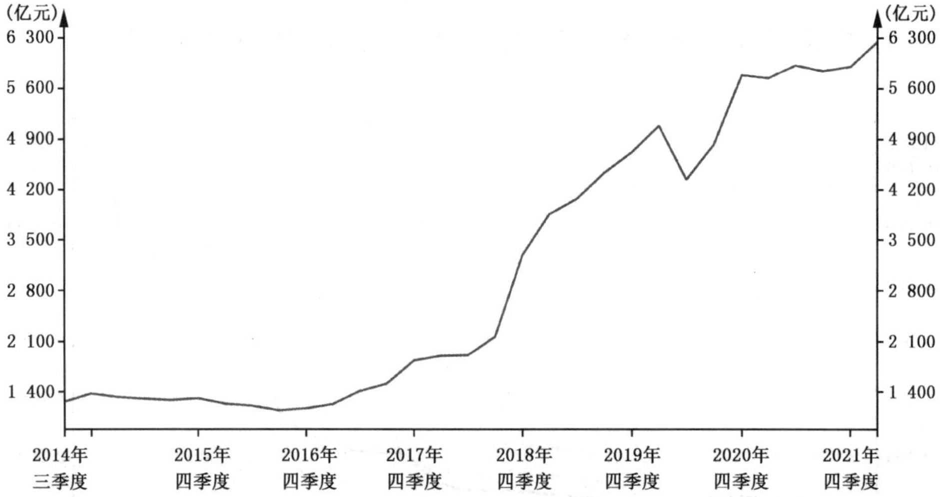

资料来源：Wind、湖南三湘银行。

图15.7　金融机构再贴现余额变化

(3)普惠小微企业贷款支持工具和信贷支持计划

2020年为应对疫情冲击，中国人民银行推出两项工具：普惠小微企业贷款延期支持工具和小微企业信用贷款支持计划。

在2020年年末到期前的小微企业贷款，可以向金融机构申请一次延期还本付息。只要小微企业承诺保持就业岗位基本稳定，金融机构即予延期，做到“应延尽延”。鼓励地方法人银行做到“应延尽延”，中国人民银行创设普惠小微企业贷款延期支持工具，提供400亿元资金。奖励地方法人银行延期还款本金的1%。

自2022年1月起，将普惠小微企业贷款延期支持工具转换为普惠小微贷款支持工具。金融机构与企业按市场化原则自主协商贷款还本付息。从2022年起到2023年6月底，中国人民银行按照地方法人银行普惠小微贷款余额增量的1%提供资金，按季操作，鼓励持续增加普惠小微贷款。

自此普惠小微贷款支持工具创设成功，成为一个持续性的结构性货币政策工具。

小微企业信用贷款支持计划：提供4 000亿元资金。对发放的信用贷款本金的40%提供优惠资金，期限1年。自2022年起，将普惠小微企业信用贷款支持计划并入支农支小再贷款管理。原来用于支持普惠小微信用贷款的4 000亿元再贷款额度可以滚动使用。

自此小微企业信用贷款支持计划纳入再贷款的结构性货币政策支持工具。

(4)碳减排支持工具

2021年11月8日，中国人民银行创设碳减排支持工具：采用“先贷后借”模式；碳减排支持工具为1年(可再展期2年)，中国人民银行按贷款本金的60%向金融机构提供资金支持，利率为1.75%；发放对象目前仅限于全国性金融机构，包括国有银行和股份制银行。

(5)科技创新专项再贷款

2022年4月28日，中国人民银行创设科技创新再贷款：额度为2 000亿元，利率为1.75%，期限1年，可展期两次，发放对象包括国家开发银行、政策性银行、国有商业银行、中国邮政储蓄银行、股份制商业银行等21家金融机构。科技创新再贷款采取“先贷后借”的直达机制，按季度发放，按照支持范围内且期限6个月及以上科技企业贷款本金的60%提供科技创新再贷款资金支持。

(6)普惠养老专项再贷款

2022年4月29日，中国人民银行创设普惠养老专项再贷款：普惠养老专项再贷款试点额度为400亿元，利率为1.75%，期限1年，可展期两次，按照金融机构发放符合要求的贷款本金等额提供资金支持。试点金融机构为国家开发银行、进出口银行、工商银行、农业银行、中国银行、建设银行、交通银行共 7 家全国性大型银行。试点地区为浙江、江苏、河南、河北、江西五个省份。普惠养老专项再贷款采取“先贷后借”的直达机制，按季发放。

下章将讲述央行双支柱体系的另一支柱“宏观审慎评估（Macro Prudential Assessment，MPA）体系”，以及各家金融机构为完成宏观审慎评估考核所做的努力。

第 16 章

宏观审慎评估

货币政策与宏观审慎评估构成了央行的双支柱调控框架。前文已经介绍了货币政策,本章将介绍另一个支柱——宏观审慎评估。

16.1 宏观审慎评估概况

宏观审慎评估是在 2008 年金融危机以来快速发展的评估体系。金融危机被普遍认为是各家金融机构在时间维度上顺周期积累,横向维度上金融机构之间的相关性与同质性而产生的共同风险敞口所导致的。

宏观审慎与微观审慎是对应的。微观审慎一般指银保监会的骆驼(CAMELS)评级,主要包括资本充足率、资产质量、管理质量、盈利能力、流动性水平和市场风险暴露程度等方面,但 CAMELS 评级体系容易被宏观经济周期所影响,例如资本充足率的要求,在经济上行阶段,资产价格上涨,企业盈利水平较高,银行的信用风险小,使得银行的资本充足率膨胀,助推了银行的信用扩张,并让经济周期迅速过热,最终迎来周期顶点和下滑。我们可以发现微观审慎评估有很强的助推经济周期的作用。急需一个自下而上的宏观监管指标,MPA 便应运而生。

MPA 有两个关键原则贯彻其各个指标的设计:一是逆金融周期性;二是宏观性。

2021年12月31日，央行发布了《宏观审慎政策指引（试行）》，标志着我国宏观审慎评估正式确立。

目前MPA主要考核指标见表16.1，也是本章后半段重点介绍的内容。

表16.1　　MPA主要考核指标

类别	指标名称	分值
资本和杠杆情况	资本充足率	80
	杠杆率	20
	总损失吸收率	—
资产负债情况	广义信贷增速	10
	信贷节奏	40
	同业负债占比	25
	落实资管新规	15
流动性	流动性覆盖率	40
	净稳定资金比例	40
	遵守准备金制度情况	20
定价行为	利率定价	100
资产质量	不良贷款率	25
	拨备覆盖率	25
	重大事件异常情况	50
跨境融资风险	跨境融资风险加权余额	60
	跨境融资币种结构	20
	跨境融资期限结构	20
信贷政策执行	信贷政策评估结果	40
	信贷政策执行情况	30
	央行资金运用情况	30

参与考核的金融机构的考核结果将会被分为A、B、C三档，央行分别对三档机构执行最优档激励、正常档激励和适当约束措施。其中，A档机构的七大方面指标均为优秀（90分以上）；C档机构的“资本和杠杆情况”“定价行为”两项中任有一类不达标（60分以下），或者其他五个项目中任有两类不达标；而B档机构则为除A、C两档外的其他机构。

央行根据评估结果分别对A、B、C三档机构存放在央行的法定存款金实施差异化的准备金利率。金融机构获得MLF、定向降准、支小/支农再贷款以及扶贫再贷款等货币政策支持时也需要满足特定的MPA监管要求；同时，MPA考核结果还与存款保险费率密切相关。

一般而言,MPA 考核结果是金融债发行审核的参考依据之一,并且 A 档金融机构还可能会有金融创新产品先行先试的机会。此外,央行还可能根据 MPA 考核情况,对金融机构的一级交易商、债券做市以及债券承销等资格实行限制性措施。

MAP 考核指标对于不同规模的银行的要求不一样,划分为以下等级:(1)全国性系统重要性机构(N-SIFIs);(2)区域性系统重要性机构(R-SIFIs);(3)普通机构(CIFIs)。

16.2 资本和杠杆情况

资本和杠杆情况如果不达标,直接被列为 MPA 考核的 C 档,无论其他指标情况,一项否决,可见该指标的重要性。

16.2.1 资本充足率

资本充足率是整个 MPA 考核中最重要的指标,也是最能体现 MPA 考核逆金融周期的指标。其计分标准如下:

银行的实际资本充足率不低于宏观审慎资本充足率,该项满分即 80 分;银行实际的资本充足率不低于"宏观审慎资本充足率-4%",该项得 40~80 分;否则得 0 分。

宏观审慎资本充足率=结构性参数×(最低资本充足率 8%+储备资本 2.5%+系统重要性附加资本+逆周期缓冲资本)

结构性参数主要参考金融机构经营情况和信贷政策执行情况,一般为 1。根据以下两方面情况进行惩罚性上调:一是经营稳健性状况。考核季度内内控管理、支付系统出现重大问题,发生案件及负面舆情等情况上调 0.05。二是信贷政策执行。考核季度内月均转贴现余额占比或新增占比超过法人机构平均水平上调 0.05。

宏观审慎资本充足率最重要的是逆周期缓冲资本,能够体现 MPA 的逆周期性。

逆周期缓冲资本＝max{β×[机构 i 广义信贷增速－(目标 GDP 增速＋目标 CPI)],0}

逆周期缓冲资本是个 max 函数，意味着最高为 0，不可能为负数，从而降低宏观审慎资本充足率。

β＝系统重要性参数×宏观经济热度参数

系统重要性参数根据不同隐含系统重要性差异调整，在 0.5～1 之间；宏观经济热度参数根据广义信贷与 GDP 偏离程度调整。

例如，A 银行实际资本充足率为 11％，当年的 GDP 目标为 5.5％，CPI 目标为 2％，A 银行的广义信贷增速为 12％，β＝1，结构性参数＝1。

逆周期缓冲资本＝max{1×(13％－5.5－2％)，0}＝5.5％

宏观审慎资本充足率＝1×(8％＋2.5％＋5.5％)＝16％

A 银行的实际资本充足率比宏观审慎资产充足率还低 5％，该项得 0 分，由于资本充足率项占资本和杠杆情况 80％，因此资本和杠杆情况肯定低于 60 分，由于该项的一票否决，A 银行的 MPA 考核直接为 C 档。从上例中可以看出宏观审慎资本充足率的重要性。

A 银行想要改善指标怎么做呢？从上述公式可以看到，只有广义信贷增速一项可以发挥主观能动性。

广义信贷将在后文的资产负债情况章节详细介绍。

16.2.2 杠杆率

杠杆率与银行报送的 1104 报表中的杠杆率数据一致，直接取数即可，杠杆率大于 4％，该项目得满分，小于 4％，该项目得 0 分。

通常该项目均得满分。

16.3 资产负债情况

16.3.1 广义信贷增速

广义信贷＝各项贷款＋债券投资＋股权及其他投资＋买入返售＋应收款项类投资＋存放非存款类金融机构款项＋(表外理财－扣除现金和存款后)

对于N-SIFIs,广义信贷增速与M2增速偏离不大于20%,得10分,反之得0分;

对于R-SIFIs,广义信贷增速与M2增速偏离不大于22%,得10分,反之得0分;

对于CIFIs,广义信贷增速与M2增速偏离不大于25%,得10分,反之得0分。

如果一个银行的广义信贷增速在季末超标,最方便压缩的是买入返售金融资产和存放非存款类金融机构款项两项,这也间接导致银行间资金在跨季的时候紧张。尤其是非银行机构。

在2022年上半年,虽然监管层对各家银行指导大力放贷,但实体经济贷款需求不振,各家银行为了完成信贷任务,反而要加大对非银行机构的拆借来增加广义信贷规模。

所以说,买入返售资产和非存款类金融机构款项是商业银行调节信贷指标的重要选项,我们也可以通过观察商业银行的行为整体判断信贷投放情况。

16.3.2 信贷节奏

信贷节奏目的是要求银行在各季度保持信贷投放的平稳,由于银行存在年初"开门红"诉求,因此年初一般都是信贷投放集中段,但是可能与实体经济的融资需求出现错位,因为MPA信贷节奏考核要求银行各月的信贷投放规模不应大幅偏离往年平均水平。

信贷进度=实际新增贷款投放/预计全年贷款投放

信贷节奏与近五年平均进度的偏离不超过10个百分点,得满分40分,多偏离0.1个百分点扣除2分。

16.3.3 同业负债

2019年央行将同业存单纳入同业负债统计,目前同业负债的统计口径包括同业拆入、同业存放、同业借款、卖出回购、同业存单。

对于N-SIFIs,同业负债在总负债占比不超过25%,得35分,不超过33%,得15~35分,否则得0分;

对于 R-SIFIs，同业负债在总负债占比不超过 28%，得 35 分，不超过 33%，得 15～35 分，否则得 0 分；

对于 CIFIs，同业负债在总负债占比不超过 30%，得 35 分，不超过 33%，得 15～35 分，否则得 0 分。

这也是同业负债不得超过总负债三分之一的由来。

16.3.4 落实资管新规

2021 年，央行为了督促各家机构抓紧推进资管新规，将该项纳入 MPA 考核，但并没有明确的评分标准。

16.4 流动性

16.4.1 优质流动性资产充足率

优质流动性资产充足率(LCR)旨在确保商业银行保持充足的、无变现障碍的优质流动性资产，在压力情况下，银行可通过变现这些资产来满足未来 30 天内的流动性需求。

LCR＝优质流动性资产/(30 天内可能现金流入－可能现金流出)

最低监管要求指标为不低于 100%。

优质流动性资产包括：

(1)一级资产，包括现金、超额准备金、国债、央票和政策性金融债。无论剩余期限长短，均按 100%计入优质流动性资产。

(2)二级资产，包括信用评级在 AA－级以上的信用债和地方政府债。无论剩余期限长短，都按 85%计入优质流动性资产。

这里有个问题值得注意，优质流动性资产没有包括普通金融债和同业存单，这两类的流动性也很好。为什么？

金融债和同业存单都是在狭义的金融市场运转，在没有发生整体流动性危机的时候，这些交易都正常，流动性比较好。一旦发生整个金融系统的流动性危机，作为银行背书的信用产品如金融债和同业存单，抛售压力较大，信用受到威胁，甚至直接失去流动性，所以在优质流动性资产中没有列入金融债和同业存单。

LCR 不低于 100%，MPA 考核得满分 40 分，否则得 0 分。

16.4.2 净稳定资金比例

净稳定资金比例（NSFR）：可用的稳定资金与所需的稳定资金之比，是衡量商业银行是否具有充足稳定资金来源的指标。

净稳定资金比例＝可用的稳定资金（负债方）/所需的稳定资金（资产方）

从这个公式就可以看出，净稳定资金比例鼓励长期负债和短期资产。

净稳定资金比例要求不低于 100%，但是很多银行净稳定资金比例都很接近 100%，是商业银行在流动监管指标中要努力完成的一个指标。

净稳定资金比例计算比较复杂，这里挑几个比较重要的项目阐述一下：

从资金来源端（负债）也就是分子端来看，同业负债在 6 个月内到期，按照 0% 计算，也就是说不计入分子；在 6 个月以上到 1 年内按照 50%计入分子。也就是说，银行发行 6 个月以内的同业存单，对净稳定资金比例没有改善作用，只有发行超过 6 个月才有改善。

从资金来源端（负债）也就是分子端来看，向中央银行借款在 6 个月以内，也是按照 0%计算，中央银行借款在 6 个月以上到 1 年内按照 50%计入分析。从中央银行借入的 MLF，在 6 个月内，对指标是没有改善作用的。

净稳定资金比例不低于 100%，MPA 考核得满分 40 分，否则得 0 分。

16.4.3 遵守准备金情况

根据存款准备金“三档两优”框架，考核金融机构对准备金遵守情况，满分 20 分。

16.5 定价行为

该项与资本和杠杆情况一样，是 MPA 中的一票否决项，不达标直接列为 C 档。其中，贷款利率和存款利率各占 50 分。

存款利率主要考察金融机构吸收人民币存款利率价格与所有机构均值之间的

偏离程度；且要执行存款利率自律管理要求。

贷款主要是LPR定价行为，设立了“新发放贷款中参考LPR定价占比”“贷款利率竞争行为”“存量企业贷款定价基准转换进度”。

16.6 资产质量

16.6.1 不良率

对于N-SIFIs，不高于同类型机构不良率，得满分25分；高于5%之内，得15～25分，大于5%，得0分；

对于R-SIFIs和CIFIs，不高于全省同类机构不良率，得满分25分；高于2%之内，得15～25分，大于2%，得0分。

16.6.2 拨备覆盖率

拨备覆盖率不低于150%，得满分25分；介于100%～150%，得15～25分；低于100%，得0分。

16.7 跨境融资风险

本项目对于债券交易影响较小，不做赘述。

16.8 信贷政策执行情况

该项目包括再贷款、信贷投放、降准资金运用等多项指标，且经常有变化，面临窗口指导，不做过多赘述。

我们已经介绍了央行双支柱框架，理解双支柱框架是理解央行的核心。下章我们将介绍一些对利率债市场影响较大的重要会议，目前包括货币政策、金融监管政策在内的宏观经济管理政策仍然是影响债券市场走势的重要因素，因此，对投资者而言，高效获得并快速分析政策信息是投资获利的关键。

第 17 章

重要的会议

货币政策与财政政策，甚至某些重要产业（如房地产行业）政策的调整通常会打破债券供给与需求力量的平衡，导致债券价格的波动，因此，关注政策的变动或变动趋势是投资者的必修课。本章将从债券交易的实战出发，介绍一些需要密切关注的重大会议。由于国内的债券市场是一个由政策主导的市场，其取向对于债券交易至关重要。

17.1　国常会

中华人民共和国国务院常务会议简称“国常会”，是国务院现行的法定会议之一，召开时间一般为每周三。参会人员主要包括总理、副总理、国务委员和秘书长。最快获取国常会信息的渠道是当晚的新闻联播。

例如，2021 年 7 月 7 日，星期三，召开了国常会。会议决定，针对大宗商品价格上涨对企业生产经营的影响，要在坚持不搞大水漫灌的基础上，保持货币政策稳定性、增强有效性，适时运用降准等货币政策工具，进一步加强金融对实体经济特别是中小微企业的支持，促进综合融资成本稳中有降。同时推动绿色低碳发展，设立支持碳减排货币政策工具，以稳步有序、精准直达方式，支持清洁能源、节能环保、碳减排技术的发展，并撬动更多社会资金促进碳减排。在试点基础上，于今年 7 月择时启动发电行业全国碳排放权交易市场上线交易。下一步还将稳步扩大行业覆盖范围，以市场机制控制和减少温室气体排放。

在7月7日的新闻联播上，国常会决定适时运用降准等货币政策工具，当晚夜盘活跃券下行超过5bp，7月9日央行正式降准。

如果对国常会召开的时间比较熟悉，空头应该在周三前平空出来，周三通常是多头借助政策预期发力的时间点。

例如，2022年4月13日，星期三，召开了国常会。会议决定，针对当前形势变化，鼓励拨备水平较高的大型银行有序降低拨备率，适时运用降准等货币政策工具，进一步加大金融对实体经济特别是受疫情严重影响行业和中小微企业、个体工商户支持力度，向实体经济合理让利，降低综合融资成本。

2022年4月25日，央行正式降准。

同时，国常会还是重要的财政政策的发布窗口，如2022年5月31日，为应对上海、北京疫情冲击，当天国常会公布了6个方面33项刺激措施，成为后续各地政府的重点执行政策。

国常会是我们观察政策变化的最高频会议，且指导意义较强，周三成为债券交易的关键时间点。在货币宽松期，周三少做空，是我们血与泪的教训。

17.2 政治局会议

中国共产党中央政治局会议简称“政治局会议”，一般定期在月末召开。政治局会议的主题在每月并不固定，但4月、7月、10月和12月一般会对经济形势做出分析，我们在债券交易中也需要特别关注这几个月份的会议。

例如，2022年4月29日，中共中央政治局召开会议，分析研究当前经济形势和经济工作，审议《国家“十四五”期间人才发展规划》。

2022年7月30日下午4:30政治局会议发布新闻通稿，但是在7月30日上午及下午4:00前，10年期国债收益率下行5bp，走出了对当天的政治局会议出明显利好的期待，但当天会议通稿相比于4月的政策表述无明细增量信息，收益率立即急速上行(见图17.1)。

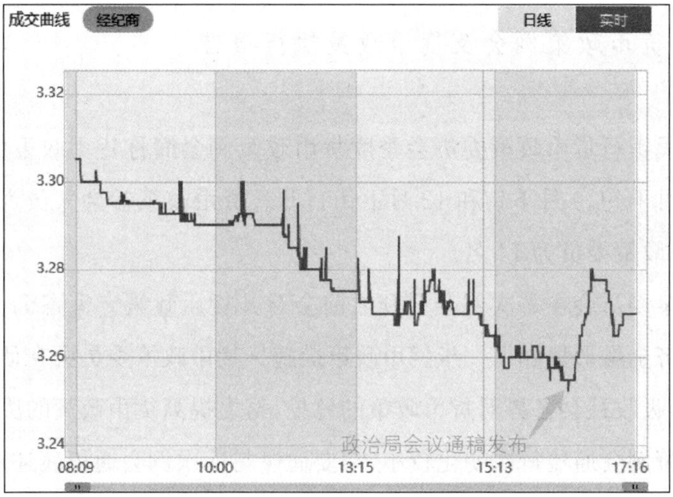

资料来源：qeubee。

图 17.1 2022 年 7 月 30 日收益率走势

17.3 中央经济工作会议

中央经济工作会议是每年最高级别的经济工作会议，一般在 12 月中旬左右召开，会议时间 3 天。参会人员包括：中央政治局委员，国务委员，各省（自治区、直辖市）和计划单列市党政机关主要领导，中央和国家机关有关部门，中央管理的部分金融机构和企业。参会人员广泛，政策传达较快。

例如，2021 年 12 月 8 日至 10 日召开的中央经济工作会议，明确指出面临着需求收缩、供给冲击、预期转弱三重压力，对经济把握和定位极其精准。2022 年的经济工作也是围绕这三重压力展开。本次中央经济工作会议未提及“社融和经济匹配”“保持宏观杠杆率”，为 2022 年货币政策宽松打开了空间。此后，央行在 2022 年 1 月宣布降息、4 月宣布降准，这些都体现了中央经济工作会议定调的指导意义。

17.4　货币政策例会及货币政策执行报告

中国人民银行货币政策委员会季度货币政策例会简称货币政策例会，分别在3月下旬、6月下旬、9月下旬和12月下旬召开。货币政策参会人员为货币政策委员，目前货币政策委员为14名。

货币政策委员会在每次例会召开之前会召开货币政策专家咨询会，重点研究国际国内经济金融形势和下一步货币政策措施。货币政策委员会在研究货币政策决策时，注重吸收社会各界对货币政策的意见，努力提高货币政策的决策水平。

货币政策例会通稿每次变化较小，需要通过与前次例会通稿表述对比感受（见图17.2）。同时，货币政策例会是后续发布的货币政策执行报告的重要指引，货币政策执行报告主要是对货币政策例会的扩展与落实。

货币政策执行报告是由中国人民银行货币政策分析小组撰写的，分别在5月上旬、8月上旬、11月上旬和2月上旬公布。分为五部分：货币信贷概况、货币政策操作、金融市场运行、宏观经济分析和货币政策趋势。其中重点关注"下一阶段主要政策思路"。

同时，货币政策报告有4～5篇专栏，回应近期市场关注的热点，篇幅短小精悍，可读性强，质量很高，是理解货币政策、学习宏观经济不可多得的基础材料。很多专栏值得反复阅读。

笔者在这里就货币政策执行报告中的专栏做一些推荐：

（1）《正确认识稳健的货币政策》：2010年第四季度货币政策执行报告专栏4。

（2）《如何看待近期货币增速变化》：2014年第三季度货币政策执行报告专栏1。

（3）《中央银行沟通与预期管理》：2015年第一季度货币政策执行报告专栏4。

（4）《公开市场操作与流动性管理》：2015年第二季度货币政策执行报告专栏1。

（5）《关于货币政策传导的几个问题》：2015年第二季度货币政策执行报告专栏4。

会议分析了国内外经济金融形势。会议认为，今年以来~~坚持~~我国统筹推进疫情防控和经济社会发展~~，经济运行持续~~工作，有力实施宏观政策，国民经济总体延续稳定恢复态势。稳健的货币政策保持连续性、稳定性、可持续性，科学管理市场预期~~管理科学有效，保持对经济恢复的必要支持力度，金融风险有效防控，金融~~，大力服务实体经济~~的质量和效率逐步提升~~，有效防控金融风险。贷款市场报价利率改革红利持续释放，货币政策传导效率增强，贷款利率稳中有降，人民币汇率~~总体稳定~~预期平稳，双向浮动弹性增强，发挥了宏观经济稳定器功能。

会议指出，~~国内~~当前我国经济~~发展动力不断增强，积极因素明显增多~~运行稳中加固、稳中向好，但~~经济恢复进程仍不平衡，境外疫情和世界经济趋于好转但形势~~国内外环境依然复杂严峻~~，~~。要加强国内外经济形势的研判分析，加强国际宏观经济政策协调，防范外部冲击，集中精力办好自己的事，搞好跨周期政策设计，支持经济高质量发展。稳健的货币政策要灵活精准、合理适度，把握好政策时度效，保持流动性合理充裕，保持货币供应量和社会融资规模增速同名义经济增速基本匹配，保持宏观杠杆率基本稳定~~。~~，维护经济大局总体平稳，增强经济发展韧性。进一步发挥好再贷款、再贴现和直达实体经济货币政策工具等措施的牵引带动作用，~~延续~~落实好普惠小微企业贷款延期还本付息政策和信用贷款支持计划延期工作，综合施策支持区域协调发展，加大~~再贷款再贴现~~力度支持普惠金融~~力度~~，引导金融机构加大对科技创新、小微企业和绿色发展等领域的支持。深化金融供给侧结构性改革，引导大银行服务重心下沉，推动中小银行聚焦主责主业，增强金融市场的活力和韧性，健全具有高度适应性、竞争力、普惠性的现代金融体系。健全市场化利率形成和传导机制，完善央行政策利率体系，~~继续释放改革促进降低贷款利率的潜力，~~优化存款利率监管，调整存款利率自律上限确定方式，继续释放贷款市场报价利率改革潜力，推动实际贷款利率进一步降低。深化汇率市场化改革，增强人民币汇率弹性，引导企业和金融机构坚持“风险中性”理念，加强预期管理，促进内外平衡，保持人民币汇率在合理均衡水平上的基本稳定。构建金融有效支持实体经济的体制机制，完善金融支持创新体系，~~围绕创新链和产业链打造资金链，形成金融、科技和产业良性循环和三角互动，~~引导金融机构增加制造业中长期贷款，努力做到金融对民营企业的支持与民营企业对经济社会发展的贡献相适应，研究设立碳减排支持~~区域协调发展~~工具，以促进实现碳达峰、碳中和为目标完善绿色金融体系。推进金融高水平双向开放，提高开放条件下经济金融管理能力和防控风险能力。

会议强调，要以习近平新时代中国特色社会主义思想为指导，认真贯彻落实党的十九届五中全会、中央经济工作会议和《政府工作报告》精神，按照党中央、国务院的决策部署，坚持稳中求进工作总基调，稳字当头，立足新发展阶段，贯彻新发展理念，构建新发展格局，以推动高质量发展为主题，以深化供给侧结构性改革为主线，坚持扩大内需战略，巩固拓展疫情防控和经济社会发展成果，扎实做好“六稳”工作，全面落实“六保”任务，灵活精准实施货币政策，处理好恢复经济与防范风险的关系，~~努力~~保持经济运行在合理区间，~~以高质量发展为“十四五”开好局~~推动经济在恢复中达到更高水平均衡，以优异成绩庆祝中国共产党成立100周年。

资料来源：中国人民银行官网，湖南三湘银行整理。

图 17.2　货币政策例会通稿要注重表述的变化

(6)《资产负债表与宏观经济分析》:2016 年第二季度货币政策执行报告专栏 4。

(7)《经济运行、货币政策与结构调整》:2016 年第三季度货币政策执行报告专栏 3。

(8)《如何理解所谓央行“缩表”》:2017 年第一季度货币政策执行报告专栏 1。

(9)《如何看待超额存款准备金率变化》:2017 年第二季度货币政策执行报告专栏 1。

(10)《M2 增速变化及其与实体经济的关系》:2017 年第四季度货币政策执行报告专栏 1。

(11)《基础货币与银行体系流动性》:2018 年第二季度货币政策执行报告专栏 1。

(12)《超额准备金率与货币政策传导》:2018 年第三季度货币政策执行报告专栏 1。

(13)《货币发行机制》:2018 年第四季度货币政策执行报告专栏 1。

(14)《如何理解稳健的货币政策》:2018 年第四季度货币政策执行报告专栏 5。

(15)《正确看待央行资产负债表变化》:2019 年第三季度货币政策执行报告专栏 1。

17.5 季度金融数据发布会

金融数据每月公布,但只有季度金融数据才会召开发布会。

一季度金融数据发布会:4 月 10—15 日,中国人民银行自行举办,参会人员包括调查统计司司长、货币政策司司长、金融市场司司长。

半年金融数据发布会:7 月 10—15 日,国务院新闻办公室举办,参会人员包括调查统计司司长、货币政策司司长、金融市场司司长。

三季度金融数据发布会:10 月 10—15 日,中国人民银行自行举办,参会人员包括调查统计司司长、货币政策司司长、金融市场司司长。

全年金融数据发布会:1 月 10—15 日,国务院新闻办公室举办,参会人员包括中国人民银行副行长、调查统计司司长、货币政策司司长、金融市场司司长。

金融数据发布会主要关注货币政策司司长的答记者问，观察货币政策取向。

例如，2021 年 10 月 15 日举办的三季度金融统计数据发布会，《中国经营报》有记者提问：我注意到昨天出的 9 月份的 CPI、PPI 的数据，显示 CPI、PPI 的剪刀差达到了 10 个百分点，再上历史新高引起了市场的关注。同时我也注意到 PPI 内部的生产资料、生活资料同比也增高，这些对中小企业造成生产成本的压力，市场预期四季度央行可能会再次降准支持中小企业的发展。我想问一下怎么看待这个现象？四季度还存在降准的空间吗？

货币政策司司长回复：关于大宗商品价格上涨 PPI 上行，刚才我已经介绍过了，我们认为 PPI 可能在近期维持高位，但是考虑到我国是全球主要生产国，经济自给能力较强，企业大部分能源品供应有长期协议保障，国际大宗商品价格上涨和各国通货膨胀上行的输入性影响可控，所以 PPI 维持高位还是阶段性的。随着全球供给恢复、运输效率提升和高基数效应显现，PPI 有望于今年年底至明年趋于回落。CPI 刚才也讲到，我们预计 CPI 有所上行，但会继续处在年初的预期目标区间之内。当然这个过程当中对下游的中小微企业会造成一些影响，我们也可以看到各部门采取了很多措施支持中小微企业应对挑战。从中国人民银行角度来说，我们也出台了很多措施，包括前期出台的新增 3 000 亿元支小再贷款额度，也包括 7 月初的降准，都是对中小微企业加大金融支持力度。从流动性角度来说，中国人民银行要保持流动性合理充裕，从整个四季度来看，流动性供求的形势应当说是基本平衡的，中国人民银行将综合运用多种货币政策工具，保持流动性合理充裕，保持货币市场利率平稳运行。

尤其该回复的最后表明，第四季度流动性供求基本平衡，打破了市场对于年内再一次降准的预期，10 年期国债收益率迅速上行 3bp。

17.6 陆家嘴论坛

陆家嘴论坛由上海市人民政府、中国人民银行、中国银行保险监督管理委员会、中国证券监督管理委员会共同主办，自 2008 年开始，每年举办一届。

重点关注主要监管领导的讲话，陆家嘴论坛更加侧重监管层中期政策的探讨和理念的传达。

以2020年陆家嘴论坛为例。易纲行长发言，“展望下半年，货币政策还将保持流动性合理充裕，预计带动全年人民币贷款新增近20万亿元，社会融资规模增量将超过30万亿元”。这意味着年内新增信贷仍将接近10万亿元，考虑到年初项目储备充足，存量信贷项目挖掘较为充分，年内再新增近10万亿元信贷仍是不小的量，这意味着宽信用仍是货币政策的方向，整体不利于债市。

易纲行长发言，“我们认为，疫情应对期间的金融支持政策具有阶段性，要注重政策设计激励相容，防范道德风险，要关注政策的‘后遗症’，总量要适度，并提前考虑工具的适时退出”。“后遗症”“提前考虑政策工具的适时退出”等措辞引爆市场，加重了市场对于疫情防控期间货币政策的快速退出的担忧，引发利率急速上行，也是12月中央经济工作会议提出“不急转弯”的导火索。

本篇主要介绍了央行的双支柱体系及目前影响债券市场较大的一些政策会议。下一篇将进入宏观经济数据的介绍，宏观分析是传统框架的分析核心，是基础。

参考资料

[1]中国人民银行:《2020年第一季度货币政策执行报告》。

[2]中国人民银行:《利率走廊、利率稳定性和调控成本》。

[3]中国政府网:《李克强主持召开国务院常务会议 部署进一步推动医保服务高效便民等》。

[4]中国政府网:《李克强主持召开国务院常务会议 部署促进消费的政策举措 助力稳定经济基本盘和保障改善民生 决定进一步加大出口退税等政策支持力度 促进外贸平稳发展 确定加大金融支持实体经济的措施 引导降低市场主体融资成本》。

[5]中国人民银行:《人民银行举行2021年第三季度金融统计数据新闻发布会》。

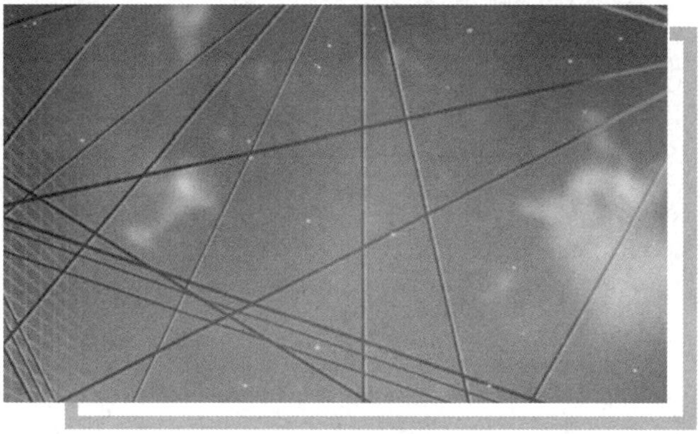

宏观篇

宏观分析是债券交易的基础技能和重要工具。本篇主要介绍宏观分析框架和常用的宏观数据，侧重易学性和实用性。

第 18 章

从 GDP 出发对经济数据分类

18.1 GDP 三种核算方法

GDP 是所有经济数据中最重要的，对于追求时效性的利率交易来说，按季公布的 GDP 数据，频率太低。但是 GDP 的核算思想和核算方法能够为繁杂的经济数据提供一个分类思路，更好地理解经济运行的规律。

我们通过一个例子来理解 GDP 的核算方法：

大牛工厂是一家机械设备制造商，2020 年生产的产品价值为 100 万元（机械设备 98 万元，小锤子 2 万元），其中向大钢工厂采购原材料 40 万元；48 万元机械设备被其他企业买去形成了投资，小锤子 2 万元由居民购买形成了消费，50 万元机械设备用于出口。大牛工厂形成收入 100 万元，去掉 40 万元原材料，大牛工厂的员工工资为 20 万元，那么大牛工厂净利润为 40 万元。大钢工厂的收入为 40 万元，员工工资为 10 万元，那么大钢工厂的净利润为 30 万元。

从生产法角度：最终产品为 100 万元，GDP 为 100 万元。从生产法的增加值角度看，大牛工厂的增加值为 60 万元（100－40），大钢工厂的增加值为 40 万元（40－0），合计的增加值＝GDP＝100 万元。

从支出法角度：产品最终去向为消费 2 万元＋投资 48 万元＋出口 50 万元＝

100 万元。

从收入法角度：居民收入＋企业收入＝(20＋10)＋(40＋30)＝100(万元)。

从生产、支出和收入三个角度，核算的 GDP 均相等。三种方法是在说经济核算过程的不同侧面。

生产法：一国最终的产出成果等于各生产环节的增加值加总。各个生产环节的增加值＝总产出－中间投入。

收入法：一国最终的产出成果等于各类已投入生产要素应获得的回报。比如劳动力要素得到工资回报，资本得到利息回报。

支出法(经济需求情况)：一国最终的产出成果，等于最终使用。最终产品被使用的方式主要有三种，即最终消费、资本形成总额和净出口。

18.2　经济数据的分类

宏观经济研究的三个核心是收入、物价水平和失业率。其中收入总量的表现形式为 GDP，物价水平表现形式为通货膨胀。

本篇我们将介绍大约 10 种经济数据，通过 GDP 和通货膨胀等多重维度进行了划分，图 18.1 是本篇将要讲解的经济数据的分类。

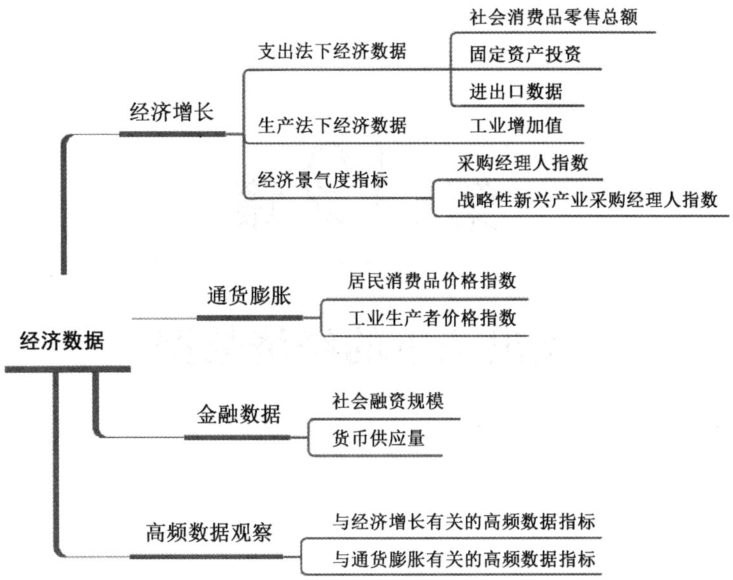

资料来源:湖南三湘银行整理。

图 18.1 经济数据的分类

第 19 章

支出法下的经济数据

19.1 社会消费品零售总额

19.1.1 消费分析概况

消费是所有商品的最终落脚点，消费、净出口、投资是经济的三大需求因素，生产出来的产品要么被消费，要么被海外消费，要么用于投资，投资的目的也是未来拥有更多的消费。从这个角度说，消费是所有生产和投资活动的终点，因此消费无疑是宏观经济分析中最重要的一环。

从消费类型划分，消费可以分为商品消费和服务消费。由于新冠疫情的影响，2020 年及以后的服务消费(尤其是接触服务)从数据上看呈现较大的不稳定性。

从消费主体角度划分，消费可以分为私人消费和公共消费。

重要的消费数据有三个，分别是社会消费品零售总额、GDP:最终消费支出以及人均居民消费支出。社会消费品零售总额是月度数据，GDP:最终消费支出是年度数据，人均居民消费支出是季度数据。其中，社会消费品零售总额是我们在消费数据分析中最常用的一个数据。

19.1.2　社会消费品零售总额数据概况

社会消费品零售总额(以下简称“社零”)统计的是企业(单位)通过交易直接售给个人、社会集团非生产、非经营用的实物商品金额,以及提供餐饮服务所取得的收入金额。该指标所涉及的商品包括售给个人用于生活消费的商品,也包括售给社会集团用于非生产、非经营的商品。其中,个人包括城乡居民和入境人员,社会集团包括机关、社会团体、部队等。

社零作为经济数据在每月14—15日公布。

根据统计局的定义:

第一,社零是从卖方视角统计的,只统计了企业卖出了多少,不统计消费者买入多少。

第二,统计的是实物商品和餐饮服务,服务中仅仅统计了餐饮服务,餐饮服务属于一种特殊的商品销售形式。

第三,纳入社会消费品零售总额统计的商品,不包括企业和个体经营户用于生产经营和固定资产投资所使用的原材料、燃料和其他消耗品的价值量,也不包括居民用于购买商品房的支出和农民用于购买农业生产资料的支出费用。

19.1.3　社会消费品零售总额总量分析

社零数据存在明显季节性,由于国人的消费习惯,以及重大节日和商家促销(如春节、双十一等)的影响,一般社零数据全年的峰值出现在四季度,其次是三季度、一季度和二季度(见图19.1)。所以,我们在分析社零数据时,为消除数据的季节性影响,主要关注社零的同比数据。注意,为了消除春节的影响,社零和其他经济数据都是1月和2月合并公布。

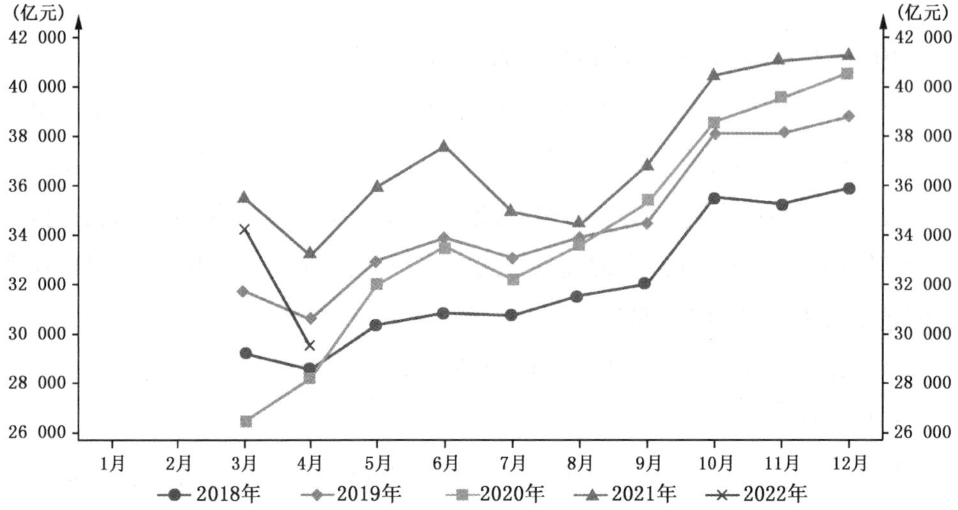

资料来源：Wind、湖南三湘银行。

图 19.1　社零数据存在明显季节性

19.1.4　社会消费品零售总额分项分析

(1)消费类型

社零分为餐饮消费和商品零售两个大类，餐饮消费占比为 10%，商品零售占比为 90%。

2020 年前，餐饮消费和商品零售一般变动一致，但是疫情过后，对服务行业尤其是餐饮业打击严重，餐饮消费呈现更大波动性(见图 19.2)。

(2)消费主体

按照消费主体分为限额以上和限额以下，注意只有限额以上公布了明细数据。在商品零售中，限额以上占比约为 40%；在餐饮服务中，限额以上占比约为 25%。

在疫情前，限额以上的同比增速一直是慢于限额以下的，但是疫情后发生了反转，限额以上增速快于限额以下(见图 19.3)。

(3)可选消费、必选消费

按照对收入的敏感性不同，可以将消费划分为可选消费和必选消费两大类(见表 19.1)。可选消费对收入更为敏感，在个人收入增加的时候，对其消费会大幅提高，而必选消费较为刚性。

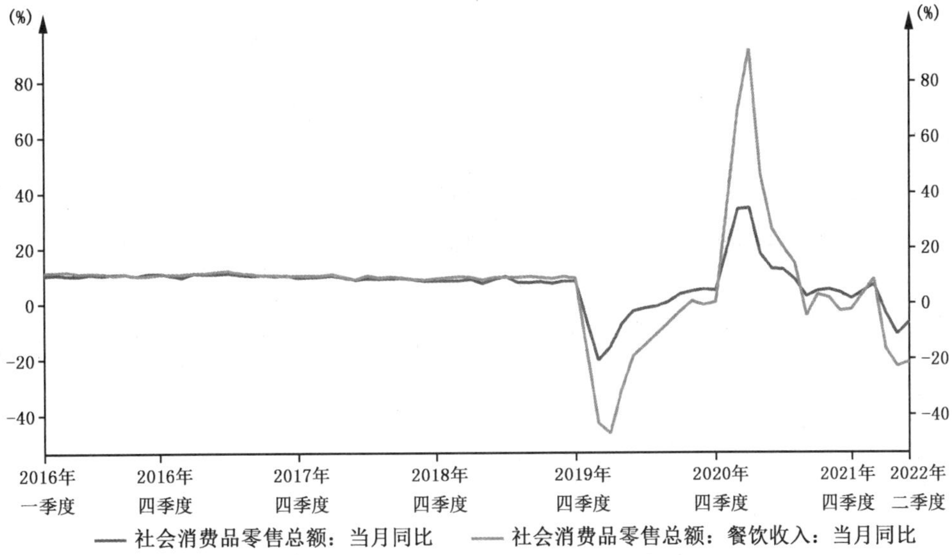

资料开源：Wind、湖南三湘银行。

图 19.2　餐饮和商品零售同比变动

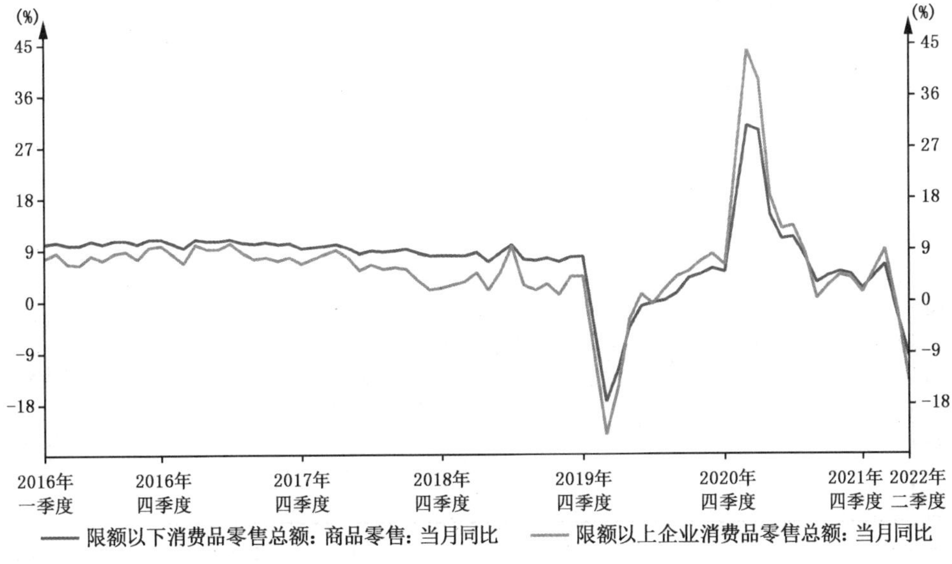

资料开源：Wind、湖南三湘银行。

图 19.3　限额以上增速与限额以下增速对比

表 19.1　　　　　　　　　　可选消费与必选消费

可选消费		必选消费	
项目	占比	项目	占比
汽车类	28.4%	粮油食品类	15%
石油及其制品类	14.5%	饮料类	
家用电器和音箱器材类	6.6%	烟酒类	
化妆品类	2.06%	服装鞋帽、针纺织品类	9.80%
家具类	1.4%	日用品类	4.40%
金银珠宝类	1.9%	中西医药品类	4.30%
建筑及装潢材料类	1.50%		
文化办公用品类	2.30%		
通信器材类	3.50%		

(4)汽车类消费

在所有消费商品中,汽车消费具有单价高、占比高、波动大的特点,是影响社零的重要分项数据(见图 19.4)。

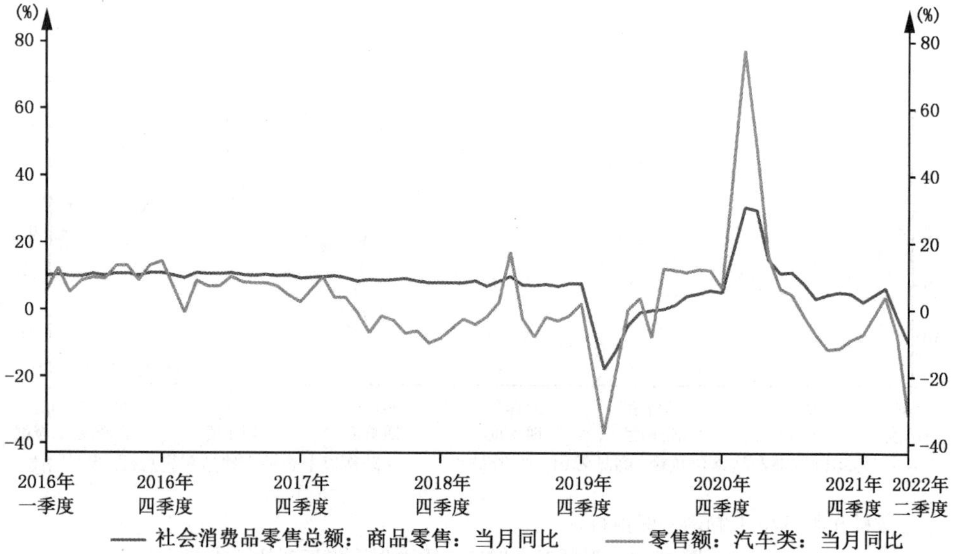

资料开源:Wind、湖南三湘银行。

图 19.4　社零增速和汽车类增速

除了社零中的汽车类数据，还有两个汽车消费的观测指标：乘联会口径和中汽协口径。

三类汽车数据的区别见表 19.2。

表 19.2　　三类汽车数据区别

	社零中汽车类零售额	乘联会口径	中汽协口径
统计机构	统计局	乘联会（由国内 139 家汽车生产厂商成立的社会团体）	中汽协（行业自律组织）
公布时间	每月 15 日，同经济数据一起公布	月频数据每月 8 日左右，高频数据每周公布	每月 11 日
数据形式	零售额	零售量/批发量	批发量
Wind 数据名称	零售额：汽车类：当月值	当周日均销量：乘用车：厂家批发；当周日均销量：乘用车：厂家零售	产量：汽车：当月值
调查范围	限额单位以上	乘联会 139 家会员单位	汽车制造企业
调查标的	零售额	乘用车批发/零售量	乘用车和商用车批发量

资料来源：湖南三湘银行整理。

乘联会每周公布数据，是我们观察消费的重要高频数据指标。

(5)石油及其制品类

石油及其制品类在社零中占比接近 15%，是社零第二权重分项数据。同时由于汽柴油的需求数据比较稳定，该项数据主要受价格影响较大。

国内成品油价格受发改委管控，根据发改委发布的《石油价格管理办法》，成品油调价主要机制如下：

第一，成品油下限设置为每桶 40 美元。当国际市场原油价格低于 40 美元调控下限时，成品油价格未调金额全部纳入风险准备金，设立专项账户存储，经国家批准后使用，主要用于节能减排、提升油品质量及保障石油供应安全等方面。

第二，成品油上限设置为每桶 130 美元。

第三，每 10 个工作日调整一次，调价生效时间为调价发布日 24 时，当调价幅度低于每吨 50 元时，不做调整，纳入下次调价时累加或冲抵。

预测石油及其制品类变化，只需要紧盯 WTI 原油价格(见图 19.5)，同时参考发改委调价情况。

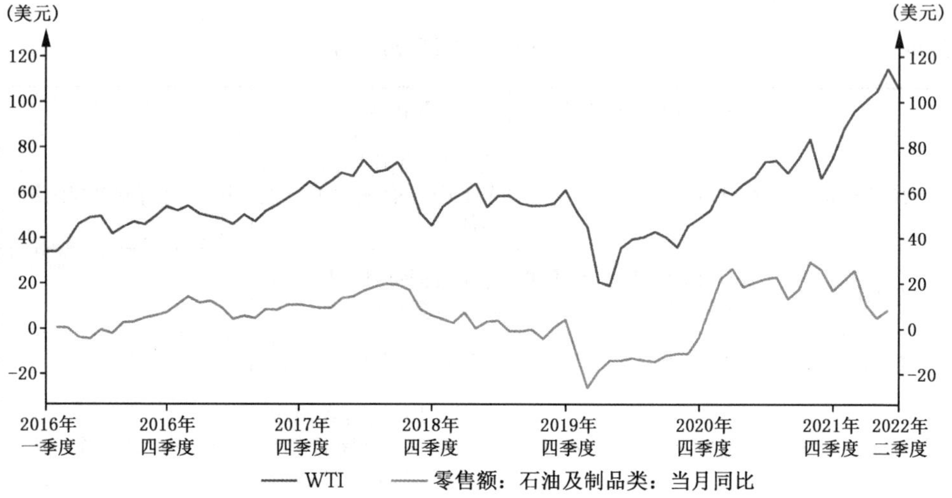

资料开源：Wind、湖南三湘银行。

图 19.5 WTI 与石油及其制品类消费高度相关

(6)地产产业链

在统计学定义上，购买商品房属于投资并不是消费，但是在社零统计上有几个分项数据和居民购房息息相关，如家用电器和音箱器材类(占比为 6.50%)、家具类(占比为 1.50%)和建筑及装潢材料类(占比为 1.50%)。一般情况下，家电、装潢材料等产业链会落后房地产销售数据两个季度左右(见图 19.6)。

由于社零地产产业链数据的滞后性，可以通过房地产销售数据预测后续 1～2 季度社零中的分项数据。

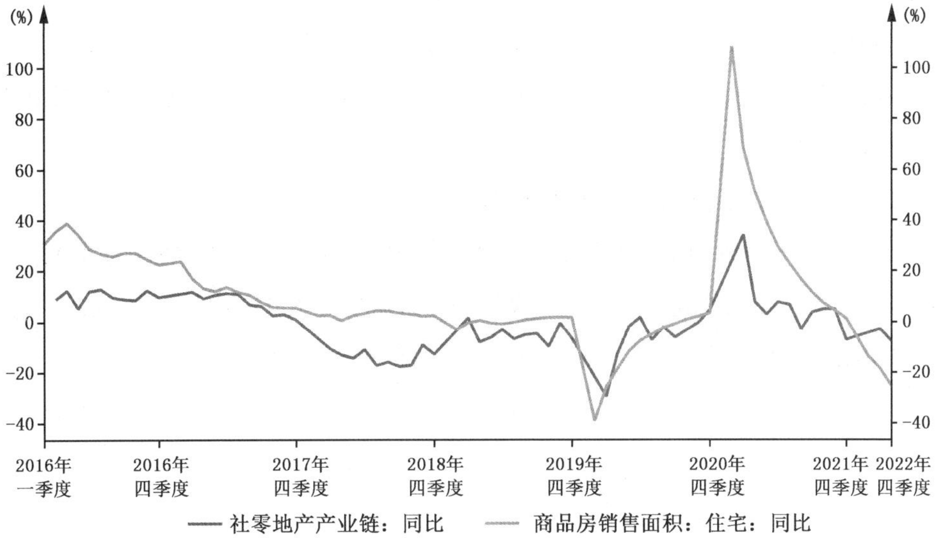

资料开源：Wind、湖南三湘银行。

图 19.6　地产产业链和房地产销售数据

19.2　固定资产投资

19.2.1　固定资产投资概况

固定资产是指企业为生产产品、提供劳务、出租或者经营管理而持有的、使用时间超过 12 个月的，价值达到一定标准的非货币性资产，包括房屋、建筑物、机器、机械、运输工具以及其他与生产经营活动有关的设备、器具、工具等。

全社会固定资产投资分类：(1)跨地区的投资项目，以及军工、国防和人防项目，如铁路、高速公路等；(2)500 万元以上投资项目；(3)房地产开发投资；(4)农户建设项目投资。

19.2.2　将累计数转化为单月数的方法

对于固定资产投资完成数额、房地产投资数额和制造业投资、基建投资等几个重要宏观数据，国家统计局只公布固定资产完成数额的当年累计数和累计同比数，不公布当月数据。这样使得无法准确预估当月变化情况。

(1)固定资产投资完成额当月指标数据库的构建

我们以 2021 年 8 月的固定资产投资完成额的数据为例,说明如何将累计数据转化为同比数据。

2021 年 8 月统计局只公布如下数据:

2021 年 1—8 月固定资产投资完成额 346 913 亿元,累计同比增速为 8.90%;

2020 年 1—8 月固定资产投资完成额 378 834 亿元,累计同比增速为−0.30%。

①根据上述数据如何计算 2021 年 1—8 月的累计同比增速?

累计同比增速=(346 913−378 834)/378 834×100%=−8.42%。这与统计局公布的 8.90%相差非常大。

②为什么这种计算方法是错误的?

因为 2020 年 1—8 月数据和 2021 年 1—8 月数据不可比。自 2018 年以后改进了固定资产投资额的统计方法后,每个月统计的数据的“统计标的”都发生变化,所以数据不可比。这种不可比适用于所有的固定资产投资完成额,包括房地产、基建、制造业三大类和固定资产投资完成额的总数。

③如何计算 2021 年 8 月的单月固定资产投资完成额和单月同比数据?

8 月单月数据=2021 年 1—8 月累计数−2021 年 1—7 月累计数

8 月同比=(2021 年 8 月—2021 年 7 月)/2021 年 7 月

这种计算方法明显是错误的,因为各个月份数据不可比。2021 年 8 月和 2020 年 8 月统计标的都发生了变化。上述计算一定会导致各个月的同比数据波动非常大(见表 19.3)。

表 19.3 同比数据波动大

月 份	单月数额(亿元)	同比增长(%)
2021 年 3 月	50 758.00	−0.13
2021 年 4 月	47 810.00	−9.24
2021 年 5 月	50 113.00	−19.65
2021 年 6 月	61 983.00	−24.79

续表

月　份	单月数额(亿元)	同比增长(%)
2021年7月	46 633.00	−2.05
2021年8月	44 380.00	−10.56

资料来源:Wind,湖南三湘银行整理。

以2021年8月为例,准确的计算方法应为:

2021年8月单月固定资产投资完成额=2020年1—8月调整的累计值×2021年1—8月累计同比−2020年1—7月调整的累计值×2021年1—7月累计同比

国家统计局公布的累计同比是可比的。

④上述公式中的2020年1—8月调整的累计值如何计算?

为什么采用2020年1—8月调整的累计值,而不是2020年1—8月原值,因为2020年1—8月累计值和2021年1—8月的累计值同样是不可比的。

2020年1—8调整的累计值中"调整"的意思就是将其调整为各个年份或者月份可比的数值。因此要选择一个基期,我们选择2017年为基期,因为2017年后半年进行了固定资产投资完成额统计方法的改革。

基期选择的不同,导致各个月同比数值的不同。

⑤如何根据基期计算往后的调整的累计值?

2018年1—3月调整的累计值=2017年1—3月累计值(基期)×2018年1—3月累计同比

2019年1—3月调整的累计值=2018年1—3月调整的累计值×2019年1—3月累计同比

这样就把2017年以后所有月份的数值全部转化为同比数据。月度同比数值相应得出。

⑥数据的可靠性如何?

根据上述方法,2021年7月固定资产投资完成额的同比数据为−0.44%。

与知名机构比较,通过此种方法测算的当月同比数据可靠性非常高(见表19.4)。

表 19.4 数据可靠性对比

机 构	测算值
本书计算	−0.44%
海通宏观	−0.80%
招商银行研究	−0.40%
兴证宏观	−0.32%
海通宏观	−0.50

资料来源：湖南三湘银行。

⑦数据库的建立。

通过上述方法可知，2017 年的基期计算只一次即可，我们把固定资产投资完成额 2020 年 8 月—2021 年 8 月的调整数据放到数据库中（见表 19.5），以后公布了 2021 年 9 月的数据，直接根据公式就能算出 2021 年 9 月的调整数据。2017 年—2020 年 8 月的数据只是为了迭代计算。

表 19.5 固定资产投资完成额数据库（根据基期调整后）

月份	调整后的累计值（亿元）	单月值（亿元）	单月同比增长（%）
2020 年 8 月	436 553.69	66 316.68	7.64
2020 年 9 月	513 405.39	76 851.70	7.54
2020 年 10 月	586 159.26	72 753.87	9.46
2020 年 11 月	657 309.63	71 150.37	9.70
2020 年 12 月	725 524.02	68 214.40	5.88
2021 年 4 月	176 221.10	63 296.14	10.92
2021 年 5 月	246 805.41	70 584.31	5.51
2021 年 6 月	343 359.32	96 553.91	6.02
2021 年 7 月	408 371.43	65 012.10	−0.44
2021 年 8 月	475 406.97	67 035.54	1.08

资料来源：Wind，湖南三湘银行整理。

（2）制造业投资完成额

自 2017 年以来，国家统计局不再公布制造业投资完成额的累计数额，每月只公布累计同比。采用上文固定资产投资完成额的计算方法，可计算制造业投资的当月数值和当月同比数据（见表 19.6）。

表 19.6 制造业投资完成额数据库(根据基期调整后)

月份	调整后的累计值(亿元)	单月值(亿元)	单月同比增长(%)
2020 年 8 月	123 336.55	19 433.16	5.03
2020 年 9 月	146 699.19	23 362.65	2.96
2020 年 10 月	168 393.32	21 694.13	3.70
2020 年 11 月	190 947.72	22 554.40	12.46
2020 年 12 月	213 772.65	22 824.93	10.22
2021 年 4 月	49 002.14	18 088.96	14.74
2021 年 5 月	71 133.13	22 131.00	13.50
2021 年 6 月	100 510.64	29 377.51	16.39
2021 年 7 月	121 878.67	21 368.03	9.12
2021 年 8 月	142 700.39	20 821.71	7.15

资料来源:Wind,湖南三湘银行整理。

(3)基建投资

自 2017 年以来,国家统计局不再公布基建投资完成额的累计数额,每月只公布累计同比。采用上文固定资产投资完成额的计算方法,计算基建投资的当月数值和当月同比数据(见表 19.7)。

表 19.7 基建投资完成额数据库(根据基期调整后)

月 份	调整后的累计值(亿元)	单月值(亿元)	单月同比增长(%)
2020 年 8 月	112 381.69	16 760.75	7.03
2020 年 9 月	132 098.24	19 716.55	4.76
2020 年 10 月	151 156.02	19 057.78	7.29
2020 年 11 月	170 053.41	18 897.38	5.87
2020 年 12 月	188 258.31	18 204.91	4.26
2021 年 3 月	28 092.95	16 495.49	21.57
2021 年 4 月	44 037.81	15 944.86	2.83
2021 年 5 月	61 025.44	16 987.63	−3.64
2021 年 6 月	84 852.76	23 827.32	−0.28
2021 年 7 月	99 627.46	14 774.70	−10.08
2021 年 8 月	115 281.14	15 653.68	−6.61

资料来源:Wind,湖南三湘银行整理。

(4)房地产投资完成额

测算房地产投资完成额数据是否可比。

此处计算的同比数据和统计局公布的同比数据非常接近(见表 19.8),也就是说房地产投资完成额是可比的,单月数值直接减去上月累计数即可。

表 19.8　　房地产数据可比性

月 份	累计完成额(亿元)	统计局公布同比(%)	计算同比(%)
2021 年 2 月	13 985.87	38.30	38.26
2021 年 3 月	27 575.82	25.60	25.56
2021 年 4 月	40 239.76	21.60	21.56
2021 年 5 月	54 318.08	18.30	18.29
2021 年 6 月	72 179.07	15.00	14.97
2021 年 7 月	84 895.41	12.70	12.71
2021 年 8 月	98 060.00	10.90	10.86

资料来源:Wind,湖南三湘银行整理。

目前国家统计局只公布累计数值的有固定资产投资完成额、制造业投资、房地产投资、基建投资,处理方法见表 19.9。

表 19.9　　累计数据处理方法

指 标	统计局公布的数据	数据是否可比	处理方法
固定资产投资完成额	累计数据、累计同比	不可比	基期处理法
制造业投资	累计同比	不可比	基期处理法
基建投资	累计同比	不可比	基期处理法
房地产投资	累计数据、累计同比	可比	普通处理法

资料来源:湖南三湘银行整理。

19.2.3　固定资产投资完成额的总量分析

固定资产投资完成情况调查见图 19.7。

固定资产投资完成额会随着经济数据一起公布,例如 2022 年 5 月 16 日公布的固定资产投资完成额数据,1—4 月,全国固定资产投资(不含农户)153 544 亿

固定资产投资（不含农户）完成情况

表　　号：H 4 0 1 表
制定机关：国　家　统　计　局
文　　号：国统字(2017)157 号
综合机关名称：　　　　2018年1－　月　　　　有效期至：2019年1月

指标名称	合计	地方项目	指标名称	合计	地方项目
甲	1	2	甲	1	2
一、计划投资(万元)			四、项目个数(个)		
1.计划总投资			1.施工项目个数		
其中：本年新开工项目			其中：本年新开工		
2.自开始建设累计完成投资			2.本年投产项目个数		
二、本年完成投资(万元)			五、房屋建筑面积及价值		
其中：本月完成投资			1.房屋施工面积(平方米)		
其中：住　宅			其中：住宅(平方米)		
1.按登记注册类型分			2.本年房屋竣工面积(平方米)		
2.按建设性质分			其中：住宅(平方米)		
其中：(1)新　建			3.本年房屋竣工价值(万元)		
(2)扩　建			其中：住宅(万元)		
(3)改建和技术改造			六、到位资金(万元)		
3.按构成分			1.上年末结余资金		
建筑安装工程			2.本年实际到位资金		
设备工器具购置			(1)国家预算资金		
其他费用			其中：中央预算资金		
4.按控股类型分			(2)国内贷款		
国有控股			(3)债券		
集体控股			(4)利用外资		
私人控股			(5)自筹资金		
港澳台商控股			(6)其他资金来源		
外商控股			七、各项应付款合计(万元)		
5.按国民经济行业分			其中：工程款		
三、新增固定资产(万元)					

资料开源：国家统计局。

图 19.7　固定资产投资调查

元，同比增长 6.8%。其中，民间固定资产投资 86 872 亿元，同比增长 5.3%。从环比看，4 月固定资产投资(不含农户)下降 0.82%。

上述数据均为累计值，通过上文的“将累计数据转化为单月数据的方法”将累计值转化为单月值，可以更好地观测单月数值的变化和异动。

利率交易对于宏观数据的时效性要求非常高，读者可以发现，如果有两个以上相同含义的经济数据，我们通常都选择频率高、时效性强的数据。我们要更早地了解经济运行的情况，所以需要把投资完成额的累计数转换为单月数，能够更清晰地了解本月数据的变化。

19.2.4 固定资产投资完成额的结构分析

(1)建设性质

建设性质是指固定资产再生产的性质，按整个建设项目的具体情况确定，但是一个建设项目只能有一种建设性质。建设性质包括以下四种：

第一，新建项目。指从无到有“平地起家”开始建设的项目。现有企业、事业、行政单位投资的项目一般不属于新建。但如有的单位原有基础很小，经过建设后新增的固定资产价值超过该企业、事业、行政单位原有固定资产价值(原值)三倍以上的，也应作为新建。

第二，扩建项目。扩建指为扩大原有产品的生产能力(或效益)或增加新的产品生产能力，而增建的生产车间(或主要工程)、分厂、独立的生产线等项目。行政、事业单位在原单位增建业务性用房(如学校增建教学用房，医院增建门诊部、病房等)也作为扩建。

第三，改建项目。指对原有设施进行技术改造或更新(包括相应配套的辅助性生产、生活福利设施)的建设项目。改建项目包括调查单位为适应市场变化的需要而改变的主要产品种类(如军工企业转民用产品等)的建设项目；原有产品生产作业线由于各工序(车间)之间能力不平衡，为填平补齐和充分发挥原有生产能力而增建但不增加主要产品生产能力的建设项目。

第四，技改项目。技术改造是指调查单位在现有基础上用先进的技术代替落后的技术，用先进的工艺和装备代替落后的工艺和装备，以改变企业落后的技术经济面貌，实现以内涵为主的扩大再生产，达到提高产品质量、促进产品更新换代、节约能源、降低消耗、扩大生产规模、全面提高社会经济效益的目的。

根据问卷调查表可知，新建项目是主体，占比都超过了 50%(见图 19.8)。

(2)按构成划分

根据上文的调查问卷，固定资产投资完成额按照构成可划分为建筑安装工程、

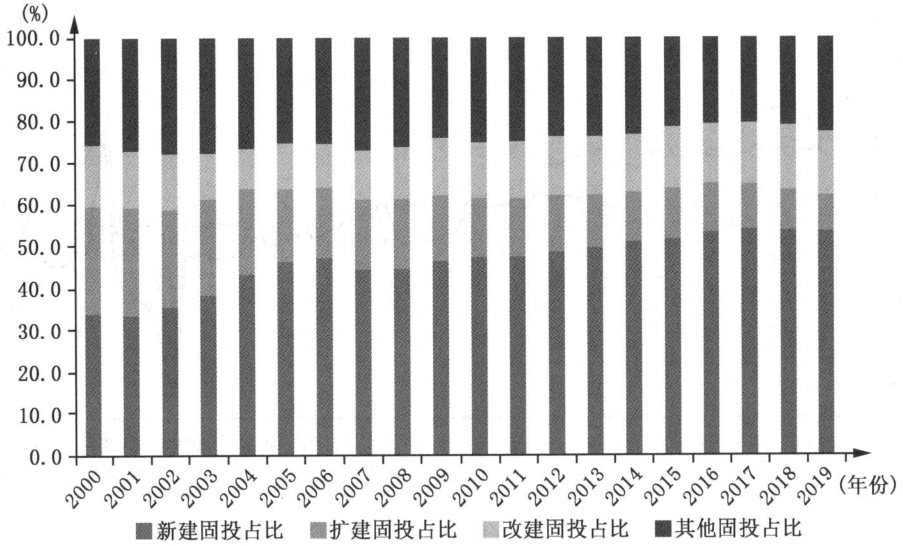

资料来源:Wind、湖南三湘银行。

图 19.8 建设性质占比

设备工器具购置和其他费用。构成是从费用角度分析,主要分析资金的用途。

建筑安装工程包括建筑工程和安装工程。建筑工程指各种房屋、建筑物的建造工程所发生的费用支出。这部分工程必须兴工动料,通过施工活动才能实现,是固定资产投资的重要组成部分。安装工程指各种设备、装置在安装过程中发生的费用支出。

设备工器具购置,是报告期内购置或自制的,达到固定资产标准的设备、工具、器具的价值。

其他费用指的是除上述两者以外的、应当分摊计入固定资产投资项目的费用,不指经营中财务上的其他费用。特别地,对于房地产企业而言,土地购置费是其他费用中最主要的部分。

建筑安装工程费用是主体,占比为70%,设备工具购置费和其他费用各占15%(见图19.9)。

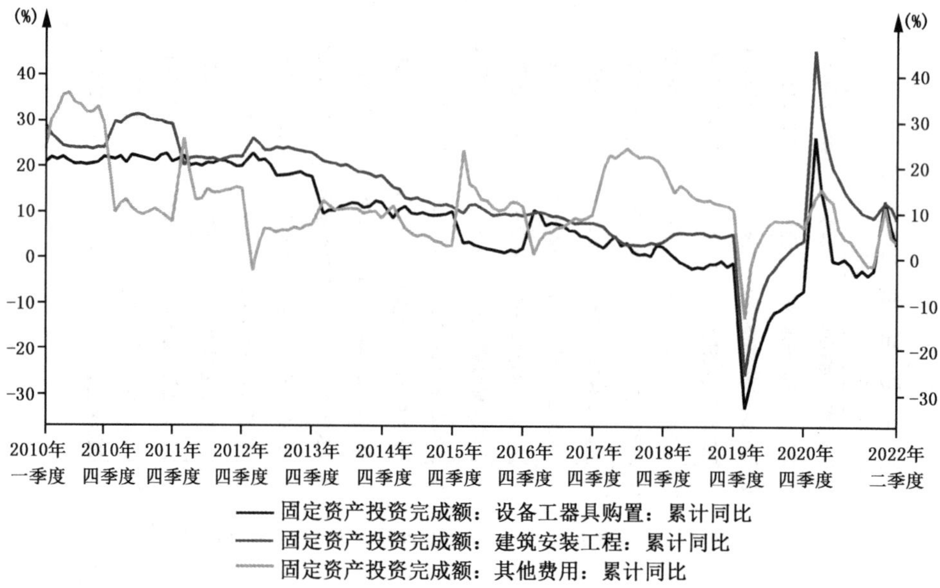

资料来源：Wind、湖南三湘银行。

图 19.9　其他费用增速较快

(3)按类型划分——基建投资

固定资产投资完成额按照类型可以划分为基建投资、制造业投资、房地产投资和其他投资，占比分别为 25%、30%、20%和 25%。

国家统计局在公布固定资产投资完成额时，会一同公布其分项基建投资的情况，例如 2022 年 4 月第三产业中基础设施投资(不含电力、热力、燃气及水生产和供应业)同比增长 6.5%。其中，水利管理业投资增长 12.0%，公共设施管理业投资增长 7.1%，道路运输业投资增长 0.4%，铁路运输业投资下降 7.0%。

从统计局的表述可以发现，基础设施投资包括四大行业：水利投资、公共设施投资、道路投资和铁路投资。

基础设施投资是固定资产投资中政府把控力度最强、见效最快的分项投资，是我们观察财政政策的重要角度。在经济动能走弱，房地产投资副作用明显，制造业投资见效慢的制约下，政府往往先行刺激基建投资。随着地方政府专项债的加快发行、城投债的放松，基建投资的实物工作量会迅速形成，从而托底经济(见图 19.10)。

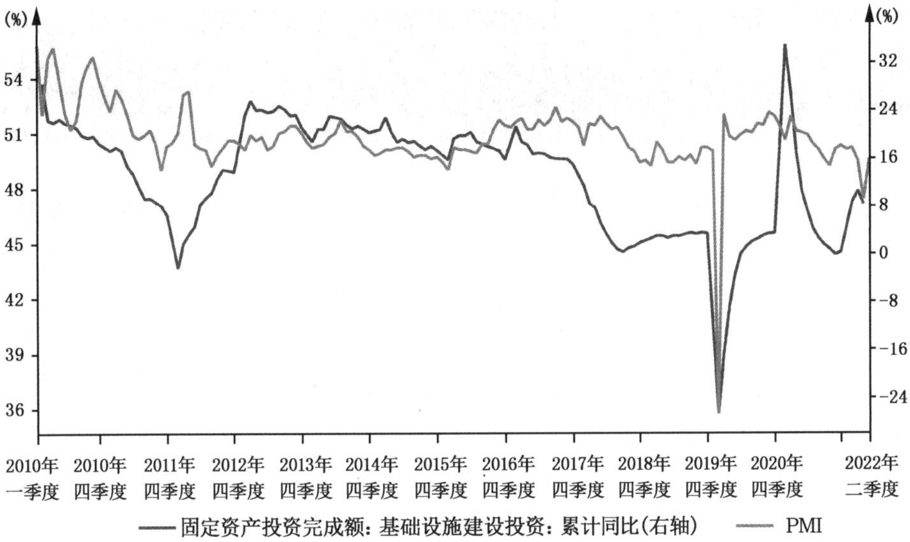

资料来源：Wind、湖南三湘银行。

图 19.10　基建投资是重要的经济托底手段

如何预测基建投资？

一是从资金来源的角度。地方政府专项债和城投债券是基建投资的重要资金来源。城投债券主要与监管机构的批文下发速度有关，在经济动能减弱时，监管机构会迅速调整债券审核要求，批文提速；而地方政府专项债当年发行金额在本年年初的两会上已经确定。我们主要观察地方政府专项债的发行节奏，例如 2022 年上半年，受上海、北京等地疫情影响，经济指标迅速下滑，财政政策开始发力，财政部要求在 2022 年 6 月前地方政府专项债全部发行完毕，8 月前形成实物工作量。

二是从项目审批的角度。重大项目资金需求大、周期长、产业链长，是基建投资的重要抓手。我国重大项目的审批集中于发改委。发改委网站的项目审批信息栏目是我们观察基建投资的高频数据(见图 19.11)。

三是从产业链角度。沥青的消费方向主要是道路建设，也就是说基建投资的上行会拉动沥青的消费和生产。对比沥青开工率同比和基建投资同比，两者的相关性较强(见图 19.12)。另外，沥青开工率是周度数据，发布频率高于基建投资，因此是较为有效的前瞻指标。

资料来源：国家发改委网站。

图 19.11　发改委项目审批

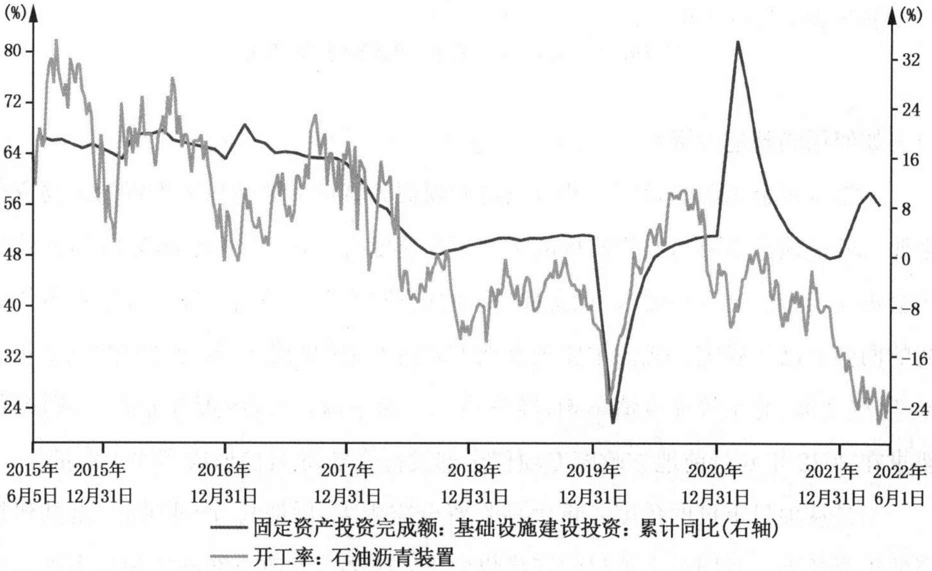

资料来源：Wind、湖南三湘银行。

图 19.12　沥青开工率和基建投资相关性较高

挖掘机是水利、道路、桥梁等基础设施的主要工程设备，因此，挖掘机销量也是基建投资的重要观察数据（见图 19.13）。

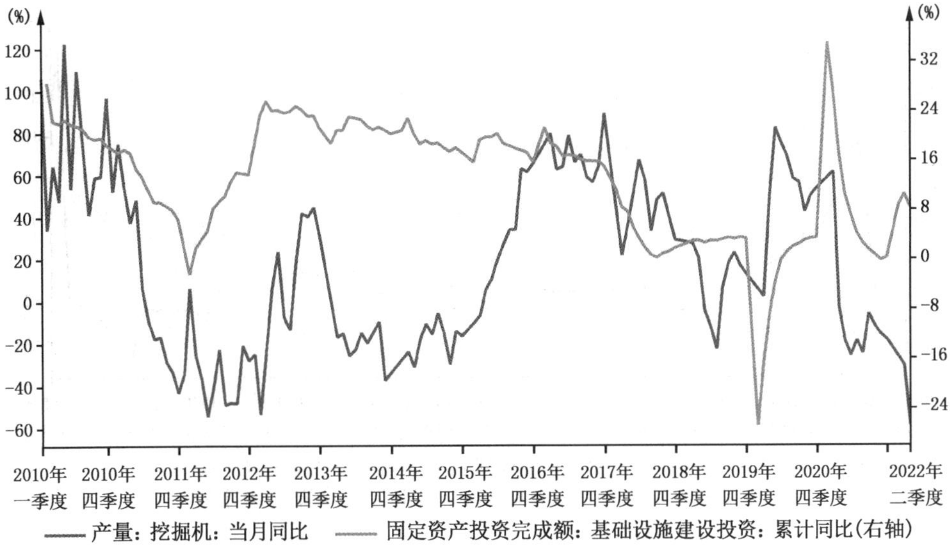

资料来源：Wind、湖南三湘银行。

图 19.13　挖掘机销量与基建投资相关性较强

(4)按类型划分——制造业投资

制造业投资是固定资产投资完成额中占比最高的一个分项。房地产开发投资受国家房地产调控政策、资金利率等因素影响较大，基建投资主要反映政府的投资意愿和能力，而制造业投资则反映了制造业企业的投资意愿和能力，因此受政府干预程度较小，是经济内生动力的一个重要表现，也是我们观察需求的一个重要指标。

影响制造业投资有以下几个因素：

一是净资产回报率。当企业利润提升时，企业为了获得更多利润，投资意愿大幅提升(见图 19.14)。同时企业利润也是投资的重要资金来源，制造业投资的资金来源中，自筹资金占比超过 85%，是最重要的资金来源分项数据。

二是企业对未来经济的预期。如果企业认为未来经济会持续向好，就会加大投资。

从图 19.15 可以看出，统计局公布的制造业的企业家信心指数与制造业的固定资产投资额相关度很高。从逻辑上也说得通，只有企业家对未来经济预期较好，才会拿出真金白银投资。

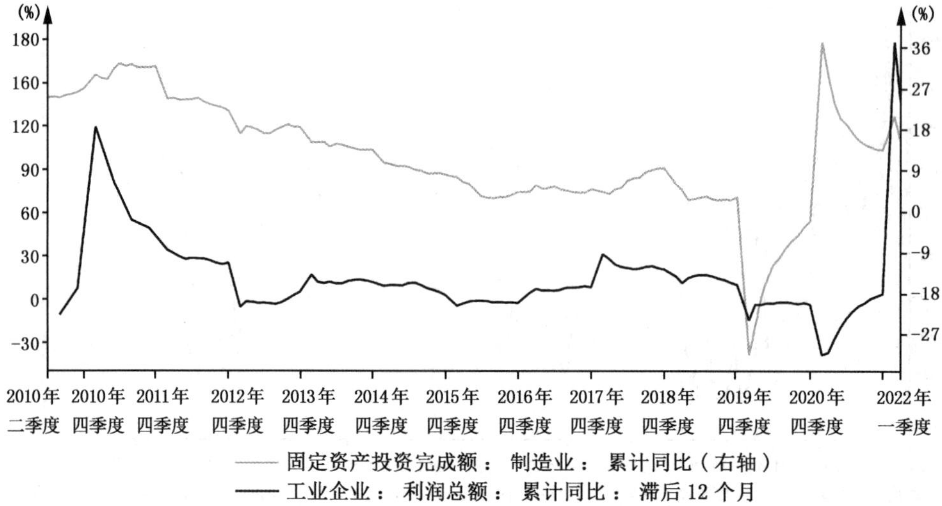

资料来源：Wind、湖南三湘银行。

图 19.14 企业利润与制造业投资相关度较高

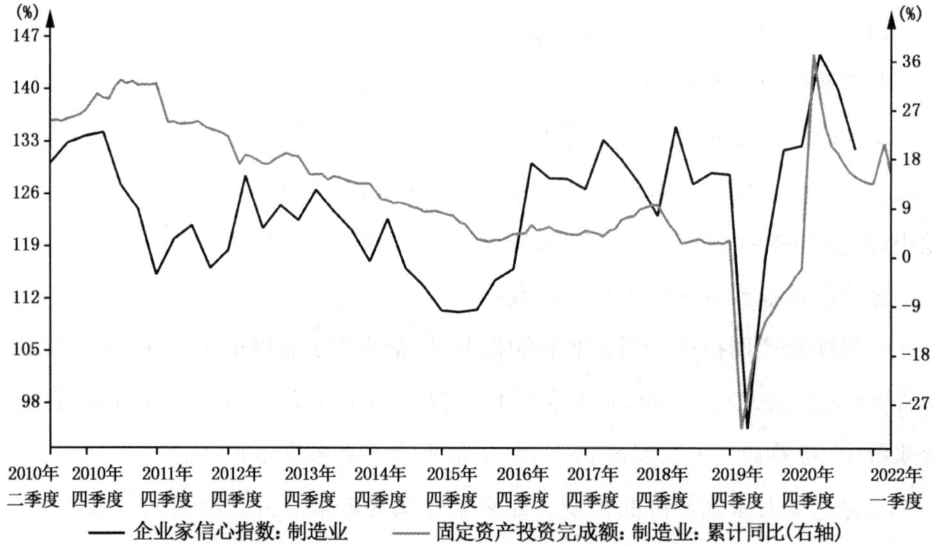

资料来源：Wind、湖南三湘银行。

图 19.15 制造业企业家信心指数与投资高度相关

三是产能利用率。产能利用率与制造业投资完成额相关(见图19.16)。如果产能利用率较低,说明目前的投资的产能还未发挥效用,更何谈继续扩大投资?

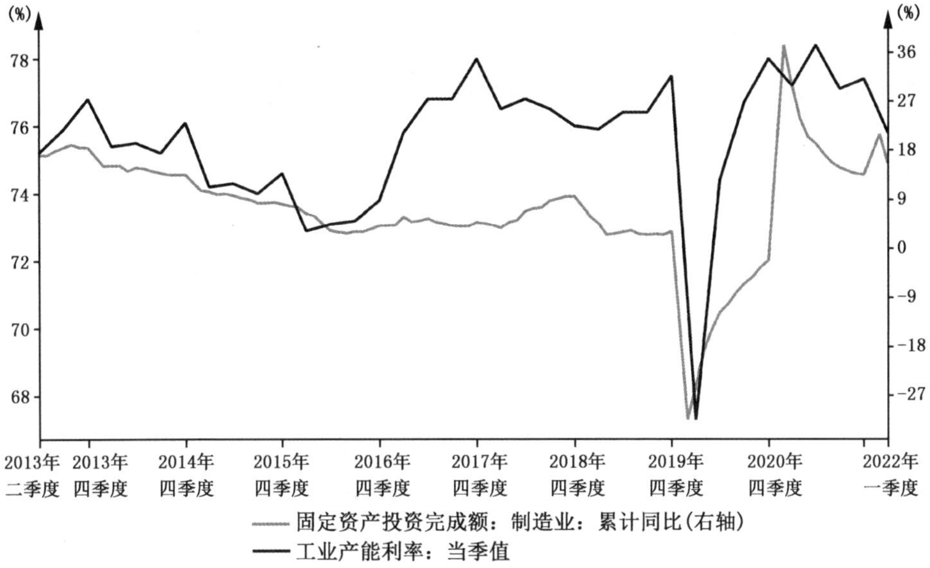

资料来源:Wind、湖南三湘银行。

图19.16　产能利用率与制造业投资完成额相关

19.2.5　房地产投资

房地产投资是固定资产投资完成额按类型划分的一个小项目,但是其太过重要,不得不单独分析。

据国家统计局规定,房地产开发投资指各种登记注册类型的房地产开发法人单位统一开发的包括统代建、拆迁还建的住宅、厂房、仓库、饭店、宾馆、度假村、写字楼、办公楼等房屋建筑物,配套的服务设施,土地开发工程(如道路、给水、排水、供电、供热、通信、平整场地等基础设施工程)和土地购置的投资(不包括单纯的土地开发和交易活动)。

(1)房地产开发投资的构成

根据投资构成可划分为建筑工程和安装工程、设备工具器具购置、其他费用。建筑和安装工程简称为"建安工程",占房地产投资的比重为60%、设备器具购置费占比为3%、其他费用占比为37%。其他费用中土地购置费占比超过80%。也就是说房地产投资可以简化为两项:建安工程和土地购置费。

建筑工程指各种房屋、建筑物的建造工程。这部分投资额必须兴工动料,通过施工活动才能实现。因此,建筑工程的投资额增速与房地产施工面积增速走势相一致(见图19.17)。建筑工程占房地产开发投资55%左右。

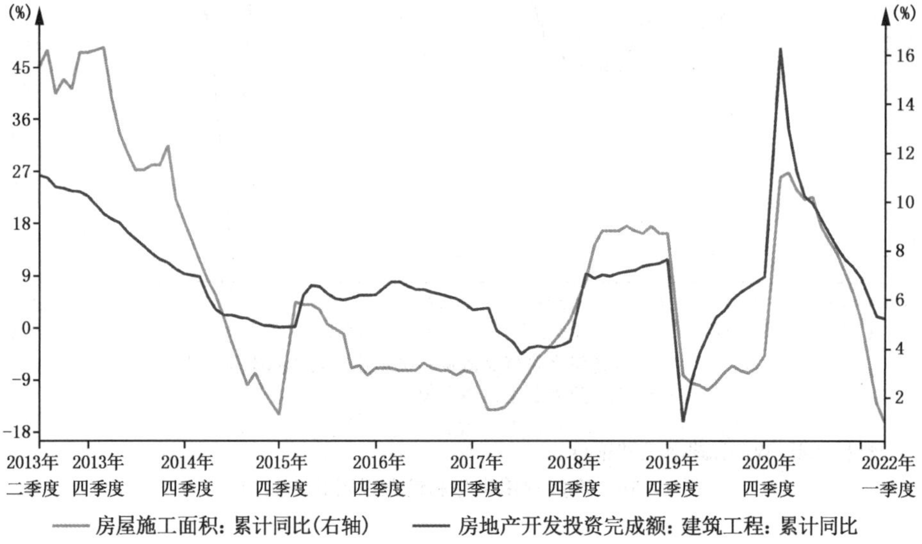

资料来源:Wind、湖南三湘银行。

图19.17 建筑工程与房屋施工面积相关性较高

安装工程指各种设备、装置的安装工程。安装工程不包括被安装设备本身的价值。由于设备安装主要发生在建筑施工的末端,因此,安装工程的投资额增速与房地产竣工面积增速走势相一致(见图19.18)。安装工程占房地产开发投资5%左右。

其他费用指在固定资产建造和购置过程中发生的,除建筑安装工程和设备、工器具购置投资完成额以外的费用,不指经营中财务上的其他费用。包括土地出让金、大市政费、四源费(煤、热、自来水、污水)等,土地购置费占比超过80%。土地购置费大多数情况都是分期支付,以1年分期支付为主流,所以100大中城市土地成交总价对其他费用有领先作用(见图19.19)。

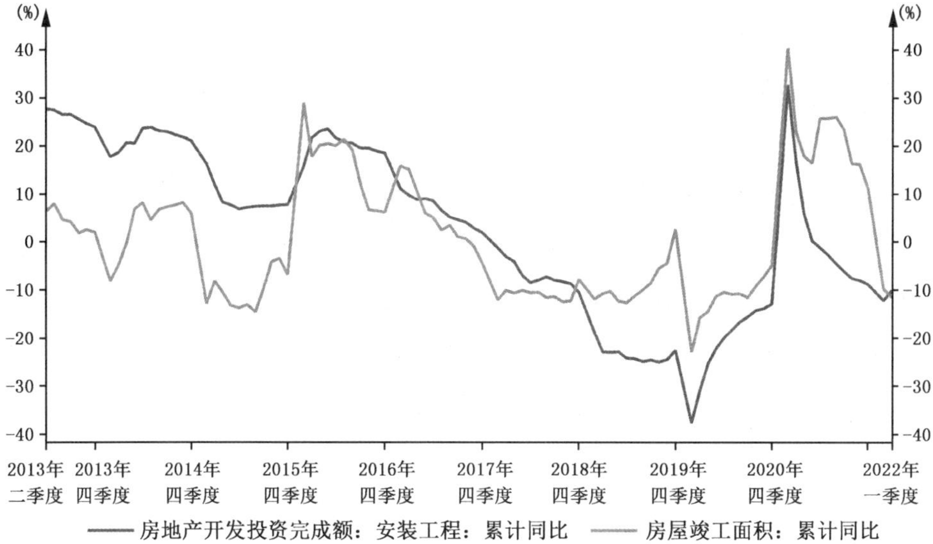

资料来源：Wind、湖南三湘银行。

图 19.18　安装工程与竣工面积相关性较高

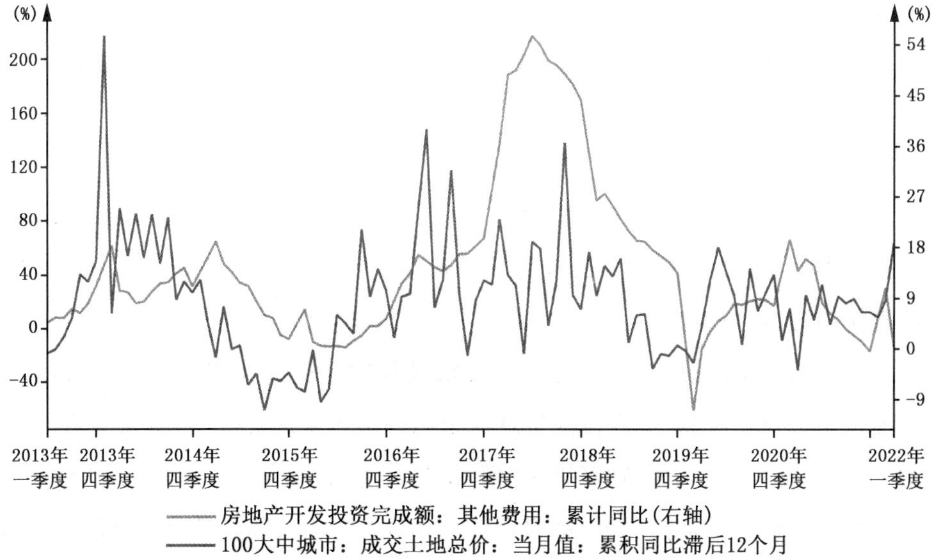

资料来源：Wind、湖南三湘银行。

图 19.19　100 大中城市土地成交总价对土地购置费有领先性

(2)房地产开发投资的资金来源

根据国家统计局公布的房地产资金来源,分别为国内贷款、自筹资金、定金及预收款、个人按揭贷款,占比分别为15%、35%、35%和15%。

国内贷款指报告期内房地产开发企业向银行及非银行金融机构借入的,用于房地产开发的各种国内借款,包括银行利用自有资金及吸收存款发放的贷款、上级拨入的国内贷款、国家专项贷款、地方财政专项资金安排的贷款、国内储备贷款、周转贷款等。此处需要注意,房企的非标融资也纳入此项统计。

自筹资金包括自有资金、股东投入资金和借入资金。自有资金指凡属于房地产企业(单位)所有者权益范围内,用于房地产开发和经营的资金,是按财务制度规定归企业支配的各种自有资金,包括企业折旧资金、资本金、资本公积金、企业盈余公积金及其他自有资金,也包括通过发行股票筹集的资金。股东投入资金指房地产开发企业从股东处融入的,用于房地产开发和经营的资金。房地产开发企业的股东为项目建设投入的资金,如果不是来源于金融机构贷款、各级财政资金或外资,应作为自筹资金统计。来源于房地产开发企业总公司或上级部门的资金,也应归入此类。借入资金指房地产开发企业从其他单位(不包括股东)筹集的,用于房地产开发和经营的资金,不包括财政资金、贷款和外资,房地产企业发行的债券或者 ABS 等纳入此项目。

定金是为使甲乙双方按约定签订正式经济合同,实现房屋交易,根据有关规定由购房者或单位在报告期交纳的押金。预收款是甲乙双方签订购销房屋合同后,在报告期由购房者或单位交付的首付款及各种手续费。定金及预收款、个人按揭贷款占比约为50%。

从上述资金来源可知,一旦房企的贷款或者自筹资金等方式受到制约,房企就只能从定金及预收款、个人按揭贷款这里想办法更快地筹资:只能加快销售,实施“高周转”经营模式。所谓“高周转”模式,即房企在拿地后尽快开工,达到预售条件后尽快出售。正常情况下,销售回款应优先用于该房地产项目的建设,但在资金监管不严格的情况下,房企往往将销售回款挪用于新的拿地和开工,这样相当于将销售回款作为资本金加了杠杆,同一笔销售回款可能被用于若干个建设项目,这也是我们看到其他资金占房地产开发投资资金来源的比重不断提高的原因之一。

2020 年 8 月 20 日，央行和住建部会同相关部门，在前期广泛征求意见的基础上，经过近两年的酝酿，出台《重点房地产资金监管和融资管理规则》。规则内设置了“房地产资金监管三道红线”：房企剔除预收款后的资产负债率不得高于 70%，净负债率不得高于 100%，现金短债比不小于 1。根据触线情况，房企被分为“红、橙、黄、绿”四档，并对满足不同标准的房企有息债务增长做出限制：三道红线全部触碰，有息负债不得增加；触碰两道红线，有息负债规模年增速不得超过 5%；触碰一道红线，有息负债规模年增速不超过 10%；全部达标，有息负债规模年增速不超过 15%。

“三道红线”可谓是重磅政策。房地产极度依赖融资，监管的本意是控制房地产的高速扩张。但部分房企在踩到红线后，有些金融机构断贷、抽贷，造成资金流快速流失。

截至 2022 年 5 月末，有 24 家房企达到了绿档，其中民企只有 6 家。恒大、奥园、世贸、富力、阳光城等债务压力较大，难以在公开市场融资的企业，均是红档。

房地产的融资如果展开讲，非常复杂，篇幅很大，但是本书定位于利率债投资交易，作为利率投资经理，我们仅需要了解大概即可。

(3)房地产销售数据

商品房销售领先房地产投资 3～6 个月。商品房销售之所以对房地产开发投资具有领先性，是因为我国商品房销售以期房为主。商品房销售中期房占 87%，现房只占 13%(2020 年)。

《城市商品房预售管理办法》规定，房企在获得土地使用权后，首先需要足额缴纳土地出让金，然后尽快破土动工，形成新开工面积，在投入开发建设的资金达到工程建设总投资的 25%以上，并已经确定施工进度和竣工交付日期的前提下，房屋具备预售条件，可销售期房。景气的商品房销售可以加快房企回款，进而加快施工进度，直至竣工(见图 19.20)。

正是由于商品房销售的领先性，房地产销售数据的高频数据才更有意义。30 个大中城市的商品房成交面积是按日公布，为了方便比较，可以进行累计变频处

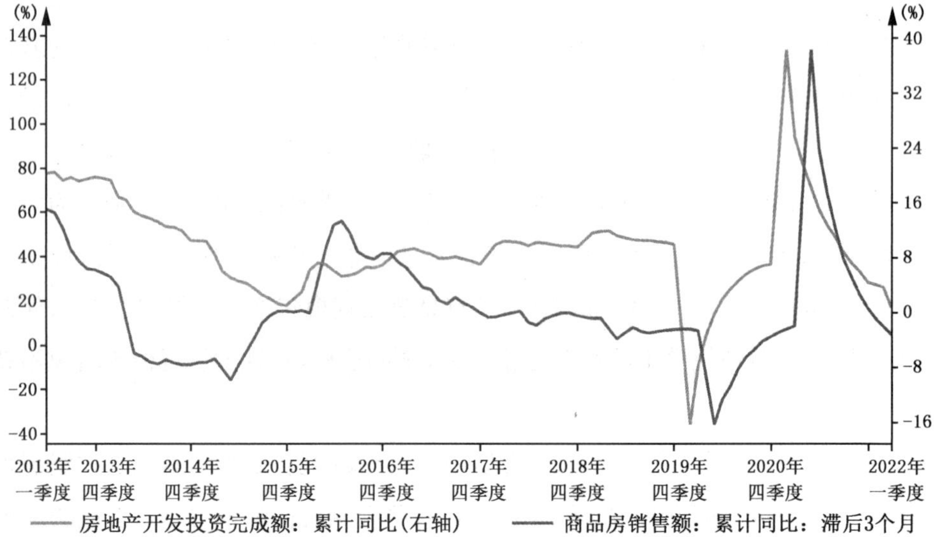

资料来源：Wind、湖南三湘银行。

图 19.20　房地产销售领先房地产投资开发完成额

理，转为周度数据，按周观察商品房销售情况，再通过前文探讨的"销售领先于投资"，从而预测房地产投资的走势。

19.3　进出口数据

19.3.1　进出口数据类型

进出口数据由海关总署统计并公布。从数据发布类型上看，海关总署一般会公布以下几类信息：

(1)进出口数据快讯，是海关总署统计的初步数据，每月 7—13 日公布上月数据，但大多数集中在 7 日或者 13 日；

(2)进出口月报，是对快讯的修正，一般为每月 23 日公布上月数据；

(3)在线查询数据，提供了根据注册地、商品编码、国别等定制化的数据。

由于数据快讯的实效性，我们一般重点关注进出口快讯(见图 19.21)即可。

资料来源：海关总署官网。

图 19.21　海关总署公布的进出口数据

19.3.2　进出口数据总量分析

总量数据包括进出口总值、出口总值、进口总值和进出口差额。海关总署在数据公布时，会同时公布人民币计价数据和美元计价数据（见图 19.22）。我们在分析中，一般选用美元数据作为分析对象，这是由于美元目前仍是国际货物贸易的主要计价货币，多数进出口货物的申报目前仍以美元申报为主。

出口是我国经济的重要支撑，虽然近几年消费对 GDP 贡献逐渐增大，但出口仍然是制造业的重要支柱。对出口的分析中，主要关注海外的需求情况。如果海外经济较好，需求强劲，我国出口数据大概率也表现亮眼。观察海外经济，主要从我国的几大出口国别的 PMI 角度，包括美国 PMI、欧盟 PMI、日本 PMI。海外 PMI 一般领先我国出口数据 1～2 个季度（见图 19.23）。

OECD 综合领先指标是指一系列引导经济循环的相关经济指标和经济变量的加权平均数，它主要用来预测整体经济的转变情况，以及预测未来数月的经济趋

(1) 2022年4月全国进出口总值表（美元值）

发布时间：2022-05-09 10:02　文章来源：海关总署　【字体：大 中 小】　下载　分享到：

单位：亿美元

项　目	4月	1至4月累计	当月环比%	当月同比%	1至当月累计同比%
进出口总值	4 961.2	19 757.8	-1.7	2.1	10.1
出口总值	2 736.2	10 943.5	-0.9	3.9	12.5
进口总值	2 225.0	8 814.2	-2.8	0.0	7.1
进出口差额	511.2	2 129.3	-	-	-

注：进出口差额值为“+”表示出口大于进口；为“-”表示出口小于进口。

资料来源：海关总署官网。

图 19.22　海关总署公布的进出口数据总量

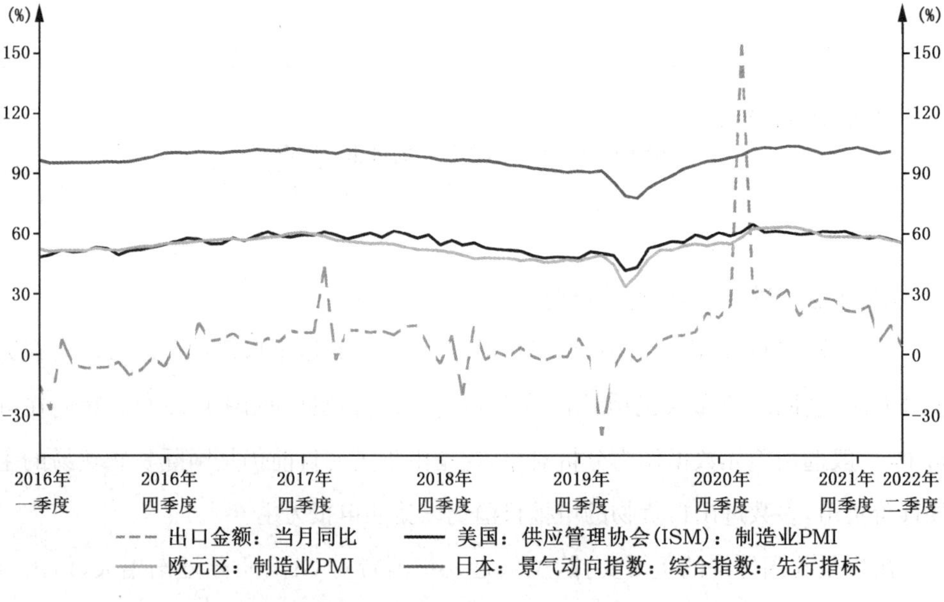

资料来源：Wind、湖南三湘银行。

图 19.23　海外经济领先我国出口数据

势。OECD综合领先指标是OECD(经济合作发展组织)用其33个会员国和6个主要非会员大国(包括中国、印度、印度尼西亚、巴西、俄罗斯、南非)的经济数据计算出的经济领先指标，旨在预测未来这些国家和地区的工业产出。我们可以用OECD综合领先指标观察海外经济的变化和趋势，预判我国出口未来的变化。

海外经济的走势是个比较大的话题，要展开需要大量篇幅，我们仅需从一些指标上了解海外经济的变化，从而大致判断我国的出口数据。

19.3.3　对外贸易指数

海关总署自2014年开始公布以人民币作为计价标准的对外贸易指数，包括三类：价值指数、价格指数和数量指数。价值指数与进出口金额变动一致，价格指数代表了单位商品价格的变动，数量指数代表了进出口商品数量的变动。价值指数大约等于价格指数与数量指数之和。

出口价值指数主要受数量的影响较大（见图19.24），而进口价值指数主要受价格的影响较大（见图19.25）。进出口价格指数的影响差异主要由我国进出口的结构决定。我国进口大宗资源占比较高，如铁矿石、原油、大豆等，但这些大宗商品定价权主要在国外，波动剧烈，所以进口价值指数受价格影响较大。

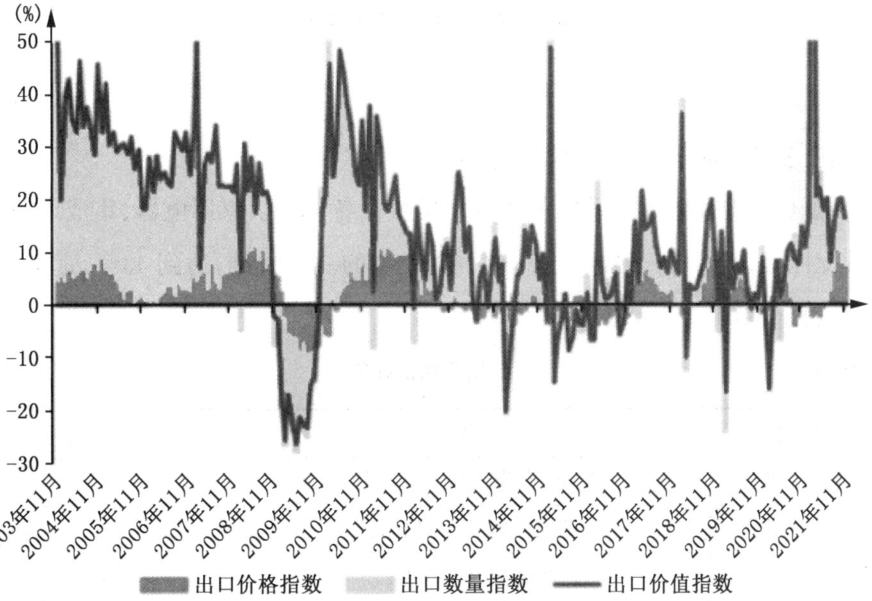

资料来源：Wind、湖南三湘银行。

图19.24　出口价值指数的分拆

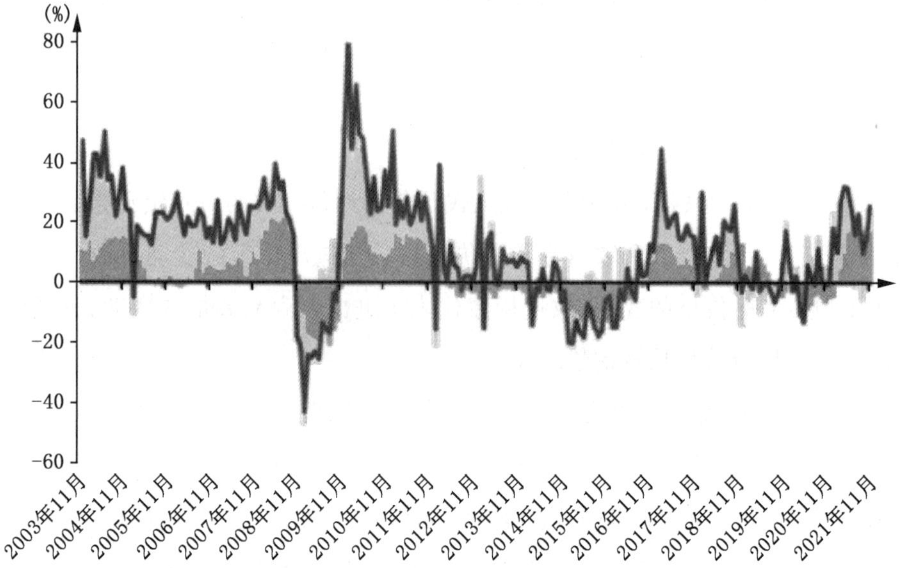

资料来源：Wind、湖南三湘银行。

图 19.25　进口价值指数的分拆

19.3.4　进出口数据结构分析

机电、音像设备及其零件包括通用机械设备、手机、家用电器、集成电路、汽车及其配件、显示屏等，是出口商品中占比最高的一个大类，达到 43%，远超其他类别(见表 19.10)。

表 19.10　　出口商品权重

类 别	名 称	权 重
第十六类	机电、音像设备及其零件	43%
第十一类	纺织原料及纺织制品	10%
第十五类	贱金属及其制品	8%
第二十类	杂项制品	8%
第六类	化学工业及其相关工业的产品	6%

资料来源：海关总署，湖南三湘银行整理。

海关总署会随着快讯一起发布重点商品分类的进出口金额，重点商品分类发布时间更早，更直观，是我们分析的重点。

机电产品在重点商品中占据绝对权重，其次是高新技术产品，但是要注意高新技术产品和机电产品有部分重合（见表19.11）。通过重点商品分析，我们可以判断出海外不同因素对于出口的影响，如2020年，海外疫情扩散，可以预见"纺织纱线、织物及制品"该商品类别金额会大幅提升，从而带动整个出口增速。

表19.11　　　　出口重点商品权重

名称	权重
机电产品	56%
高新技术产品	26.43%
服装及衣着附件	4.14%
纺织纱线、织物及制品	4.48%
塑料制品	3.22%
钢材	2.60%

资料来源：海关总署，湖南三湘银行整理。

进口重点商品见表19.12。机电产品中进口最多的是集成电路，占总进口比例的15%，受制于芯片技术，芯片一直牢牢占据我国近几年进口金额最大的分项。农产品中最大占比是大豆，占总进口比重的4%，受制于我国耕地资源紧张，我国目前大豆几乎全靠进口。

表19.12　　　　进口重点商品及权重

名称	权重
机电产品	39.12%
原油	15.38%
农产品	8.55%
铁矿砂及其精矿	5.20%
铜矿砂及其精矿	2.19%
煤及褐煤	1.66%

根据重点商品的进出口权重(见表 19.10 和表 19.13),可以计算出各个分项数据对于进出口增速的拉动指数,一般只需要分析占比前五项即可。

表 19.13　　进口商品权重

类 别	名 称	权 重
第十六类	机电、音像设备及其零件	30%
第五类	矿产品	25%
第六类	化学工业及其相关工业的产品	7%
第十五类	贱金属及其制品	6%
第十八类	光学、医疗等仪器;钟表;乐器	4%
第六类	化学工业及其相关工业的产品	6%

资料来源:海关总署,湖南三湘银行整理。

进出口数据结构分析还可以分为贸易对象、贸易方式等,但对于利率债交易用处不大。对于利率交易来说,把握进出口总量及重点产品变动即可。

本章从支出法也就是需求的角度(包括消费、投资和出口)考量了经济的发展情况。下一章将从生产法角度也就是增加值角度看待经济的发展。

第 20 章

生产法下的经济数据

20.1 工业增加值

20.1.1 工业概况

根据《2017 年国民经济行业分类》,我国经济分为 20 个门类:(1)农林牧渔业;(2)采矿业;(3)制造业;(4)电力、热力、燃气及水生产和供应业;(5)建筑业;(6)批发和零售业;(7)交通运输、仓储和邮政业;(8)住宿和餐饮业;(9)信息传输、软件和信息技术服务业;(10)金融业;(11)房地产业;(12)租赁和商务服务业;(13)科学研究和技术服务业;(14)水利、环境和公共设施管理业;(15)居民服务、修理和其他服务业;(16)教育;(17)卫生和社会工作;(18)文化、体育和娱乐业;(19)公共管理、社会保障和社会组织;(20)国际组织。

其中工业包括三个门类:采矿业,制造业和电力、热力、燃气及水生产和供应业。

第一产业包括农林牧渔业。

第二产业包括工业和建筑业。注意,建筑业不是工业但是在第二产业里面。

第三产业包括剩余 16 个门类。

20.1.2　工业增加值核算过程

工业增加值的核算采用的是推算方法，主要原因是月度的时效性数据难以获取，如月度的财务费用、摊销等数据，这些数据一般在计算年度工业增加值时可以获得，但月度的产量和总产值这些数据容易获得，所以采用推算法。

工业增加值的计算公式为：

$$工业增加值=工业总产值\times上年度各行业增加值率$$

其中，“上年度各行业增加值率”由“工业企业成本费用年报”计算得来，包括折旧、职工薪酬、税费等。基于这些数据，统计局可以直接计算出各企业的增加值，从而得出分行业工业增加值与工业总产值的比例，即工业增加值率。

“本月的工业总产值”数据从企业联网填报的“工业产销总值及主要产品产量”中获取。

统计局在 2006 年 11 月之后就不再公布月度工业增加值的绝对值数据了，仅发布增速数据。

月度工业增加值数据调查范围只包括规模以上工业企业①，并不是全部企业。而且工业增加值是不变价格，而不是现价，剔除了价格影响因素。

20.1.3　工业增加值分析：产业链角度

根据原材料和终端消费的远近，将产业链划分为上、中、下游。

上游：主要从事初级资源开采，获得最原始的工业原料；

中游：将对初级产成品进行进一步加工，但不直接面向终端需求；

下游：产品往往直接面向消费，离终端需求更近。

从上、中、下游的划分，可以分析出总量的变化是由供给冲击还是需求收缩引起的。如 2021 年下半年大宗商品的价格疯涨，使得上游行业的工业增加值同比增速较快，但是由于下游需求较弱，使得上游难以向下游传导，表现出下游工业增加值增长乏力。

---

① 指主营业务收入≥2 000 万元的工业法人单位。

工业增加值的行业划分见表20.1。

表20.1 工业增加值的行业划分

上游行业		中游行业		下游行业	
行业	权重	行业	权重	行业	权重
非金属矿物制品业	6.70%	化学原料和化学制品制造业	6.6%	汽车制造业	5.8%
黑色金属冶炼和压延加工业	5.0%	电气机械和器材制造业	4.2%	计算机、通信电子设备制造业	5.6%
有色金属冶炼和压延加工业	3.5%	通用设备制造业	3.7%	农副食品加工业	4.5%
		金属制品业	3.8%	医药制造业	2.7%
		专用设备制造业	2.9%	食品制造业	2.1%
				纺织业	1.5%
				铁路、船舶、航空航天运输设备制造业	1.1%

20.1.4 工业增加值分析:出口角度

我国重点商品出口权重见表20.2。

表20.2 重点商品出口权重

名 称	权 重
机电产品	56%
高新技术产品	26.43%
服装及衣着附件	4.14%
纺织纱线、织物及制品	4.48%
塑料制品	3.22%
钢材	2.60%

在工业增加值行业中的电气机械和器材制造业,计算机、通信电子设备制造业和纺织业与出口数据高度相关(见图20.1)。

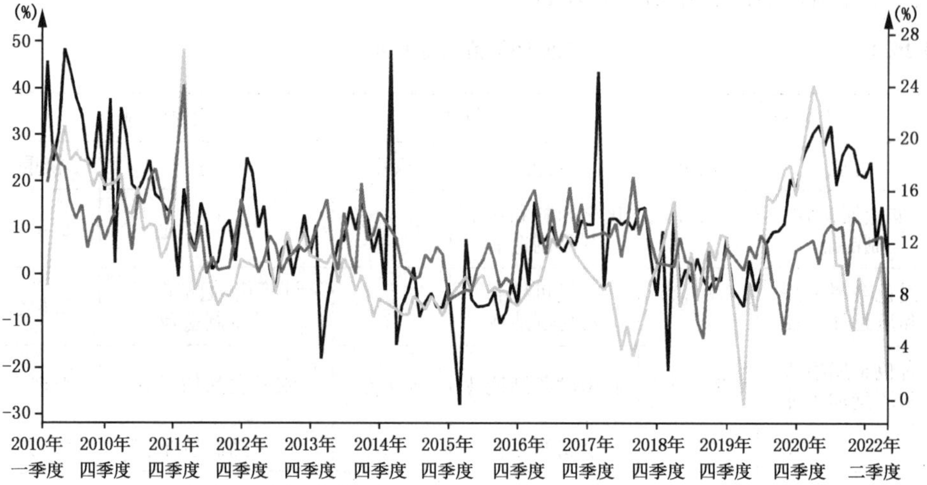

资料来源：Wind、湖南三湘银行。

图 20.1 出口增速与电气机械、计算机制造增速

20.2 从重点行业观察工业增加值

需要重点观察的行业为钢铁行业、汽车行业和化学原料及化学制品行业。

钢铁作为黑色金属的代表，在工业生产中有着不可替代的作用，无论是汽车制造业还是金属制品业等都离不开钢材。钢铁行业高频数据见表 20.3。

表 20.3 钢铁行业高频数据

指标名称	公布频率	公布单位及获取渠道
高炉开工率(163 家)	周	根据新闻整理
日均产量：粗钢：重点企业(旬)	旬	钢铁业协会
日均产量：钢材：重点企业(旬)	旬	钢之家

资料来源：湖南三湘银行整理。

与汽车相关的高频数据见表 20.4。我们可以从汽车产业链出发观察汽车行业，如汽车配件作为汽车的上游产业，其生产情况与汽车生产密切相关。考虑到数据的可得性，市场一般会比较关注汽车轮胎(包括全钢胎和半钢胎)的生产情况。

表 20.4　　汽车行业高频数据

指标名称	公布频率	公布单位及获取渠道
开工率:汽车轮胎:全钢胎	日	中国橡胶信息贸易网
开工率:汽车轮胎:半钢胎	日	中国橡胶信息贸易网

资料来源:湖南三湘银行整理。

化学原料及化学制品行业作为中上游行业之一，在整个工业链条中具有极其重要的地位。化工行业高频数据见表 20.5。

表 20.5　　化工行业高频数据

指标名称	公布频率	公布单位及获取渠道	备　注
开工率:PX	日	Wind	PX 指对二甲苯，主要用作生产聚酯纤维和树脂、涂料、染料及农药的原料，也用作色谱分析标准物质和溶剂，也用于有机合成
PTA 开工率	日	隆众化工	PTA 指精对苯二甲酸，生产聚对苯二甲酸乙二醇酯(简称聚酯，PET)
装置负荷率:涤纶短纤	日	钢之家	涤纶短纤主要用于纺织行业

资料来源:湖南三湘银行整理。

本章主要介绍了工业增加值的经济指标，至此经济数据的相关指标就介绍完毕。下章开始介绍通货膨胀的相关数据，主要是 CPI 和 PPI。

第 21 章

与通货膨胀有关的经济数据

21.1　居民消费价格指数（CPI）

21.1.1　居民消费价格指数概况

居民消费价格指数(Consumer Price Index,CPI)是反映城乡居民家庭购买并用于日常生活消费的一篮子商品和服务项目价格水平随时间而变动的相对数。居民消费价格水平的变动率在一定程度上反映了通货膨胀(或紧缩)的程度。编制居民消费价格指数的目的,是了解全国各地价格变动的基本情况,分析研究价格变动对社会经济和居民生活的影响,满足各级政府制定政策和计划、进行宏观调控的需要,以及为国民经济核算提供参考依据。

统计局每月 9—10 日 9:30 公布上一月 CPI 数据。

21.1.2　CPI 编制过程

(1)确定一篮子商品和服务

CPI 并非包罗万象,覆盖我们生活中的方方面面,而是由统计局统计的在一段时间内(基期)一部分居民的一篮子商品和服务的价格变动水平。

最近一次基期 CPI 的一篮子商品和服务包含 8 个大类,268 个基本分类,明细见表21.1。

表21.1　　CPI分类

一级分类	二级分类
食品烟酒	粮食、食用油、鲜菜、畜肉类、水产品、蛋类、奶类、鲜果、卷烟、酒类
衣着	服装、鞋类
居住	租赁方房租、水电燃料
生活用品及服务	家用器具、家庭服务
交通通信	交通工具、交通工具燃料、交通工具使用和维修、通信工具、通信服务、邮递服务
教育文化娱乐	教育服务、旅游
医疗保健	中药、西药、医疗服务
其他用品及服务	

资料来源:湖南三湘银行整理。

(2)确定各类商品和服务的权重

统计局没有公布各类商品和服务的明细权重,但在统计局每个月发布的通货膨胀数据通稿中,会公布一些分项对于CPI的拉动数据,这是我们推算权重的线索。基于公式"某一分项对CPI同比(环比)的拉动率=该分项同比(环比)增速×权重",我们能够推算出该分项在CPI中所占的权重(见表21.2)。比如6月通稿中提到,"猪肉价格同比连续9个月下降,上半年平均下降19.3%,影响CPI下降约0.45个百分点",据此可以判断猪肉价格的权重为2.3%(0.45%÷19.3%)。

表21.2　　CPI分项权重

一级分类	二级分类
食品烟酒(30%)	粮食、食用油、鲜菜、畜肉类(4.15%,其中猪肉2.3%)、水产品(1.83%)、蛋类(0.56%)、奶类、鲜果、卷烟、酒类
衣着(6.5%)	服装、鞋类
居住(22.1%)	租赁方房租、水电燃料
生活用品及服务(4.50%)	家用器具、家庭服务
交通通信(11.2%)	交通工具、交通工具燃料、交通工具使用和维修、通信工具、通信服务、邮递服务

续表

一级分类	二级分类
教育文化娱乐(13.6%)	教育服务、旅游
医疗保健(11.2%)	中药、西药、医疗服务
其他用品及服务(0.9%)	

资料来源:湖南三湘银行整理。

(3)统计对搜集价格计算环比和同比

CPI 环比=(商品篮子中的各项在 t 的价格×基期的消费量)/(商品篮子中的各项在 $t-1$ 的价格×基期的消费量)

CPI 同比=(商品篮子中的各项在 t 的价格×基期的消费量)/(商品篮子中的各项在 $t-12$ 的价格×基期的消费量)

(4)基期的轮换

价格指数有拉式指数和帕氏指数两种:

拉氏指数=(各类商品当期的价格×各类商品基期的数量)/(各类商品基期的价格×各类商品基期的数量)

帕氏指数=(各类商品当期的价格×各类商品当期的数量)/(各类商品基期的价格×各类商品当期的数量)

拉氏指数与帕氏指数相比,优点是用基期数量作权重,减弱了权重变动对指数的影响,从而增加了数据的可比性。缺点则是不能反映数量的变动。同时,由于拉氏公式忽略了价格上涨后的替代效应,即一篮子的商品价格上涨后,消费者可以选择别的商品来替代,因此拉氏公式倾向于高估 CPI。

由于我国经济的快速发展,居民的消费习惯在快速发生变化,如多年前的 BP 机、固定电话的消费和权重都发生了极大的变化,为了让一篮子商品更准确地反映居民最新的消费结构情况,统计局会定期更新一篮子商品和服务。

我国 CPI 五年进行一次基期轮换,最新一轮更换在 2021 年,即 2021 年重新编制和发布以 2020 年为基期的价格指数。基期轮换分别调整"固定篮子"中商品和服务的范围、分类方法和权重,使 CPI 调查所涉及的商品和服务更接近居民消费结构。此次调整由 262 个基本分类增加到 268 个,增加了外卖、母婴护理服务、新能源小汽车、可穿戴设备、网约车费用。食品烟酒、衣着、教育文化娱乐、其他用品及服务权数约比上轮分别下降了 1.2、1.7、0.5 和 0.4 个百分点，居住、交通通信、医疗保健权数比上轮分别上升了约 2.1、0.9 和 0.9 个百分点，生活用品及服务权数变动不大。

21.1.3 翘尾和新涨价因素

CPI 同比可拆分为翘尾和新涨价因素。根据定义，CPI 同比指的是典型消费者所购买的一篮子商品和服务，价格相对于上一年相同月份的变动情况。价格变化包括两部分，一是上年这个月到上年 12 月的价格变化，二是当年 1 月到当年这个月的价格变化。前者就是翘尾因素，反映了上一年商品和服务价格变动对 CPI 同比的影响。后者就是新涨价，反映了当年商品和服务价格变动对 CPI 同比的影响。

以某年 9 月全国 CPI 为例。翘尾因素是去年 10 月到去年 12 月价格的变动，这 3 个月的全国 CPI 环比分别为 0.2%、−0.3%和 0.0%，可以计算出翘尾因素的影响为−0.10%[(1+0.2%)×(1−0.3%)×(1+0.0%)−1]。

新涨价是当年 1 月到 9 月价格的变动，这 9 个月的全国 CPI 环比分别为 0.5%、1.0%、−0.4%、0.1%、0.0%、−0.1%、0.4%、0.7%和 0.9%，可计算得新涨价因素的影响为 3.13%[(1+0.5%)×(1+1.0%)×(1−0.4%)×(1+0.1%)×(1+0.0%)×(1−0.1%)×(1+0.4%)×(1+0.7%)×(1+0.9%)−1]。

翘尾因素−0.10%加上新涨价因素 3.13%是 3.03%，和公布的 9 月 CPI 同比 3.0%一致。

21.1.4 猪肉与 CPI

猪肉在 CPI 中的权重占比最高，也是 CPI 项目中波动最大的一项。其标准差大约是食品烟酒项的 9 倍，是交通通信项的 18 倍。因此，猪肉价格是阐释 CPI 波动原因的主要因子。从历史走势看，猪肉价格和 CPI 的变动方向也基本一致，相关性接近 0.7(见图 21.1)。

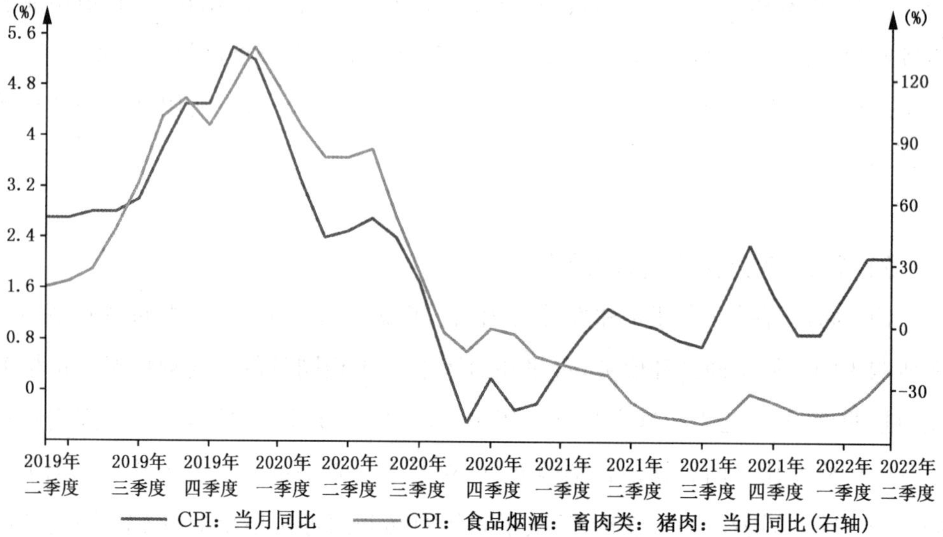

资料来源：Wind、湖南三湘银行。

图 21.1　猪肉价格与 CPI 走势基本一致

(1)猪周期

生猪价格和生猪供应之间的关系可用蛛网模型解释，即生猪当期供应量取决于前一期的生猪价格，而当期需求量取决于当期的生猪价格，因此生猪价格难以形成趋势性的上涨或下跌。由于生猪当期供应量会受到前一期生猪价格的影响，即养殖户会根据利润情况灵活调整产量，且生猪具有其自身的生长周期，因此生猪价格的波动存在周期性，形成了“猪周期”。“猪周期”就是猪肉价格经历了波谷—波峰—波谷的阶段(见图 21.2)。

把生猪价格变动和生猪的生长周期放在一起，就很容易理解“猪周期”的内在机理。生猪价格或猪肉价格表面看是当期供需决定的，但生猪价格的深层因素依然是其自身的生长周期。猪的生长周期决定了生猪价格的周期性波动，在更长时间维度影响猪价运行的方向和幅度。一般来说，一轮完整的猪周期会经历“生猪价格上涨→养殖利润增加→母猪存栏增加→生猪供应增加→生猪价格下跌→养殖利润下降→母猪存栏下降→生猪供应下降→生猪价格上涨”这样的过程。

(2)猪肉供给

任何商品的价格均由供需决定。由于我国饮食结构基本稳定，因此猪肉需求

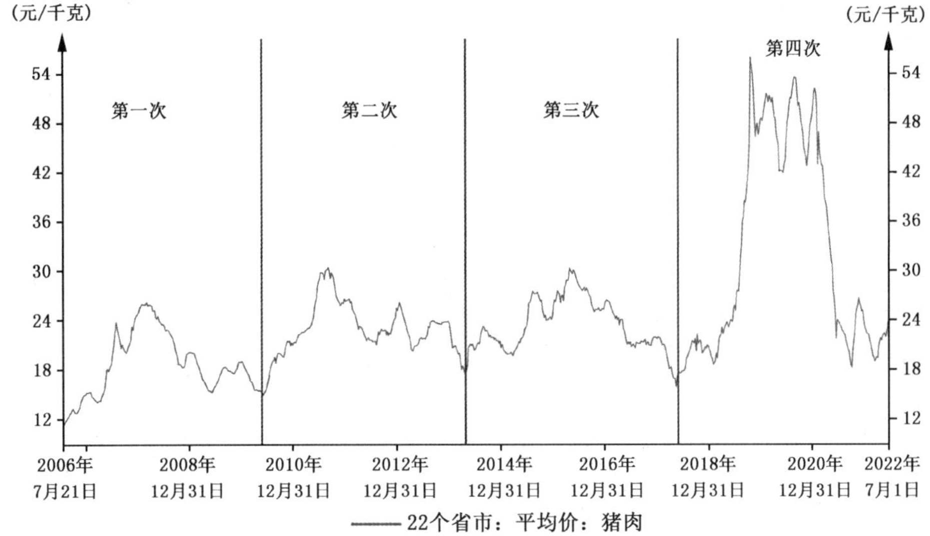

资料来源：Wind、湖南三湘银行。

图 21.2　四次猪周期

稳定，猪肉价格主要由供给决定。

猪肉供给主要从能繁母猪和生猪存栏量两个高频数据观察，其中能繁母猪到猪出栏一般要经历 10 个月，能繁母猪存栏量领先生猪存量，是猪肉供给的领先指标。

能繁母猪存栏量和猪肉价格在较长时间的范围内拟合程度较好(见图 21.3)。2022 年 4 月，我国能繁母猪仍达 4 100 万头，处于较高位置，未来猪肉供给压力仍然较大，本轮猪周期难言底部。

(3)猪肉价格预警机制

根据《完善政府猪肉储备调节机制 做好猪肉市场保供稳价工作预案》，发改委对于猪肉的预警机制见表 21.3。

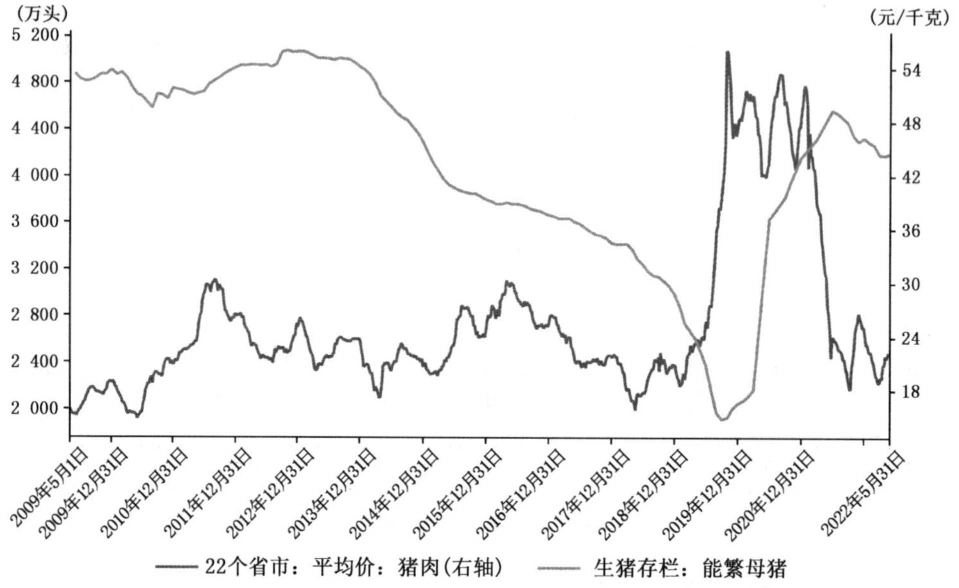

资料来源：Wind、湖南三湘银行。

图 21.3　能繁母猪存栏量领先猪肉价格

表 21.3　　发改委猪肉预警机制

	过度下跌预警		过度上涨预警	
	猪粮比*	能繁母猪存栏量	猪粮比	猪肉价格
三级预警	低于 6∶1	无要求	高于 9∶1	无要求
二级预警	连续 3 周处于 5∶1～6∶1	能繁母猪存栏量单月同比降低达到 5%或能繁母猪存栏量连续 3 个月累计降幅在 5%～10%	连续 2 周处于 10∶1～12∶1	或猪肉均价涨幅在 30%～40%
一级预警	低于 5∶1	能繁母猪存栏量单月同比降低达到 10%或能繁母猪存栏量连续 3 个月累计降幅超过 10%	高于 12∶1	或猪肉均价涨幅高于 40%

* 生猪价格与玉米价格比值。

资料来源：国家发改委官网，湖南三湘银行整理。

发改委收储条件：二级预警发布视情况启动；一级预警发布立即启动收储。

发改委放储条件:市场正常周期性波动情况下,过度上涨二级预警发布时启动储备投放;一级预警发布时加大投放力度;出现重大动物疫情,发布一级预警后,主要在重点时段集中组织投放。

生猪饲养过程中的饲料成本、仔畜成本占比较高。其中饲料成本主要是玉米、豆粕采购等,其价格走势受农产品整体波动影响较大。猪粮比作为养殖户盈利核心指标,也是发改委是否启动预警的重要指标。该指标每周公布一次,公布频率较高,可以作为高频观测指标之一。

21.1.5 核心CPI

为什么会再次编制核心CPI?

其一,因为从2012年开始,CPI的波动明显变小(见图21.4),或者说逐步变得温和,且经常和PPI产生背离。

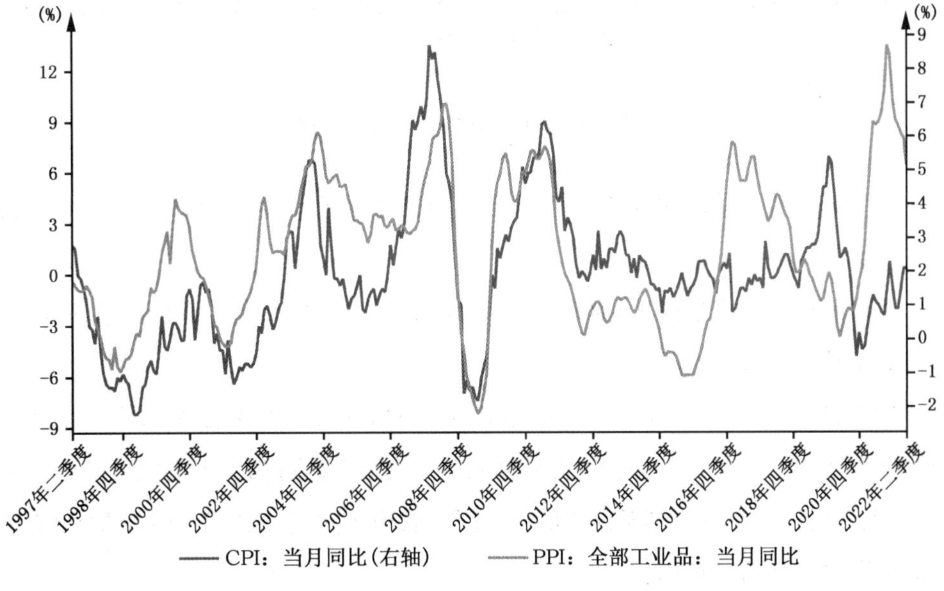

资料来源:Wind、湖南三湘银行。

图21.4 CPI波动变小

其二,CPI分项中与供给冲击联系的紧密成分较高,导致货币政策与CPI联系失真(见图 21.5)。分项来看,易受供给冲击的主要有:食品烟酒大类中的“食品”分项、居住大类中的“水电燃料”分项、交通和通信大类中的“交通工具用燃料”分项。上述几项的占比在 35%左右,整体占比不低。

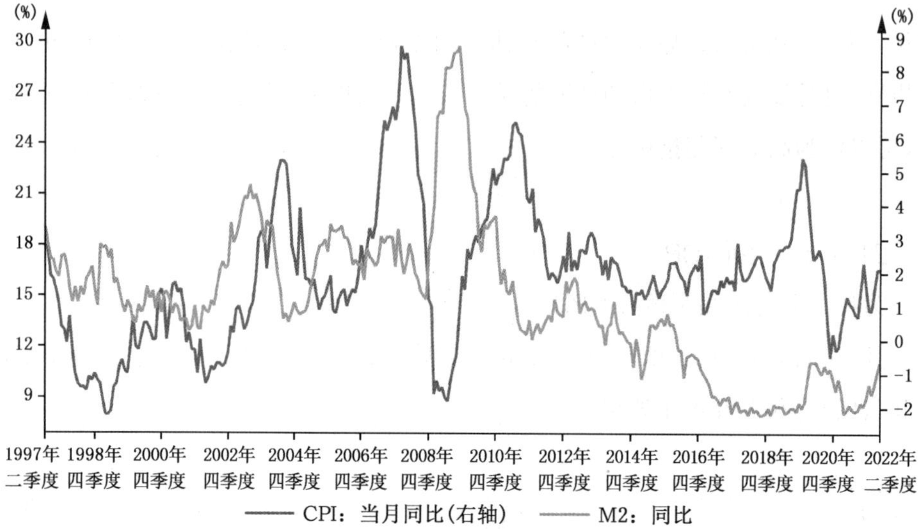

资料来源:Wind、湖南三湘银行。

图 21.5　CPI 与货币政策联系失真

但货币政策是总需求的政策,不会因为供给的波动而调整,所以 CPI 与货币政策变动方向失真。

要剔除供给方面的因素,加大 CPI 波动,使得 CPI 能够真实反映需求情况,所以编制了核心 CPI。

我国自 2013 年 1 月开始公布核心 CPI。我国扣除食品和能源的核心 CPI 调查统计主要扣除的是:第一大类“食品烟酒”中“食品”部分;第三大类“居住”细项中的“水电燃料”(具体应为其子项中的“液化气、管道天然气、煤气”);第五大类“交通和通信”中的“交通工具用燃料”。

将 CPI 替换为核心 CPI,其与 PPI 和 M2 拟合程度大幅提升(见图 21.6 和图 21.7)。

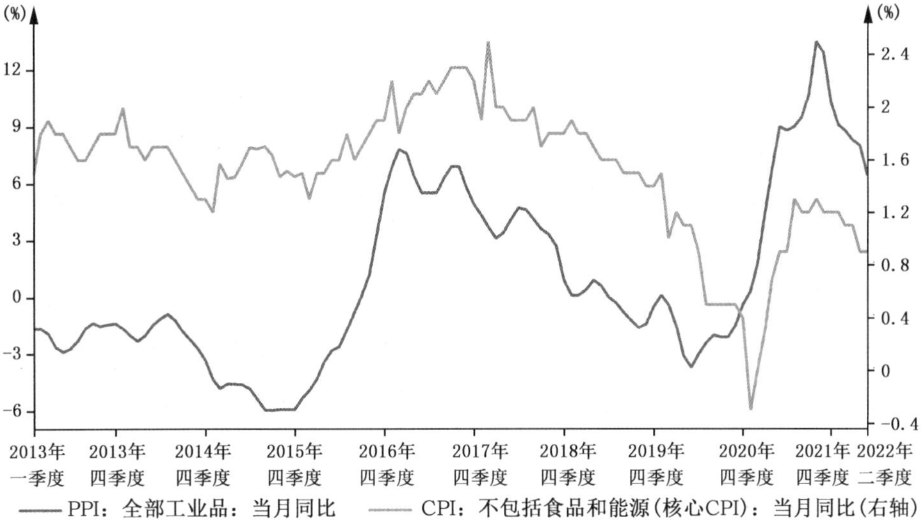

资料来源：Wind、湖南三湘银行。

图 21.6　核心 CPI 与 PPI

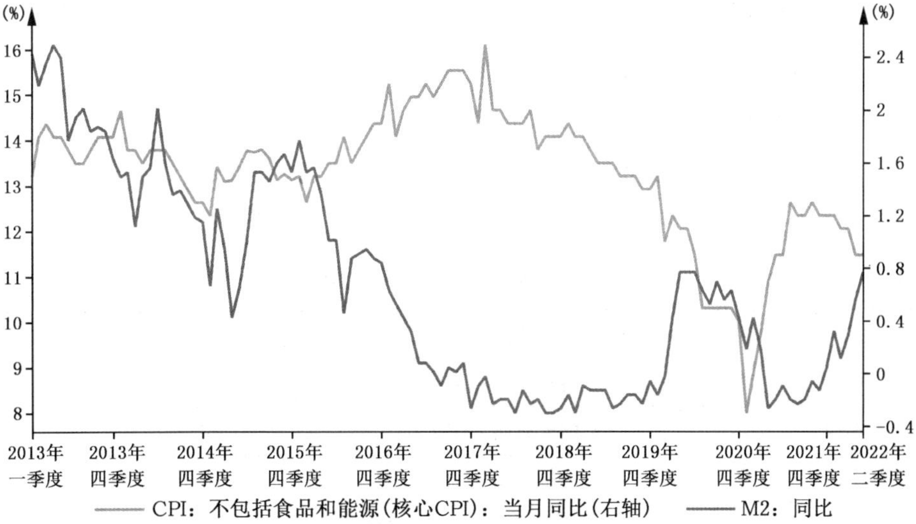

资料来源：Wind、湖南三湘银行。

图 21.7　核心 CPI 与 M2

21.1.6 预测 CPI

(1)历史均值法

从前面的翘尾和新涨价因素的分析可知,CPI 的同比数据就是各月环比数据的累乘。站在将要预测的当月,我们已经知道了前 11 个月的环比 CPI 数据,只要预测当月的 CPI 环比就能计算出当月 CPI 同比数据。

因为 CPI 存在明显的季节性,所以采用当月在过往几年的环比数据均值作为当月环比数据的预测数据。虽然该方法简单粗暴,但是实际拟合程度较好。注意,本方法只能预测近月数据,远月数据用到的环比估计值过多,误差较大。

站在 2022 年 5 月 16 日角度,以预测 2022 年 5 月数据为例:

2021 年 6 月至 2022 年 4 月的 CPI 环比数据分别为:−0.40%、0.30%、0.10%、0.00%、0.070%、0.40%、−0.30%、0.40%、0.60%、0.00%、0.40%,计算上述累乘的数额为 1.022 2%。

前五年 5 月环比 CPI 数据分别为:−0.20%、−0.80%、0.00%、−0.20%和−0.11%,平均值为−0.262%。

那么 5 月 CPI 同比数值=1.022 2%×(1−0.262%)=1.019 5%。

(2)高频数据法

CPI 主要分为食品项和非食品项两个大类,在食品项中有较多高频数据可以观测(见表 21.4)。

表 21.4　　食品项下高频数据

食品项	对应的高频数据	频率
猪肉	平均批发价:猪肉	日
羊肉	平均批发价:羊肉	日
牛肉	平均批发价:牛肉	日
鲜果	平均批发价:7 种重点监测水果	日
蔬菜	平均批发价:28 种重点监测蔬菜	日
蛋类	平均批发价:鸡蛋	日

资料来源:湖南三湘银行整理。

用上述高频数据作为解释变量，CPI食品项的环比数据为被解释变量，进行回归，获得回归方程后，将本月的高频数据代入后即可获得本月的CPI环比预测数据。

根据累乘法测算出CPI食品项的同比增速，然后根据历史均值法计算出CPI非食品项的环比数，再根据累乘法计算出CPI非食品项的同比数，最后根据权重计算出整体的CPI同比数额。

21.2 工业生产者价格指数（PPI）

21.2.1 PPI概况

工业生产者价格指数(Producer Price Index for Industrial Products，PPI)是工业品价格在某个时期内变动的相对数，包括工业企业售给本企业以外所有单位的各种产品和直接售给居民用于生活消费的产品，反映的是全部工业产品第一次出售时的出厂价格的变化趋势和变动幅度。

工业生产者价格指数包括工业生产者出厂价格指数和工业生产者购进价格指数。工业品购进价格指数(PPIRM)是用于反映作为中间投入的原材料、燃料、动力购进价格总水平的变动趋势和变动幅度的相对数。

21.2.2 PPI编制过程

(1)抽样

工业生产者价格调查采用重点调查与典型调查相结合的调查方法。国家统计局按月在全国各省(区、市)将全部年主营业务收入2 000万元以上的企业列为抽样对象，采用重点调查的方法选择调查企业；适当补充部分年主营业务收入2 000万元以下的企业，采用典型调查的方法选择调查企业。

工业生产者价格调查实行月报，调查日期为调查月的5日和20日。

(2)调查内容

调查公司需在每月5日、20日两次填写统计局发放“工业生产者出厂价格”和“工业生产者购进价格”两份问卷。

工业生产者出厂价格统计调查41个工业行业大类，207个工业行业中类，666

个工业行业小类的工业产品。根据我国工业企业产品的实际销售情况，从《统计用产品分类目录》中选定了20 000多种工业产品，并将其划分为1 638个基本分类。

工业生产者购进价格调查项目由上述出厂调查目录的大部分和部分农副产品两部分组成，包括10 000多种调查产品，确定为981个基本分类。

(3)计算

在得到了调查规格品a(即某个产品)的价格后，将同一月份不同日期、不同企业的同一规格品a进行算术平均，得到规格品a的月度平均价。然后以上月规格品a的月度平均价作为净值1，得出当月规格品的相对价格。

以分行业工业销售产值比重作为指数权重，加权汇总计算工业生产者出厂价格指数和购进价格指数。

21.2.3 二分法分析PPI

PPI依据二分法可以分为生产资料和生活资料两类(见表21.5)。生产资料是指出售给其他生产企业并用于生产的原材料和中间品，包括采掘、原材料及加工工业，生活资料是出售给居民用于消费的产成品，包括食品、衣着、一般日用品和耐用消费品。

表21.5　PPI分项

	大类	小类	占比
PPI(100%)	生产资料(75%)	采掘	4.5%
		原材料工业	20%
		加工	50.5%
	生活资料(25%)	食品	9%
		衣着	4%
		一般日用品	4%
		耐用消费品	6%

资料来源：湖南三湘银行整理。

生产资料波动大、权重高，是影响PPI的主要因素(见图21.8)。从图21.8可知，生产资料和PPI拟合极好，生活资料波动较小。

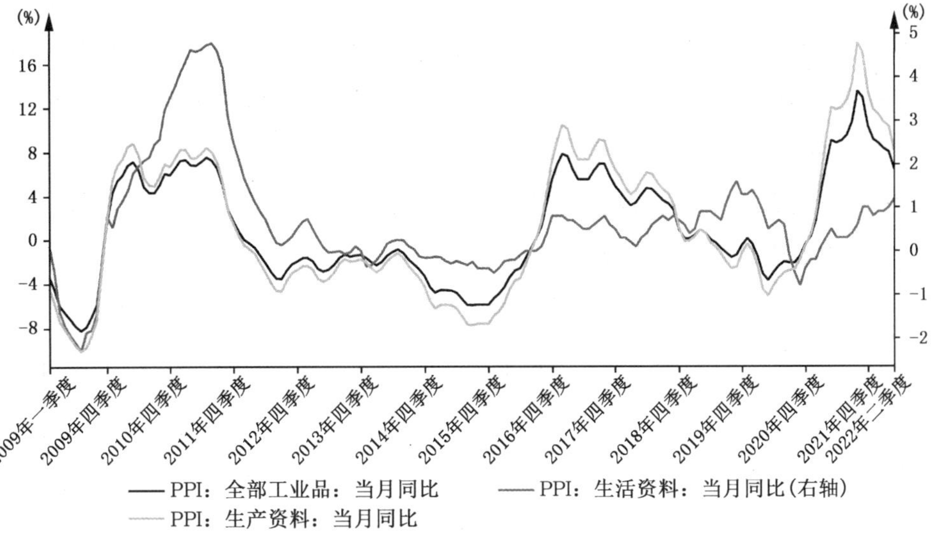

资料来源：Wind、湖南三湘银行。

图 21.8　PPI 主要受生产资料影响

从图 21.9 可知，生产资料的三个分项变动方向基本一致，但是采掘业波动较

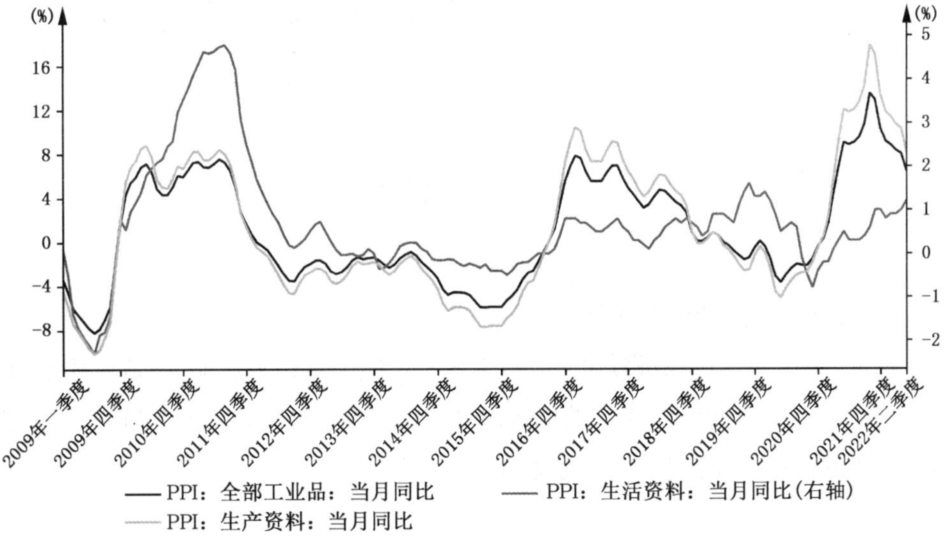

资料来源：Wind、湖南三湘银行。

图 21.9　PPI 生产资料分项变动

大，价格变动幅度大于 PPI 变动幅度的行业传导能力强，比如采掘业多数具备垄断优势，产品定价一般紧随外部大宗商品价格，且价格基本能够顺畅地向加工业传导。而在中国，越接近零售端的中下游，企业市场集中度越低，定价能力较差，买方市场特征突出。

同样，生活资料中各分项数据变动一致(见图 21.10)，但是食品分项变动幅度大，是影响生活资料的重要分项。

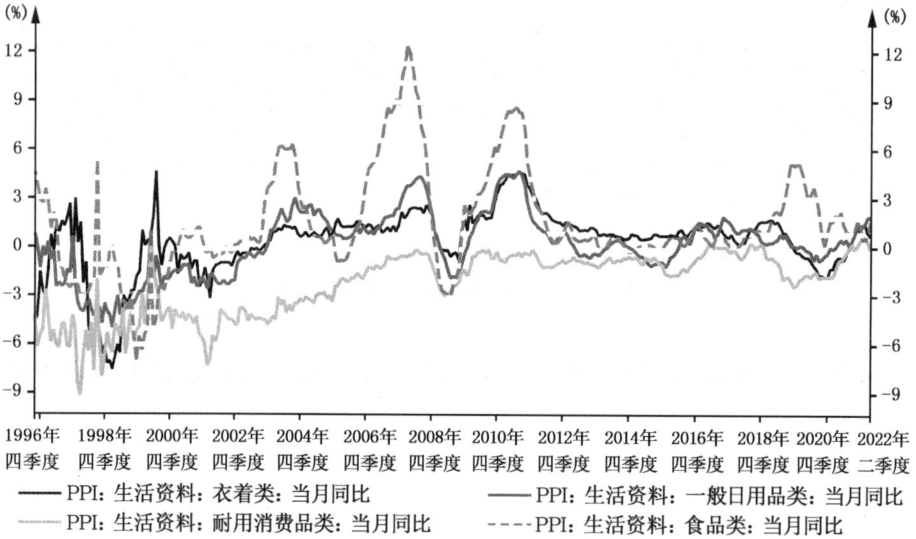

资料来源：Wind、湖南三湘银行。

图 21.10 PPI 生活资料中各分项数据波动情况

21.2.4 行业法分析 PPI

根据《2017 年国民经济行业分类》，工业三大门类包括采矿业、制造业和电力、热力、燃气及水生产和供应业。我们按照这三大门类结合上中下游、可选必选消费等不同维度进行 PPI 行业划分(见表 21.6)。

表 21.6　　PPI行业划分

一级分类	二级分类	三级分类	权重
采矿业		煤炭开采和洗选业	2.14%
		石油和天然气开采业	0.71%
		有色金属矿采选业	0.56
		黑色金属矿采选业	0.65%
		非金属矿采选业	0.49%
热力、燃气及水生产和供应业		电力、热力生产和供应业	5.10%
		燃气生产和供应业	0.57%
		水生产和供应业	0.17%
制造业	中游原材料	石油、煤炭及其他燃料加工业	4.23%
		化学原料和化学制品制造业	6.86%
		化学纤维制造业	0.77%
		橡胶和塑料制品业	2.49%
		非金属矿物制品业	5.00%
		黑色金属冶炼和压延加工业	6.50%
		有色金属冶炼和压延加工业	5.00%
		金属制品业	3.50%
	中游制造	通用设备制造业	3.80%
		专用设备制造业	3.00%
		电器机械及器材制造业	6.23%
	下游制造（可选消费）	汽车制造业	4.80%
		铁路、船舶、航空航天和其他运输设备制造业	1.35%
		计算机、通信和其他电子设备制造业	10.05%
	下游制造（必选消费）	农副食品加工业	4.82%
		食品制造业	2.00%
		酒、饮料和精制茶制造业	1.50%
		烟草制品业	1.20%
		纺织业	2.80%
		纺织服装、服饰业	1.80%
		木材加工和木、竹、藤、棕、草制品业	0.96%
		造纸和纸制品业	1.30%
		印刷和记录媒介复制业	0.70%
		医药制造业	2.35%

资料来源：湖南三湘银行整理。

主要看权重超过5%行业的变动，同时从该行业在上中下游的位置和可选必选消费情况，分析其对 CPI 的传导。

21.2.5　PPI 与 CPI 的关系

(1)PPI 向 CPI 的传导

从理论上看，PPI 的波动应该是会向 CPI 传导的。PPI 反映的是全部工业产品的出厂价格，而 CPI 反映的是一篮子消费品和服务的价格。理论上，价格水平的波动会先出现在生产领域，然后通过产业链逐步向下游传导，最后影响消费领域，即 PPI 会略微领先于 CPI。

PPI 影响 CPI 渠道：(1)PPI 生活资料直接影响 CPI。例如，面粉涨价(PPI 生活资料)影响面包出厂价格，消费者购买的面包涨价。

PPI 生产资料先影响 PPI 的生活资料，再影响 CPI。例如，煤炭等 PPI 生产资料价格涨价—电力价格上涨—生产面粉价格上涨—消费者购买的面包涨价。

PPI 是生产资料主导的，CPI 是生活资料主导的。只有在需求旺盛的情况下，PPI 向 CPI 传导才是顺畅的；如果需求不旺，那么 PPI 的涨价只能由企业自己消化，不能向 CPI 传导。

(2)PPI 与 CPI 背离

2014 年以前，PPI 向 CPI 传导较为顺畅，走势几乎同向(见图 21.11)，主要是因为我国经济整体处于需求驱动的“增量经济时代”。终端需求的旺盛，使得 PPI 的上涨带来的企业成本的上升，能够快速转移到消费者身上，从而导致 CPI 的上涨。

2014 年以后 CPI 和 PPI 呈现明显背离，PPI 长期处于低位徘徊，但是 CPI 由于猪周期的拉动呈现高位震荡。2021 年 PPI 由于海外大宗商品的快速上涨，达到了历史高位，但是 CPI 处于猪周期的底部且需求较弱，使得 PPI 很难向 CPI 传导，从而挤压企业利润。

2022 年年初，由于大宗商品价格的震荡下行，PPI 从 13.5%的历史高位下行至 8%附近，而 CPI 由于度过了猪周期的底部且上海等地的疫情使得食品价格上涨，CPI 呈现温和上涨态势，PPI 与 CPI 剪刀差在迅速收窄。

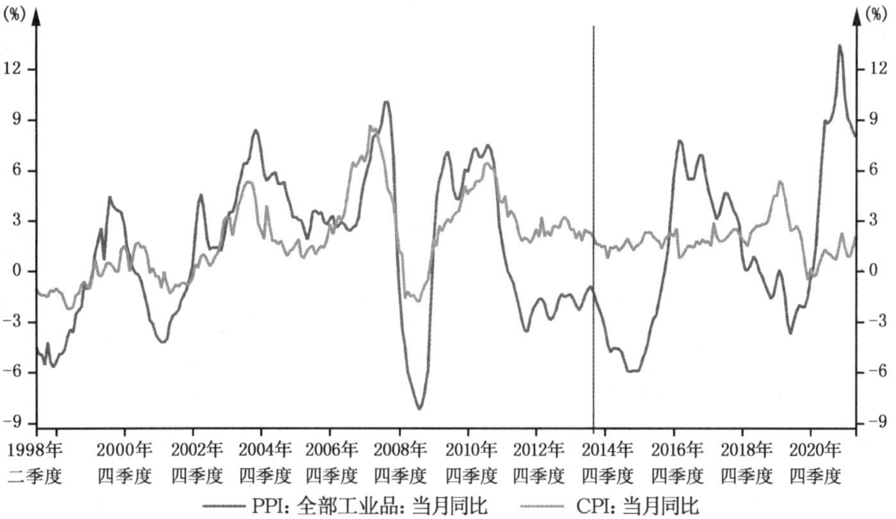

资料来源：Wind、湖南三湘银行。

图 21.11　PPI 与 CPI 走势

21.2.6　PPI 预测

CPI 月度环比数据极易受假期、气候、风俗习惯和政策等多因素影响，所以呈现明显的季节性规律，这是在 CPI 预测中运用历史均值的重要前提。但是 PPI 主要受大宗商品价格、油价、供求决定，不具有很明显的季节规律（见图 21.12），所以历史均值法不适用于 PPI 预测。

根据前文分析，我们知道影响 PPI 重要的是生产资料分项，生产资料分项受大宗商品等影响较大。我们选取了南华工业品指数、生产资料价格指数（商务部）、CRB 综合指数与 PPI 进行拟合。PPI 与上述三个指标的相关系数分别为 0.92、0.46、0.60。对 PPI 环比和生产资料价格指数环比进行回归处理，拟合优度较高。而在获得回归方程之后，就可以通过生产资料价格指数简单预测当月的 PPI 环比指数。

本章主要介绍了通货膨胀相关数据，下章将介绍如何通过高频数据预测这些数据。

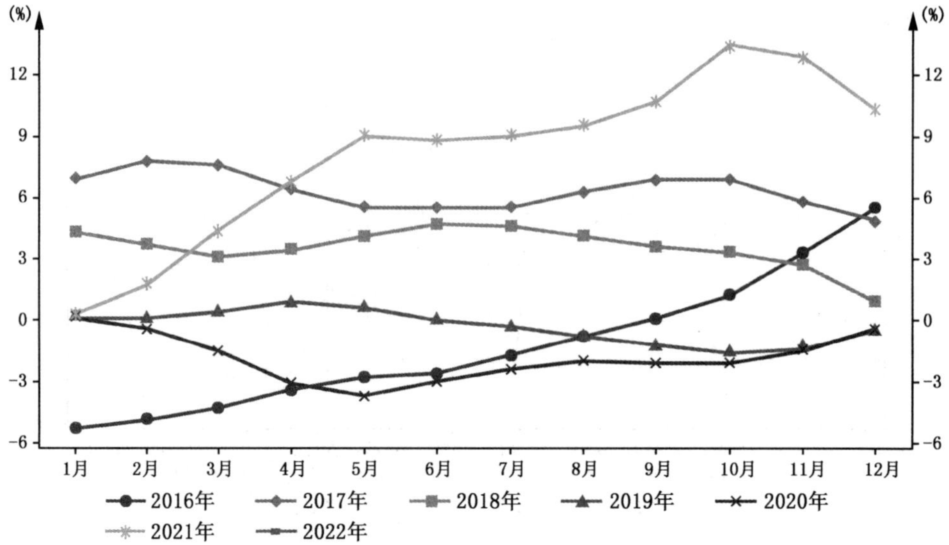

资料来源：Wind、湖南三湘银行。

图 21.12　PPI 不具备明显季节性走势

第22章

构建高频数据预测经济数据

利率交易追求时效性，但统计局、央行等机构定期公布数据多为月频，甚至是季频，具有滞后性，通常都是本月公布上月数据（PMI除外）。这就要求我们建立一套能够更早地观测上述指标变动的指标。通过高频数据，我们不是为了准确预测上述数据的准确性，只是为了观测趋势，做到心中有数，从而指导利率交易。

根据《中国人民银行法》，货币政策目标是保持货币币值的稳定，并以此促进经济增长。我们分析的两大方面就是经济增长和通货膨胀情况。后续我们就通过经济增长和通货膨胀两方面详细阐述如何构建高频数据库，观察各个指标的变化。

高频数据指标非常多，所以我们要明确构建高频数据库的几个原则，从而做到少数几个指标就可以较为精准描述该指标的变化。

（1）高频数据指标的频率要低于月频，可以为日频、周频或者双周频。

（2）高频数据指标和预测的指标有较高的相关性。

（3）高频数据指标有较好的获得性，有一些指标要购买，这里我们不考虑收费的高频指标，要基于免费获得且容易获得。

（4）高频数据指标要有可预见的持续性，很多前期有效的指标，近期都停止更新了。

本章是对高频数据指标的系统性整理,很多指标在本书的具体章节也已经叙述过。

22.1 与经济增长有关的高频数据指标

根据GDP的核算方法,分为生产法和支出法,我们对于高频数据指标也分为了生产端和需求端两个方面。

22.1.1 生产端的高频数据

这里我们主要预测的是工业增加值,工业增加值中各行业权重见表22.1。

表22.1 工业增加值各行业权重

上游行业		中游行业		下游行业	
行业	权重	行业	权重	行业	权重
非金属矿物制品业	6.70%	化学原料和化学制品制造业	6.6%	汽车制造业	5.8%
黑色金属冶炼和压延加工业	5.0%	电气机械和器材制造业	4.2%	计算机、通信电子设备制造业	5.6%
有色金属冶炼和压延加工业	3.5%	通用设备制造业	3.7%	农副食品加工业	4.5%
		金属制品业	3.8%	医药制造业	2.7%
		专用设备制造业	2.9%	食品制造业	2.1%
				纺织业	1.5%
				铁路、船舶、航空航天运输设备制造业	1.1%

资料来源:湖南三湘银行整理。

主要选择权重较高的几个行业(如汽车制造业、化学原料和化学制品制造业、非金属矿物制品业和黑色金属冶炼和压延加工业)的高频数据指标(见表22.2、表22.3和表22.4)。

表 22.2 钢铁行业的高频数据

指标名称	公布频率	公布单位及获取渠道
唐山钢厂:高炉开工率	周	根据新闻整理
日均产量:粗钢:重点企业(旬)	日	钢铁业协会
日均产量:钢材:重点企业(旬)	日	钢之家

资料来源:湖南三湘银行整理。

表 22.3 汽车行业的高频数据

指标名称	公布频率	公布单位及获取渠道
开工率:汽车轮胎:全钢胎	周	中国橡胶信息贸易网
开工率:汽车轮胎:半钢胎	周	中国橡胶信息贸易网

资料来源:湖南三湘银行整理。

表 22.4 化学原料和化学制品制造业高频数据

指标名称	公布频率	公布单位及获取渠道	备　注
开工率:PX	日	Wind	PX 指对二甲苯,主要用作生产聚酯纤维和树脂、涂料、染料及农药的原料,也用作色谱分析标准物质和溶剂,也用于有机合成
PTA 开工率	日	隆众化工	PTA 指精对苯二甲酸,生产聚对苯二甲酸乙二醇酯(简称聚酯,PET)
PTA 产业链负荷率:江浙织机	日	Wind	涤纶短纤主要用于纺织行业

资料来源:湖南三湘银行整理。

通过图 22.1 可知,钢铁行业的高频数据与黑色金属冶炼和压延加工业的趋势保持高度相关。

全钢丝轮胎用在货车、客车、公交车等载重大的车上;半钢丝轮胎用在轿车、皮卡车、商务车上。轿车等轻型车占据汽车销售量超过 70%,所以半钢胎的拟合度应该高于全钢胎(见图 22.2)。

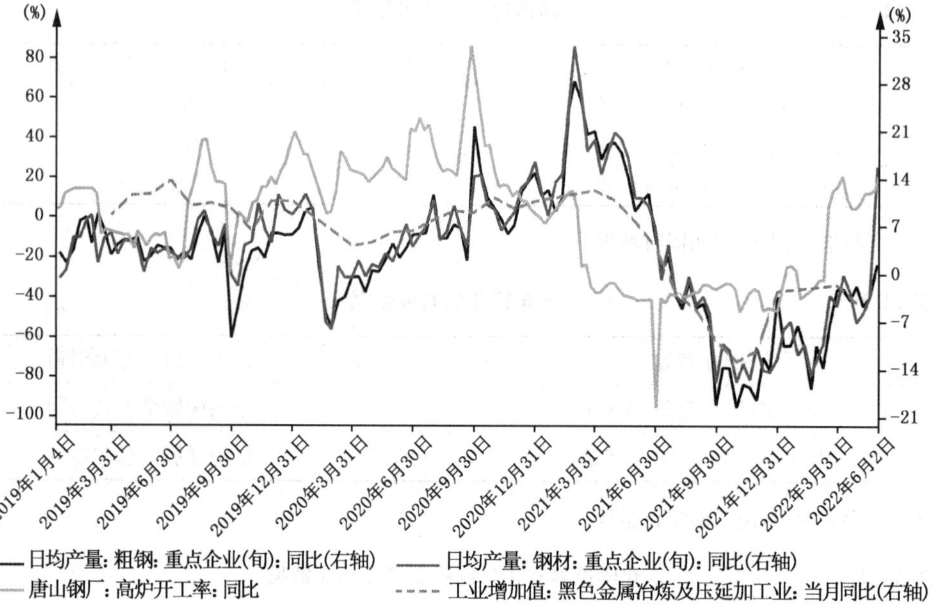

资料来源：Wind、湖南三湘银行。

图 22.1　钢铁行业高频数据与黑色金属冶炼和压延加工业增加值高度相关

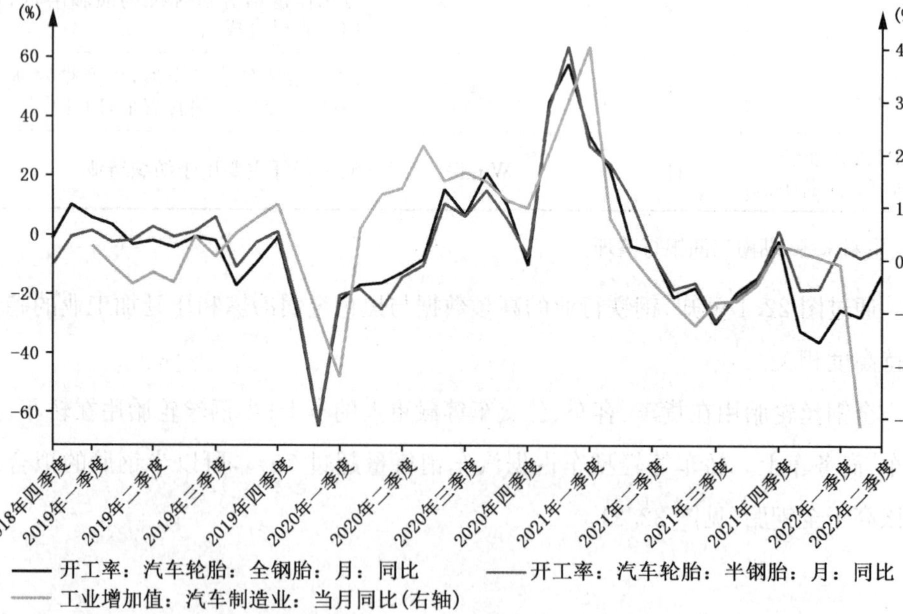

资料来源：Wind、湖南三湘银行。

图 22.2　轮胎开工率与汽车制造业增加值相关度较高

化工行业高频数据与工业增加值相关性见图22.3。

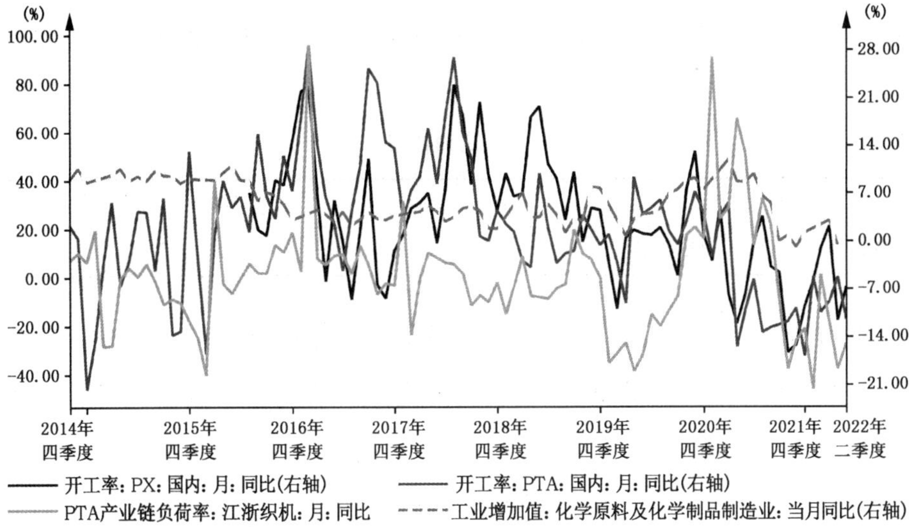

资料来源：Wind、湖南三湘银行。

图22.3　化工行业高频数据与工业增加值：化工行业的相关性

22.1.2　支出法下的高频数据

(1)消费：社会消费品零售总额

社会消费品零售总额各分项占比见表22.5。

表22.5　社会消费品零售总额各分项占比

可选消费		必选消费	
项目	占比	项目	占比
汽车类	28.4%	粮油食品类	15%
石油及其制品类	14.5%	饮料类	
家用电器和音箱器材类	6.6%	烟酒类	
化妆品类	2.06%	服装鞋帽、针纺织品类	9.80%
家具类	1.4%	日用品类	4.40%
金银珠宝类	1.9%	中西医药品类	4.30%
建筑及装潢材料类	1.50%		
文化办公用品类	2.30%		
通信器材类	3.50%		

资料来源：湖南三湘银行整理。

要观察社会消费品零售总额的变动，首要选取可选消费类别，因为必选消费波动小。而可选消费中，汽车类占比最高，石油及其制品类占比其次。但石油及其制品的消费量较为稳定，主要受价格的影响。所以观察商品消费的重要高频数据就是汽车销量(见表 22.6)。

表 22.6　　汽车高频数据

指标名称	公布频率	公布单位及获取渠道
当周日均销量:乘用车零售	周	乘联会

同时，随着第三产业占比逐渐提高，服务消费越来越重要，但是目前并没有较好的服务消费的高频数据供我们观察，我们只能选取一些综合的指标(见表 22.7)。

表 22.7　　服务业高频数据

指标名称	公布频率	公布单位及获取渠道
电影票房收入	日	电影协会
拥堵延时指数:北京	日	Wind
拥堵延时指数:上海	日	Wind
拥堵延时指数:广州	日	Wind
拥堵延时指数:深圳	日	Wind

资料来源:湖南三湘银行整理。

(2)投资:固定资产投资完成额

固定资产投资完成额按照类型可以划分为基建投资、制造业投资、房地产投资和其他投资，占比分别为 25%、30%、20%和 25%。其中，制造业投资较为稳定，房地产投资和基建投资波动较大。房地产和基建都有共同的上游行业(如水泥、螺纹、石油沥青等)。

浮法玻璃是平板玻璃的一种，广泛应用于玻璃门窗、汽车玻璃、制镜等领域，属于地产的后周期链条。

固定资产投资高频数据见表 22.8。

表 22.8 固定资产投资高频数据

指标名称	公布频率	公布单位及获取渠道
30大中城市:商品房成交面积	日	Wind
中国玻璃价格指数	日	Wind
浮法玻璃:产能利用率	日	Wind
水泥价格指数:全国	日	中国水泥网
100大中城市:成交土地总价	周	Wind
市场价:浮法平板玻璃	旬	国家统计局
开工率:石油滤清装置	周	Wind

资料来源:湖南三湘银行整理。

(3)出口:海关总署公布的进出口数据

中国出口商品大部分是通过航运方式出口,而航运业又大致可以分为集装箱运输、干散货运输和油轮运输三种形式。其中,集装箱运输主要运送机械设备、纺织服装、家电与玩具等制成品;干散货船主要运输大宗干散货,如铁矿石、煤炭、粮食等;油轮主要运输原油或成品油。

从中国的出口结构看,中国出口的商品以电子设备等工业制成品为主,主要采用的是集装箱运输。而这也意味着我们能够通过与集装箱运输相关的高频数据观测中国出口的现状。

CCFI和SCFI是由上海航运交易所发布的集装箱指数,前者是中国出口集装箱运价指数,后者是上海出口集装箱运价指数。上海港作为全国最大的集装箱港口,其运价数据具有足够的代表性。相较于CCFI,SCFI的波动更大,对于航运价格的变化更为敏感。从相关性看,SCFI同比与出口金额同比的相关性优于CCFI。

BDI为波罗的海干散货指数,能够较好地反映出全球经济走势。一般干散货船是用来运输工业原材料的,能够反映市场对工业原料的需求。在全球经济好转的背景下,工业生产恢复带动工业原材料运输行业景气度回升,从而使得干散货运输价格上涨,波罗的海干散货指数也就随之上升;反之,在经济下行的时候,市场对工业原料的需求减少,相应的波罗的海干散货价格指数也会随之下降。

出口高频数据见表22.9。

表 22.9 **出口数据高频指标**

指标名称	公布频率	公布单位及获取渠道
SCFI:综合指数。上海出口集装箱运价指数	周	上海航运交易所
CCFI:综合指数。中国出口集装箱运价指数	周	上海航运交易所
波罗的海干散货指数(BDI)	日	Wind

资料来源:湖南三湘银行整理。

22.2 与通货膨胀有关的高频数据指标

22.2.1 CPI

CPI 分项较多,要选取能够代表 CPI 走势的分项要遵循两个原则:一是波动大;二是权重高(见表 22.10)。

表 22.10 **CPI 分类权重**

一级分类	二级分类
食品烟酒(30%)	粮食、食用油、鲜菜、畜肉类(4.15%,其中猪肉 2.3%)、水产品(1.83%)、蛋类(0.56%)、奶类、鲜果、卷烟、酒类
衣着(6.5%)	服装、鞋类
居住(22.1%)	租赁方房租、水电燃料
生活用品及服务(4.50%)	家用器具、家庭服务
交通通信(11.2%)	交通工具、交通工具燃料、交通工具使用和维修、通信工具、通信服务、邮递服务
教育文化娱乐(13.6%)	教育服务、旅游
医疗保健(11.2%)	中药、西药、医疗服务
其他用品及服务(0.9%)	

资料来源:湖南三湘银行整理。

其中食品类占比较高,同时受猪周期影响,波动较大,是很好的高频数据指标(见表 22.11)。

表 22.11 CPI 高频数据指标

指标名称	公布频率	公布单位及获取渠道
平均批发价:猪肉	日	农业农村部
平均批发价:牛肉	日	农业农村部
平均批发价:羊肉	日	农业农村部
平均批发价:鸡蛋	日	农业农村部
平均批发价:鲜果(7 种重点检测)	日	农业农村部
平均批发价:蔬菜(28 种重点监测)	日	农业农村部

资料来源:湖南三湘银行整理。

22.2.2 PPI

PPI 是衡量工业企业产品出厂价格变动趋势和变动程度的指数,分为生产资料(采掘、原材料、加工)和生活资料(食品、衣着、一般日用品、耐用消费品)两大类。其中生产资料占比为 75%,是影响 PPI 的重要分项数据。

PPI 高频数据较为简单,商务部按周发布生产资料价格指数(见表 22.12),其对 PPI 拟合程度极好(见图 22.4)。

表 22.12 PPI 高频数据指标

指标名称	公布频率	公布单位及获取渠道
生产资料价格指数	周	商务部

资料来源:湖南三湘银行整理。

本章对重要的宏观数据进行了高频拆解,至此我们有了从周度频率观察经济走势和通货膨胀变化的手段。下章我们将介绍金融数据,主要是社融和货币供应的情况。

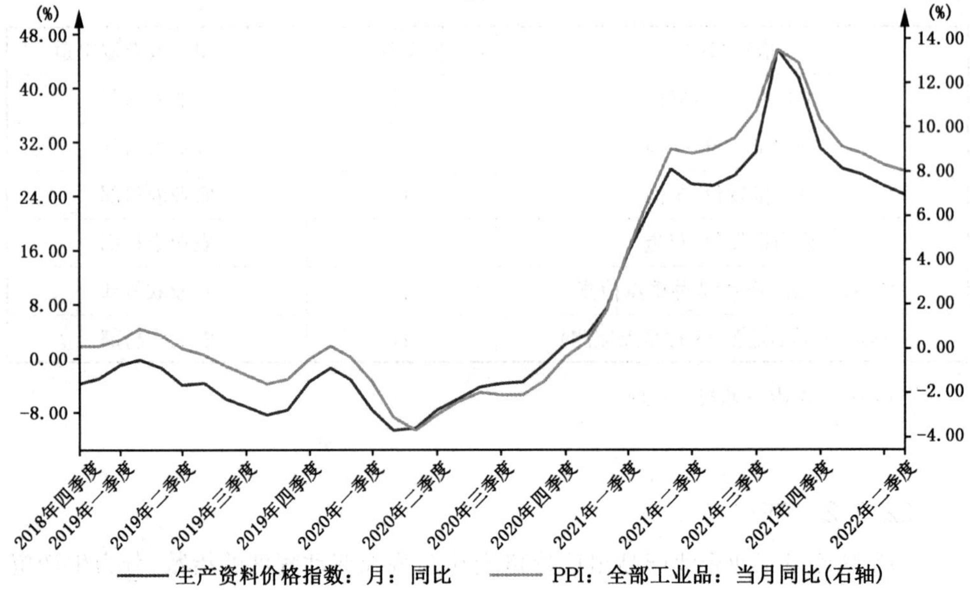

资料来源：Wind、湖南三湘银行。

图 22.4　PPI 走势与生产资料价格指数走势几乎同步

第 23 章

金融数据

从金融机构的资产负债表看，金融数据分为社会融资（简称社融）数据（包括人民币贷款数据）和货币供应量数据。根据货币信用派生的理论，社融与 M2 是一个硬币的两面，M2 本质就是社融的派生。

想要更好地理解社融和货币供应量的关系，就要深刻理解信用派生理论，这部分曾在与监管相关的章节详细介绍。

同时，金融数据是由央行编制的，数据来源为各金融机构报送的数据，所以金融数据具有很高的权威性、时效性，数据质量很高。

23.1 社会融资规模

社会融资规模是指实体经济从金融体系中获得资金的规模。

经济实体的发展离不开资金，只有资金给到位了，项目才能开工，才能带动需求。所以一般社融指标领先经济数据 1～2 个季度。

社融指标统计始于 2011 年，统计口径发生过几次变化，其中最重要的一次是在 2018 年 9 月，将地方政府专项债纳入社融中的“政府债券”。

23.1.1　社融数据口径

当月公布的社融分为存量和增量两个口径，这里注意增量社融是净额概念，也就是说当月增量社融＝实体经济当月从金融机构获得资金－当月偿还到期的资金。

上述公式中，当月偿还到期的资金包括“利息”。但是，目前很多实体都是通过“借新还旧”偿还到期债务，所以说随着债务水涨船高，利息会不断累积，占用新增社融，并推高社融存量。

我们常说的，“社融见顶”“社融见底”，并不是社融存量的见顶或见底，因为根据上文表述，社融存量数据一直是增加的，不会见顶或见底，我们常说的“见顶”是社融存量的同比见顶，也就是说社融存量增加的加速度变小了。

从图23.1可知，近一轮的社融周期“见顶”出现在2020年10月，社融周期“见底”出现在2021年9月。

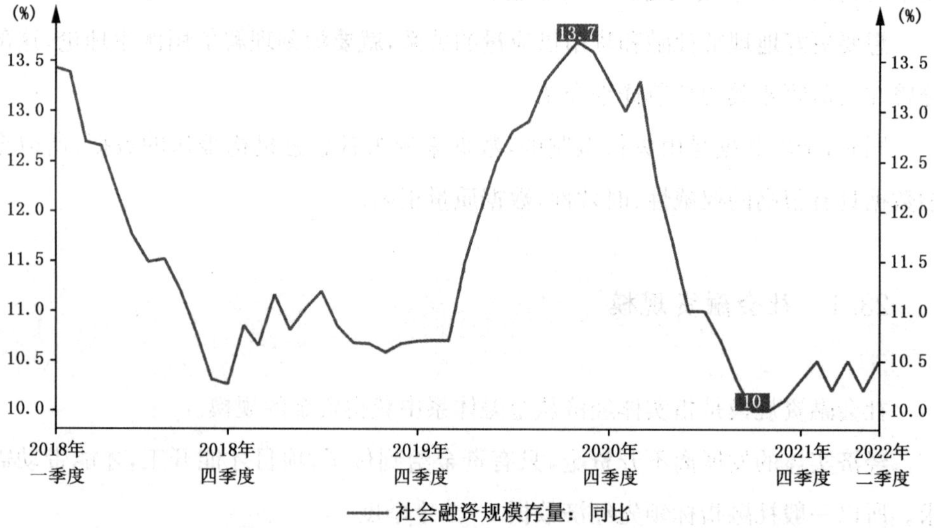

数据来源：Wind、湖南三湘银行。

图23.1　近期社融的顶点和底点

23.1.2 社融数据的总量分析

社融存在非常明显的季节性，1月、3月、6月、9月与11月会有明显扩张（见图23.2）。1月是年初，银行会极力谋求开门红，在1月放出去的贷款，能获得全年的利息收入；3月、6月、9月和11月是季末，银行为完成监管指标，有冲规模的需求。4月、5月、7月、10月和12月社融会比较小，尤其是12月，一方面是因为当年的信贷额度前期使用较多，另一方面储备项目为了下一年的开门红。

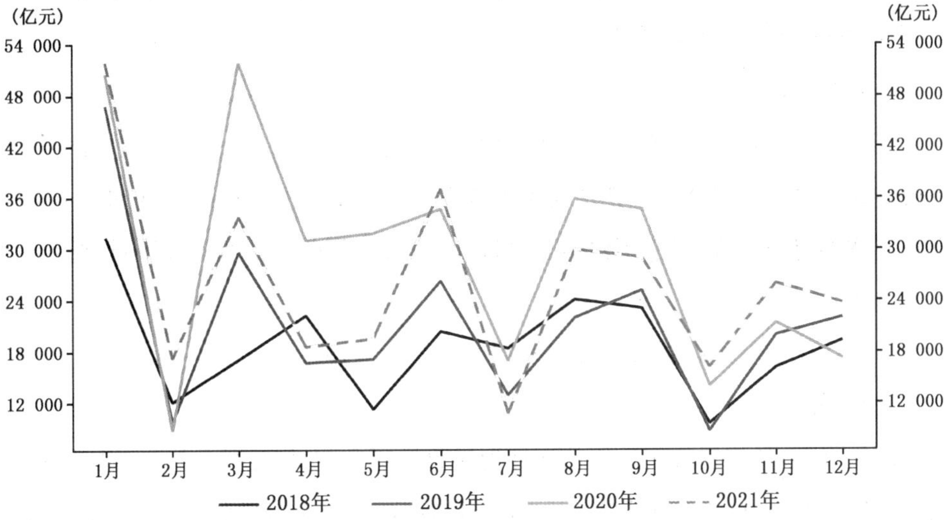

数据来源：Wind、湖南三湘银行。

图 23.2 社会融资规模增量数据存在非常明显的季节性

23.1.3 社融数据的结构分析

社会融资规模分为5大项和10小项（见表23.1）。下面将一一介绍各项的含义。

表 23.1 **社融数据分项权重**

序号	大项	小项
1	表内贷款(62.5%)	人民币贷款(62%)
		外币贷款(0.5%)

续表

<table>
<tr><th>序号</th><th>大项</th><th>小项</th></tr>
<tr><td rowspan="3">2</td><td rowspan="3">表外融资(3%)</td><td>未贴现承兑汇票</td></tr>
<tr><td>信托贷款</td></tr>
<tr><td>委托贷款</td></tr>
<tr><td rowspan="2">3</td><td rowspan="2">直接融资(15%)</td><td>债券(10%)</td></tr>
<tr><td>股票(5%)</td></tr>
<tr><td>4</td><td>政府债券(15%)</td><td>政府债券(15%)</td></tr>
<tr><td rowspan="2">5</td><td rowspan="2">其他(2.5%)</td><td>存款类金融机构支持证券</td></tr>
<tr><td>贷款核销</td></tr>
</table>

资料来源:湖南三湘银行整理。

(1)表内贷款

其中,人民币贷款占62%,是社融中占比最高的单项。社融口径下新增的人民币贷款与央行专门公布的新增人民币贷款口径是不同的。社融体现的是金融体系对实体部门的支持情况,不包括非银贷款,而央行公布的新增人民币贷款包含了非银贷款。

后文将详细叙述新增人民币贷款数据。

(2)表外融资

信托贷款,指信托公司运用信托计划吸收的资金,对信托投资计划规定的单位和项目发放的贷款,不列入信托公司资产负债表。2018年以前,新增信托贷款规模受融资需求影响明显,特别是基建和地产的融资需求,但资管新规实施后,由于政策影响较大,信托贷款新增持续为负(见图23.3)。

委托贷款,指企事业单位及个人作为委托人提供资金,由当地金融机构代为发放、监督使用并协助收回的贷款。2018年以前委托贷款通常是银行投资于城投、开发商、"两高一剩"企业的渠道,而自2018年委贷新规颁布后,要求资金来源不能是资管产品,同时银行不能代委托人确定借款人或提供担保,因此过去"假委贷、真非标"模式终结,新增委托贷款也自此持续为负。

未贴现承兑汇票波动较大,是影响表外融资的重要分项数据。

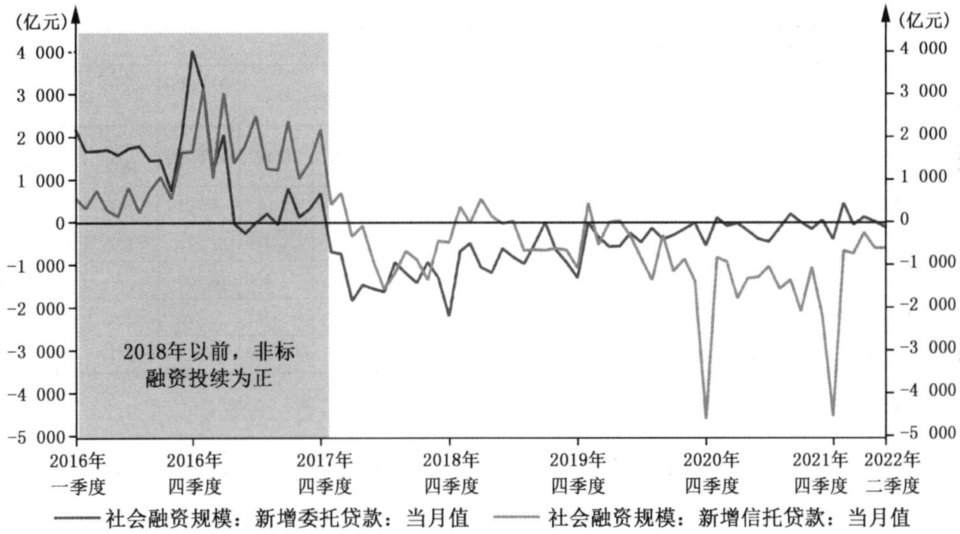

数据来源：Wind、湖南三湘银行。

图 23.3　信托贷款和委托贷款新增的变化

(3)直接融资

其中债券融资占比为 10%，是我们分析和预测社融的重要分项。这里的债券融资是指非金融企业债券发行的净融资额。债券融资中城投占比超过 70%，所以城投政策是影响债券融资的重要因素。

(4)政府债券

政府债券的发行节奏比较关键，例如 2022 年要求 8 月前将地方政府专项债全部发行完毕，对社融的支撑作用比较明显。

我们分析社融和新增人民币贷款都遵循一个原则：分析同比多增或者环比多增，观察多增是由哪些分项数据引起的，这些分项数据质量怎么样，后续会怎样(见表 23.2)。

表 23.2　　**社会融资规模及分项数据**　　单位:亿元

社会融资规模										
		表内融资(60%)	非标融资(7%)		直接融资(10%)			政府债券(16%)	其他	
	社会融资增量	人民币贷款	未贴现银行承兑汇票	信托贷款	委托贷款	股票	债券	政府债券	支持证券	贷款核销
2021 年 5 月	19 522	14 294	−926	−1 295	−408	717	−1 077	6 701	247	378
2022 年 4 月	9 102	3 616	−2 557	−615	−2	1 166	3 479	3 912	−102	1 580
2022 年 5 月	27 900	18 200	−1 068	−619	−132	292	−108	10 600		
5 月环节多增	18 798	14 584	1 489	−4	−130	−874	−3 587	6 688	102	−1 580
5 月同比多增	8 378	3 906	−142	676	276	−425	969	3 899	−247	−378

资料来源:Wind、湖南三湘银行。

例如 2022 年 5 月,社融新增 27 900 亿元,超预期新增,其中同比多增 8 378 亿元,人民币贷款贡献 3 906 亿元,政府债券贡献 3 899 亿元,债券贡献 969 亿元,其他分项数据波动不大。政府债券主要是由于 2022 年 5 月根据财政部要求,加快了地方政府专项债的发行节奏,而人民币贷款就要根据新增人民币贷款分项数据进一步分析哪几项的贡献。债券投资的同比多增主要是 5 月到期金额较小,但是城投债券的审批政策仍然较为严格,近期较难看到放松。整体来看,虽然 5 月社融同比多增 8 378 亿元,但都是短期因素使然,后续的持续性存疑。

23.1.4　重要的新增人民币贷款数据

根据借款主体的不同,新增人民币贷款数据可以划分为非银行业金融机构、企业和居民。

企业的中长期贷款是分项数据质量最高的一项,只有实体主体有较大融资需求或者认为经济未来向好时,才会加大 1 年以上贷款。

企业短期贷款和票据融资期限在 1 年以下,用于企业维持营运、偿还负债等,与企业中长期投资关系较小。若该部分占比较高,则信贷的质量偏差。

居民的中长期贷款主要为房贷,占比超过 80%。其余为个人中长期经营性贷款。

居民的短期贷款一般为信用卡、消费贷款和个人短期经营性贷款。

以 2022 年 5 月的新增人民币贷款数据为例:5 月新增人民币贷款同比多增了

3 900 亿元(见表 23.3),其中企业票据贡献 5 591 亿元,短期贷款贡献 3 286 亿元,而居民中长期贷款和企业中长期贷款成为拖累项,分别为 3 379 亿元和 977 亿元。通过上面分析可知,虽然 5 月的新增人民币贷款数据总量超预期,但主要由短期贷款和票据贡献,信贷数据的整体结构较差。

表 23.3 **金融机构新增人民币贷款及分项数据** 单位:亿元

金融机构新增人民币贷款									
	新增人民币贷款合计	借款期限		借款主体					
				非银行业金融机构	非金融性公司(企业)			居民	
		中长期贷款	短期贷款及票据	非银行业金融机构	中长期	短期	票据	短期	中长期
2021 年 5 月	15 000	10 954	2 700	624.00	6 528	−644	1 538	1 806	4 426
2022 年 4 月	6 454	2 047	1 957	1 379	2 652	−1 948	5 148	−1 243	−605
2022 年 5 月	18 900	6 598	11 611	461	5 551	2 642	7 129	1 840	1 047
5 月环比多增	12 446	4 551	9 654	−918	2 899	4 590	1 981	3 083	1 652
5 月同比多增	3 900	−4 356	8 911	−163	977	3 286	5 591	34	−3 379

资料来源:Wind、湖南三湘银行。

我们分析社融和新增人民币贷款都遵循一个原则:分析同比多增或者环比多增,观察多增是由哪些分项数据引起的,这些分项数据质量怎么样,后续会怎样。

23.1.5 票据融资

在社会融资规模中有未贴现承兑汇票分项,在新增人民币贷款中有票据融资分项,本节将详细阐述票据融资及二者区别。

首先,我们要理解什么叫承兑?

企业在经营中,如需购买一批生产资料,可以通过开立银行承兑汇票支付货款。例如,企业 A 需购买铁矿石 10 亿元,但资金有压力,可通过银行 X 开立银行承兑汇票 10 亿元支付货款,支付给其上游贸易商——企业 B。为了节约资金,企业很少开立 100%保证金的银行承兑汇票。开立银行承兑汇票往往有保证金比例要求,如 50%;剩余风险敞口需要走授信流程,通过授信额度来覆盖。本例子中,企业 A 向银行 X 存入 5 亿元,并通过综合授信审批获得授信额度,满足相关授信条件后,占用 5 亿元授信额度,银行 X 给其开出 10 亿元的银行承兑汇票。银行 X

也会收取很低比例的开票手续费。

再次，我们如何理解贴现？

票据贴现是指持票人在商业汇票到期日前，贴付一定利息将票据转让至具有贷款业务资质法人的行为。票据贴现也叫直贴，区别于银行之间的转贴现。比如，贸易商（即企业 B）拿到企业 A 开立的 10 亿元银行承兑汇票后，若流动资金充裕，则可等待银行承兑汇票到期获得承兑银行（即银行 X）付款 10 亿元。倘若资金有压力，便可通过银行贴现，如通过银行 Y 贴现，假设贴现利率 3%，期限 6 个月，贴现后获得 9.85 亿元。票据贴现过程中，贴现银行给持票人支付资金（类似放贷），因而会体现在贴现银行资产负债表上。票据贴现为银行表内业务，并计入贷款科目——票据融资。

最后，我们如何理解转贴现？

转贴现是指卖出方将未到期的已贴现票据向买入方转让的交易行为。转贴现限于金融机构之间，为已贴现票据在金融机构间的交易行为。从本质来看，转贴现只形成了前手以及承兑行对贴入行的承诺担保，贴入行获得票据及到期承兑行全额付款，没有形成同业资产或负债。转贴现明确计入贷款科目——票据融资，转贴现交易后，贴入行票据融资余额增加而贴出行票据融资余额减少相应金额。转贴现并不改变银行体系票据融资余额，相当于将未到期的已贴现票据在银行之间流转。因而，转贴现交易并不改变银行体系票据融资总量。

在票据的流转过程中，最重要的两个环节分别是承兑和贴现，二者分别计入社融中的未贴现银行承兑汇票和新增人民币贷款中的票据融资。因此商业银行可以通过加大票据的直贴、转贴现力度，实现狭义信贷额度“冲量”。当企业开票需求减弱、银行信贷投放压力增大时，票据供给减少，需求增加，买卖力量失衡便会导致利率出现大幅下行。

在转帖市场买入票据可以填补本月的信贷规模，如果当月监管部门下达的信贷指标压力较大，且在月末尚未完成，银行的票据部门会出来大量收跨月的票据。例如 2022 年 4 月 25 日，当日 7D 跨月票据的利率接近 0%，是系统能录入的最小值，据此也可以判断当月的社融数据较差。

23.1.6 社融的预测

本节挑选了债券、政府债券和人民币贷款几个分项数据，主要是这几个分项占比大、波动大、有高频数据，有利于观测。

(1)债券分项数据的预测

债券主要是非金融机构的债券融资，在 Wind 菜单的“债券专题——一级市场—债券发行与到期”有统计好的当月到期与新发情况，选取净融资即可。设置筛选条件时，注意在债券类型里面不要勾选同业存单、金融债等金融机构债券融资。

(2)政府债券分项数据的预测

政府债券的发行数据会提前一周在财政部官网上公示，故“政府债券”的分项数据可直接查询数据，具体查询路径为：Wind 菜单内“债券专题——一级市场—债券发行与到期”，筛选条件需选取国债和地方政府债，通过数据即可观察当月的净融资情况。

(3)人民币贷款数据的预测

人民币贷款数据的好坏可通过票据利率来观测。由于票据融资的特殊性，当普通贷款投放较差的情况下，各家银行对于票据买入需求较大，从而使得票据转贴现利率被打得很低。

票交所每天会公布各期限票据的利率，注意跨月期限的票据利率情况。如果临近月末的跨月期限票据利率被打得较低，就可以推测当月的新增人民币贷款数据较差。

通过上述三个分项数据的预测，结合去年同期的数据，就可以对当月的社融数据的好坏有个总体的概念。

23.2 货币供应量

货币供应量按照流动性不同，划分为 M0、M1 和 M2。

M0(流通中的现金)＝商业银行的库存现金和社会上的现金

M1(狭义货币)＝M0＋企业活期存款

M2(广义货币)＝M1＋城乡居民储蓄存款＋企业定期存款＋其他

M0 流动性最强,随时可以动用;M1 反映的是经济实体的现实购买力;M2 反映的是现实和潜在购买力。

为什么居民的活期存款计入 M2 而不是 M1?

由于国情特殊,我国居民储蓄意愿强烈,虽然个人活期存款具有很强的流动性,但是我国居民存款的目的在于储蓄及投资,因此计入 M2。随着移动支付手段的发达,这个趋势也在发生改变。

本章的金融数据是领先于实体经济的,只有金融数据复苏,实体经济才有足够的造血能力。我们下章将从经济景气度这一综合指标,整体把握经济的情况。

第 24 章

景气度指标

24.1 采购经理人指数（PMI）

24.1.1 PMI 概况

采购经理人指数(Purchasing Manager's Index,PMI)是一个综合指数,按照国际上通用的做法,由五个扩散指数即新订单指数(简称订单)、生产指数(简称生产)、从业人员指数(简称雇员)、供应商配送时间指数(简称配送)、主要原材料库存指数(简称存货)加权而成。

官方 PMI 是在本月最后一天(无论是否工作日)9:30 由国家统计局和中国物流与采购联合会联合发布,反映上月 26 日到当月 25 日的生产经营情况,是当月最先公布的月度经济数据,具有较强领先性,有助于我们对经济整体情况以及后续公布的经济数据形成预判。

24.1.2 官方制造业 PMI 编制过程

理解 PMI 关键是要弄懂 PMI 调查问卷(见图 24.1)。调查问卷 13 个分项问题含义如下:

(1)生产指数:本月主要产品的产量。

制造业采购经理调查问卷

统一社会信用代码： 组织机构代码： 单位详细名称：

01 生产量：贵企业本月主要产品的生产量比上月

□ 增加 □ 基本持平 □ 减少

02 订货量：贵企业本月来自客户的产品订货数量比上月

□ 增加 □ 基本持平 □ 减少

021 出口订货量：贵企业本月用于出口的产品订货数量比上月

□ 增加 □ 基本持平 □ 减少 □ 没有出口

03 剩余订货量：贵企业目前存有但尚未交付客户的产品订货数量比一个月前

□ 增加 □ 基本持平 □ 减少

04 产成品库存：贵企业目前主要产品的产成品库存数量比一个月前

□ 增加 □ 基本持平 □ 减少

05 采购量：贵企业本月主要原材料(含零部件)的采购数量比上月

□ 增加 □ 基本持平 □ 减少

051 进口：贵企业本月主要原材料(含零部件)的进口数量比上月

□ 增加 □ 基本持平 □ 减少 □ 没有进口

06 购进价格：贵企业本月主要原材料(含零部件)的平均购进价格比上月

□ 上升 □ 变化不大 □ 下降

061 在本月购进的主要原材料中，价格上升或下降的有哪些？(请按常用名称列示)

- 价格上升：__________
- 价格下降：__________

07 出厂价格：贵企业本月主要产品的平均出厂价格比上月

□ 上升 □ 变化不大 □ 下降

08 主要原材料库存：贵企业目前主要原材料（含零部件）的库存数量比一个月前

□ 增加 □ 基本持平 □ 减少

09 生产经营人员：贵企业目前生产经营人员的数量比一个月前

□ 增加 □ 基本持平 □ 减少

10 供应商配送时间：贵企业本月主要供应商的交货时间比上月

□ 放慢 □ 差别不大 □ 加快

101 下列各类原材料一般需要提前多少天订货？（不包括套期保值与投机商品）

- 国内采购的生产用原材料 □随用随买 □30 天 □60 天 □90 天 □6 个月 □1 年
- 进口的生产用原材料 □随用随买 □30 天 □60 天 □90 天 □6 个月 □1 年 □ 没有进口
- 生产或维修用零部件 □随用随买 □30 天 □60 天 □90 天 □6 个月 □1 年
- 生产用固定资产 □随用随买 □30 天 □60 天 □90 天 □6 个月 □1 年 □ 没有订货

102 在企业主要原材料中，本月出现供应短缺的有哪些？（请按常用名称列示）：__________

11 生产经营活动预期：贵企业在未来 3 个月内生产经营活动整体水平预计

□上升 □变化不大 □下降

12 贵企业目前在生产经营和采购过程中遇到的主要问题或困难是什么？（可多选）

① □ 资金紧张 ② □ 市场需求不足 ③ □ 原材料成本高

④ □ 物流成本高 ⑤ □ 劳动力成本高 ⑥ □ 融资难

⑦ □ 劳动力供应不足 ⑧ □ 人民币汇率波动 ⑨ □ 其他 （请具体说明）：__________

13 您对本行业或企业发展如何评价？有何建议？__________

填表人姓名： 职务： 电话： 报出日期：20 年 月 日

数据来源：国家统计局，湖南三湘银行整理。

图 24.1 采购经理调查问卷

(2)新订单指数：来自客户的订单情况。

(3)主要原材料库存指数：简称库存，主要原材料库存情况。

(4)从业人员指数：简称雇员，生产经营人员数量。

(5)供应商配送时间：简称配送，主要表明供应商配送时间的快慢，该指数越大，供应商配送时间越快，经济越差。这个逻辑很好理解，如果经济活动越频繁，那么需求和供给均较大，在配送环节的时间应该会拉长。供应商配送指数是逆指数，要用(100－供应商配送指数)×15%来参与 PMI 的计算。

在部分特殊时期，供应商配送指数会混淆 PMI 的读数。例如 2022 年 3 月，供应商配送时间指数为 37.2，说明供应商配送时间较慢，经济活力较强，但是真实情况并非如此。2022 年 3 月是因为上海疫情，导致供应链受阻，配送时间变慢，这恰恰说明经济活力下降，但是由于供应商配送时间指数的问题，使得 PMI 被高估。

例如 2022 年 6 月，供应商配送时间指数为 51.3，从读数角度看，说明供应商配送时间较快，经济活力一般，但如此解读会存在偏差。6 月配送指数上升较快，是因为前几月疫情的封控，6 月疫情影响较小，使得环比数据大幅提升，供应商配送时间较 5 月大幅缩短，6 月 PMI 被低估。

(6)新出口订单：本月用于出口的订单数量。

(7)进口：本月主要原材料进口数量。

(8)采购量：主要原材料采购数量。

(9)主要原材料采购价格：本月主要原材料平均购进价格。

(10)出厂价格：本月主要产成品平均出厂价格。

(11)产成品库存：目前主要产成品的库存数量。

(12)在手订单：目前存有但尚未交付客户的订单数量。

(13)生产经营活动预期：未来 3 个月内生产经营活动整体水平预计。

每个问题只有三个选项：增加、基本持平和减少。每个分类指数都采用扩散指数方法计算，即正向回答的企业个数百分比加上回答不变百分比的一半。

$$\text{分项指数}=\text{增加选项百分比}+\text{持平百分比}\times 0.5$$

为什么 50%是 PMI 枯荣线?

假设认为经济扩张的比例是 $A\%$，认为收缩的比例是 $B\%$，那么认为持平的就是 $(100-A-B)\%$。

$\text{PMI}=A\%+0.5\times(100-A-B)\%=50\%+0.5\times(A-B)\%$

当 $A=B$ 的时候，认为扩张和认为收缩的比例相同，此时 PMI=50%。

制造业 PMI=新订单指数×30%＋生产指数×25%＋从业人员指数×20%＋(100－供应商配送时间指数)×15%＋主要原材料库存×10%

构成 PMI 的只有 5 项指标，其他 8 项并不是构成 PMI 的指标。

24.1.3 非制造业 PMI

非制造业 PMI 同样通过调查问卷获得，共 10 个问题。包括：商务活动、新订单、新出口订单、在手订单、存货、投入品价格、销售价格、从业人员、供应商配送时间、业务活动预期。

其中商务活动是重中之重。非制造业 PMI 直接取商务活动指数，并不是由各个指数加权计算。这个是与制造业 PMI 指数的区别。

同时，非制造业 PMI 还包括建筑业 PMI 和服务业 PMI 两个子指数。

建筑业 PMI 主要取决于地产和基建；服务业 PMI 主要行业包括：电信广播电视卫星传输服务、货币金融服务、资本市场服务、保险、航空运输、道路运输、住宿、餐饮、居民服务、文化体育娱乐服务等。

24.1.4 PMI 几个关键问题

(1)PMI 是环比变化不是同比变化

从调查问卷就可以看出，每一个问题都是询问企业主本月较上月变化而不是去年同期变化。

(2)PMI 是扩散指数，不是绝对变化

PMI 读数大于 50，表明该项指标处于扩张状态，不代表绝对百分比变化。

(3)制造业 PMI 构成只有 5 项

官方制造业 PMI 由新订单、从业人员、生产、供应商配售时间、原材料库存 5 项构成，其余 8 项并非制造业 PMI 构成项目，但仍是分析经济获得的重要指标，具有很强的时效性。

(4)PMI 反映方向而非幅度

PMI 采用扩散指数计算方法，即正向回答企业的百分比数加上回答不变的百分比数的一半。因此，PMI 读数越高，仅说明有更多企业认为本月境况好于上月，并不能体现改善幅度。例如，A 样本中 30%的企业认为新订单增长了 10%，其余不变，那么 PMI 新订单指数为 65%；而 B 样本中 20%的企业认为新订单增长了 50%，其余不变，那么新订单指数为 60%。虽然 A 样本指数高于 B 样本，但是 B 样本增长幅度明显大于A样本。

24.1.5 官方PMI和财新PMI区别

财新PMI,由市场调查机构IHS Markit编制、财新传媒冠名。2015年8月之前由汇丰冠名,因此以前被称为汇丰PMI。

(1)发布时间不同

官方PMI数据一般为每月的最后一天公布,覆盖的期限实际上是上月25日至本月25日。财新PMI发布时间通常会晚1～3天(每个月的月初公布),因此时效上看官方PMI更有价值。

(2)样本数量不同

官方制造业PMI涉及《国民经济行业分类》中制造业的31个行业大类,样本企业有3 000家。而财新PMI的样本数,按照Markit公司的统计惯例,只有400家。

(3)样本群体不同

财新PMI侧重点是小企业、东部沿海出口型企业,民营企业占比较高。

24.1.6 如何分析PMI?

PMI分项数据划分见表24.1。

表24.1　　PMI分项数据划分

需求	生产	采购	库存	价格	其他
新订单	生产	采购量	原材料库存	主要原材料购进价格	生产活动预期
新出口	进口	供应商配送时间指数	产成品库存	出厂价格	
在手订单	从业人员指数				

资料来源:湖南三湘银行整理。

(1)需求项下:新订单

新订单是PMI中权重最大的分项指数,占比为30%。需求是生产、采购、价格的前提和根本，没有需求何谈生产和采购？所以如果受到类似疫情冲击等短暂因素，虽然生产、采购、库存等分项数据受到较大冲击，但需求较好，后续订单源源不断，生产等会迅速反弹。

(2)需求项下：新出口订单

新出口订单不是构成PMI权重的分项数据，可以从该数据大致推断下月中旬海关公布的进出口数据，具有领先性。同时，由于出口占GDP比重仍大，出口需求的好坏对国内经济影响较大，因此新出口分项也是重要的需求指标。

(3)需求项下：在手订单

在手订单指的是企业已经承接，但目前还没有交付客户的产品订货数量。一个订单在PMI的生命周期是这样的：新订单—生产—在手订单—产成品库存。以2022年4月PMI为例，由于4月上海等各地疫情冲击，生产生活受到短暂影响，如新订单指数就由3月的48.8下滑至42.6，但在手订单只由46.1下滑至46，变化较小。

从需求结构看，新订单开始下滑，但在手订单仍处高位，反映出需求乏力，现在的订单是靠过去旺盛的需求支撑的，而将来的需求则出现了环比走弱的迹象。

(4)生产项下：生产

生产是PMI中第二权重指数，占比为25%。生产具有很明显的季节性(见图24.2)。

通常在春节前后为生产低点，在11月为生产高点。

(5)采购项下：采购量

如果生产好，那么采购肯定会强。采购是辅助分析。从2021年5月PMI数据也可以看出，生产数据为52.7，相比于上个月的52.2，有所增加，采购量指数为51.9，相比于上个月的51.7，有所增加。

(6)价格项下：主要原材料购进价格、出厂价格

高需求和生产旺盛会反映在价格上，也就是出厂价格指数上。主要原材料购进价格相比于出厂价格指数，要偏上游一些，后者是产出品价格。当需求旺盛，生产强的时候，企业加大原材料购买，大概率会推高原材料购进价格；相反，当需求下行，生产弱的时候，企业会减少原材料购买，甚至会暂停购买、去库存，原材料购进

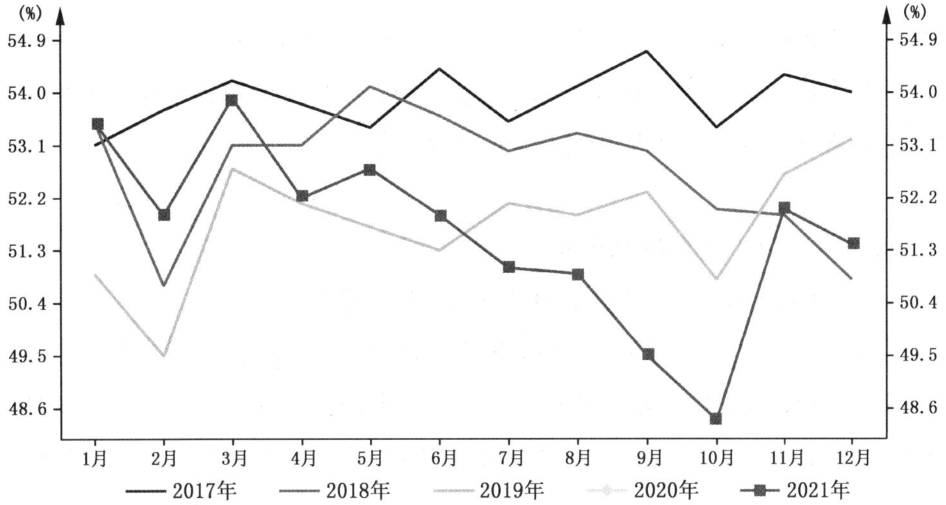

数据来源：Wind，湖南三湘银行整理。

图 24.2 生产季节性明显

价格就会有下行压力。

(7)库存项下：产成品库存、原材料库存

当产成品库存往下，原材料库存也往下时，这意味着企业不仅减缓了采购的速度（原材料库存往下），企业还在降价处理自己仓库里的库存（产成品库存也在往下），对应主动去库存周期。

当产成品库存往上，原材料库存也往上时，这意味着企业不仅加快了采购速度（原材料库存往上），企业还在不断往仓库里补库存（产成品库存也在往上），一般只有在需求高并且企业预期未来需求也高的时候，企业才会这么做，这个时候对应的是主动补库存周期。

当产成品库存往下，原材料库存往上时，这意味着企业在加快采购的速度（原材料库存往上），同时企业仓库里的产成品在不断售出（产成品库存往下），这意味着需求不错，企业也在慢慢加大原材料购置，准备好生产应对需求，这个时候对应的是被动去库存。

当产成品库存往上，原材料库存往下时，这意味着企业已经在减缓采购的力度了（原材料库存往下），同时企业因生产的惯性，产成品库存还在累积（产成品库存往上)。需求不高的时候,企业才会出现这种状况,库存卖不动,只能堆积在仓库,同时也减少采购,原材料库存下降,这个时候对应的是被动补库存。

通过产成品库存、原材料库存,如果再结合新订单、生产和采购量这几个 PMI 的分类指数,就大致可以判断经济所处的库存周期。

24.1.7 PMI 几个特殊视角

(1)PMI 新出口订单与海关总署的进出口数据背离

在 2021 年 4—8 月,新出口订单分别为 50.4、48.3、48.1、47.7 和 46.7,已经连续处于枯荣线以下,但海关总署公布的出口数据同比均保持在 30%左右增幅。PMI 新出口订单、海关总署的出口数据和高频数据中的运价指数较长时间相互背离,这个问题曾较长时间困扰着笔者,因为二者是长期的趋势性背离。

①样本差异

PMI 样本是根据行业在 GDP 的占比作为权重抽样的,某一行业在 GDP 中占比高,该行业样本数就多。

例如,"通用设备计算机及其他电子设备制造业"的公司样本数量在 PMI 样本中占比仅为 10%,但其对出口交货值的当月拉动率却高达 4.8%;

再如,"烟草制品业"和"食品制造业"的当月拉动率为 0%,但是其样本在 PMI 中的占比分别高达 4.66%和 6.32%。

②计算 PMI 是等权而非加权

$$\text{PMI}=\text{“增加”选项的百分比}\times 1+\text{“持平”选项的百分比}\times 0.5$$

注意这里面每个企业都是等权重的,无论你是多大的企业,所以 PMI 会放大小企业的权重,降低大企业的权重。

而 2021 年面临运价飙升,订单集中且大量的特点,显然在出口中大企业更能发挥优势。

③进出口数据是价格,PMI 是数量

PMI 中调查的是数量,而不是金额;而进出口考核的是金额,是数量×价格。2021 年,由于美国等国家的通货膨胀上行,出口价格呈现快速上升,在数量没变的情况下,导致出口金额的增加,从而出现 PMI 新出口订单与出口数据的背离。

(2)2022年4月供应链冲击在PMI分项数据的表现

众所周知,4月由于上海及其他地区新冠疫情的冲击,部分高速路口封闭,供应链传导不畅,这在PMI分项数据多有体现。在受到供应链冲击时,原材料供应不足,但是生产仍在继续,库存增加,产成品运出去较慢,所以会造成累库。

证据一:4月原材料库存指数由3月的47.3降至46.5;

证据二:4月产成品库存指数由3月的48.9提高至50.3,是唯一一个提升的分项指数,呈现出累库迹象;

证据三:4月供应商配送时间指数由3月的46.5降至37.2。

供应链冲击在PMI数据中得到充分体现,符合逻辑,也侧面说明了PMI数据的权威性、时效性、全面性,是经济数据分析中的重中之重。

24.2 中国战略性新兴产业采购经理指数(EPMI)

2015年3月,由中国科学技术发展战略研究院和中采咨询联合发布了中国战略性新兴产业采购经理指数(EPMI)。

EPMI的调查范围涉及节能环保、新一代信息技术、生物产业、高端装备制造、新能源、新材料、新能源汽车产业七大战略性新兴产业近300家企业的经营动态。

战略性新兴产业采购经理人指数发布时间为每月20日,发布时间早于官方PMI和财新PMI,具有更好的领先性,对官方PMI起到一定的预测作用(见图24.3)。

至此,通过宏观经济数据的分析,我们能够整体把握经济的走势。后续我们将进入交易实战。

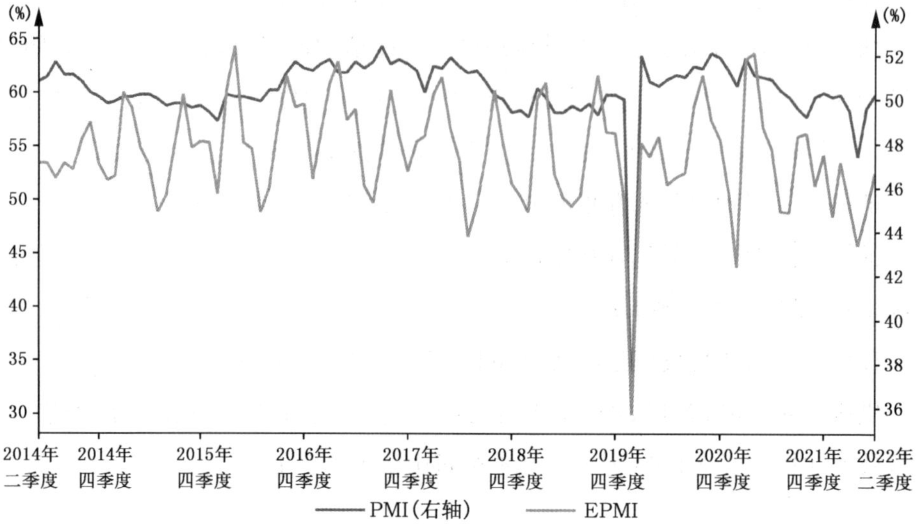

数据来源:Wind、湖南三湘银行。

图 24.3 PMI 与 EPMI 趋势一致

参考资料

[1]国家统计局:《固定资产投资统计报表制度(2021)》。

[2]国家统计局:《房地产开发统计报表制度》。

[3]国家统计局:《2008 年以后为什么不再公布工业分行业增加值数据》。

[4]国家统计局:《居民消费价格指数(CPI)是如何编制的》。

[5]国家统计局:《什么是社会消费品零售总额》。

交易篇

本篇介绍了债券交易中的具体环节，是债券交易市场的上手之篇。通过本篇的学习，读者们能解决实操中如何开展债券交易，如何制定交易策略，如何盯盘及复盘等具体问题，亦提供了一系列案例供读者在日常交易中参考。

第 25 章

如何交易债券

大部分初入债券市场的投资者都接触过股票交易，某些人甚至接触过期货交易，但债券的交易与期货、股票的交易有很大的不同，而这其中最大的区别是债券没有中央对手方。

在有中央对手方存在的金融市场（如股票市场和期货市场）里，买方和卖方的交易对手都是这个中央对手方。举例来说，虽然最终这只股票是 A 卖给了 B，但从成交单上看，A 和 B 都与中央对手方完成了交易，结算风险由中央对手方承担。而债券市场不存在中央对手方，是由买卖双方各自完成交易，结算不成功的风险和交易对手信用风险会更大。因而债券市场的成交更加细碎、不连贯。

正因如此，债券的询价和交易的时间也相对“个性化、定制化”，你甚至可以在市场上约定债券是要当天交割还是 7 天后交割，交易时间的限制也很少，只要能够找到合适的交易对手，任何时间都可以成交。但这样口头约定的成交并不牢靠，直到交割之前，投资者都会面临违约和交割失败的风险（不过，由于债券市场的参与者都是获得准入的机构，通常情况下不会违约）。

具体而言，我们可以将现券交易的过程分为四个步骤：询价、成交、交割和清算，下面我们将展开介绍这几个环节。

25.1 询价

询价就是交易一方以合意的价格寻找意向相投的投资者的过程。所以询价的第一步,便是确认债券的拟交易价格。

25.1.1 确认拟交易价格

通常而言,成交活跃的债券在市场上随时都有价格报出,其价格随着时间连续不断变动,所以我们可以直接将市场上的交易价格当作市场的共识价格,加上对债券走势的自我判断,报出自己的价格。以 2022 年年中的活跃券 220210(22 国开10)为例,市场上随时存在大量的买盘和卖盘,且买卖价格的间距较小(见图25.1),基本上成交价格就是当前市场的合理价格。

2.982 9	+0.99bp	净价	99.9701	最优卖	2.9800/5000	均价	2.980 7
CFETS行情	-亿	全价	100.394 6	最优买	2.9850/5000	久期	8.657 7

X-Bond 做市报价 成交行情

买量(万)	买入	卖出	卖量(万)	时间
13 000	2.9816	2.981 3	7 000	10:41:59
13 000	2.9816	2.981 5	20 000	10:41:59
-	-	2.981 3	7 000	10:41:03
13 000	2.9816	2.97 9	5 000	10:41:03
5 000	2.9814	2.981 3	7 000	10:40:58
5 000	2.9814	2.981 6	2 000	10:40:58
3 000	2.9816	2.981 6	2 000	10:39:59
3 000	2.9816	2.981 8	17 000	10:39:59
9 000	2.9819	2.980 9	5 000	10:38:59
9 000	2.9819	2.981 8	17 000	10:38:59
9 000	2.9819	2.97 9	5 000	10:38:46
2 000	2.982	2.980 9	5 000	10:38:46
5 000	2.981	2.980 9	5 000	10:37:59
5 000	2.981	2.980 9	1 000	10:37:59
21 000	2.981	2.980 6	15 000	10:36:59
21 000	2.981	2.980 9	1 000	10:36:59

资料来源:Wind。

图 25.1 活跃券 220210 在市场上的报价

但对于非活跃券来说,由于市场上报出的价格间距大,且买卖盘缺失,成交寥寥,所以以市场价或者买卖盘的价格作为合理价格并不太可行。非活跃券 160405 在市场上基本无成交,买卖盘间隔 1bp(见图 25.2),难以直接通过市场成交直接确认合理价格。

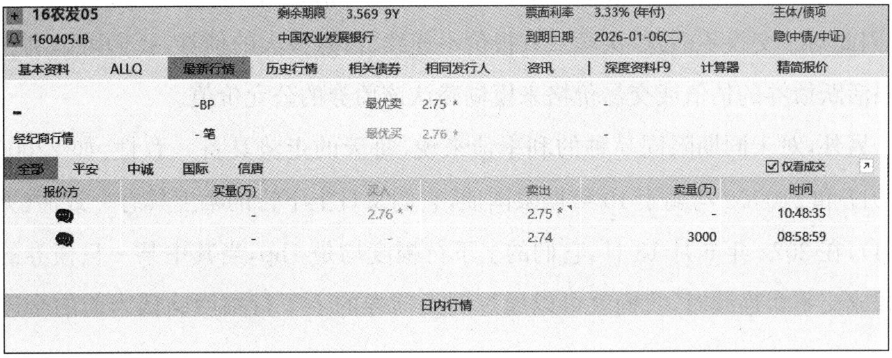

资料来源：Wind、湖南三湘银行。

图 25.2　非活跃券 160405 在市场上的报价

对于市场上成交并不活跃的债券来说，我们需要根据一系列评估来确认这一类债券的合理价格。具体来说，确定合理价格的方式有以下几种：

(1)根据市场专业三方估值机构提供的估值价格进行确认。债券市场上存在提供专业债券估值的三方机构，目前市场上较为认可的三类估值分别为中债估值、中证估值以及上清所估值，这三类估值是由债券市场上主要的托管机构所提供。托管机构存储了大量交易数据和托管信息，且估值模型相当有效，因此它们所提供的估值具有较强权威性，投资者也可以通过这三家机构给出“前一日估值”来综合判断债券开盘时的合理价格。值得一提的是，对于同一只债券，可能会同时存在中债估值、中证估值等(见图 25.3)，此时的交易惯例是债券在哪个市场交易，就用哪个市场的估值，但一般而言，中债估值的接受度最高，在实际交易中无特殊说明的，一般都以中债估值为准。

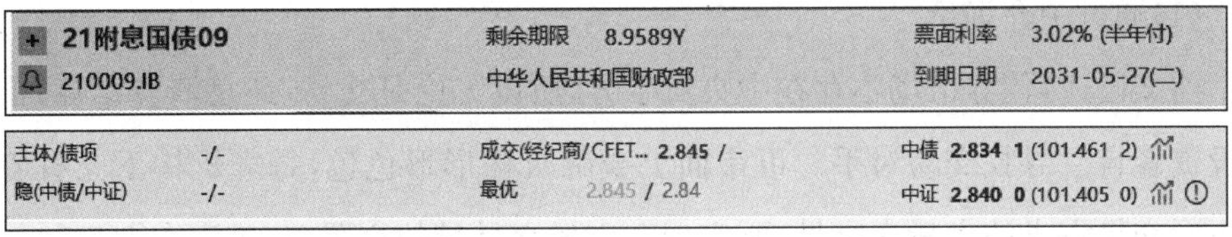

资料来源：Wind、湖南三湘银行。

图 25.3　210009 估值情况

(2)根据当前市场同期限债券的价格走势来判断当前的债券价格。由于利率曲线的存在,同一期限或期限相近的同类债券的价格应当收敛,否则将存在套利机会,因此对于交投不活跃,买卖双方报价不连续、滑点极大的债券,我们可以利用同期限活跃债券的估值或交易价格来模糊确认该债券的公允价值。

另外,对于同期限同品种的利率债来说,每天的走势具备一致性,如 220003、210017 和 210009 均属于 10 年期限国债,它们每日上下行的幅度具有一致性(见图 25.4),在 2022 年 6 月 13 日,它们的上下行幅度均是 1bp,当其中某一只债券的报价和成交不太连续时,我们就可以通过同类债券的上下行幅度确认当前的合理价格。

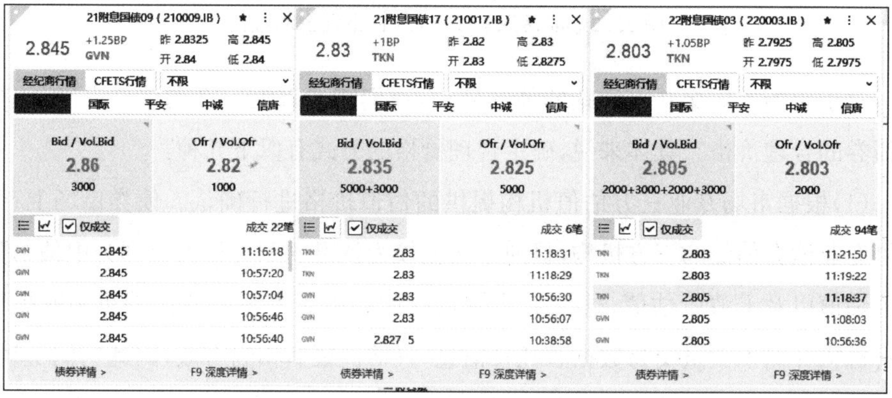

资料来源:qeubee、湖南三湘银行。

图 25.4 220003、210017 和 210009 在某天同一时刻的走势

25.1.2 找到交易对手

(1)通过中介询价

前文已述,债券市场不存在中央对手方,所以无论是交易,还是清算结算,都需要投资者自己寻找交易对手。可市面上金融机构形形色色,每家机构下又有着具备不同交易需求的大量交易员,要实现全市场交易员的全覆盖,难度太大。

基于这种"痛点",市场上产生了专门进行债券撮合交易的经纪商,即投资者都将合意的买入或卖出价格报给这几家经纪商,由经纪商汇总、撮合可以匹配的交易

(见图 25.5),并将交易对手的信息发送给双方投资者,完成成交,以及后续的清算结算工作。值得一提的是,这类成交只是意向成交,买卖双方还需在约定时间在本币前台系统录入交易信息,完成真正的成交,并进行券款交割。意向成交与真实成交存在一定时间差,这个时间差由双方在询价阶段内确定的交易时间决定,其间合约的履行依靠机构信用。

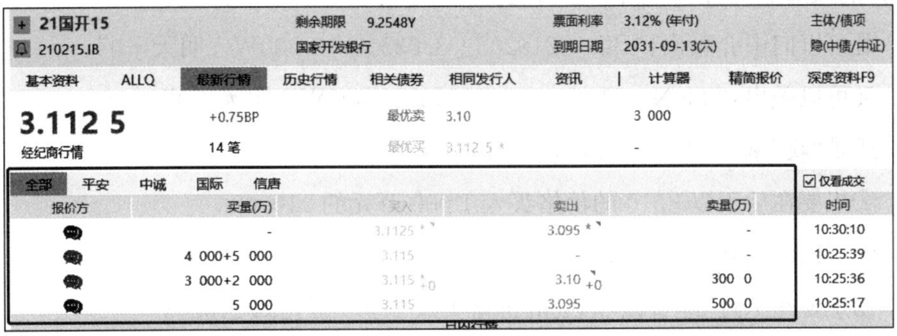

资料来源:Wind、湖南三湘银行。

图 25.5　经纪商会在特定平台上挂出买卖盘价格

目前,市场上有五家专门进行债券撮合交易的经纪商,我们一般通过互联网或电话的方式向其报价或实现成交。

为了节约效率,也因为中文的"买"和"卖"拼音接近、读音相似,如果采用中文报价很有可能会造成误会,因此投资者在通过中介报价的时候,常常采用一定的约定俗成的报价术语。

通常而言,一套完整的报价术语包括:"方向+券号+收益率+量+交割时间":

①在交易方向的表达上,最常用的是"字母指代"的方式——当盘面上没有合意价格挂出时,我们可以用字母进行报价挂单,BID 表示挂买单,OFR 表示挂卖单;当盘面上已经存在合意报价时,我们可以用字母成交,"TKN"表示买入且以卖盘价格成交,"GVN"表示卖出且以买盘价格成交。实务中,我们也可以直接使用表达买卖方向的中文语句报价和成交,但是不能使用"买/卖",容易引发误解。

②在交割时间方面,常用的交割时间为 $T+0$ 或者 $T+1$。其中,T 代表前台成交日,"$T+0$"表示当日进行前台成交和券款交割,"$T+1$"代表当日进行前台成

交,后一日进行券款交割。此外,债券市场上还有一类远期交易方式,可表达为【"××月××日"+0/1】,含义是在××月××日进行前台成交,+0/+1 日进行交割清算。当没有特别的交割时间标注时,默认的交割时间为"$T+1$"。

例如,

①投资者想按照 3.035%的利率在明天买入面值为 2 000 万元的 210203 债券,目前盘面上有对应的卖盘挂出

既可以向中介敲出:"BID 210203 3.035% 2 000W 明天+0"

又可以敲出:"TKN 210203 3.035% 2 000W 明天+0"

或是"收/拿 210203 3.035% 2 000W"

②想要在后天以 3.15 的价格买入 1 000 万元的 210203

则可以说:BID 3.15 1 000W 后天+0

③想要在 7 月 20 日以 3.02 的价格买入 1 000 万元的 210203

则可以说:BID 3.02 1 000W 210203 7.20+0

我们向经纪商发出报价后,经纪商会给予反馈。常见反馈为"去拿/去出",而当报价匹配成交后,中介会反馈回"DONE"等成交术语(见图 25.6)。至此,则该笔交易意向成交已达成。

资料来源:湖南三湘银行。

图 25.6 常见中介询价回复与成交

如果担心报价挂出后突遇不利变动,来不及撤单就"被成交",也可以在报价时,注明"需要请示"标签(在对应的挂单价格处也会被打上 * 号)。此时,该笔报价会丧失成交优先级(即当其他同价格的报价全部成交完毕后才轮到该笔价格的成交),但在最终成交前,中介会对是否成交再次确认,收到确定成交的回复后,才实现该笔交易的初步成交。

在询价达成初步成交后，下方的询价成交记录中也会显示出买卖的成交价格和相关信息，其中，常见的标记有 TKN、TRD、GVN(见图 25.7)，其具体释义见表 25.1。

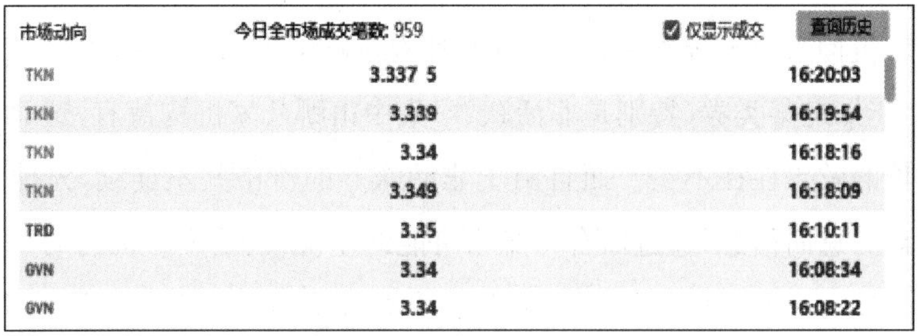

资料来源：qeubee、湖南三湘银行。

图 25.7　成交信息记录

表 25.1　　成交信息中的 TKN、TRD、GVN

字母组成	指代含义
TKN&T	可视为"TAKEN"的缩写，反映的是主动性买盘，当买家迫切想要收到心仪的债券时，就可以按照卖方挂出的 OFR 价格直接成交，这一类成交就会被打上 TKN 交易，表明此时买盘较强，买家买入心情迫切，愿意损失一定的价格买入该债券
GVN&G	可视为"GIVEN"的缩写，反映的是主动性卖盘，当卖家急于出手持有的债券时，可以按照买方挂出的 BID 价格直接成交，这一类成交就会被打上 GVN 的标签，表明此时卖盘较强，卖家想急切卖出手中的债券
TRD&T	可视为"TRADE"的缩写，既可指买卖双方同时挂出价格匹配成交，亦可指经过双方进一步协商，讨价还价后按商定的价格成交，这一类成交就会被打上 TRD 的标签。

资料来源：湖南三湘银行整理。

除了上述几种交易方式外，还有一类方式为不显示的暗盘，即在成交明细中并不显示 TKM、GVN 以及 TRD 的成交信息，直接对该笔交易做隐去处理。这一类暗盘的成交方式往往是为了避免主动买卖对市场情绪产生影响，从而使得价格朝不利于自己的方向变动。暗盘是中介询价中的特有形式，需要事先跟中介说明"不显示成交信息"或"作为暗盘处理"。

(2)自寻交易对手

通过经纪商询价时债券交易的主要方式，但还有一类方式是自己找到交易对手询价，具体的方式有两种：

①通过询问自己熟悉的交易对手来进行债券的成交。机构交易员通过加群、QQ 询价等获取到买卖意向，在价格合理时，对接成交。这一类交易方式对于券商等现券做市机构来说十分管用，由于做市机构在日常做市中就积累了大量的交易信息，往往能知道某类券(特别是非活跃券)集中由哪几家机构持有，这时候精准出击进行询价的效果往往不错。而且由于非活跃券的价格并不连续，先他人一步获取到买卖盘的意向信息，通过撮合来赚取可能的差价，也是不少机构的重要获利来源。自询交易对手的报价方式和常用术语均类似于通过中介进行询价交易，此处不再赘述。

②通过在本币前台系统报价。所有现券的成交都离不开本币前台交易系统，交易系统在新版上线后增加了意向报价功能。即投资者可以在前台界面上挂出意向报价，合意的投资者在前台看到挂出的买价和量的信息后询价，双方达成一致后即可进入交易成交步骤。

25.2　成交

在询价完成达成意向成交后，还需要在正式交易日按照前期达成的意向成交要素，在本币前台系统完成报价发送、要素核验与确认成交等一系列步骤。

报价发送与成交都离不开中国银行间市场本币交易平台，这一系统是由全国银行间同业拆借中心推出的为银行间本币市场成员提供现券买卖、质押式回购及衍生品等交易服务的前台交易系统。该平台规定的现券交易时间见表 25.2。

表 25.2　　交易类型和时间

交易类型	交易时间
$T+0$ 交易	北京时间 9:00—12:00，13:30—16:50
$T+1$ 交易	北京时间 9:00—12:00，13:30—20:00

注：中国国内法定假日不开市。境外机构现券交易结算周期从其规定。

资料来源：外汇交易中心，湖南三湘银行整理。

在成为正式交易员前有专门的本币前台交易培训进行指导，日常也可以通过交易中心发布的《CIBMTS中国银行间市场本币交易平台用户手册》进行学习。下面我们将对该软件涉及交易与成交部分对应的交易操作进行部分说明。

25.2.1　对话报价与成交

交易双方自行协商确定交易价格以及其他交易要素的交易方式，包括本方报价和对手方确认成交两个步骤。对手方收到报价后，核对相关要素选择确认或拒绝。确认后双方达成交易，交易系统依据双方确认的内容生成成交单。

对话报价最低交易量为票面币种券面总额（以下统称券面总额）1 000元，交易量最小变动单位为券面总额1 000元。

（1）发起方交易操作

第一步，登录前台交易系统“CIBMTS客户端”，在主界面使用快捷键F8，或在右侧菜单栏选择“我要报价”按钮，可弹出报价窗口（见图25.8）。

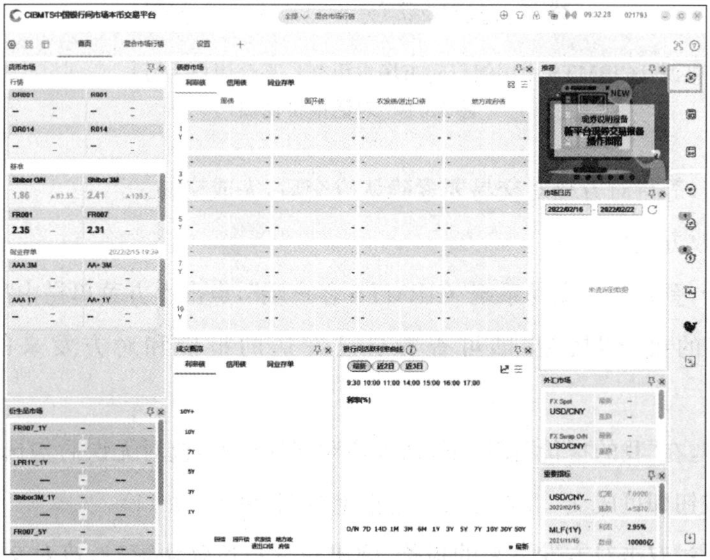

资料来源：《CIBMTS中国银行间市场本币交易平台用户手册》。

图25.8　本币交易前台主界面

第二步，选定报价方式为“对话”后，选择买入/卖出方向，按照前期达成的意向成交要素填写交易要素后提交即可（见图25.9）。

资料来源:《CIBMTS 中国银行间市场本币交易平台用户手册》。

图 25.9　对话报价窗口

第三步,等待对方核对交易要素确认成交后,完成交易。

(2)接收方交易操作

第一步,登录前台交易系统“CIBMTS 客户端”,点击上方菜单栏中“债券市场”项目下“我的报价”按钮,即可查看自己发送的报价和对方发来的报价(见图 25.10)。

第二步,在“我的报价”窗口下,初步核对交易要素,核对无误后勾选该笔交易,点击成交按钮即可成交,否则也可点击拒绝按钮(见图 25.11)。

也可通过双击对方发过来的报价,弹出对话报价确认窗口,核对交易要素后,选择“拒绝”或“成交”,点击成交按钮后,即可成交。

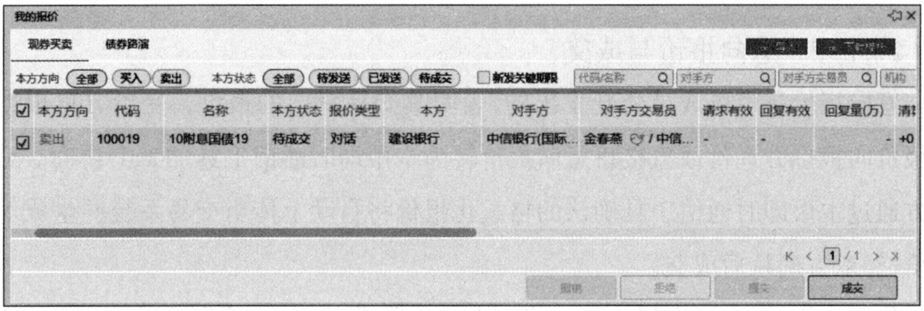

资料来源:《CIBMTS 中国银行间市场本币交易平台用户手册》。

图 25.10　我的报价窗口

资料来源:《CIBMTS 中国银行间市场本币交易平台用户手册》。

图 25.11　对话报价确认窗口

25.2.2　意向报价与成交

意向报价是市场成员公开发出的，表明其交易意向的报价。受价方可根据意向报价向报价方询价或直接将意向报价转为本币即时通信工具(iDeal)协商。交易双方通过本币即时通信工具确认的格式化报价将自动上传至交易系统并生成对话报价，经双方确认后成交。

值得一提的是，意向报价的功能是询价而非成交，交易对手看到你的询价申请后并不能够直接成交。在有中介机构提升市场成交效率的环境中，除了做市商，其余投资者较少采用意向报价功能。

交易操作如下：

第一步，登录前台交易系统“CIBMTS 客户端”，在主界面使用快捷键 F8，或在右侧菜单栏选择“我要报价”按钮，可弹出报价窗口。

第二步，选定报价方式为“意向”后，完成交易要素填写后点击提交即可。

第三步，等待对方点击意向报价填写交易要素后转为对话报价(见图 25.12)，重复对话报价步骤成交即可。

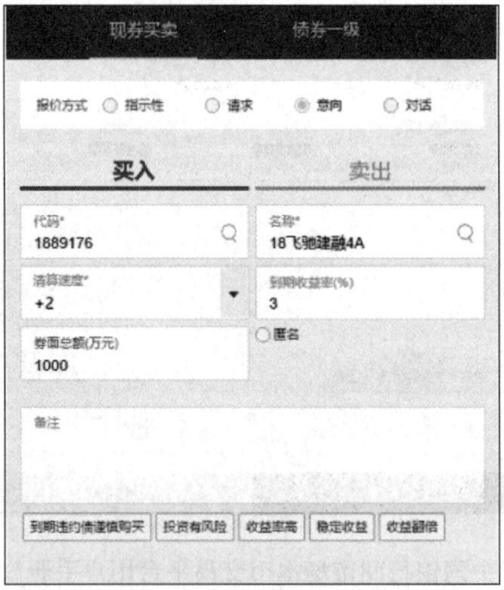

资料来源：《CIBMTS 中国银行间市场本币交易平台用户手册》。

图 25.12　意向报价窗口

25.2.3　请求报价与成交

请求报价是要价方向特定市场成员发出报价请求，报价方据此回复交易价格及其他交易要素，并由发出请求的市场成员确认成交的交易方式。做市机构可请求回复，要价方收到报价方回复的报价后可通过交易系统确认成交。要价方可一次性选择一笔或多笔确认成交，但不得修改交易要素。

(1)发送方交易操作

第一步，登录前台交易系统“CIBMTS客户端”，在主界面使用快捷键F8，或在右侧菜单栏选择“我要报价”按钮，可弹出报价窗口(见图25.13)。

资料来源：《CIBMTS中国银行间市场本币交易平台用户手册》。

图25.13　请求报价窗口

第二步，选定报价方式为“请求”后，完成交易要素填写后点击提交即可。

第三步，在“我的报价”窗口（见图 25.14）下，查询对方是否回复报价，已回复报价具有小红点标识。

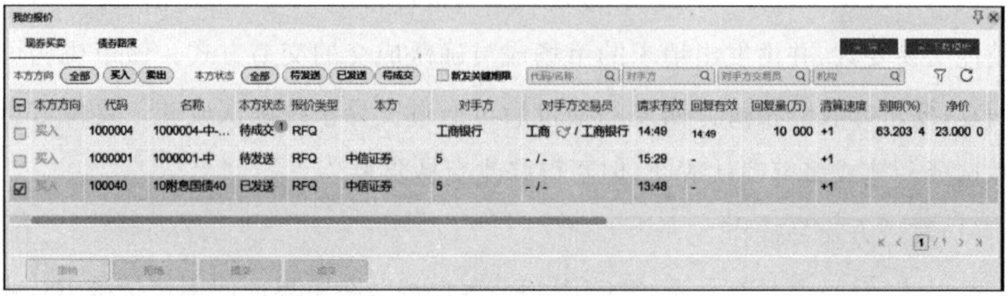

资料来源：《CIBMTS 中国银行间市场本币交易平台用户手册》。

图 25.14　我的报价窗口

第四步，核对“我的报价”中对方回复的交易要素是否准确，无误后，点击成交，否则选择拒绝。也可以通过双击小红点，弹出报价确认窗口，核对交易要素后，选择“拒绝”或“成交”，点击成交按钮后，即可成交。

（2）回复方交易操作

第一步，具有权限的做市商，点击菜单栏下“我的做市—请求回复”，打开“做市报价—请求回复”窗口，查看收到的请求报价（见图 25.15）。

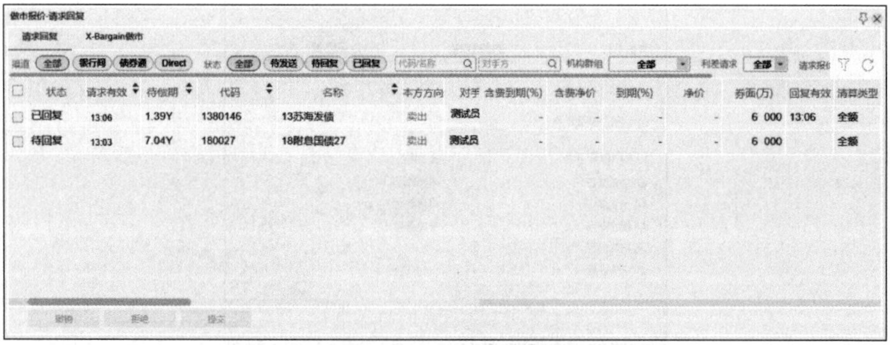

资料来源：《CIBMTS 中国银行间市场本币交易平台用户手册》。

图 25.15　请求回复窗口

第二步，对于处于“待回复”状态的请求报价，在“做市报价—请求回复”窗口，直接填写“到期”/“净价”/“券面”字段后（见图 25.16）提交即可。

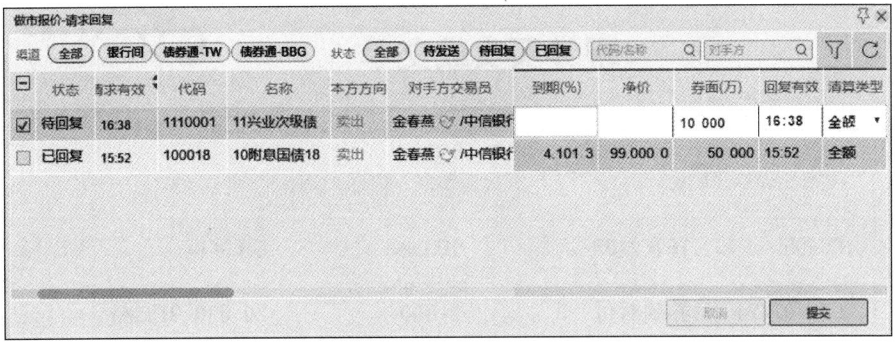

资料来源:《CIBMTS中国银行间市场本币交易平台用户手册》。

图 25.16　请求回复窗口

第三步,等待对方收到请求回复后确认成交,交易即可完成。

除了上述三种报价方式外,还有做市报价和指示性报价等多种报价方式,但在日常现券交易中用得较少,读者可自行查阅《全国银行间同业拆借中心现券交易指引》。

25.2.4　成交单生成与后续清算

完成了上述成交步骤后,前台交易正式完成,系统自动生成成交单,交易单内会详细载明交易时间、结算时间、买卖双方信息、债券交易要素信息等,自动生成的成交单版式见图 25.17。

在此之后,交易双方只要在后台操作确认,同时确保自己账户里资金和债券的充裕,剩下的债券和资金的交割结算直接交给托管结算机构等第三方机构即可。

现券买卖成交单

中国外汇交易中心 全国银行间同业拆借中心
CHINA FOREIGN EXCHANGE TRADE SYSTEM NATIONAL INTERBANK FUNDING CENTER

成交日期　2021/07/21　　　　成交编号 [redacted]

买方		卖方	
[redacted]		[redacted]	
债券代码	债券名称	净价(元/百)	到期收益率(%)
160405	16农发05	100.866 4	3.116 0
结算日	结算方式	券面总额(万)	结算金额(元)
2021/07/21	券款对付	2,000	20 530 912.88

全价(元/百)	102.654 6	应计利息(元/百)	1.788 16
交易金额(元)	20 173 280.00	应计利息总额(元)	357 632.88

买方信息

机构	[redacted]
法定代表人/地址	[redacted]
交易员/电话	[redacted]
资金账户户名	[redacted]
资金开户行	[redacted]
资金账号/支付系统行号	[redacted]
托管账户户名	[redacted]
托管账号/托管机构	[redacted]

卖方信息

机构	[redacted]
法定代表人/地址	
交易员/电话	[redacted]
资金账户户名	[redacted]
资金开户行	[redacted]
资金账号/支付系统行号	[redacted]
托管账户户名	[redacted]
托管账号/托管机构	[redacted]

资料来源:CIBMTS 中国银行间市场本币交易平台。

图 25.17　前台交易成交单版式

25.3　X-Bond 交易

本币交易前台存在一类特殊的交易方式,即现券匿名点击业务(X-Bond)。这类交易类似于股票市场的交易系统，交易双方可以通过直接点击前台交易系统报价实现挂单或成交，直接省去了债券的前端询价环节，点击成交完成后，无须额外操作，直接步入后台清算环节。该类交易的优点是对于活跃券种交易摩擦小[①]、成交快、效率高，缺点为交割时间单一，也不太适用于非活跃券。

下面我们将对前台的 X-Bond 交易的相关操作进行说明。

25.3.1 X-Bond 订单

第一步，具有 X-Bond 交易权限的用户登录 CIBMTS 客户端，点击右侧“我要报价”按钮（或通过快捷键 F8），打开现券买卖窗口（见图 25.18）。

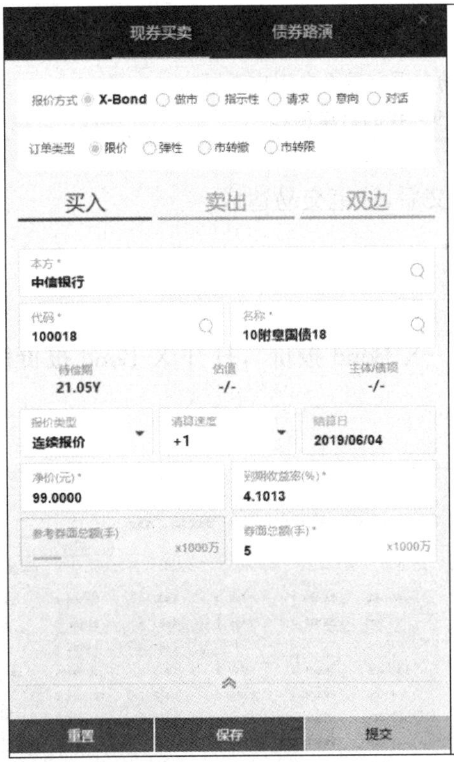

限价：按价格挂单，价格匹配后按量成交。

市转撤：提交的订单依次和相反方向的最优五档成交，如成交后订单仍有余量未成交，则撤单。

市转限：提交的订单依次和相反方向的最优五档成交，如成交后订单仍有余量未成交，则转为上一笔成交的限价订单挂出去。

资料来源：本币操作指南，本币前台。

图 25.18 X-Bond 报价窗口

---

① 买卖价相对连续，与 qeubee 上 0.25bp 的价格间隔相比，X-Bond 在活跃券上的买卖价间隔往往只有 0.01bp，甚至更低。

第二步，选择“X-Bond”，选择订单类型，填写各报价要素后，点击提交按钮，即可发送一笔订单。

若订单提交后需要撤单，则可点击菜单栏下“我的交易—我的订单”，打开“我的订单”对话框（见图 25.19），选中相应订单，进行修改和撤销等相关操作。

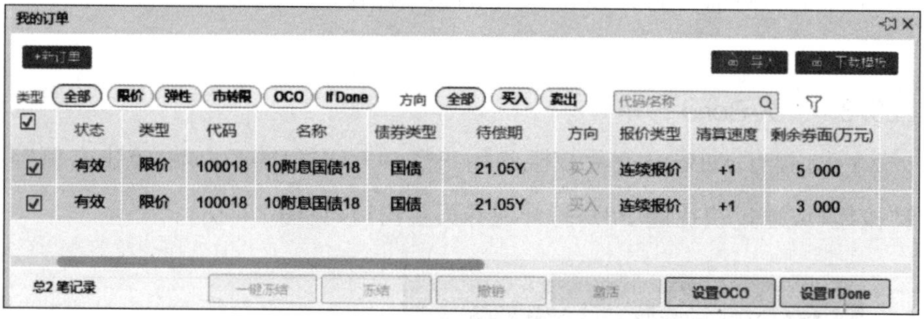

资料来源：《CIBMTS 中国银行间市场本币交易平台用户手册》。

图 25.19 我的订单窗口

第三步，等待其他人点击价格成交后，该笔交易达成。

25.3.2 点击 X-Bond 成交

第一步，点击菜单栏“债券市场—X-Bond 报价”，打开 X-Bond 报价框（见图 25.20），搜索需交易券种。

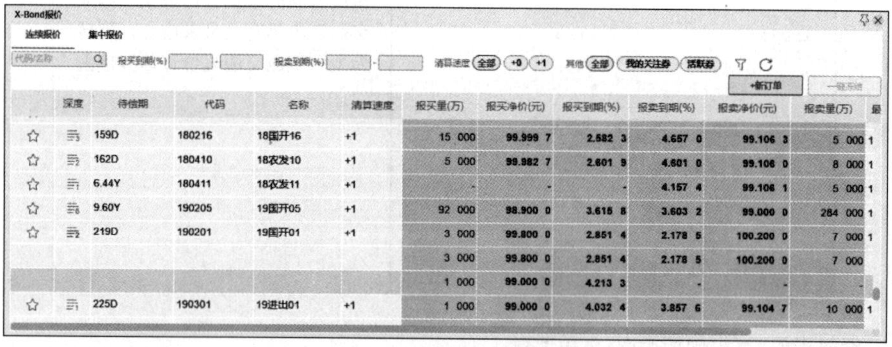

资料来源：《CIBMTS 中国银行间市场本币交易平台用户手册》。

图 25.20 X-Bond 报价窗口

第二步，双击价格，输入数量（数量中的1手即1 000万元），提交后即可成交（见图25.21）。

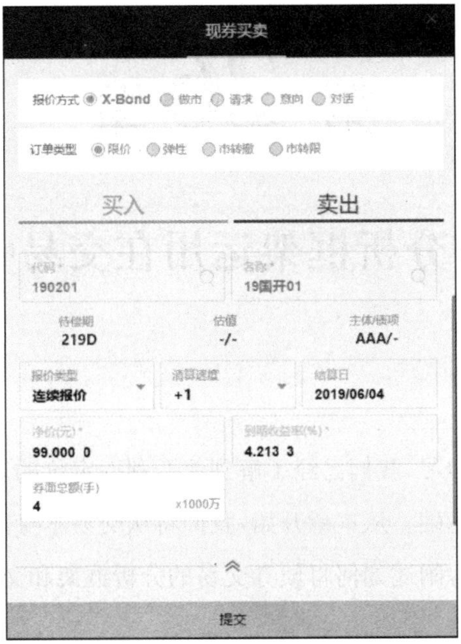

资料来源：《CIBMTS中国银行间市场本币交易平台用户手册》。

图25.21 X-Bond提交窗口

在这一步之后，交易双方只要确保自己账户里资金和债券的充裕，剩下的债券和资金的交割结算直接交给托管结算机构等第三方机构即可。

第 26 章

将分析框架运用在交易中

根据前述篇章的学习，我们已经了解到债券利率定价的基本框架、宏观分析框架以及交易操作实务基础。从本章开始，我们将从交易本身出发，介绍交易的获利方式、类型和影响因素，阐述如何将债券交易的分析框架和交易实务相结合。

26.1 交易与交易类型

26.1.1 交易获利的层次

前文已述，债券市场是一个高度机构化的市场，因此机构特性决定了债券投资者的交易风格，与股票市场相比，没有那么多散户交易特征。例如，商业银行管理资金错配、信用风险的业务属性和其资本雄厚、负债稳定的行业属性，决定了商业银行在信用风险管理和资金头寸管理上具有较大的优势，在市场风险管理上则一般逊于其他类型的金融机构；证券公司在市场风险管理方面人员配置和资源禀赋更强；由于通常只能采用公允价值法对所持有的债券进行估值，资管产品与金融机构自营投资在策略上也有明显不同。

另外，资金规模的大小、资金来源的稳定性以及资金成本都会影响债券投资者的策略。资金量越大，越依靠长期的、较大规模的趋势赚钱。而小资金量则可以在每日波动中获益。

我们由上及下，债券交易的获利可分为以下几个层次：

（1）根据经济周期获利。这一层次的获利是基于债市分析框架的获利，其核心在于对经济基本面和未来政策面动态的分析和预判。在具体操作上，需要投资经理结合外围的经济周期环境，不断调整自身的仓位水平、久期水平以及组合 DVO1 水平，以实现债券牛市中的高仓位、高久期、高 DVO1 操作，以及债券熊市中的低仓位、低久期、低 DVO1 操作。值得一提的是，由于经济基本面和政策面的变化是一类中长期的过程，因此根据经济周期研判债券走势对应的也是债券交易中的中长期交易。

（2）根据特有优势获利。这一层次的获利，是基于机构特有优势的获利，可以是对大机构行为动向、市场情绪和预期差、重大消息面的跟踪与把握，也可以是资金量大能够主导市场行情变化，又或者是交易成本足够低可以涵盖日内频繁操作的成本等。在具体操作上，因个体优势不同而各显神通。但同时，上述的各项核心能力都是一个短期的相对概念，需要结合短期的市场环境运用，故此类交易多对应的是债券交易中的短线交易和日内交易。

（3）通过加杠杆获利。这一层次的获利，是基于“CARRY”的获利，其核心能力是对资金面松紧趋势的把握能力和长期以低成本融入资金的能力。在具体操作上，当资金面长期处于宽松区间时，可低成本融入资金通过“加杠杆来吃 CARRY”的方式获利。值得一提的是，这一类“加杠杆”交易属于日常交易的助力剂，在中长期交易和短期交易中都可以运用，起到增厚交易收益的作用。

结合自身所处的交易环境和交易优势，理清和判断自身债券交易的核心能力，是在步入正式交易前需要理清头绪的准备工作。

交易频率与对应要点见表 26.1。

表 26.1　　交易频率与对应要点

获利要点	经济周期	特有优势	资金面
关键点	组合仓位、久期以及 DVO1 的控制	短期择时、因势借入	杠杆增减
核心能力	基本面和政策面的分析和判断	机构行为把握、预期差和市场情绪把握、交易成本等其他比较优势	资金面松紧趋势的把握、低成本融入资金
对应交易	中长期交易	短线交易、日内交易	阶段性的助力剂

资料来源：湖南三湘银行。

26.1.2　交易的类型

在上节中,我们介绍了交易获利的基本层次,也介绍了交易获利的不同层次所对应的交易类型。在本节中,我们将简单介绍交易类型和其影响因素。参照时间频率的差异,我们可将日常的交易类型划分为三类。

(1)中长期交易

正如前文所述,中长期交易对应的往往是经济基本面和政策面的变化,这类变化往往耗时较长,所以中长期交易对应的操作频率需要以月或者年计。

中长期交易对于日常交易择时要求并不高,但对于经济走势和政策动态的把控能力有较高要求。作为交易仓位中盈亏占比最高的核心部分,正确的判断会带来极为丰厚的收益,错误的判断也能带来大幅亏损。值得一提的是,中长期交易虽交易时间跨度较长,日常中对于其止盈止损点位的设置十分宽泛,但中长期交易绝不是不设置止盈止损点位的交易。当趋势判断错误或是介入点位不当时,也需要执行相应的止损操作,以避免更大的亏损。

(2)短线交易(日间交易)

短线交易相对于中长期交易而言,指的是债券交易期间以日和周计的交易,日终通常会保留债券交易多空敞口,持券时间为数日至数月不等。该类交易需要对市场进行波段判断的能力,而非简单地跟随趋势,其中获利胜率相对较高的情形有以下几种:

①在市场过度偏离时入场,能在交易的开始就提供一定的安全垫。如利率曲线过度扭曲时,买入/卖出曲线上偏离过大期限的券种,又或是在同一期限券种中,找到阶段性因机构集中抛售/买入导致做多/做空性价比猛增的券种进行操作。

②善于跟随机构的动态。如银行作为债券市场的主要持有者,银行配置资金入场往往能带来持续"一段时间"的行情,这类配置行为多出现在一季度和四季度;保险作为30年期限债券的主要配置者,保险资金入场能主导30年期限的超长久期债行情;基金在遭遇赎回时的"连续抛售"或行情转向时的"集中止损",往往能给3～5年期限国开债砸出一个交易黄金坑。

③充分利用自己的交易资源与能力,即为先人一步获取有利信息或有利资源。如先于其他机构获取市场重要信息,先于其他机构动手,又或是在资金很紧时,能

逆势买入因资金收紧而被抛售的存单或是超短债等，交易资源与能力机构间差异较大，此处不再赘述。

(3)日内交易(高频交易)

日内交易从字面上也很好理解，即为日内频繁进行现券开平仓操作，日终不留多空敞口的交易，这类交易更多考验的是投资者对于盘面的“直觉”，即对于实时债券市场情绪的把握。债券交易市场中最为常见的是，根据期货技术指标来进行期货交易时段内现券的进出操作，但现券日内的波动很难与周度、月度的波动相提并论，所以日内的交易操作需要通过大量、多笔来进行小额获利。

同时，日内高频交易市场说到底是一类零和博弈市场，对交易胜率的要求很高，需要投资者有对市场“直觉”的天赋(或是具备能提高胜率的特有信息或资金优势)。日内有限的盈利幅度叠加市场突然反向的可能性，要求日内高频交易的止损点位设置得相对较窄，以防在不利变动的情况下，市场的突然反向变动会蚕食掉大部分盈利。

此外，该类交易由于日内波动幅度有限，需要着重考量交易成本。这一交易成本既包括现券买卖价差波动步长，也包括前后台交易的手续费，还包括非银机构中介询价的中介费用。其中，①现券一般的波动步长为活跃券 0.25bp 左右，非活跃券 0.5bp～1bp 不等；②前后台手续费方面，前台是参照交易金额的百万分之 2.5 计费，后台是通过 150 元/笔收费(成本费用计算可参照中债登和交易中心官方文件公示)；③非银的中介询价费用一般在万分之 0.4 左右，各家均存在一定差异。以 1 000 万元 10 年期限活跃现券的买卖为例，其交易成本见表 26.2。

表 26.2　　交易费用计算

	费用小计
0.25bp 步长(元)	2 000
前后台费用(元)	(10×1.5+150)×2=330
中介费用(元)	400×2=800
总计(元)	3 130
折合价差	0.4bp

资料来源：外汇交易中心、湖南三湘银行。

通常来说，降低日内交易成本的方法有：①主要交易活跃券，活跃券的买卖波动步长一般在 0.25bp 以下；②通过本币前台的 X-Bond 交易，尽可能节省现券进出的摩擦成本和中介处的询价费用。

26.2 债券行情的影响因素

在“供需篇”中，我们曾介绍了利率的生成机制，经济走向、货币政策、资金利率、债券供需以及市场情绪等都是影响债券利率的重要因素。本章开始，我们将串联本书前半部分的主要知识点，做好投资交易之前的准备工作。

26.2.1 宏观经济因素

在前文中，我们曾介绍过宏观因素对债市的影响，也介绍了经济周期的宏观数据分析框架，以及如何用高频数据观测宏观经济数据。从某种意义上说，由于经济具有惯性且宏观经济的运行走势可以用一系列数据动态观测，因此宏观经济因素通常可视作一类可预期因素。宏观经济因素属于影响债券市场的长期因素，虽在经济数据公布时点对债市存在短期冲击，但多为情绪因素。在本节中，我们将宏观经济数据公布时对债券市场的短期冲击归为情绪因素，将在后文“情绪和预期因素”中介绍，此处不再赘述。

宏观经济对债券的长期影响指的是宏观经济趋势会影响债券的趋势，且这种影响并非体现在日和周债券走势之中，而是以月或年计的债券长期走势。在“宏观篇”中，我们用宏观经济走势分析债券走势的逻辑：经济走势与债券走势呈现反向变动。经济上行阶段，国内需求扩张，资产回报率上升，利率也随之普遍抬升，债券收益率也会呈现上行趋势；经济下行阶段，国内需求收缩，资产回报率下降，利率普遍降低，债券收益率呈现下行趋势。

由于经济学中主体的市场行为和经济总供需的不断变动，宏观经济具备明显的周期性。而债券收益率与经济走势的密切关联也使得债券收益率的变动存在明显的周期性。表现在数据上，即为债券的走势与主要经济数据的走势呈现密切关联。如我们曾在“供需篇”中论述过的“债券周期与通货膨胀周期和库存周期的关系”就是很好的印证(详见10.3节)(见图26.1)。

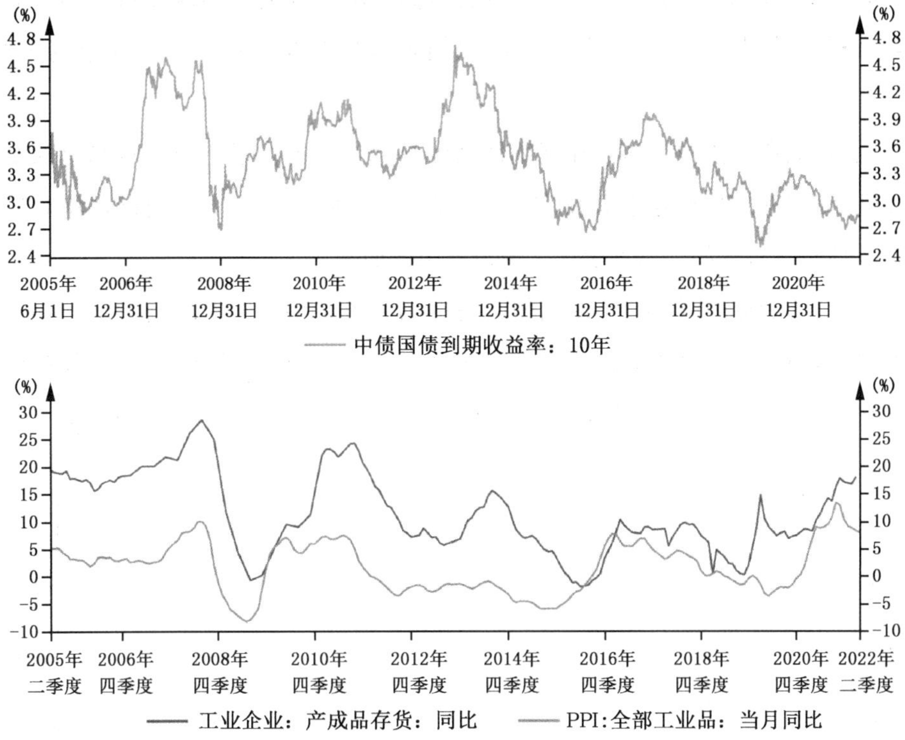

资料来源:Wind、湖南三湘银行。

图26.1 国债收益率变动与库存和通货膨胀

通货膨胀数据和库存周期从实质上来说,都是市场主体行为与市场总供需之间的数据表现形式。

通过跟踪经济数据,我们可以大致掌握当前经济所处的阶段,并用于指导债券交易。市场上主要的宏观经济数据按月度公布,如PMI、社会消费品零售、CPI和PPI、工业增加值、固定资产投资与进出口数据等(这部分我们在“宏观篇”中已详细阐述具体指标的构建)。在日常的分析中,一定要连续、动态地看待经济数据的变动,要注重经济数据及细项之间的逻辑和呼应关系,切忌拉出单个数据便判断经济的好坏和转向,宏观经济运行本就是长时间、趋势性的变化,对于趋势的关注要重于经济数据的单月读数(经济数据本身就存在本月不佳、下月恢复的可能)。当然,月度的经济数据公布也存在有延时性和频率低的缺陷,对于这部分缺陷,我们往往用高频数据的观测弥补。高频数据由于更新频率高，部分数据甚至能达到日频，可以即时反映经济的变化。但值得一提的是，高频数据仅能作为观测数据的补充使用，经济是中长期变动的过程，以高频数据来指导短线交易往往会在市场中“挨揍”。

同时，债券走势的区间性和周期性为中长期交易提供了一个相对确定的交易可能性：在利率的高点建仓并持有，等到利率到达低点后卖出获利存在相对确定性——债券收益率的绝对性价比之说也就由此而来。

图 26.2 为近 20 年 10 年期国债收益率的大致走势，不难发现在 2020 年疫情暴发之前，债券收益率的运行基本处于一个上有顶、下有底的区间，债券收益率的底部在 2.60～2.80 之间，顶部在 4.0 及以上，3～4 年为一个牛熊变动区间。

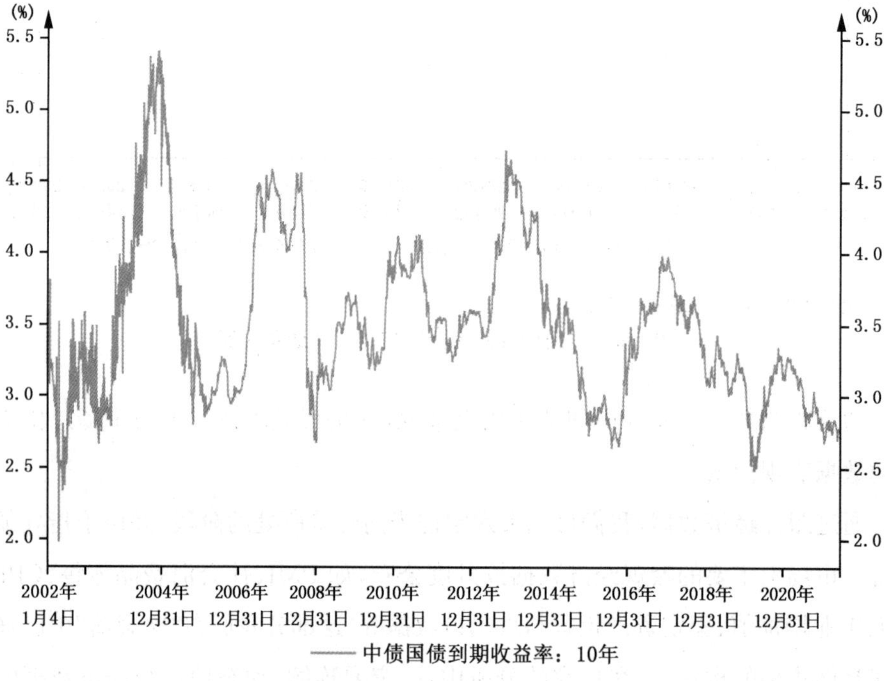

资料来源：Wind、湖南三湘银行。

图 26.2 近 20 年 10 年期国债收益率变动

在债券交易实务的分析中，一般会采用历史分位数测量债券收益率的绝对性价比，这一测量的有效性前提有两个：一是债券收益率的变化存在明显的周期性；

二是债券的收益率变动维持在固定的区间内。历史分位数中历史时间段的选择可按需定义，市场部分机构以债券牛熊区间倍数进行历史分位数测量，但也有机构以最近 10 年数据进行历史分位数测量。

正如近 3 年的 10 年期国债收益率数据所展示的一样，债券在疫情下已偏离往年运行区间（见图 26.3）。这表明，经济的运行结果才是债券收益率变动的根源。债券波动与经济波动不可割裂看待，若离开宏观经济背景，单从绝对收益率视角展开债券交易，不仅会错失好的交易时机，还有可能导致大额亏损，我们在日常交易中也需要特别注意这一点。

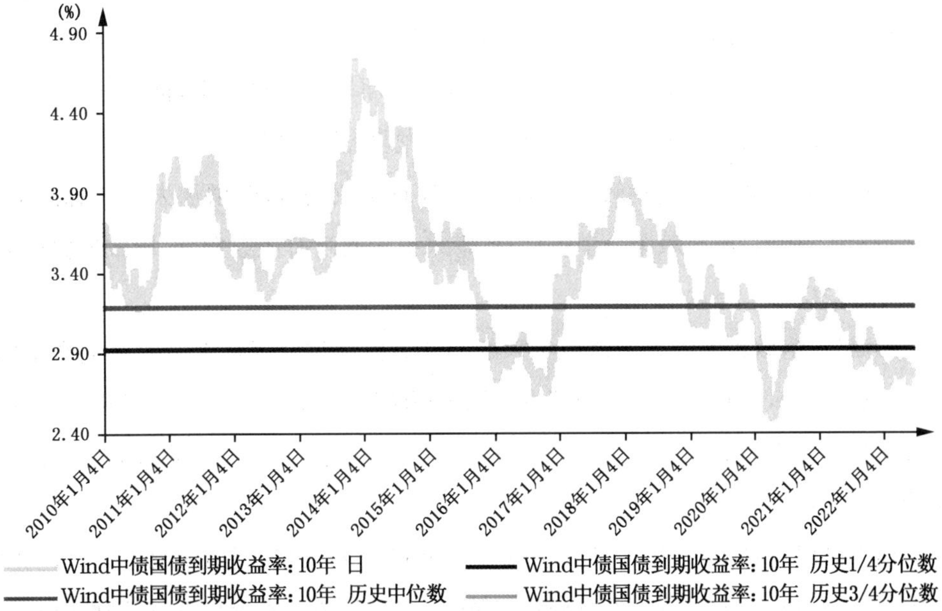

资料来源：Wind、湖南三湘银行。

图 26.3 近 10 年 10 年期国债走势与历史分位数

26.2.2 政策面因素

政策面因素一般较少单独出现，更多的是作为经济因素的衍生面出现。在经济学教材中我们就曾学过：当经济衰退时，需要积极的货币政策和财政政策发力对冲下行压力；当经济过热时，则需要实行紧缩的货币政策和财政政策来对冲过热风险。但现实的情况往往比教材中学到的更为复杂，货币政策和财政政策并不是只有积极和紧缩两种选项，更多的是货币政策与财政政策的多样性组合。

(1)对冲政策：货币政策、财政政策与信贷政策

在宏观经济“供需篇”的“初探宏观经济对债市的影响”中我们已推演出宏观经济对债市影响的四个逻辑。四个逻辑就能清晰地看出经济基本面与政策面间的相互影响。

①宏观经济及宏观经济预期越强的时候，总需求越强，债券市场走势愈发负面，反之亦然。

②货币政策边际放松将会对债券市场带来更多资金，有利于债券市场，但货币宽松也会带来经济的恢复，推动逻辑①，反之亦然。

③信贷政策的放松会带来更多的融资，一方面增加了总需求，推动逻辑①；另一方面融资增加会挤占债券资源，导致债券被抛售，反之亦然。

④财政政策效果与信贷政策类似，当财政政策放松时，会增加大量的总需求，推动逻辑①，同时，财政政策会消耗储蓄，带来更多的政府债券发行，导致债券供需失衡，反之亦然。

不难发现，政策面因素给债市带来的影响需要通过经济基本面的变化产生作用(上述推演中，所有的政策效用都将作用于逻辑①，而后对债市产生影响)。如系列政策集中发力但效果不佳，始终未能扭转经济下行趋势，对债券的影响也将仅限于阶段性的情绪冲击。

典型阶段可见 2022 年 2 月—2022 年 5 月的债券市场行情(见图 26.4)：2021 年 12 月—2022 年 1 月，在央行连续降准降息后，债券收益率大幅下行，同期财政政策亦加快发力，市场对经济将要转好的预期浓厚，债券收益率自年后连续上行近 15 个 bp，但从经济数据看，起色较为平淡，债券上行均由于政策加码的经济恢复“预期”。3 月底疫情再度反复，债市收益率再度下行。4 月初，深圳、上海再度陷入疫情封控状态，经济基本面再度面临冲击，债券收益率接连下行，15 日央行再度降准 0.25 个百分点后，18 日“33 条”出台，债券收益率在预期影响下再度陷入调整。5 月疫情封控仍未解除，经济下行趋势不减，债券收益率再度缓慢下行。5 月 25 日国务院召开全国稳住经济大盘电视电话会议确认经济下行压力较大后，债券再度

迎来一波猛烈下行，随后至6月初，市场始终保持震荡状态。

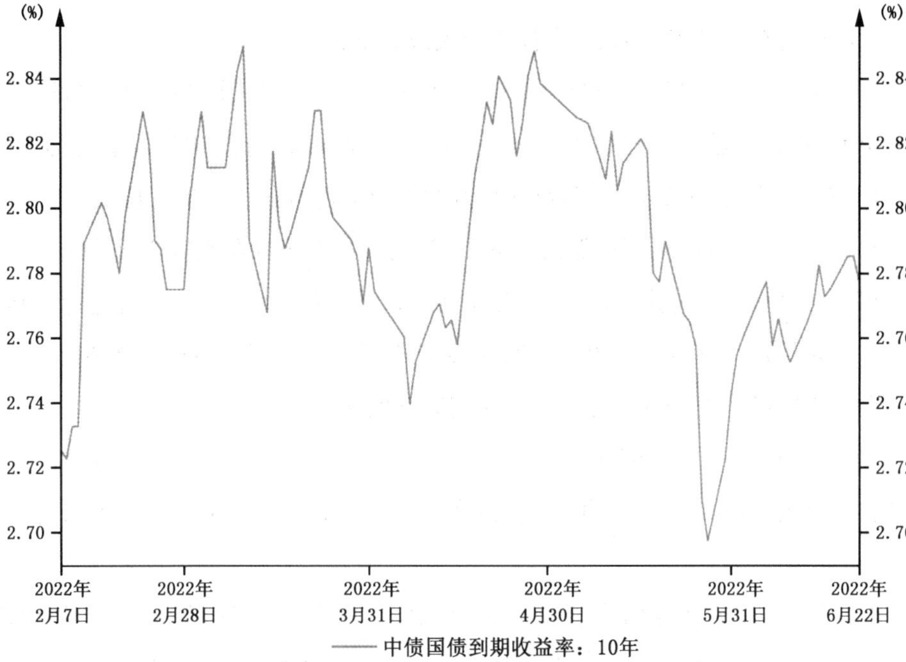

资料来源：Wind、湖南三湘银行。

图26.4 2022年2月至2022年5月10年期国债走势

从上述案例中可以看出，虽然政策面对债市的影响需要通过基本面发生作用，但是并不影响政策面对市场交易的情绪冲击，且这一类冲击往往与市场的走势呈现反向变动。换言之，在经济趋势未发生变化的情况下，由对冲政策导致的情绪和预期改变往往会成为一个好的交易点。如在经济下行的环境中，由政策出台导致的短期情绪冲击和预期改变，能带来债券牛市环境下一个好的买点。

近几年，管理层越来越注重与市场有效沟通，对于此类政策方向及力度的把控，可以通过仔细研读及对比重要会议、重要讲话及政策论文及时掌握。关于这部分重要会议和讲话我们已在第17章中详细介绍，此处不再赘述。

(2)监管指导与政策

除了货币政策、财政政策以及与刺激经济相关的信贷政策以外，还需要重点关注监管窗口指导和政策。此部分指导和政策对于债市的影响往往并不那么直接，需要依赖当时所处的业态环境和仔细分析才能找到线索。例如，开始于2020年上半年对部分银行“压降结构性存款”的窗口指导，导致后续的银行负债结构恶化，助推了债券市场在下半年的崩盘，事件线索大致如下：

2020年疫情冲击后，央行货币政策极度放松，资金和信贷利率不断走低，衍生出信贷套利等问题。截至2020年4月末，全国商业银行结构性存款余额约为12.14万亿元，环比增长4.05%，结构性存款暴增问题开始引发监管层关注。

2020年6月4日，北京银保监局党委书记、局长李明肖在银行业保险业例行新闻发布会上表示：“通过排查，发现部分企业一边获得低利率贷款，一边进行套利行为，比如购买结构性存款、理财产品甚至投资股市等。对资金‘套利’等违规行为，北京银保监局将严查、重罚，确保资金切实服务实体经济。”

2020年6月9日，彭博报道“经知情人士透露，中国银保监会本周窗口指导部分股份制商业银行，要求于今年年底前，将结构性存款的规模压降至上年末的三分之二”。

银行压降结构性存款工作由此开始，其中，在9月设定了压降至年初规模的阶段性目标。这意味着银行“高息揽定期存款”的方式被叫停，由此引发的是银行负债结构的快速恶化——各大银行不得不在压降结构性存款的同时，通过大量发行6M～1Y同业存单弥补指标上的“定期存款”流失[①]，同业存单的发行规模和利率一度飙升。而在同期，为对冲疫情影响，政府债券正大量发行，银行作为主要政府债券配置工具在强大的负债端压力下本就难堪重负，进一步助推债券市场收益率在2020年下半年的快速上行，反映银行配置力量的5年期国债品种上行幅度尤其大（见图26.5）。

综上，监管指导对债市影响的作用分析有两个关键要素：一是需要围绕指导和政策出台时的业态环境进行背景分析；二是需要仔细考量政策出台后对于各市场主体的影响综合研判。

① 同业存单对于指标的影响详见12.4节。

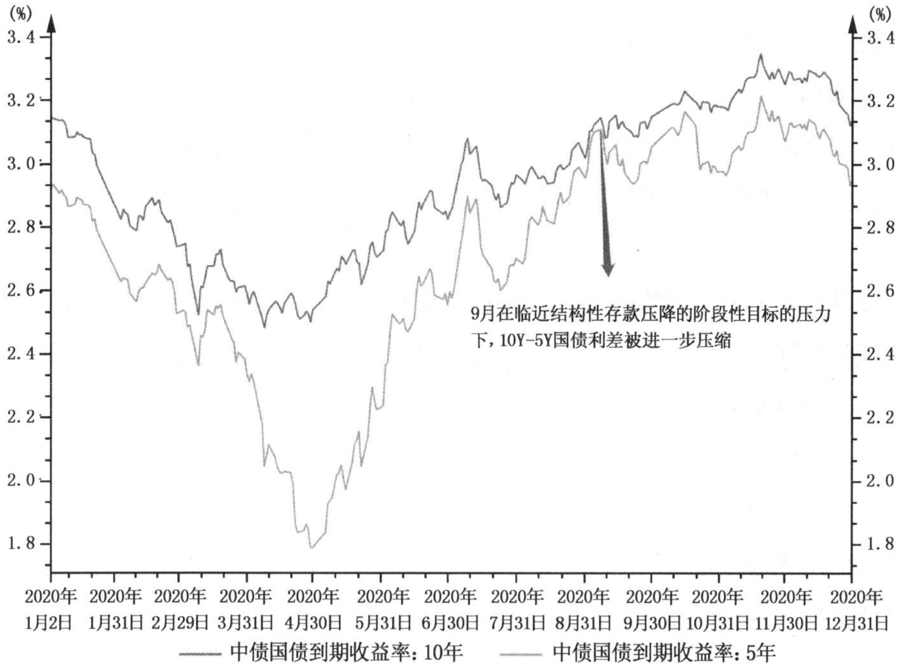

资料来源：Wind、湖南三湘银行。

图 26.5　2020 年 10 年期与 5 年期国债走势

26.2.3　事件型冲击

事件型冲击通常指的是事前难以预料的、突发性的消息公布或重大事件发生，典型案例如中美贸易摩擦、疫情、战争等。事件冲击由于存在不可预料性，我们在日常交易的处理多为事后应对型。日常对于突发事件的发生除了需要关注其带来的短期情绪冲击外，更要关注其影响的逻辑，事后影响持续的时间长短，以及对不同期限、不同品种的利率债的影响。

例如，2003 年的非典疫情与 2020 年的新冠疫情对债券市场的影响存在很大差异。2003 年非典疫情对债市的影响仅存在 3 个月左右，但 2020 年新冠疫情的影响至今还在持续，虽然持续时间存在差异，但其核心逻辑始终在于疫情下管控政策对经济基本面的影响——疫情好转，管控解除，经济开始向好；疫情反复，管控开始，经济封冻。

26.2.4 资金面因素

正如前文所述，在现券交易中可通过加杠杆的方式获利，即吃 CARRY（利息收入－资金成本）进行套利。所以当市场资金面长期稳定宽松时，会衍生出市场机构的集中加杠杆行为，即通过融出债券获取更多的资金，从而进一步买入更多债券。

债券市场上最主要的融资方式是债券质押式回购，其中最主要的回购品种为隔夜债券质押式回购，当这类利率长期处于低位时，可以看到隔夜和 7 天质押回购的成交量会有明显增长，这也意味着越来越多的机构通过杠杆获利，债券的价格往往会因此而推高。相反，当资金面收紧，资金价格快速上升时，杠杆交易的性价比下降，甚至出现资金成本超越利息收入的情况（也就是常说的"负 CARRY"），投资者此时的最优选择就是卖出现券、降低杠杆并持有现金，在市场机构杠杆普遍都比较高的情况下，资金面的突然收紧容易引发现券的集中抛售，从而导致现券价格快速下跌（见图 26.6）。

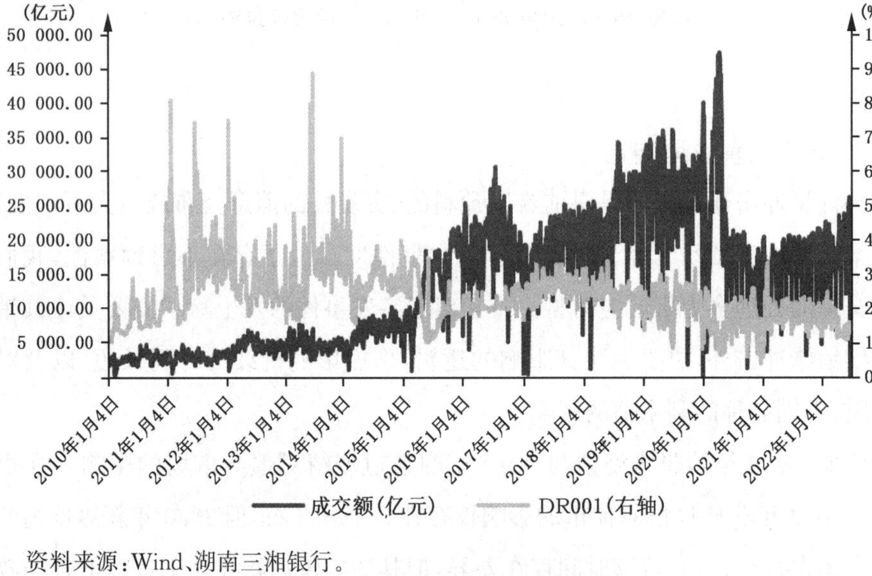

资料来源：Wind、湖南三湘银行。

图 26.6 DR001 与隔夜成交量

故资金面与债券存在明显的相关性，资金面位于宽松区间时，现券一般都处于牛市区间中（见图 26.7），当资金面趋于紧张时，现券收益率一般处于上行区间。但值得一提的是，此处所指的资金面是由每日走势构成的整体资金面宽松或紧张区间，而非资金因短期扰动（如缴款、MLF 投放）而产生的短暂松弛或紧张。

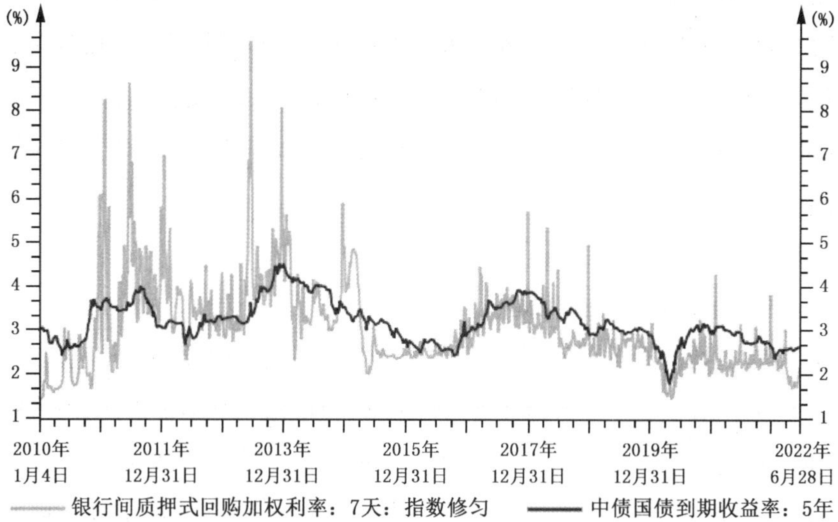

资料来源：Wind、湖南三湘银行。

图 26.7 资金利率与现券走势

26.2.5 情绪和预期因素

金融资产的定价并不是依托于当时已经兑现的所有事实，而是基于目前已有的所有信息，所得出的被市场上大多数人相信的预期。当市场上形成一致预期时，这部分本该属于未来的定价就会提前，即根据未来的信息预期对当前市场的收益率定价。而当预期被打破时，市场情绪往往会遭受到“短暂”冲击，并自发地进行“预期的修正”，即我们常见到的超预期后的市场反向变动。

如宏观经济对债市的影响虽是长期因素，但在经济数据的公布时点往往也会造成短期冲击：当市场预期数据会超预期的时候，资产价格往往会在数据出炉之前完成调整，并等待数据兑现之后集中释放完成定价。反之，当数据与预期并不一致时，数据出炉后债券收益率也会自发地反向变动，修复前期基于预期的“错误定价”。如2022年2月底PMI数据意料外超预期后，现券收益率开始大幅度上行，而后公布的2月金融数据公布大幅不及预期，现券收益率又迎来大幅下行，随后经济数据公布依旧超预期，现券收益率再度恢复继续上行。

值得一提的是，这种“预期差”带来的情绪冲击虽然短暂，但也不可忽视，因为“预期差”往往有可能成为其他因素共同作用下情绪反转的“导火索”，如货币政策提前发力，配合2021年7月经济数据超预期的急转直下带来了一段长时间的债券牛市行情。总而言之，“预期”和“预期差”的存在，以及随之变化的情绪因素，总能给市场带来不少交易节点，但如何运用这个交易节点做交易，需要结合当时的市场环境综合考量。

26.2.6 把握债市交易脉络

影响债市行情的影响因素很多，且在操作实务中也会面临多种因素多空交织的情况：A指标指向利空，B指标又指向利多，或者指标本身不带指向，因人解读而异。这时该如何处理呢？我们认为一种有效的方式是抓住当前债市的主要交易逻辑并将其装入经济基本面的框架。如当基本面面临经济衰退，但市场依据通货膨胀预期交易时，我们可在日常交易中更多地关注大宗商品的走势情况，用以指导短期交易。同时，在观测到通货膨胀预期走到极致时，进行中长期多头仓位建仓以符合经济衰退的大框架。又如当经济复苏遭遇疫情的扰动时，则建立短期的多头仓位，并在疫情行情演绎到极致时，逐步清出手中仓位。

无论市场当前在走何种主导行情，其基础框架都应当落在经济基本面因素之上，因为基本面因素才是主导债券行情的趋势性因素，逆趋势而行，往往容易在短期获利后因遭遇大的市场行情变动而亏损。但是否应当看着长期基本面因素来制定短期的交易策略呢？此种方式也很不可取，因为市场本就是瞬息万变的，可能还没轮到基本面的各项因素共振，市场在短期主要脉络和情绪的影响下就已经打到了操作的止损线上。所以，好的处理方式应该是，明白当前债市演绎的主要逻辑为何，并结合基本面的变动方向操作。当基本面利好债市，短期主导因素也利好债市时，可放心做多；当基本面利好债市，但短期主导因素利空债市时，且这种利空演化为基本面走好的概率较小时，可以短期内小仓位做空，并设置好止损点位，在获得不错的盈利后进行中长期仓位的建仓(或者不做空,在利率上行后逐步建仓亦可)。反之,亦反。

在债市的主要逻辑方面,债券行情的短期主导因素并非一成不变,这点与我们前面提到的预期和情绪因素密切相关。所以,在日常交易中,为把握市场主要脉络的演化,我们也可以在收益率行情变动时,简单列举出债券市场中的已被定价因素和待被定价因素,并不断与前高/低对比,这样可以大致判断自己的合适介入点位和短期内债券变动可能的方向,以提高交易的胜率。

第 27 章

不同行情的应对策略

正如前一章介绍的一样，债券的收益率水平受到宏观经济、政策、事件、资金和预期等诸多因素的共同影响，而这些影响因素共同决定了债券市场的涨跌起伏和收益率曲线的结构变化。将区间拉长来看，债券市场的走势无非牛市、熊市与震荡市三种，收益率曲线的变动也无非走平/陡、走凸/凹两种类型。本章，我们将基于债券行情走势与曲线变动来简单介绍投资中常见的应对策略。

27.1 外部影响与曲线变动

收益率曲线是一类描绘债券收益率与期限关系的曲线，由于长短期限债券的影响因素不尽相同，收益率曲线也会随着外围影响因素的变化而不断变化。通常来说，按照长短端收益率幅度和方向的不同，我们可以将收益率曲线的变动分为三种：

第一种，平移变动。收益率曲线上的各期限债券收益出现了幅度基本相同的变化，收益率曲线的形态没有发生变化，只是收益率水平有所上升/下降。

第二种，曲线变平/变陡。短期债券所面临的信用风险和市场风险更加确定，更容易受到资金面、货币政策变动的影响，而长期债券所面临的不确定性更大，市场风险更多，因此更容易受到经济增长预期与通货膨胀预期的影响。长端和短端债券走势的不一致，构成了利率曲线变平或变陡的变动趋势。惯例上，还会结合牛熊的债券市场环境综合考量，把收益率曲线的变动区分为牛平、牛陡、熊陡和熊平。

(1)牛平。经济开始由盛转衰时，长期债券在预期变化的影响下，会率先下行，而货币政策由于是托底对冲工具，还未发力，市场流动性环境没有明显改善，短端收益率没有明显变化，此时便会出现长端收益率向下，但短端收益率不变的牛平形态。

(2)牛陡。经济下行压力逐步加大，开始呈现衰退特征，货币政策开始发力对冲，资金面状况转向宽松，短端收益率加速下行，而长端收益率走在预期之前，且叠加货币政策对冲后经济转好预期，往往长端的下行幅度没有短端大，收益率曲线开始呈现牛陡形态。

(3)熊陡。对冲开始起效，经济开始复苏，投资者开始交易，但资金面依然维持在宽松区间，此时长端收益率上行幅度将明显大于短端，收益率曲线呈现熊陡形态。

(4)熊平。经济全面向好，货币政策工具开始回归常态，资金面开始收紧，短端收益率开始快速上行，收益率曲线呈现熊平形态。

曲线变化的典型案例我们已在7.3.1节中列举。由于市场预期的不断变化和市场投资者的抢跑行为，牛平—牛陡—熊陡—熊平的曲线形态并非严格按照经济和货币政策当时所处的阶段发展，而是经常会出现曲线形态变化的反复。所以，需要融入市场环境来感受曲线形态的变化，以及判断市场中的曲线变化形态是否合理，这对于感受市场预期变化和日常交易纠偏十分重要。

第三种，曲线变凸与变凹。主要是指短端债券收益率和长端债券收益率同时出现同方向的大幅变动，而中端债券收益率的变动较小。此种形态多出现在特定外部冲击或市场情绪极端化的阶段。如2020年压降结构性存款，使得银行负债端结构恶化，叠加下半年大量供给，3Y～5Y国债的主要持有者银行面临较大压力导致持债力量有限，但同期资金面却维持相对宽松，曲线走凸得非常迅速，此时若进行反向操作，往往能获得不错的收益。

基于上述逻辑，根据债券市场所处的行情和对未来经济、资金形势的趋势判断，我们可以大致把握未来利率和收益率曲线的变动方向，但如何基于现有的行情和判断做出合适的选择和制定应对策略呢?

27.2 牛市中的债券挑选：久期策略

当债券处于牛市行情时,买入并持有债券往往能享受票息和价差的双重收益。此时,债券投资者并不需要考虑开空对冲的问题。相反,如何使用有限的资金,买入合适的债券,并赚取最大化的收益才是做决策的首要问题。

久期策略,便是对解决这一类问题的策略描述。即久期策略所解决的问题是:如何在维持市场平均久期的基础下,将资金分配在最具优势的期限之上,以实现收益最大化。通常来说,久期策略包括以下三种类型:子弹策略、杠铃策略以及阶梯策略。

子弹策略指的是在投资时将大仓位主要放在某一期限的债券上,此处所指的期限一般是指 3～5 年的券种,因为中端期限的债券往往代表着市场的平均久期水平。在资金面情况相对明朗,曲线大概率向陡峭化运动时,我们可以考虑选择这一策略,并在期限范围内的收益率曲线中段选择一个相对凸点的位置,以此占得久期和收益率下行幅度上的综合优势。

杠铃策略指的是在投资时将仓位集中于期限的两端,即主要投资于 3 年以下的短久期债券和 7～10 年的长久期债券。在曲线平坦化运动趋势向下时,基于该类策略的期限分布往往能实现较好的收益。

阶梯策略指的是在投资时将仓位和资金相对平均地投资在各类期限的债券之上。这种策略属于一类相对中庸的策略,其好处在于不论市场和外围影响因素如何变化,都能在收益率下行环境下求得相对平均的收益水平。

上述策略解决的是“如何将有限资金分配在不同期限债券上”的问题,所以久期策略也可视为配债策略。但久期策略侧重于单向的“配债”,却无法解决熊市环境下如何回避亏损的问题。由于债券票息的存在,大多数债券投资者始终都需要维持一定比例的债券持有规模,特别是银行、保险等机构。银行、保险等机构由于指标和流动性需要,不得不维持相当大比重的债券持有规模。

熊市中的债券收益率大幅上行所导致的价差损失,使得投资经理无法在熊市中“躺平”。那么熊市中是否存在既可以持有相当比例的债券，又可以回避收益率上行风险的策略呢？利差策略给我们提供了一类应对思路。

27.3 熊市中的风险规避：利差策略

利差策略属于一类风险中性策略，其具体操作方式为：在建仓多头的同时，通过债券借贷的方式同步开立空头仓位，从而使得建仓组合的整体 DVO1 接近于 0。当组合 DVO1 为 0 时，基本意味着该组合无净持仓敞口，能够回避掉大多数收益率上行的风险，所以在震荡市和熊市中，采用利差策略套利，既可以回避收益率上行波动的风险，还可以将这种不确定性转化为确定的收益率。

同时，由于利差策略需要运用债券借贷这类操作工具，因此在利差策略的具体执行中还需要考虑下列问题：

(1)利差策略的收益空间如何？是否能很好地覆盖借贷成本？与单一持有现券不同，利差策略在收到多头利息的同时也需要支付空头的利息，并不具备利息收益的保护，但需要支付借贷费用这一额外的成本，所以利差走阔、走窄的空间是执行利差策略需要首先考量的问题。

(2)利差策略是否能够如期获利并顺利回补？债券借贷在融入债券之初就明确约定有融入期限和到期日，所以在融入的固定期限内能否通过利差获取有效收益，并且在借贷到期时如期买入回补同样需要特别关注。市场上常存在“逼空”行为，即当投资者发现某只债券被大量做空时，主要资金可通过故意做低价格方式，逼迫做空机构在到期日前以更低的价格接过债券头寸。这种行为可以是市场自发的，也可以是资金雄厚的大机构故意为之。一般而言，并不活跃的老券容易被机构控盘，从而产生逼空行为的概率大幅提高。所以在建立空头仓位时，也需要考量券种活跃度的问题。越活跃的债券，发生此类行为的概率越小。

在仔细考量了上述两方面问题，并认为策略依然可行后，我们可以开始探讨策略的类型并正式执行策略。具体来说，我们常用的利差策略为以下三种：期限利差策略、新老券利差策略以及品种利差策略（也称“国债—国开利差策略”）。

27.3.1 期限利差策略

期限利差指的是同一债券交易品种下长期债券和短期债券的利差，其存在源于债券收益率的固定形态，其变化源于货币政策、经济基本面预期的变化。期限利差越大，说明长期债券和短期债券的相对距离越远，整个利率曲线更加陡峭；相反，期限利差越小，说明长期债券和短期债券的相对距离越近，整个利率曲线越平坦。

在前面我们已提到过短期债券所面临的信用风险和市场风险更加确定，更容易受到资金面、货币政策变动的影响，而长期债券所面临的不确定性更大，市场风险更多，被经济增长和通货膨胀影响的概率更大，因此更容易受到经济增长预期与通货膨胀预期的影响。因此，期限利差或者说利率曲线的平坦化和陡峭化往往能反映出当前市场的主导力量，其后续变化的可能就为我们提供了将收益率曲线做平和做陡的可能，也就是期限利差策略。

期限利差策略具体又可分为做平策略和做陡策略。做平指的是在做空短端债券的同时，做多长端债券，通常交易的是资金面收紧预期或经济下行预期；做陡指的是在做多短端债券的同时，做空长端债券，通常交易的是资金面宽松预期或经济上行预期。考虑到利息因素后，一般多短空长的曲线做陡策略是合意策略，而多长空短的做平策略则需要更多地计算和考量利息和利差收益。

27.3.2 新老券利差策略

新老券利差指的是同一品种债券的新券和老券间的利差，其存在源于现券交易的流动性溢价。正如“基础篇”中介绍的一样，利率债存在有新发、续发机制(详见 1.4.2 节)，随着续发债券的不断增多，新券的流动性会不断增强，而老券随着部分投资方的固定持有而产生流动性递减，这使得新券种在达到一定量后成为市场买卖交易的主力。这对新券而言，是流动性溢价不断获取的过程，而对于老券来说则是流动性溢价不断丧失的过程。这一流动性溢价变化的过程表现在债券市场上，即在新券首次新发时，会参照二级市场价格定价，此时将发行的新券与原活跃券收益率基本相当。而在新券正式上市后，由于活跃度的差异，两者的收益率会慢慢反向拉开。伴随着新券的不断续发，其“流动性溢价”由于活跃度的提升而不断上升，新券与原活跃券的收益率水平又将再次靠近，并在活跃度超越原活跃券后正式拉开，而原活跃券的"流动性溢价"由于活跃度下降而不断丧失，最终的收益率水平将与其他同期限的老券相当。图 27.1 展示了"新券—老券"利差的变化过程，不难看出，新券在上市时，收益率水平高于原活跃券，而随着时间的推移，"新券—老券"的利差会先小幅上升，而后下降转负，而在更新的券出现前后，又会开启回升模式，并最终接近于 0。

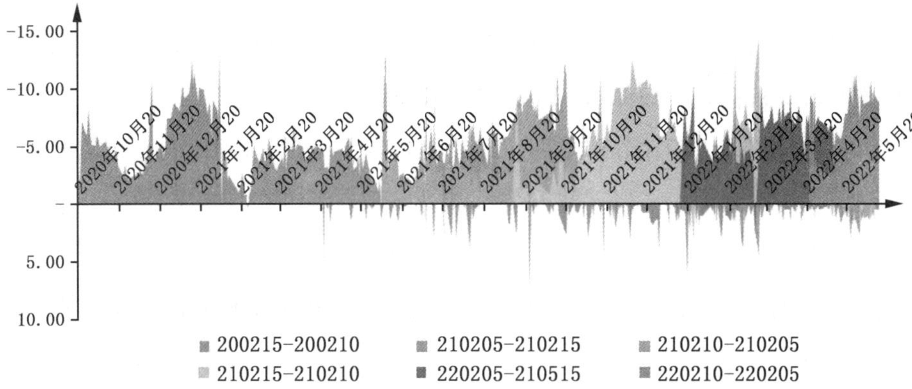

资料来源：Wind、湖南三湘银行。

图 27.1　新券—老券利差变动 bp 数

所以，在新老券利差策略中，不仅可以关注新券与原活跃券的利差变化，还可以关注原活跃券与老券间的利差变化。回顾历史走势来看，国开债的新老利差变化规律性更强，时点依据成交笔数（活跃度）可进行相对精准的判断，而国债由于涉及票息和免税相关问题，还需考虑机构配置的情境和想法，虽整体走势大致符合变化规律，但时点上的规律性较差，需要结合当时所处的具体情境仔细分析。

27.3.3　品种利差策略

品种利差一般指的是"国开债—国债"利差，其利差主要来源于隐含税率（对于隐含税率的具体计算可详见 7.3.2 节），其变化主要来源于供需关系。换言之，当不具备品种税收差异的资管产品和公募基金集中买入时，国开债等政金债的表现会更强，"国开—国债利差"就会因此收窄；而当具备品种税收差异的银行、保险公司买入时，国债的表现会更强，“国开—国债利差”就会因此收窄。

通常而言，品种利差会在市场中呈现出这样的规律性：(1)牛市中产品户和交易盘会“争先恐后”买入，由于此类机构多采用相对排名指标，先人一步则能让业绩在排名中占优，此时“国开债—国债利差”会走窄；而在熊市中，由于产品户和交易盘“急不可待”地抛售，但银行等配置力量由于利差到位会“按部就班”地进行国债配置托底，此时“国开—国债利差”会逐步走阔。(2)在政府债券集中发行的月份，由于供给力量的不断冲击，“国开债—国债利差”会相对走窄。(3)在每年的银行、保险公司集中配置期(一般是一、四季度)，“国开债—国债利差”会走阔。在日常交易中，我们可以根据以上规律执行品种利差策略。

值得一提的是，由于债券市场的波动始终具有“一致性”，因此利差策略的获利幅度多则 6～8bp，少则 1～2bp，盈利空间相对有限。所以在日常交易中，更多的是通过“策略上仓位”解决利差策略整体盈利水平的问题。

牛熊市行情内的收益率曲线变化和应对策略，依然主要针对的是中长期的仓位，而对于短期交易来言，需要花费更多的时间盯盘并掌握市场情绪和脉络的变化。从下章开始，我们将介绍短期交易盯盘的要点以及交易中的心态管理，期望为投资者的短期交易提供一定的参考。

第 28 章

交易盯盘、复盘与心态管理

对于短期的日间交易者和日内高频交易者来说，或许并不需要关注基本面等慢变量，而仅仅需要关注影响市场情绪和预期的短期因素，而本章将关注的重点放在短期交易的日常交易盯盘上，介绍在日常盯盘中关注的要素以及一些特殊的短期交易时点。

28.1 日常交易盯盘

28.1.1 盯住活跃券和国债期货的走势

在“基础篇”中我们就曾提过，参照市场交易量大小可将利率债分为活跃券和非活跃券。其中，活跃券的每日成交笔数更多，是交易盘交易的主力券种，其报价相对来说也更加连续，一般保持在 0.25bp 左右，而非活跃券的报价很宽，往往能够达到 1bp 及以上。

图 28.1 展示了 2021 年 4 月活跃券 210205 和非活跃券 190215 同一天的日内走势，其中 210205 的成交明显比 190205 更为连续和连贯。所以在日常盯市的过程中，我们往往会通过盯住活跃券的走势，并对比国债期货的盘间走势感受债券市场的情绪变化。

在国债期货开盘期间，现券的走势基本跟随国债期货的变化，国债期货与现券

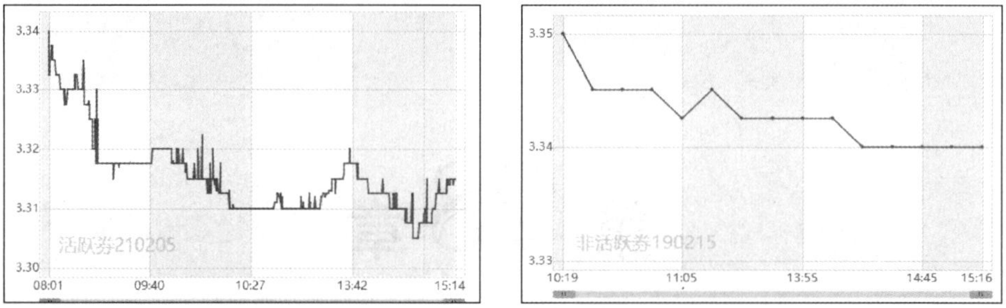

资料来源：qeubee、湖南三湘银行。

图 28.1　活跃券与非活跃券的日内走势对比

市场的联系我们早已在 3.5 节中介绍过，此处不再赘述，而在交易盯盘中，我们更加关注以下几个方面：

（1）利用国债期货的技术面指导短期现券的操作。现券在国债期货交易时段内的走势会以国债期货的走势作为参考，这主要是由于现券报价连续性较差，技术分析等短期交易分析手段难以直接运用在现券交易盘面上，但国债期货基本能解决这个问题。国债期货的价格波动在盘间非常连贯，且在一般的国债期货交易看盘软件上就有趋势线、MACD 线等技术指标的标注，这为偏好利用技术分析进行短期交易的交易者判断行情走势提供了很大的帮助。

（2）根据现券与国债期货的相对走势测试现券的买卖盘力量。现券与国债期货投资者虽有重合，但不完全相同，现券市场的参与者基本都是机构，而国债期货市场的参与者除了机构外还有大量的投机者，所以国债期货的走势不仅可作为现券交易的参考，还可以成为现券行情的验证棒。当期货突然下砸，但现券收益率却支撑明显，未跟随国债期货向上波动时，则往往意味着现券市场的买入力量较强，多次验证后此时买入现券的胜率较高；反之则反。

（3）利用国债期货的大单标注、持仓量和成交量获取辅助信息。国债期货具有多种开仓和平仓方向，同时还具有持仓量、成交量的变动信息，这也能够为现券提供辅助信息支持——是否有机构集中进行开空对冲，突然集中的开仓拉升是否存在外围的重大利好信息，市场是否从分歧走向共识，有一方开始集中平仓认输等。

另外，我们曾经提到过，国债期货作为一种衍生品，并不需要卖方手里持有这个标的就可以大规模卖出。这也意味着只要不计价格,投资者一定可以在国债期货上积累大量头寸,且积累头寸速度会远快于现券市场,因此在某些重大时间点比如金融数据公布前,或某些投资者获得了重要的信息时,都会率先在国债期货上买入或卖出,积累大量多头或空头。这些行为让国债期货的行情领先于现货。

我们曾多次看到国债期货上有效的“重大利好”信号:国债期货价格在盘间快速拉升并伴随持仓量的猛增,且在当日收盘时国债期货当日增仓量依旧能保持在8 000 手以上,则往往意味着消息面有利好来临。

例如 2021 年 7 月 7 日,国债期货尾盘突然拉升(见图 28.2),并伴随持仓量增加,当日增仓 1 万手,此时已有不少现券交易者跟随国债期货进行买入操作,但事实上当时并无重大消息流出。而后,晚上 7:00 国常会召开,出现了超预期的“适时降准”表述,夜盘现券瞬间狂下 5bp,且在后续的一个月时间里,经济数据不及预期等利好消息纷纷出来,现券累计下行幅度接近 20bp。

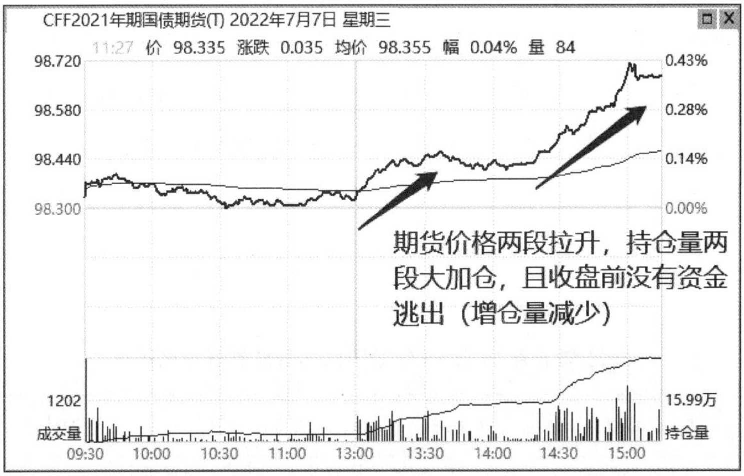

资料来源:Wind、湖南三湘银行。

图 28.2　2021 年 7 月 7 日国债期货价格走势

(4)利用国债期货与现券套利的时点获利。国债期货在到期时需要使用现券交割,故两者的价格必定趋同。若价格相差较大,则会衍生出套利机会,跨市场的投资者会采取行动抹平这种差异并获利。通过基差或净基差,我们可以观测国债期货与现券间套利空间的大小。当基差小于0时，存在期货空头套利的机会，空头可通过从市场上买入某只国债，同时卖出国债期货，到期用买入的国债交割进行套利；当所有券的基差均大于0时，则存在期货多头套利的机会，多头可以通过从买入国债期货，卖出某只国债套利，到期获得空头交割的国债套利。但由于多头事前并无法预知到空头会选择哪只国债交割，因此套利难度相对较大，且现券借贷做空需要支付额外的交易成本，也可能会面临现券空头到期难以顺利回补的问题，因此并不提倡在实操中进行该种套利。当然，临近交割月份的特殊情形，即所有现券的基差均显著大于0时，可以尝试该种套利。同时，由于活跃CTD一般在交割月大概率会作为交割券使用，因此CTD在交割月的走势和期货高度一致，且波动幅度也会在交割月中放大。“看期货做CTD”不失为短期交易中获取收益的一种好方法。

(5)利用日终机构持仓变化信息把握市场和机构的主流看法。通常而言，市场上参与国债期货的机构有两大类，一类是对冲套保类机构，另一类是交易获利类机构。通过观察期货持仓量的变化和多空的持仓和持仓量的增减情况，我们可以大致判断主要机构的持仓动向和看法，具体的查询路径为Wind内“债券—国债期货—国债期货专题”。据我们的统计，期货“前10名合计”的净持仓方向和增减仓数与现券走势的关联性较大。当“前10名合计”处于净多单持仓，且处于增仓状态时，第二日国债期货上涨的概率较大。为此，我们也可以通过“前10名合计”大致判断市场主流预期的方向，并结合外围环境进行交易操作，适当提高交易操作的胜率。

表28.1　2022年6月29日10年期国债期货成交量排名统计　单位：手

2022年6月29日	成交量		多头持仓		空头持仓		净持仓			
名称	成交量	增减	多单量	增减	空单量	增减	净多单	增减	净空单	增减
中信期货	49 861	1 152	28 171	−2 470	28 289	−867			118	1 603
上海东证	22 851	−3 325	18 951	734	18 304	1 012	647	−278		
国泰君安	12 565	−990	11 211	618	13 527	−9			2 316	−627
华泰期货	9 299	1 098	9 728	1 023	6 887	−930	2 841	1 953		
海通期货	7 956	−517	162	5	2 808	181			2 646	176
申银万国	5 544	774	4 766	663	4 172	671	594	−8		
国投安信	5 460	−1 483	9 500	−1 405	17 283	393			7 783	1 798

续表

2022年6月29日	成交量		多头持仓		空头持仓		净持仓			
名称	成交量	增减	多单量	增减	空单量	增减	净多单	增减	净空单	增减
南华期货	4 254	317	203	153	1 966	−164			1 763	−317
中原期货	3 793	248								
格林大华	3 269	606	6 063	−684	1 123		4 940	−684		
银河期货	3 205	−854	6 618	621	14 378	−466			7 760	−1 087
永安期货	3 088	1 250	11 305	330			11 305	330		
方正中期	3 074	2 090			1 878	−2 005			1 878	−2 005
鲁证期货	2 989	−71	2 009	−318			2 009	−318		
华闻期货	2 845	180			332	326			332	326
国海良时	2 373	36			175				175	
国金期货	2 367	−909	3 702	888			3 702	888		
五矿期货	2 111	−366	435	−3			435	−3		
招商期货	1 941	−646	3 471	730	4 220	−25			749	−755
广发期货	1 829	−1 178	2 976	32	2 520	−363	456	395		
天风期货	349	−305								
第一创业	321	230	184	80	604	209			420	129
东海期货	311	309								
中信建投	216	−113	2 433	−187	2 983	72			550	259
中金期货	197	5								
平安期货	161	−79	7 932	−397	2 716	−162	5 216	−235		
国信期货	151	27	2 043	−137	3 021	394			978	531
前5名合计	102 532	−2 582	79 366	235	91 781	63			12 415	−172
前10名合计	124 852	−2 120	114 245	−967	113 064	245	1 181	−1 212		
前20名合计	150 674	−2 588	131 863	276	127 186	−1 733	4 677	2 009		

资料来源：Wind、湖南三湘银行。

28.1.2 把握资金面的变动

在第13章中，我们已经大致介绍了“央行—大型银行—中小银行—非银机构”的流动性分布结构。流动性的充裕程度决定了资金面的松紧程度，所以，资金面的松紧从本质上看是由基础货币决定的。影响基础货币的主要因素基本可视为影响资金面的主要因素，主要包括：(1)“银行体系—财政体系”资金转化的缴税、政府债券发行以及财政投放等；(2)“央行—银行体系”的存款准备金(信贷派生存款)及准备金率、公开市场操作等央行货币政策操作工具。通过观测上述因素，我们可以大致把握资金面的变动规律，并以此指导债券交易。如资金面在特定时点的短期收紧就是买入短端债券的好时点，而“该紧的时候不紧”则又是验证资金面平稳和央行态度的一个好机会，具体来说：

(1)把握缴税的特定时点。通常而言，缴税因素会影响缴税截止日前后 2 天左右的时间，而报税截止日当天对资金面的影响最大。缴税截止日一般在每月的 15 日，也会因节假日或疫情政策等的影响而递延，具体可查询税务局官网的办税日历获取具体的缴税日数据(见图 28.3)。而 1、4、5、7、10 月是缴税的高峰月，资金面走紧会较其他月份来得更提前一些。

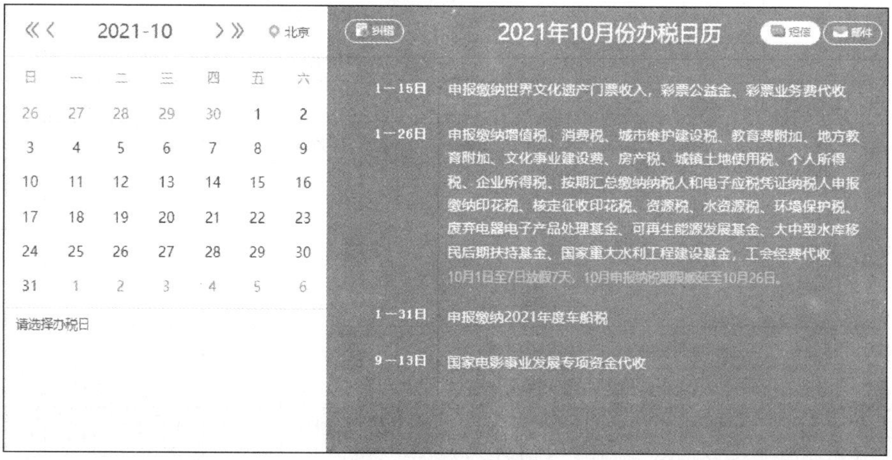

资料来源：税务局。

图 28.3　税务局“缴税日历”页面

(2)把握政府债券缴款与到期数据。国债和地方债的缴款一般是发行结束后的第二天，所以掌握好地方政府债券的发行日期和数量，并对比政府债券的到期信息，就可以大致判定缴款日前后的资金收紧压力。通常而言，财政部和地方政府会提前一周在官网上公布下一周续发行的券种和发行量信息，我们可以登录相关网址查询。但更为简便的方式是，通过 Wind 中的债市日历查询债券发行与到期信息(见表 28.2)。

表 28.2 **某周政府债券发行与到期数据** 单位:亿元

日期	星期	总发行量		总偿还量	净融资额
		国债	地方债	国债、地方债	
2022 年 5 月 7 日	星期六				
2022 年 5 月 8 日	星期日			116	
2022 年 5 月 9 日	星期一		109.71	500	
2022 年 5 月 10 日	星期二		210.12	583.83	
2022 年 5 月 11 日	星期三	1 060			
2022 年 5 月 12 日	星期四		2 531.76	272.68	
2022 年 5 月 13 日	星期五	530	176.51	67.83	
合 计		1 590	3 028.1	1 540.34	3 077.76

资料来源:Wind、湖南三湘银行。

(3)把握央行的投放与到期。在例行投放方面,央行在每个交易日的 9:20 会公布当日公开市场操作的量,而在每月的 15 日会投放 MLF,到期量则可以依据原有的投放时间和期限后推,在 Wind、qeubee 等软件上也可以查阅到这些数据。而其他的货币政策工具(如降准、降息的公布)一般都属于突发事件,需要关注资讯屏的相关会议原文和讲话,此处不再赘述。

(4)把握每日资金的变动趋势。存款类机构质押式回购利率(DR001)和银行间 1 天质押回购加权利率(R001)可以反映银行间的流动性水平,也就是我们日常所感知到的当天的流动性松紧水平:其中,R001 能够表示非银机构向银行借钱的成本;DR001 则表示银行间互相借钱的成本。考虑到数据获取的实时性,我们可以在 Wind 上和本币前台上通过 DR001 和 X-Repo 的利率和正逆回购量跟踪日内资金面的松紧变化,具体查询路径为:CIBMTS 中国银行间市场本币交易平台“菜单—资金市场—实时行情”(见图 28.4)。

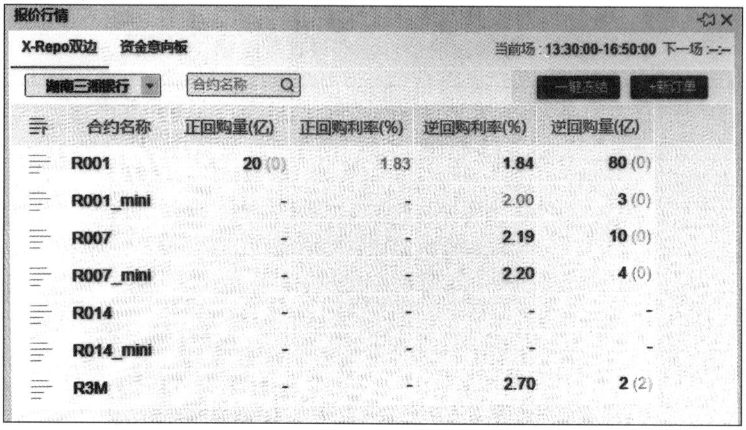

资料来源：CIBMTS 中国银行间市场本币交易平台。

图 28.4 CIBMTS 中国银行间市场本币交易平台 X-Repo 数据

28.1.3 跟踪同业存单利率的变化

从历史走势看，同业存单与债券利率的走势基本同步，存单见底/见顶一般都是债券见底/见顶的重要信号。这主要是由于同业存单有资产和负债的双重属性：

其一，同业存单是银行获取负债的重要方式，而银行作为债市的主要持有和配置机构，其负债动向对于债市的影响至关重要。我们在“供需篇”中已经提到过，由于同业存单的成本较高，银行在不缺指标的时候通常会选择减少发行，同业存单供需结构发生变化，发行利率逐步下行；反之则会上行。因此，同业存单可以成为较好地衡量银行配置能力的指标，当银行的配置能力不行时，债券基本就失去了“托底者”，其走熊的概率将大幅提高。

其二，同业存单对于非银机构来说也是一类重要的投资资产，可作为债券的替代品交易。当同业存单利率上行时，其相较于债券的性价比上升，资金将流入存单市场，从而减少短端债券的需求，短端利率可能有所上行，从而对收益率曲线产生整体影响；当存单利率下行时，其相较于债券的性价比下降，资金将重新回到短端债券市场，短端收益率下行，进而再度推动整体收益率曲线的下移。

一般而言，由于两者收益率接近，2～3 年期限的国债、政金债基本可视为同业存单的等价替代品，其与同业存单的走势最为密切（见图 28.5）。在日常交易中，我们最常用的同业存单观测指标为股份制银行1年期同业存单发行利率以及中债AAA商业银行同业存单到期收益率,这两个指标分别代表了同业存单一二级市场的利率水平,具体的每日数据可在Wind经济数据库中查询。

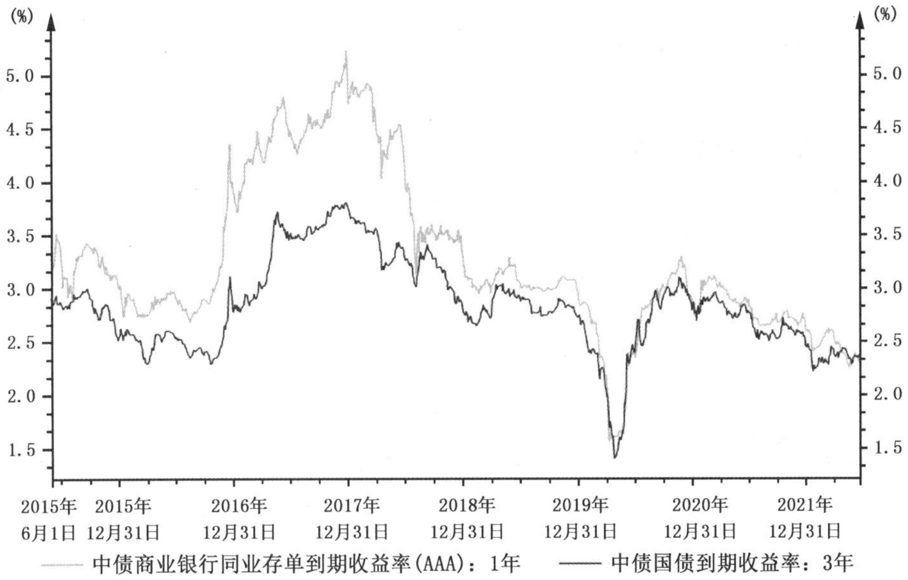

资料来源:Wind、湖南三湘银行。

图28.5 同业存单与3年期国债走势

28.1.4 关注重要的交易对手

除上述日常盯盘因素外,在日常交易中,我们还需要关注典型投资者的投资行为,具体包括以下几类:

(1)当交易对手频繁出现保险、大行和境外机构时,一定要顺势而为。保险、银行和境外机构的配置,往往需要持续数周或数月。由于这些机构的配置具有计划性且资金量庞大,因此它们的配置行为往往能够带动债券连续数周甚至月余的行情牛市,逆向的交易盘很难与之抗衡。若在日常交易的对手方中连续碰到这类机构,一定要注意调整方向,以免被大资金的配置行为"压垮"。

(2)遇到短期的市场交易推手时,一定要关注情绪是否存在转向。债券交易市场上，存在有一些虽然规模较小，但交投活跃，且其主要交易模式为日内交易、喜欢带动和放大市场情绪来获利的机构，其操作手法一般都具备明显的“一波猛推”特点，债券的上下行幅度通常会比较大。虽然这种策略放长远看并不会奏效，这些机构的投资收益也不见得有多好，但其短期推动力量极强，可能会让你很痛苦，因此在遇到这些机构执行类似策略时需要额外谨慎，密切关注市场情绪的变化。

28.1.5 一些特殊的交易时点

除了利用日常交易盯盘的各个方面把握债券交易情绪外，债券市场还存在诸如关键期限国债发行、节假日、年末等一些特殊的交易时点，其间的债券走势呈现出明显的规律性，在短期交易中，可以利用这些交易时点获利。

(1)关键期限国债的发行时点

债券发行，特别是关键期限的国债发行是现券短线交易的重要时点。部分银行、券商作为承销商，往往在考核目标中设定有投标任务，即需要承接国债、政金债的发行，来争取在市场上的承销和交易排名。故对于这类机构来说，需要不断地承接发行/续发的利率债，并在市场上进行卖出操作。对于承接机构来说，各家机构投资债券的资金量是有限的，且国债的单期发行规模往往能达到500亿元及以上，所以，各承销机构需要在发行前后进行一定规模的债券清盘才能顺利“接盘”。由此，关键期限国债发行前后的“砸发行”现象由此产生。特别是在市场环境较差，或是供需关系本就失衡得厉害时，接下发行/续发的利率债，对于金融机构来说需要承担较大的亏损。此时，这些机构能做的便是尽快出手自身所持有的债券，或在卖出前运用国债期货等对冲工具保护自己的持仓。基于这套处理逻辑，熊市环境下的关键期限国债发行阶段的“砸发行”现象尤为明显。

正如在“供需篇”中所提，“债券发行”会造成短时间内的债券供需失衡，且失衡的程度与当期国债的发行量密切相关，也与当时的外围市场环境和情绪有关。通常来说，单期债券发行量大、市场情绪不佳、机构持仓相对饱和的情况下，关键期限国债的发行往往能带动收益率的上行。例如，天量供给成为2020年5月疫情后债券收益率出现拐点的成因之一(见图28.6和图28.7)。

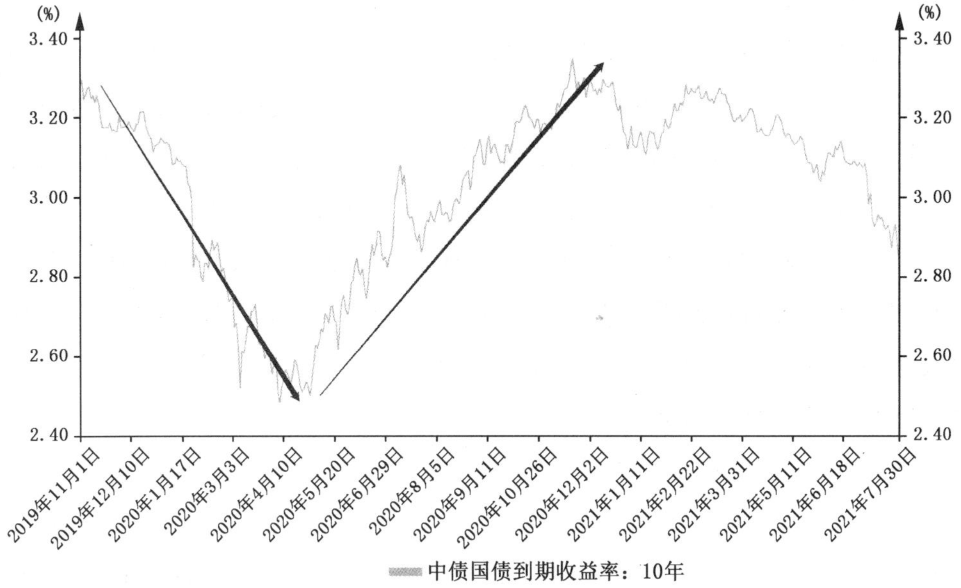

资料来源：Wind、湖南三湘银行。

图 28.6　2020 年 5 月的债市拐点

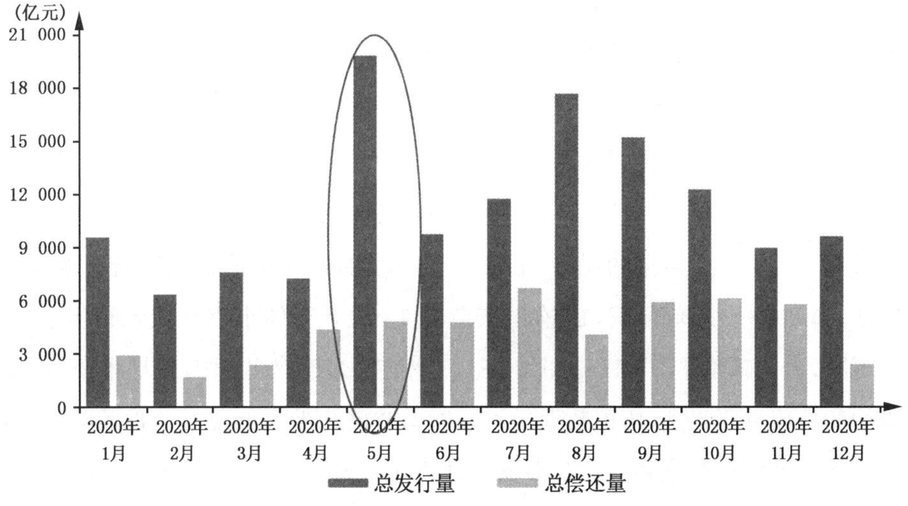

资料来源：Wind、湖南三湘银行。

图 28.7　2020 年全年国债供给与到期

对于债券投资者而言，利用国债发行的时点实施“砸发行”策略是一个不错的选择。通常来说，对于“砸发行”策略的实施有以下几个步骤：

一是，“砸发行”前需要综合分析市场环境：本次债券的发行量有多少？债券的外围环境如何？市场情绪如何？市场对本次债券的结果预期如何？在单期发行量大、债券外围环境偏利空（特别是处于熊市环境中）、市场情绪普遍较差、主要机构对市场发行预期结果不佳的场景适合实施“砸发行”策略。

二是，“砸发行”策略实施时需要考量进场和离场的时机问题：原有的债券手头仓位如何？是否可运用外围的对冲工具造势？市场本身的承接能力是处于欠配环境还是超配环境？实际的发行结果如何？以及发行后市场反应如何？这些问题将决定“砸发行”策略建仓的时点和离场的时机。

通常来说，发行前一周为“砸发行”策略的空头减仓期，空出券种一般为当期发行券或是同期限国债。利用发行券做空的方式，既可以顺应承销机构清盘的需要，也有利于机构在后续投标中回补仓位。发行结果公布后需要依据中标量和后续的市场反应判断是否需要立即平仓离场。从历史发行表现来说，新发券种在发行前后一周由于短期供需失衡，其走弱的倾向都较为明显。市场上也有部分机构的“砸发行”策略是通过方向操作的方式进行的，即在供需失衡时建仓，可以得到一个好的买点。这些可以由各位投资者在具体的实践中根据自身的操作习惯选择。

（2）跨节行情

“春节”和“国庆节”是国内的两个小长假，由于假期时间较长且非交易日，不少机构在节前会买入债券，以获得节日期间的利息收益。

通过对历年节前走势的观测，不难发现：历史数据中节前的上涨概率略大于下跌概率，如 2008—2020 年间，13 次国庆节和 13 次春节债市有 9 次录得上涨，4 次录得下跌，占比基本是 2∶1（见图 28.8）。节前涨多于跌的原因或是牛市、震荡市下机构的持债意愿强烈，历史数据也显示熊市节前几乎未出现债券收益率的下行，熊市环境下考虑到利息和资本利得损失性价比较差，意愿将打折扣。

从数据的单周波动上看，节前 5～10 个工作日债券下行速度会明显放快，临近节前的波动会越来越小（见表 28.3），投资者或更倾向于“提前准备”而非临阵持债。震荡市和牛市的国庆节“提前持债”推动收益率下行的特征尤为明显，但此类特征在春节前没有，或是因国庆节前 5～10 个工作日为数据中空期，而春节时间不

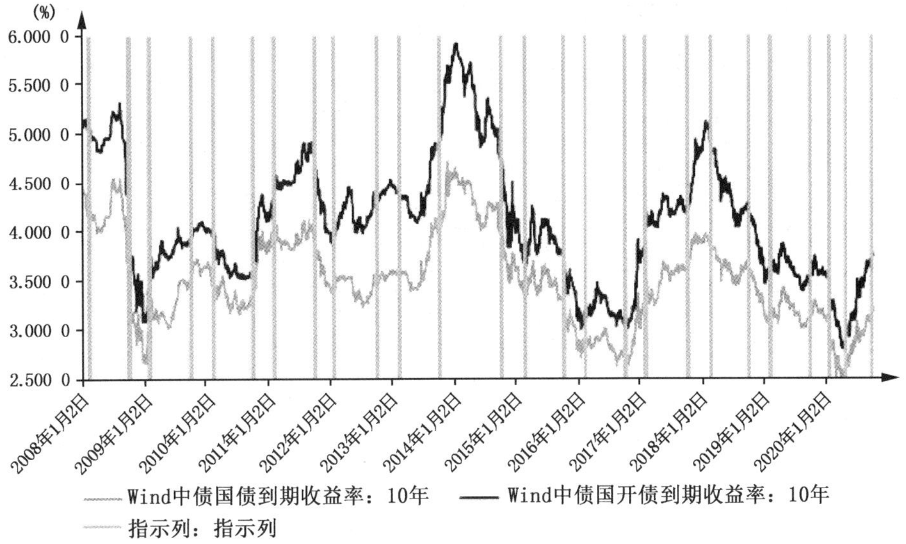

资料来源：Wind、湖南三湘银行。

图 28.8 2008—2020 年节假日与国债、国开债走势

定，会受到经济数据的明显扰动。

表 28.3 **2008—2020 年小长假数据统计结果** 单位：bp

年度	假日	前 15～20 个工作日		前 10～15 个工作日		前 5～10 个工作日		前 1～5 个工作日		节前	市场阶段
		国债	国开债	国债	国开债	国债	国开债	国债	国开债		
2008	春节	−0.89	4.50	−15.45	−6.50	−4.96	−3.00	−4.79	−7.00	涨	牛
2008	国庆节	3.42	−1.40	−37.05	−37.22	−3.88	−17.38	−4.57	5.95	涨	牛
2009	春节	−0.01	−1.00	−3.00	−4.09	31.23	36.54	2.45	−0.62	跌	熊
2009	国庆节	−3.52	−0.14	1.26	−0.05	4.60	3.40	0.36	−2.40	跌	熊
2010	春节	−5.71	−1.14	−5.00	0.98	−10.67	−4.98	−1.63	0.37	涨	牛/震荡
2010	国庆节	2.63	0.97	7.20	4.70	−0.14	0.20	−2.04	4.23	跌	熊
2011	春节	4.18	4.22	12.02	11.93	2.39	3.76	1.95	3.21	跌	熊
2011	国庆节	−0.58	0.15	1.02	3.39	−10.90	−10.00	−10.57	−8.25	涨	牛
2012	春节	−5.00	−0.66	−4.97	−8.83	4.27	5.27	−4.22	−2.80	涨	震荡
2012	国庆节	6.10	7.06	11.06	13.87	−7.61	−4.57	−3.82	−6.12	涨	震荡
2013	春节	−1.65	−1.58	0.03	−3.24	1.67	0.25	−1.45	−3.22	涨	震荡
2013	国庆节	1.94	7.50	6.51	2.48	−10.00	−2.51	−2.47	−1.00	涨	熊/震荡

续表

年度	假日	前15～20个工作日		前10～15个工作日		前5～10个工作日		前1～5个工作日		节前	市场阶段
		国债	国开债	国债	国开债	国债	国开债	国债	国开债		
2014	春节	−5.80	1.00	9.83	11.30	−4.00	1.11	−5.97	−6.98	涨	震荡
2014	国庆节	4.44	7.08	−9.26	−15.57	−15.83	−11.91	−6.01	−8.49	涨	牛
2015	春节	0.95	−7.98	−1.78	−5.49	−6.34	−4.98	−5.82	−7.61	涨	牛
2015	国庆节	4.76	5.61	−3.75	−5.79	2.51	0.52	−9.92	−7.22	涨	牛
2016	春节	−4.23	−5.51	8.26	4.84	−2.22	0.52	1.67	6.26	跌	熊/震荡
2016	国庆节	3.01	−5.39	−0.98	−1.58	−3.37	−5.74	−0.60	−0.61	涨	震荡
2017	春节	18.38	9.49	0.69	−1.96	4.18	5.39	10.25	14.69	跌	熊
2017	国庆节	−2.98	−5.50	0.64	−1.37	−2.35	−3.41	1.51	−0.79	涨	震荡/反转
2018	春节	−3.62	−5.46	−3.69	−1.71	−2.65	−8.52	−0.99	−6.88	涨	牛
2018	国庆节	6.00	2.51	−2.24	−1.74	4.27	4.52	−6.51	−6.50	涨	牛
2019	春节	1.72	8.97	−3.12	1.50	1.75	4.76	−2.79	−6.11	涨	震荡
2019	国庆节	−4.73	−3.60	8.26	2.64	1.29	2.62	2.06	2.88	跌	熊
2020	春节	2.91	3.50	−6.09	−5.71	0.13	0.04	−9.00	−11.72	涨	牛
2020	劳动节	−4.51	−9.21	1.87	−1.49	−4.90	−3.76	2.80	2.02	平	牛、震荡
	国庆节	−2.18	−4.21	5.01	6.26	−4.94	−0.24	6.42	3.31	跌	熊

资料来源：Wind、湖南三湘银行。

(3)神奇的年末时点

除了上述两类时间节点外，年末时点也同样值得关注。众所周知，年末对于各机构来说都是一个重要时点，关乎会计报表和指标的报送数据，也关系到各家机构年内的业绩考核，各家机构的操作均会慎之又慎。为了顺利跨年，央行和财政往往也会在年末大量投放资金，这使得年末的资金往往都处于年内难得的既宽松又平稳区间，债券神奇的年末行情也由此产生。

从历年的统计数据看，无论前期是否正处于牛/熊区间，现券在年末都能迎来一波不错的下行，下行一般开始于12月，往往能走出一段时间的趋势性行情，而这一趋势到了来年年初随即消失(见图28.9和图28.10)。

那么，年末行情是否存在呢？我们虽难以直接复盘到当时交易活跃券的行情数据，但由于国债期货与现券走势的密切关联，我们可以从近几年国债期货的变化中寻找一些线索(见图 28.11 至图 28.17)。

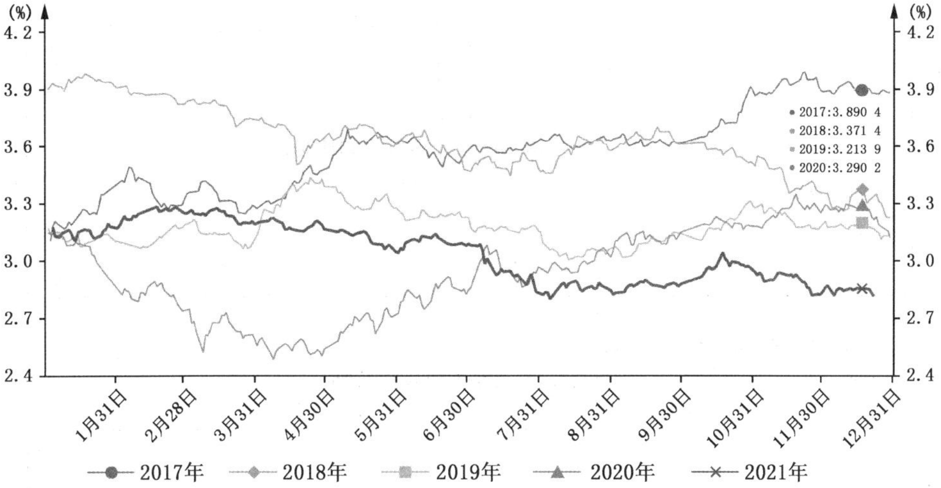

资料来源:Wind、湖南三湘银行。

图 28.9 近 5 年 10 年期国债的年内走势

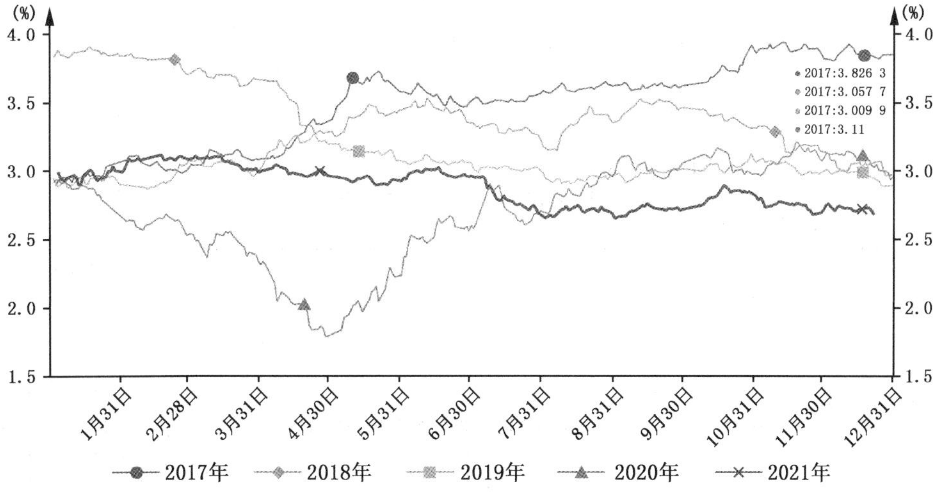

资料来源:Wind、湖南三湘银行。

图 28.10 近 5 年 5 年期国债的年内走势

资料来源：Wind、湖南三湘银行。

图 28.11　2015 年年末行情

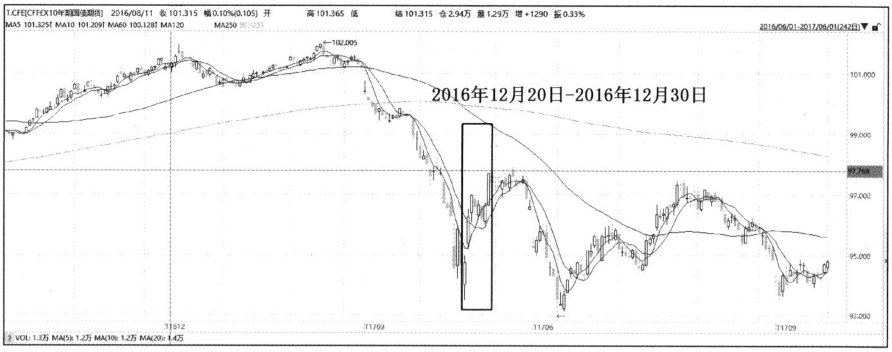

资料来源：Wind、湖南三湘银行。

图 28.12　2016 年年末行情

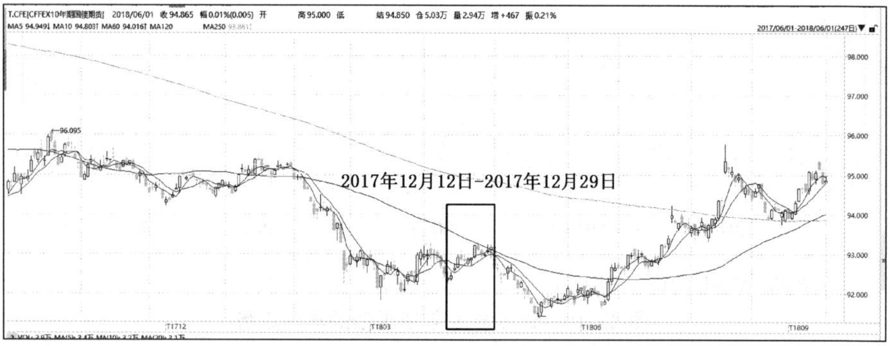

资料来源：Wind、湖南三湘银行。

图 28.13　2017 年年末行情

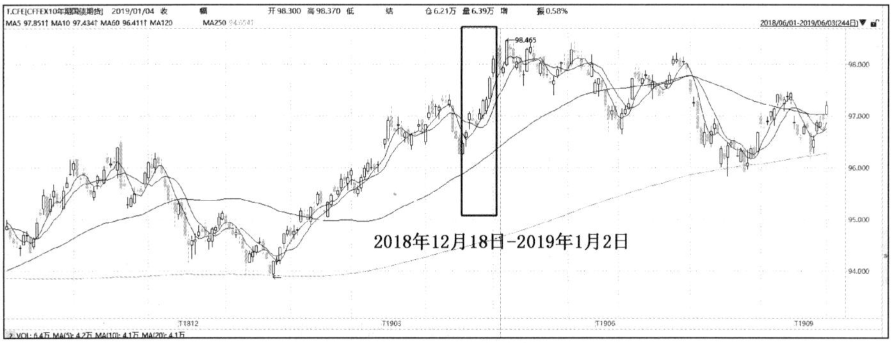

资料来源：Wind、湖南三湘银行。

图 28.14 2018 年年末行情

资料来源：Wind、湖南三湘银行。

图 28.15 2019 年年末行情

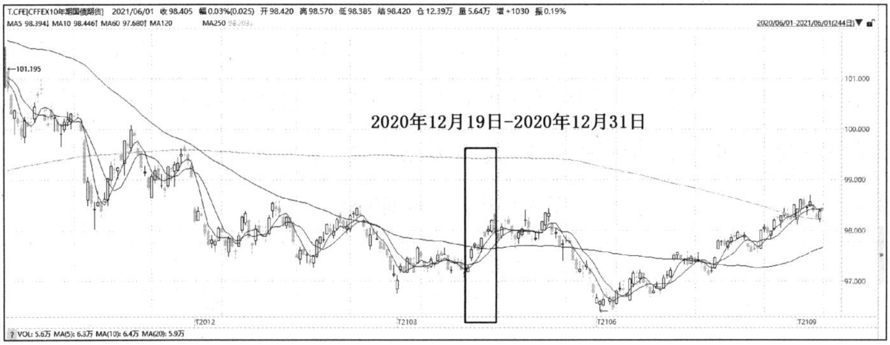

资料来源：Wind、湖南三湘银行。

图 28.16 2020 年年末行情

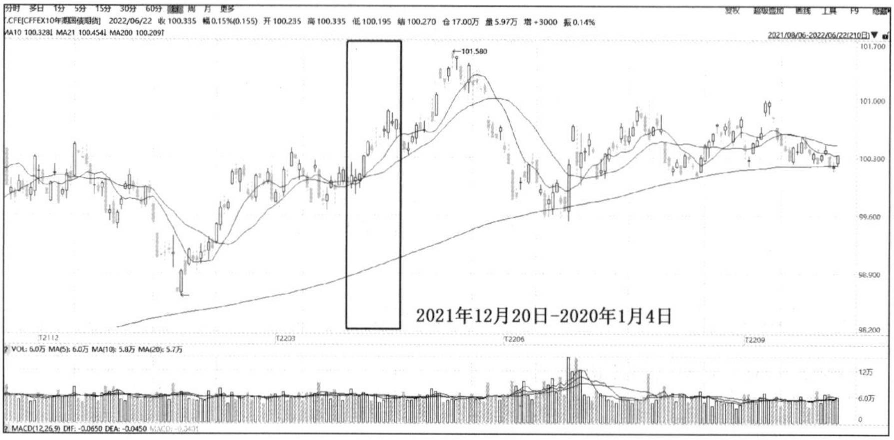

资料来源：Wind、湖南三湘银行。

图 28.17 2021 年年末行情

如果以 12 月第一波期货上拉作为年末行情启动征兆，则年末行情一般启动于 12 月 18—21 日，随后的期货走势表现为连续突破上涨；以此后的趋势上涨结束的第一根阴线作为结束征兆，则年末行情准时结束于年底最后一个交易日。年终行情结束后，第二年的前几个交易日，国债期货都将明显走弱，大多数时候会呈现出期货的下砸行情。

同步统计年末行情持续时间和期间债券走势，我们可以发现对应期间的 10 年期国债走势和 5 年期国债走势均为连续上涨，期间收益率下行幅度 7～30bp 不等。其间 10 年期国债年末行情表现差异较大，但与资金面和银行配置力量更为相关的 5 年期国债表现更为稳定，近几年的下行幅度都基本保持在 10bp 以上。同时，年末行情的收益率曲线变动规律不强，具体可见表 28.4 至表 28.7。

表 28.4 期货跨年时间区间统计

期货跨年行情	
起始时间	结束时间
2015 年 12 月 18 日	2015 年 12 月 29 日
2016 年 12 月 20 日	2016 年 12 月 30 日
2017 年 12 月 12 日	2017 年 12 月 29 日

续表

期货跨年行情	
起始时间	结束时间
2018年12月18日	2019年1月2日
2019年12月19日	2019年12月31日
2020年12月18日	2020年12月31日
2021年12月20日	2021年12月31日

资料来源：Wind、湖南三湘银行。

表28.5　中债10年期国债年末行情数据统计

10Y国债	起始收益率(%)	终止收益率(%)	幅度(bp)
2015	2.940 8	2.806 1	13.47
2016	3.373 9	3.011 5	36.24
2017	3.937 8	3.880 7	5.71
2018	3.371 4	3.173 4	19.8
2019	3.213 9	3.136 5	7.74
2020	3.290 2	3.142 9	14.73
2021	2.850 8	2.775 4	7.54

资料来源：Wind、湖南三湘银行。

表28.6　中债5年期国债年末行情数据统计

5Y国债	起始收益率(%)	终止收益率(%)	幅度(bp)
2015	2.734 4	2.660 0	7.44
2016	3.190 6	2.854 0	33.66
2017	3.919 5	3.844 5	7.5
2018	3.057 7	2.946 6	11.11
2019	3.000 2	2.889 7	11.05
2020	3.110 0	2.951 2	15.88
2021	2.727 6	2.612 7	11.49

资料来源：Wind、湖南三湘银行。

表 28.7　　中债国债 10Y－5Y 利差年末行情数据统计

10Y－5Y 起始利差(bp)	10Y－5Y 终止利差(bp)
20.64	14.61
18.33	15.75
1.83	3.62
31.37	22.68
21.37	24.68
18.02	19.17
12.32	16.27

资料来源：Wind、湖南三湘银行。

28.2　交易复盘与计划制定

28.2.1　投资经理交易日时间表

投资经理在日常交易中需要在市场上及时、准确地掌握有效信息，然后以此支撑自己的投资决策，故投资经理在每日交易时段内需要进行交易盘面和信息面盯盘。我们梳理了投资经理在交易日的关键时间节点，并归结为表 28.8。

表 28.8　　投资经理的时间

时间段	主要操作要点	全 日
8:00—9:00	1. 回顾夜间新闻及消息面动态、国内商品走势以及海外市场行情，按计划交易或依据现券早盘走势决定是否调整交易思路； 2. 与中介沟通，确认前一日现券交易要素，并发送给交易员提请行内风险流程审批，并在走完流程后进行前台交易	1. 利用金十数据、华尔街见闻、Wind 和彭博等实时关注消息面变化； 2. 利用获取到的各种外界信息进行现券交易； 3. 关注交易对手的信息
9:00—9:30	1. 9:00 大宗商品开盘，关注大宗商品走势对市场的影响； 2. 9:15 关注央行公开市场操作动态； 3. 关注本币前台资金面情况、QQ 群资金融入融出情况和利率	
9:30—11:30	1. 9:30 国内股市、国债期货开盘，关注上午交易时段内期间走势对现券市场的影响； 2. 若当日有通货膨胀、经济、金融数据公布，还需要关注数据预期和公布时点； 3. 若当日有关键期限一级国债发行，10:30—11:30 还需关注发行招标情况，11:35 会公布国债一级投标结果	

续表

时间段	主要操作要点	全日
午休(清算上午交易,可进行交易)		
13:00—15:15	1. 13:00 国内股市、国债期货开盘,关注下午交易时段内期间走势对现券市场的影响,需要特别关注国债期货收盘前 15 分钟的国债期货尾盘走势; 2. 若当日有通货膨胀、经济、金融数据公布,还需要关注数据预期和公布时点; 3. 关注午后资金面的变化情况	
15:15—16:15	国债期货收盘后,现券市场的表现是否出现与期货开盘期间情绪反向变动	
16:15—17:00	关注当日交易的成交情况,按照前台交易员和后台结算员的要求与交易对手沟通,尽快完成成交和结算	
17:00—17:30	整理当日交易,核算交易头寸	
17:30—18:00	团队进行交易复盘,沟通后续交易看法与交易思路	
18:00 以后	整理交易思路,进行行情复盘、更新数据、写日报等	

资料来源:湖南三湘银行。

28.2.2 按日复盘债券交易

对于新手来说,积累债券交易的经验非常重要,其中第一步就是盯盘,并系统化地对当日债券的走势进行复盘,明白主导每日债券走势的因素,以及各类数据、事件对债券市场的影响差异。日复盘的习惯因投资习惯不同而有所差异,此处展示了关于债券日复盘的一个案例,供参考。

案例:现券交易日复盘与记录

今日交易一笔,尾盘买入 210210,位置 3.163,1 000 万元。

今日资金面全日基本处于宽松区间,央行公开市场继续投放 100 亿元,X-REPO 报价 1.90—1.60—1.95,尾盘资金面略有收紧。

全日债券市场调整,盘面上:(1)210017 因在下周续发,有机构在持续做空,远期空单基本全日可见,全日震荡区间 2.815～2.82,止盈和做空力量强,但触及 2.82 位置后买盘较为稳固,支撑明显。(2)5 年期国债因前期下行幅度过大,调整幅度更大,上行更为明显,目前暂未见明显支撑。(3)210210 和 210215 的利差为

7bp，开始远离 6bp 位置，210210 卖盘压力或逐步减弱。

目前下周 1 年期/10 年期国债发行量未如期公布，明天可能跟 30 年期国债发行量一起公布，不确定性还是较大，暂不在国债上建仓，三日连续调整后，10 年期国债支撑位已现，买入 210210，花费 1 000 万元，位置为 3.163。

近期夜盘消息面和海外对债市均不太友好，消息面非实质利空下，明日早间债市若有上行，将继续买入。

28.2.3 按周制定交易计划

在债券交易中，除了每日市场行情的变化趋势，诸如债券的发行和供给、高频数据、利差变化等都是需要阶段观测的要素。从相关数据的发布频率看，周度是一个合适的制定频率，既不像日那样受到短期情绪的扰动大，又不像月那样难以灵活调整。所以，我们一般都是按周来进行周内交易的复盘和拟定下周交易计划。

大致可以参照如下框架制定周度交易计划。

(1)回顾周内的债券市场：利率及相关市场走势、期限利差的变化，周内发生的重要事件和对应的市场行情变化。

(2)梳理影响债券行情的主要因素的进展：主要包括宏观数据变化、货币政策与资金面变化、债券供给与需求、股票和外围市场等。

(3)梳理下周重要的事件节点：重要数据公布、重要期限债券的发行以及重要会议的召开等。

(4)目前的仓位水平和下周的交易计划。

案例：周度策略写作示范

一、2020 年第×周市场回顾

正如我们所预料，第×周是逢高配置 5 年期国债和 10 年期国债的最后机会，本周前两个交易日市场震荡下行(见图 28.18)，10 年期国开债 200210 收益率在 3.74～3.76 之间震荡(见图 28.19)，周三发行 2 年及 5 年期国债结果较好，带动市场情绪，随后供给面的利好不断，推动债市打到前期技术面关键阻力位后回落。

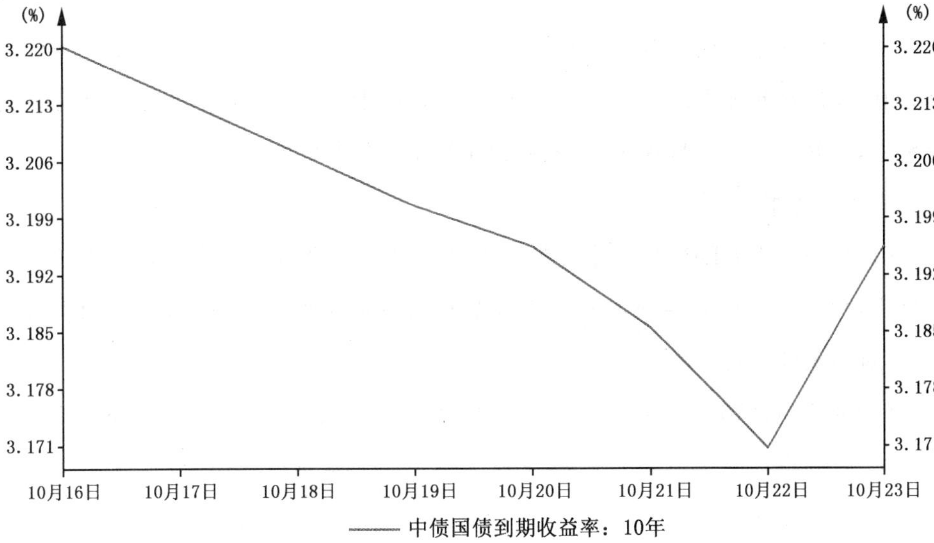

资料来源：Wind、湖南三湘银行。

图 28.18 中债 10 年期国债收益率上周走势

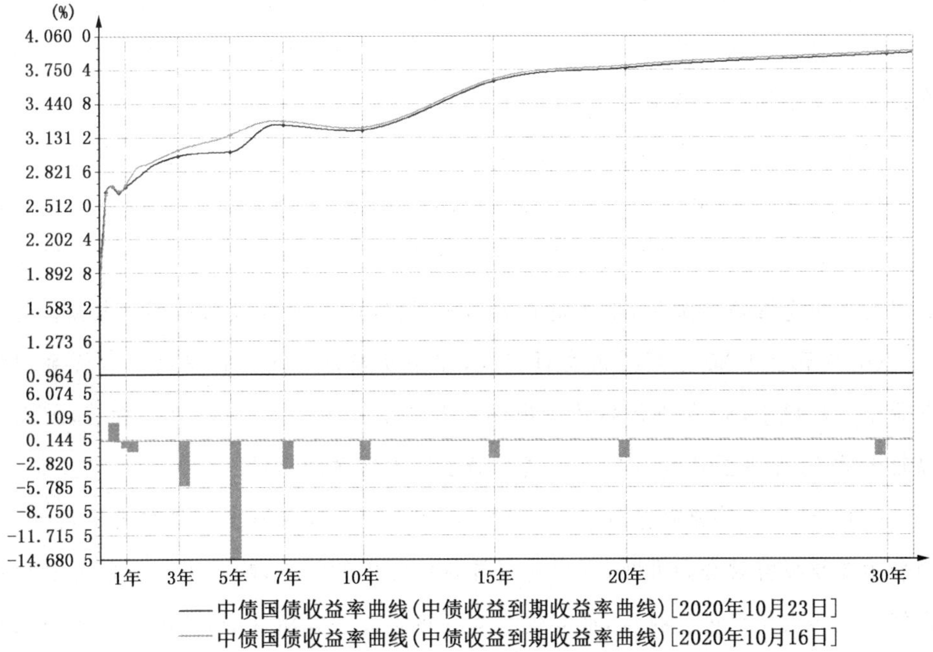

资料来源：Wind、湖南三湘银行。

图 28.19 周度收益率曲线变化对比

从期限利差上看，由于周三加量发行的2年期和5年期国债结果较好，前期上涨较多的3～5年期国债利率出现了较快回落，5年期国债从3.10%附近迅速下行至3.0%，若考虑新债的影响，5年期国债收益率下行超过14bp，由于资金面的逐步紧张，短端利率下行幅度不大，也制约了利率曲线整体的下行。

周内重要事件：

(1)周一公布GDP、工业增加值、固定资产投资以及社会消费品零售总额等经济数据，值得注意的是在所有细分经济数据均超预期的情况下，GDP不及卖方预期，收益率延续下行。

(2)周三财政部发行2年和5年期国债，在大加量的情况下，前期多头情绪完全释放，边际中标利率均低于预期，受此影响，5年期国债收益率大幅下行。

(3)周三下午，财政部在官网宣布下周发行的1年期和10年期国债发行量为550亿元和590亿元，相较于上月和市场的预估均大幅下行，10年期国债一马当先，迅速下行，债券贴近前期关键技术阻力位。

(4)周三下午金融街会议上，中国人民银行行长易纲在演讲中表示中国经济的去杠杆过程已经基本结束，目前的工作重心是稳杠杆，市场受到一定利好刺激，但在讲话结束后回吐了涨幅。

(5)周四下午，财政部在官网宣布周五3个月贴现国债的发行规模为300亿元，与上次发行的500亿元相比大幅减少，刺激了短久期债券的交易热情，但另一方面，考虑到总发行量确定，3个月贴现国债发行规模收缩则意味着对交易而言更加重要的附息国债会加量，市场追底后迅速回弹，10年期国债回吐部分收益。

(6)周五上午30年期国债发行完成，在不断推升的同业存单利率和资金因税期紧张的环境下，30年期国债边际中标利率高于市场利率，引发市场抛售，前期涨幅较大的10年期国债和5年期国债遭遇了较大幅度的回撤。

(7)周六下午外滩金融峰会上，王岐山、周小川、易纲等出席并发表了讲话，易纲表示要积极推动金融开放，同时也需要保持汇率的稳定，暗示央行可能会对近期升值过快的人民币进行打压，而其他嘉宾则重点关注金融监管，尤其要防止金融科技绕过监管进行金融套利，与马云的表态呈完全相反的态度，预计四季度互联网金融可能迎来整治。

二、下周市场预测

(一)宏观经济运行情况

1. 三季度 GDP 虽不及卖方预期,但 9 月经济数据显示国内经济恢复的结构在改善。周内公布的 9 月经济数据基本与高频数据相互印证,工业、投资、消费数据均大超预期。其中,工业增加值已恢复至往年正常增速水平,尤以制造业恢复良好,同比回升明显的项目主要包括黑色金属、汽车、通用设备、电气、纺织和化纤;固定资产投资中房地产投资和制造业投资表现较强,但基建投资依然偏弱,与前期金融数据中财政支出增加出现背离,或与支出和投入时间差相关,10 月该项数据还需密切关注;消费数据改善明显,汽车消费明显走强,纺织服装跳跃性恢复,烟酒消费也改善明显,或与促消费月线下消费明显恢复密切相关。

2. 10 月高频数据显示,经济数据恢复节奏有所放缓,需求端季节趋势上不及往年。10 月高频数据整体呈波动状态,趋势上先走弱后回升。第一周在节假日影响下出现滑坡,第二周恢复但力度偏弱,第三周维持疲软状态,整体趋势上明显不及去年同期水平。上周,工业生产端轻微回落,高炉开工率回落至 68.23%,明显不及前三月水平,但由于低基数同比增速仍收在 7%;主要工业品价格略有上涨,铜价回升,但库存也保持在高位;钢价走平,库存起伏波动;玻璃价格指数走平,水泥价格指数在新一轮快速回升趋势中;需求端地产销量、拿地继续保持疲软,销量同比水平滑落至 0 以下,为下半年以来首次;汽车销量继续表现强劲,维持高增速;纺织服装、票房较前期变动不大,但明显弱于往年的季节性表现。周高频数据整体显示,本月经济恢复增速放缓,季节表现上明显不及往年同期。

从 10 月前三周的整体数据来看,生产端虽回落但明显强于去年同期,工业品价格保持波动,需求端或将受到地产销售和线下消费恢复不及预期的拖累,不及同期表现。总体来看,10 月还剩下最后一周,数据上翻盘概率较小,但仍需密切观测。

(二)货币政策运行情况

本周后半段进入税期,但资金面相较上季度初和去年同期均称不上特别紧张,考虑到三季度中国经济大幅扩张,缴税规模可能会在 2 万亿元左右,对市场资金的虹吸作用不可谓不大,但市场利率稳步上行,波澜不惊,足见央行对资金市场的控制相当到位。

不过，本周中后半段仍然有两个需要关注的资金面因素，一是同业存单利率仍在不断上升，在发行了 1.2 万亿元后，下周银行业仍需发行 6 000 亿元同业存单才能保证规模不萎缩，而 11 月和 12 月月均仍有 1.7 万亿元同业存单到期，同业存单利率的上行恐怕很难阻挡（见图 28.20）；二是税期已经进入关键时期，下周一和下周二可能是最紧张的时候。

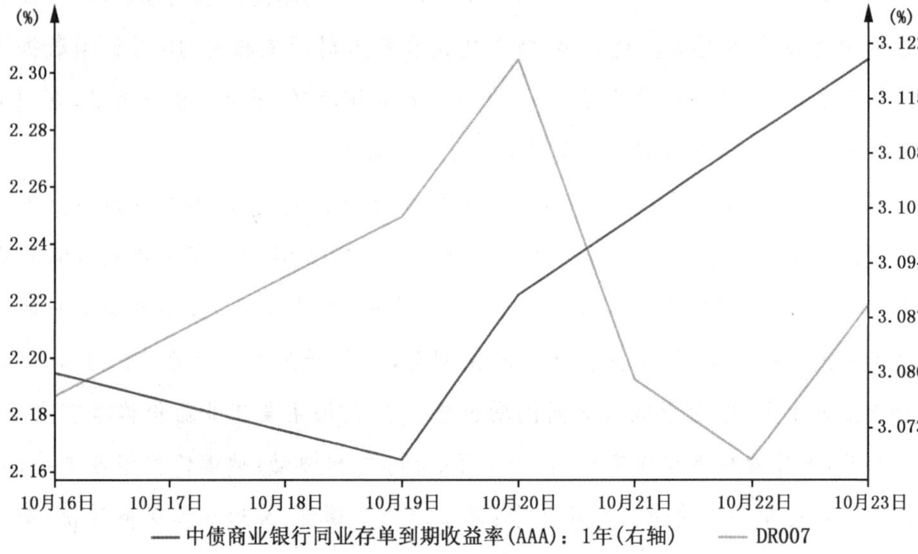

资料来源：Wind、湖南三湘银行。

图 28.20　同业存单利率走势

展望下一周，我们认为资金利率可能会先上后下，央行在考虑税期和跨月后，仍会释放流动性予以对冲。而本周虽然有央行领导的密集讲话，但重心均不在货币政策上，提了几句也相对比较模糊（例如同时出现“稳杠杆”和“把好货币总闸门”），对市场的指导意义并不强。

（三）债券供给情况

在第 43 周国债减量发行后，第 44 周国债将迎来更大规模的减量发行：分别为周三发行 1 年期和 10 年期国债，以及周五发行 3 个月贴息国债，这些量已经基本确定：1 年期国债发行 550 亿元，10 年期国债发行 590 亿元，3 个月贴现国债则大幅减量至300亿元，全周国债发行量缩小至1 440亿元。

至43周结束，10月国债已经发行了5 701亿元，逊于我们之前的预期，加上44周确定的发行量1 440亿元，总发行量为7 141亿元(考虑到增发可能还会略有增加)。这比我们的预期少了约1 000亿元。

地方债截至43周，10月发行量在2 350亿元，考虑到10月必须完成发行规模，预计44周地方债将会发行至少1 700亿元，至多2 500亿元规模。

因此，总体上看，44周预计呈现出国债大减量、地方债大加量的过程，整个利率债供给没有发生明显收缩。

而由于财政部压缩了3个月贴现国债发行规模，导致后续11月和12月附息国债规模增加，如果按照3个月贴现国债发行规模300亿元测算：

7期3个月贴现国债2 100亿元+2期储蓄国债600亿元+4期6个月贴现国债1 400亿元+15期附息国债(两期1/2/3/5/7/10/30和一期50)=剩余国债发行额度1.1万亿～1.3万亿元，15期附息国债预计发行0.7万亿～0.9万亿元，单期规模在500亿元左右，与上个季度相比减少明显，但仍弱于我们之前的预期。

(四)股票和外围市场

欧美疫情进入了一个全新的阶段，第三波冲击已经来临，预计欧洲部分国家将会再度选择封城，对风险资产的影响较大，而佩洛西在财政刺激法案上反复横跳，财政刺激法案迟迟不能推行，对风险资产也是极大的压制。

另外，全球进入三季度财报季，财报普遍表现较差，也会让市场在短期内陷入恐慌，因此下周股票市场及大宗商品市场的表现可能并不好。

值得一提的是，目前已经进入生产环节的新冠病毒疫苗仅有我国一只，且供应量比较有限，今年能生产1亿剂，预计明年能生产10亿剂，换句话说，疫苗短期不会给经济带来太大的刺激效果。

在面临大选不确定性、疫情压制欧美经济的时候，财政刺激政策难出，股票和大宗商品可能不会有大行情。

三、下周展望：建仓守成，但下行空间有所收缩

在扣除1月和2月的扰动之后，我们可以发现，债券发行量的同比增速略微领先债券利率走势(见图28.21)。换句话说，由于11月和12月债券发行的同比增速

将会迅速缩小,市场利率也有较大概率回落。

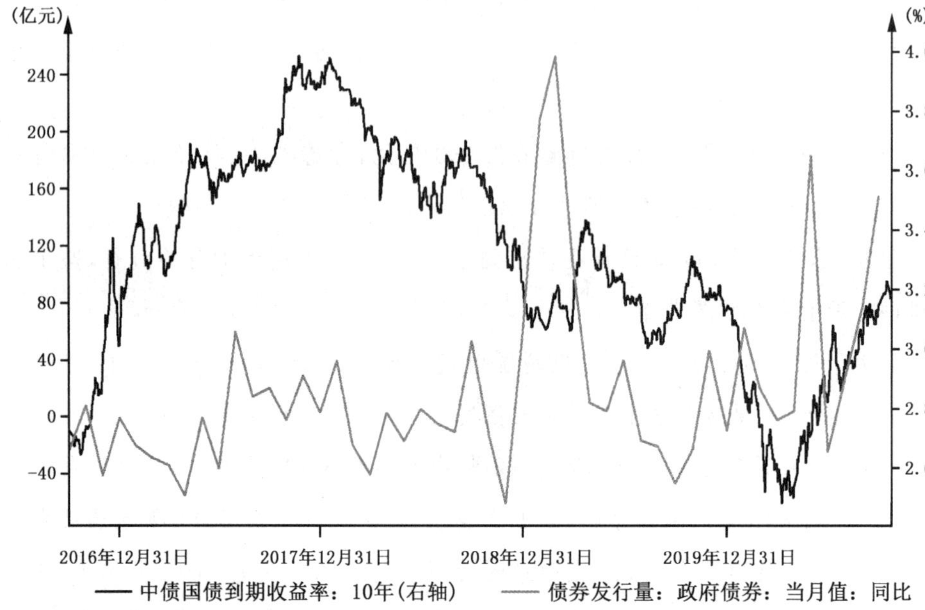

资料来源:Wind、湖南三湘银行。

图 28.21 中债国债收益率与政府债券发行量

但是从当前10月最后一周缩量的情况上看,如果线性外推,11月和12月债券发行规模就没有那么有利于多头(利好边际收缩,但还是利好),有可能会形成震荡格局。

那么下一步,需要关注基本面上是否会有一些超预期的事件出现:从目前的高频数据看,经济仍然表现较强,但同样存在一些分化,如出口的增量正在减弱。而下周需要关注的点在于:

1. 前半周将会公布第十四个五年规划,其中对于经济增长目标的设定对债券市场而言尤为关键,如果经济增长目标整体下台阶,那么意味着利率水平会整体下台阶。

2. 前半周的缴税效应,将导致资金仍然紧张。

3. 周三10年期国债投标发行,也将决定下一阶段市场的走势。

因此,总的来看,债券市场也呈现出前空后多的局面,以周三为界,周一、周二债市继续回调,我们目前只吸收了2亿元利率债,还将继续逢高做多利率债,周三之后资金价格回落,收益率下行,同时需要密切关注"十四五"的目标设定。

5年期国债经过大幅拉涨后,性价比有所下降,但仍可少量配置。

10年期国债与国开债的利差也在相对低位和本年的高位,10年期国开债的性价比虽高(见图28.22和图28.23),但仍在收缩中,应暂停配置。

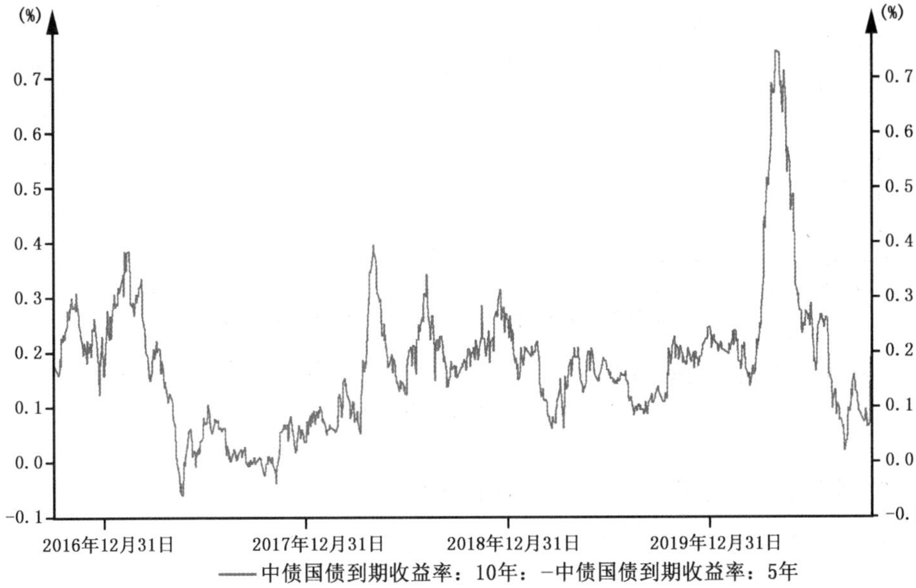

资料来源:Wind、湖南三湘银行。

图28.22 10年期—5年期中债国债利差

因此,应当选择5年期国债和10年期国开债作为此次配置的主要方向,同时以3年期国债作为配置目标;同时,要考虑到随着年后疫情的大规模铺开和美国蓝色浪潮(Blue Wave)后预计8万亿美元的财政刺激,全球经济的回暖和过热还远没有结束,这并不是真正配置的好时机,而是一个中等级别、持续1～2月的反弹机会。

四、下周交易计划

目前仓位水平××××的基础上,下周的交易计划如下:

1. 买入/卖出××××,主要时点在×××。

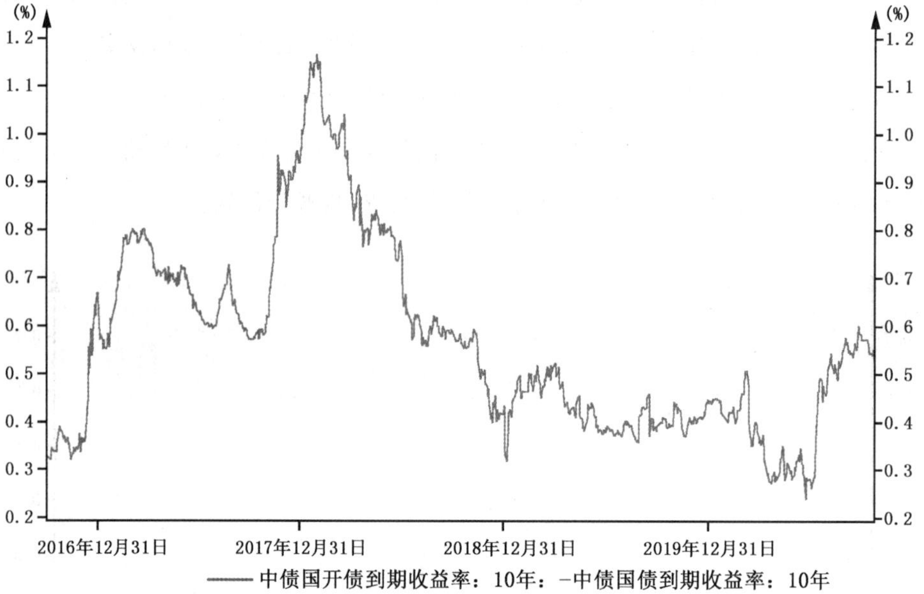

资料来源：Wind、湖南三湘银行。

图 28.23 国开—国债利差

2. 整体仓位水平达到××××，结构上××××。

3. 风险指标控制方面××××，止损点位设置方面××××。

28.2.4 按月进行交易反思

如果说日复盘是感知市场情绪和点位的变化，周复盘是提前拟定交易方案并根据情况调整，那么月度的复盘则更多的是对交易脉络的梳理与脉络把握的反思和总结。市场行情总是由一个一个的交易节点构成的，日和周度的频率由于过于“短视”，很难把握整体的交易脉络，月度的回顾能很好地解决这一问题。

在月度回顾中，我们对市场行情的描述和事件点的记录并不需要像日、周那么详细而精准，只需要在走势中标注出关键事件的节点和走势，复盘期间的交易操作，简单记录反思(见图 28.24)。

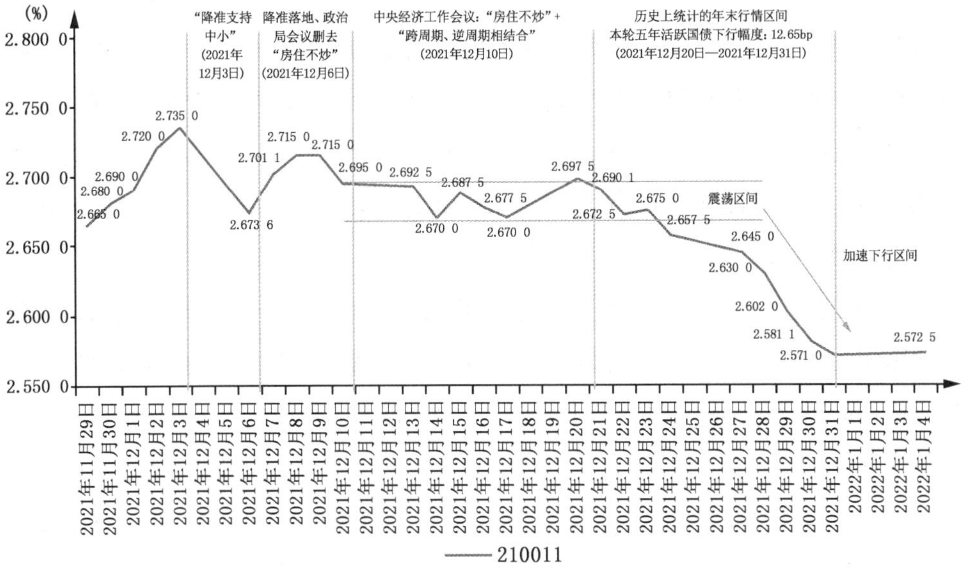

资料来源：Wind、湖南三湘银行。

图 28.24 2021 年 12 月债市行情复盘

28.3 交易心态管理

投资圈常说一句话："知易行难"，讲的就是要在投资过程中心无旁骛地沿着自己的既定策略操作，把握和控制交易心态是现券交易获利的前提条件，因为它将直接决定交易策略执行的完整程度、风险的控制效果与最终的盈利和回撤控制结果。

"损失厌恶"下的非理性行为是所有交易中都会面临且需要克服的问题，对于这类非理性行为的处理很大程度上就已经决定了交易的获利水平。具体来说，应对的心态和方法有以下几种：

(1)在交易中需要始终保持空杯心态。空杯心态是指无论市场处于什么环境，都应将自己从交易中剥离出去，不要受到既有头寸和盈亏状态的影响，以"旁观者"的心态做出交易投资决策并执行。在市场交易中，很容易出现手中头寸影响交易操作心态的问题。最常见的是，手中买入的现券头寸已面临部分亏损，但市场环境已经开始朝不利方向变动，此时很容易衍生出"将头寸持有下来环境可能会逐步变好”的期待，但最终的结果大多数都是利空集中爆发，以致所持头寸亏损不断扩大并触及止损。这类现象是较为典型的“依据头寸判断市场”而非基于“分析框架执行交易”，空杯心态就是解决这个“现有头寸或过往盈亏影响当前看法”的问题。空杯，意味着你要把那些无关紧要的信息都“倒掉”，市场趋势并不会因为你过去的盈亏和当前的头寸而改变，因此要抛弃掉头寸和过去业绩给你带来的不必要的情绪和压力，依照开仓时的投资框架操作。

（2）不要被市场情绪所带偏，要学会利用市场情绪、放大市场情绪、挑动市场情绪和影响市场情绪，而不是被市场情绪所影响。很多长期因素在短期影响债券市场的途径就是通过影响情绪。换句话说，至少有很大一部分情绪是可预测的，或者说是可分析的：例如重要的交易节点（如缴税、缴准、国债发行、地方债缴款、宏观经济数据发布等）的时间是提前确认的，也可以预先分析得出结论的，因此可以针对性地设计策略，引导市场情绪。比如“砸发行”或在关键利率点位上多笔买入/卖出影响市场情绪；或者是利用市场情绪，比如在重要经济数据出炉后下场做利空出尽或利多出尽的交易，或者两者结合；对于那些没有预料到的行情波动和情绪变动，首先应当分析市场情绪在炒作什么，预期什么，并分析这种炒作和预期会在什么时候兑现、大致会在什么位置兑现，如果这种情绪才刚刚起步，距离兑现日还远，那么不妨跟随市场情绪、放大市场情绪、加速市场情绪达到合理点位。很多市场波动虽然很凶猛，但都是情绪性的、浅表性的，而非深层次的逻辑改变，因此，不要经常根据市场行情改变自己的趋势立场，这样既让自己陷入无休无止的内耗，又无法给投资收益带来任何有意义的增益。

参考资料

[1]全国银行间同业拆借中心：《全国银行间债券市场债券交易管理办法》。

[2]全国银行间同业拆借中心：《全国银行间市场债券交易规则》。

[3]全国银行间同业拆借中心：《全国银行间同业拆借中心现券交易指引》。

[4]全国银行间同业拆借中心：《全国银行间同业拆借中心债券交易流通规则》。

[5]全国银行间同业拆借中心：《CIBMTS 中国银行间市场本币交易平台用户手册》。

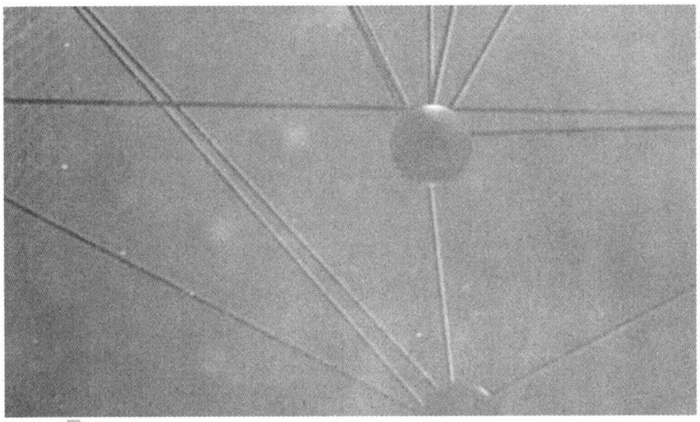

实战篇

投资是一辈子的修行，在阅读完本书的全部知识点后，如何将知识点融入实际投资交易，做出最优决策，我们用最后两个真实案例来作为读者踏入真实市场环境的考试。

第 29 章

写在建仓之前

在阅读本篇之前，我们已经介绍了债券、债券市场和债券衍生品的基本知识及计算方式，利率曲线以及债券市场的供需平衡分析框架，宏观基本面的研究框架以及数据预测，宏观经济政策分析以及对市场的影响，交易实战操作中的盯盘方向、心理建设等知识。掌握上述知识，读者至少已经是一个入门的债券市场的观察者，不至于面对市场波动不知所措，无法解读市场的状态。

但是，知识是会过时的。不论本书或其他作者如何笔耕不辍，随着债券市场参与者结构的变化、货币主管部门及金融监管部门的行为函数发生改变、宏观经济结构和主导产业发生转移等，过去的知识总是会变得不合时宜。不过，知识会过时，但研究债券市场波动变化的基础逻辑并不会改变，市场价格由供需决定的这一基本铁律也不会改变。

因此，成为一名合格的债券市场参与者的前提，不仅要掌握过去债券市场所产生的各种理论及研究框架，而且要通过掌握过去的理论及研究框架，研究历史数据与事件，融会贯通，自己观察和研究债券市场，构建做出投资决策的基础逻辑框架，并根据经济结构、市场结构的调整，沿着自己的逻辑框架形成自己的知识。

本章的目的，则是通过四个基本原理将本书之前介绍的各种知识与框架串联，帮助读者形成自己的逻辑分析框架。

29.1 投资的奥卡姆剃刀原则

奥卡姆剃刀原则是科学界或设计界十分推崇的一种思维方式，推崇的是一种“简单有效”的基础概念：如果A逻辑/知识是有效的，就不需要再给A逻辑/知识增加更多复杂且无用的逻辑节点；反过来也是一样。如果我们要探寻最有效的从A到B的逻辑，就一定需要舍弃那些似是而非、复杂精美、链条极长的环节，回归最基础的逻辑。

例如，由于房地产业在经济领域占据着重要的生态地位，房地产业的调控政策成为影响债券市场走势的因素之一。从结果上看，债券市场的买卖双方实力变动也的确会受到调控政策的影响，但需要指出的是，影响路径并不是沿着“房地产调控放松/收紧—房地产销售扩张/疲软—房地产行业扩张/收缩—地产贷款增加/减少—银行指标减少/增加—降低/增加债券投资需求”，或者“房地产调控放松/收紧—房地产行业扩张/收缩—经济基本面好转/恶化—其他风险资产表现高涨/低迷—降低/增加债券投资需求”这种复杂的、需要较高理论知识基础、存在一定门槛的精美逻辑，更有可能是“房地产调控放松/收紧—市场短期情绪走弱/走强—债券需求减少/增加”这一更加简单的逻辑。

上述表达似乎有些拗口，但当我们运用奥卡姆剃刀原则时，整个表述就变得极好理解。

首先考虑决策与逻辑通路的关系。逻辑链条是决策与决策之间的通路，从事实出发，我们通过一系列逻辑通路，在不同的节点上做决策和选择，最终达到预测市场走势的目的。因此，复杂的逻辑必然会面临较多的决策节点。

其次考虑决策的正确性。由于每一个决策都无法保证绝对正确，即使是在严格控制变量的实验中，最有经验的科学家也无法保证每次实验都能完全正确，遑论外在因素更不可控的社会科学和金融市场。

最后，复杂的逻辑链条与决策正确的概率结合，造成了整体极大的错误概率。由于每次决策都有发生错误的可能性，复杂逻辑带来的较多决策节点会导致较多次的迭代，放大一个微小的错误，最终使得整个逻辑链条沦为不可知的混沌系统。

即使一个大师对这个逻辑链条上每个逻辑节点的决策都堪称完美，正确率达到九成，但在10次决策后得出的最终结果正确率也不到35%，似乎还不如掷骰子赌大小。

因此，复杂逻辑虽然精妙美观，但有着测不准的天然缺陷，基于常识的简单逻辑虽然门槛不高，看似笨拙，但本质上却有着简洁的美和较高的正确率。这就是本节想要表明的观点，不要利用碎片化的信息和复杂的长逻辑链条推导短期或长期投资观点，而是应当尽量选择更直面市场，更直接的逻辑链条解释和预测市场。

回到上文的例子中，房地产调控政策的松绑，例如一个城市的限购取消、首付比例和贷款利率的下调并不总是能够推动经济的恢复和债券需求的下降，政策效果极难预测，但房地产调控政策的松绑代表了一种政策倾向(这是一个推论而非事实)，预示着未来可能会有更多的刺激和松绑政策，影响了市场情绪，从而导致短期的供需不平衡和抛售，而这种短期抛售可能并不会影响长期趋势。

我们在投资的过程中，最难以做到的便是不被市场情绪影响，面对突如其来的信息和市场变动，我们似乎总是会不自觉地紧张起来，这是我们体内的动物性决定的。但是，在成为乌合之众之前请运用奥卡姆剃刀原则想一想，市场行情的变动究竟是由卖方分析师、其他人云亦云的投资者所讲出来的蕴含宏观和微观解释的长期逻辑短期化，还是最简单顺畅的"事件影响情绪，情绪带动市场"的逻辑?

如果仅仅是情绪影响，那么下一步，我们应该要找到市场情绪变动的规律，它因何发酵，又如何发展，预期什么时候兑现，情绪何时达到高潮，才能够抓住情绪波动的机会，收割市场。

如果是长期因素的短期爆发，我们则需要一步一个脚印推导，谨慎判断这些长期因素的效用问题。至于如何推导，那是后文需要聊到的话题。

29.2 价格是由供需决定的

奥卡姆剃刀原则要求我们回到基本常识和基本定理，利用绝对正确的事实和定理，结合当前信息简洁推理。那么在金融市场中，最基本的常识是什么?

笔者认为，回归经济学最基本的常识，认识到债券利率只是一种价格，是供需双方博弈的结果，就是参与金融市场的基本常识和基本定理。

但是，对于一个已经身在债券市场的人而言，要接受“价格由供需决定”这个逻辑其实并不容易。经过多年的市场教育，很多投资者已经习惯于接受诸如“通货膨胀影响债券市场”“经济增长影响债券市场”等理论，将CPI与债券价格、工业增加值与债券价格或者社会融资规模与债券价格完全挂钩，总结出了很多似是而非的错误结论，也造成市场情绪的短期波动。

不过，如果接受“价格是由供需决定的”这一基本常识，我们就可以检视市场上活跃的各种思路、观点和逻辑，并拆解其中的逻辑链条，以检测这些逻辑的真实有效性。

例如，猪肉价格上涨会影响债券市场走势，这几乎是2019年下半年市场机构的共识。猪肉是中国居民消费中十分重要的组成部分，作为一个单项资产在CPI中权重在3%附近，且猪肉价格波动较大，存在明显的“猪周期”。猪肉价格上涨后民众体感强烈，会造成较大的社会压力，且《中国人民银行法》规定了“货币政策目标是保持货币币值的稳定，并以此促进经济增长”，而通货膨胀和汇率正是货币币值的实际体现，猪肉价格上涨自然也会影响中国人民银行的货币政策。

这样，猪肉价格上涨会影响债券市场走势的结论有了两条支撑逻辑，分别是：(1)猪肉价格上涨—通货膨胀率上升—货币币值不稳定—制约央行货币宽松空间—央行收缩货币政策—债券需求下降；(2)猪肉价格上涨—通货膨胀率上升—民众体感明显，导致要求投资回报率上升—金融机构负债成本上升—债券性价比下降—债券需求下降。

乍一看，上述两条逻辑十分严密，也正是在这两种逻辑（主要是第一种）支持之下，市场不顾资金面处于相对低位，且央行刚刚完成了降准，通货膨胀数据显示“除了猪肉，全是通货紧缩”，经济增长出现疲态和中美贸易摩擦正酣（此时正是摩擦最激烈，一阶段经贸协定尚未出炉的关键时期）等因素，硬是将债券利率拉升至一个不理性的高度。

而市场最终等来的，是央行在2019年三季度货币政策执行报告的专栏4《全面看待CPI与PPI走势》中对通货膨胀持续时间应不会太长的基础判断，和随之而来的降息等扩大宽松的政策，再遇到2020年新冠疫情的全面爆发和全国为了应对新冠疫情采取的停工、停业、停学政策，资金利率和债券利率快速回落到历史低位。

市场出了错，足见这种逻辑并不是时刻都有用的，而是需要我们将逻辑节点的每一步都拆解开来，并结合现实环境考虑每一个节点是否都应该这么决策。

还是用2019年案例说明。在上述2019年四季度债券市场走势的案例里，我们面对市场关于猪肉价格上涨和债券利率上涨的逻辑，至少需要问以下几个问题：

(1)猪肉价格上涨是否能带动整体通货膨胀的上升？

(2)当前的通货膨胀水平是否已经让央行不满意到必须有所行动？

(3)“除了猪肉，全是通货紧缩”的通货膨胀结构能否持续？

(4)猪肉价格上涨是否真的影响了币值稳定？

(5)居民对猪肉价格的感受能否影响金融机构负债成本？

换句话说，只有直面供需的逻辑节点推导出来的结论才是相对值得信任的结论，例如在2019年案例中“央行货币紧缩会导致债券需求降低”的逻辑推论是合理的，值得信任的，在此之前的所有推论都值得我们怀疑。

而在2019年案例中，只要投资者们愿意深究，结合当时的经济环境，就很难顺畅地推导出上述结论：

(1)当时的确已经看到了CPI数据从底部回升的现象，且通货膨胀增速较陡，主要是食品因素导致，非食品对通货膨胀贡献已经开始走弱。环比数据上看，食品项中也只有猪肉涨幅较大，蔬果和蛋价已经企稳甚至回落，整体看仍是猪肉价格拉动通货膨胀走高，如果猪肉进一步上涨，的确可以继续拉动CPI上涨，但其他品类已成拖累项。

(2)CPI同比增长3.8%，超过2019年政府工作报告中居民消费价格涨幅3%左右的红线，的确存在短期制约央行货币政策空间的可能性。如果央行判断存在长期通货膨胀，的确不那么让人满意，但当前的通货膨胀是长期的吗？

(3)对通货膨胀而言，能否持续是一个重要指标。价格短期的上涨或者单个产品的上涨并不属于通货膨胀，哪怕从数据上看价格上涨比较明显，因为通货膨胀属于特殊的价格上涨，它是经济总需求膨胀，币值缩水，通货(即货币)过多导致的物价总体上涨，其能否持续取决于是否会影响劳动力市场，引发工资—物价螺旋上涨。显然从 2019 年 10 月数据上看失业率虽然从 5.2%下降至 5.1%，但劳动力后备力量仍然充足，整体经济收缩压力加大，继续工资—物价螺旋难以运转，所以虽然存在长期通货膨胀的可能性，但概率并不大。

(4)《中国人民银行法》规定，货币政策的目标是“保持货币币值的稳定，并以此促进经济增长”，保持货币币值稳定是前提，而促进经济增长是目标，保持货币币值稳定并非一个孤立的绝对目标，而是以促进经济增长为最终目的的相对目标。而货币币值稳定并非代表物价增速必须一直在某一个限度以下，而是长期偏离社会容忍程度，因此一时的物价上涨并不会影响币值稳定。如前文所述，只有当通货膨胀到引起工资—物价螺旋之后，币值才会不稳定。

(5)物价水平的上升的确会让部分投资者追求更高的收益率，但居民的投资需求并不完全由物价水平或者说通货膨胀决定。当经济增长疲软时，风险资产（诸如房地产、大宗商品与股票等）表现通常较差，激发投资者避险需求，投资者更愿意将资金投放到风险更小的避险资产上。由于中国存款利率受到政府管制，通货膨胀极难通过金融机构负债成本方式传导，投资者的确会通过投资货币基金的方式转移资金，从 2019 年数据上看，10 月质押式回购资金价格的确出现了一定程度的上行。

通过逐步拆解及质疑上述理论的逻辑过程，并分析上述 5 个问题之后，我们可以发现，站在 2019 年 10 月的角度上看，猪肉价格上涨导致债券市场下跌的逻辑并不严密，根据投资的奥卡姆剃刀原则，上述逻辑在当时并不成立，起作用的是另一个更简单更没有门槛的逻辑：“猪肉价格上涨—市场情绪受损—债券需求短期下降”，即市场情绪主导的行情。

29.3　关注消息还是关注情绪

投资者进入市场之后，面临的最大问题是信息过载，过量的无效信息。例如大部分新闻和研究报告均无法提供对判断债券市场走势有益的信息，过载的信息会把投资者们淹没。一个新交易员进入债券市场，可能第一课就是如何分辨无效信息和假消息。

有些假消息可能非常假，例如粗劣的伪造政府会议纪要，暗示货币政策或财政政策可能发生改变，或者传播一个毫无根据但石破天惊的经济数据、国债供给规模等；有些信息可能似是而非，一篇讲地方债供给的新闻稿件对所有数据的预测都模棱两可，但倾向性十分明显，引导你认为地方债发行规模可能会大幅增加或收缩；而有些隐藏的信息需要深挖才能找到，比如一个明显强于预期的社会融资规模数据似乎暗示了全社会对资金的需求强烈，是投资复苏的证明，但很可能其背后是被发行节奏调整的政府债券和银行为了完成指标大量投放的短期信贷和票据融资所推动的，其实显示的是社会融资需求疲软，投资需求下挫。

如何分辨假消息，需要对常识的学习和了解，比如政府决策流程，政府公文的写作习惯，官方机构对重要信息公布的时间惯例，以及对数字比较敏感。不少假消息的编造方向是“震撼性”，对数字的编造常常会过于惊悚。例如某个假消息曾说中央政府将新增每个县 100 亿元的大型基建刺激计划。要知道中国有 1 000 多个县，光财政刺激就会新增 10 万亿元以上的政府赤字，是当前国债余额的一半，这显然是对事实缺乏基本了解。

如何不被媒体带偏节奏，需要投资者只关注事实与数据，不关注推断、观点，对媒体报道中的传闻需要谨慎辨别。例如某些媒体在报道地方债发行规模时喜欢夸大其词，在后期的跟踪报道时不断修正数据，容易造成市场的波动，因此，并非所有媒体的所有记者都值得信任，其观点更需要谨慎辨别。

如何进一步加工信息，本书“宏观篇”中曾有阐述，此处不再赘述。

既然绝大部分消息、新闻和报告都无法提供有效增量信息，那么每天关注消息、谣言是否没有意义？

并非如此。

虽然绝大部分消息、谣言、讨论、报道与报告并不能给我们分析和预测债券市场的走势提供有效信息，但是没有理性价值且过载的信息却能够给市场提供较大的情绪价值，是可以引导市场情绪发生波动的。

基于投资的奥卡姆剃刀原则，绝大部分市场的短期波动都是由市场情绪造成的，因此关注市场中层出不穷信息的目的并不是分析其对经济基本面、货币政策或者财政政策的影响，而是分析其对市场情绪的影响。

出发点一旦发生改变，分析的结论就自然会截然不同。我们仍以 2019 年案例说明:2019 年 11 月 9 日,国家统计局公布了 2019 年 10 月 CPI 与 PPI 数据,CPI 一举突破政府工作报告中设定的通货膨胀率目标 3%左右,达到 3.8%。对于该数据的具体解读在上一节中我们已经提到了,从对宏观经济及货币政策影响力角度看,由猪肉驱动的物价上涨谈不上严格意义上的通货膨胀,更不会影响币值,因此不会对货币政策和宏观经济造成影响,但市场情绪并不这么认为。

由于 10 月猪肉价格上涨过于骇人,市场对 CPI 数据早有预期,情绪早已发酵,CPI 数据的公布成为债券利空的重要兑现期,因此在开盘至数据公布的近 1 小时里,债券市场走势表现疲软,数据公布后更是明显下跌,但很快情绪宣泄完毕,市场迅速收复情绪爆发时砸出的低点,开始全天震荡。

在预测市场短期交易行情中,站在情绪角度考虑事件对情绪的影响,比站在理性角度更有意义。2021 年 1 月 29 日,一则央行 SLF 加息的谣言从微信流入市场,并迅速引起了市场的恐慌(见图 29.1)。这则漏洞百出的谣言是如何引起市场恐慌的?如果站在情绪角度上看,这种行为就很好理解。当时正值月末与春节前市场缺乏资金头寸时,央行未释放资金对冲,导致存款机构隔夜回购利率 DR001 最高冲到了 13%,市场被这突如其来的资金紧张弄懵,情绪失控,已经无法做出理性思考。

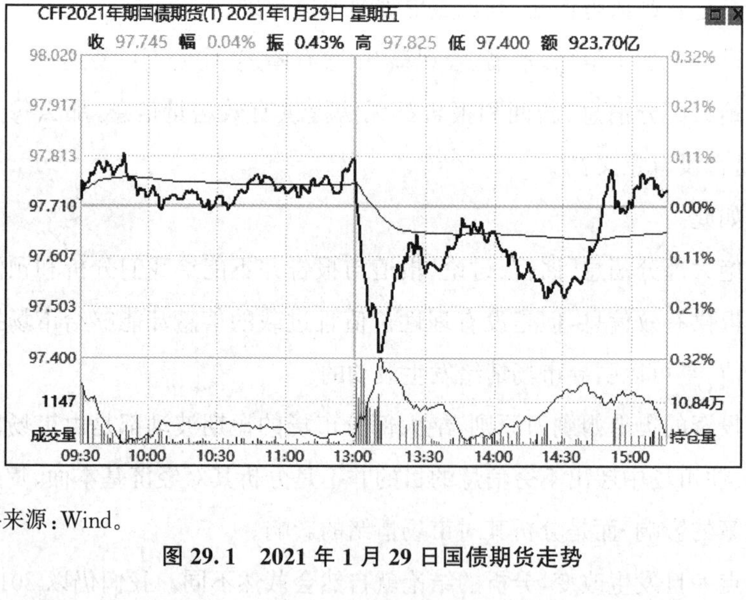

资料来源:Wind。

图 29.1　2021 年 1 月 29 日国债期货走势

随着央行辟谣加息事宜，市场才重回冷静。

站在理性角度分析数据，站在情绪角度分析波动，是投资者进入市场要学习的第一课。

29.4 性价比与预期兑现

买入或者卖出债券，其实是在回答一个问题：当前的债券价格和当前的债券价值的差额是否可以覆盖买入或卖出债券的风险，而回答这个问题，需要对债券估值。

特别是，当市场预期发生改变，或面临突发事件时，如何评估该事件或预期对债券价格的影响，也需要对债券，以及预期和事件进行估值。因此，投资的前提是考虑债券的性价比与各种预期和事件的估值。

但是对债券进行估值并不是给债券定价。本书曾介绍了债券的定价机制以及各种风险因子（如宏观经济、通货膨胀、资金价格）对债券定价的影响等，但估值并非定价。风险因子定价需要极强的量化功底，并不适合普通投资者。

本书介绍一种相对简单的判断市场相对性价比的模糊方法：控制变量法。社会科学中的控制变量法不同于实验室里的控制变量。由于无法塑造人为环境，因此社会科学实验不能像实验室那般精确，只能利用过去一段时间发生的事实作为对照组，来评判当前债券的性价比。

例如，2020 年 2 月初，受到新冠疫情暴发，全国停工、停业、停学以及央行迅速降息 10bp 的影响，交投最活跃的 10 年期国债利率从 2.99％下行 20bp 至 2.79％，10 年期国开债利率从 3.42％下行 25bp 至 3.17％。但随后利率在两个星期的时间里，因为印度飞蝗可能进入中国引发粮食减产以及中国地产行业松绑政策快速出炉，10 年期国债和国开债利率分别一路反弹回 2.89％和 3.31％附近，距离疫情暴发、央行降息仅有 10bp 左右的差额。

在一片抛售声中，我们应当如何评价当时的性价比呢？最简单的控制变量法是利率，由于 2 月 19 日 10 年期国债利率＋央行全面降息 10bp＝春节前利率，因此我们可以对比春节前后宏观经济、货币政策与财政政策的异同点，得出债券性价比的模糊结论：而 2 月 19 日全国仍处于停工、停业、停学状态，整体经济受冲击比较严重，全国疫情数据虽然看到拐点，但短期清零回归常态的概率较小，对经济预期造成了巨大冲击，基本面受损严重，虽然有地产行业松绑的利好对冲，但独木难支，经济基本面整体是更加疲软的。

也就是说，2 月 3 日下行 20bp 是“降息 10bp＋预期经济疲软＋对疫情极度悲观”的融合结果，那么 2 月 19 日距离春节前仅下行 10bp 是完全无视了经济疲软和疫情尚未结束的事实，显然市场过于悲观了，因此当时债券存在较高性价比，投资债券能获得一定投资收益。

2 月 19 日后，随着疫情的全球蔓延和中国人民银行的降准动作，短短两个半月里，10 年期国债从 2.89％相对高位再度下行超过 35bp 至 2.53％附近。

进行控制变量法下的相对性价比分析的前提是相信市场价格的有效性。市场价格是情绪和理性的组合，既衡量了情绪因素，也衡量了理性因素，只有相信过去的价格反映了过去所有的信息后，我们的对比才会变得有意义。

这就引出另一个问题：由于市场受情绪支配，通常会倾向于将谣言、事件或政策的远期影响即时反映，再在未来的时间里逐步消化和调整。换句话说，市场总是会将未来的结果折现到现在的价格上，再根据现实的不断演进再逐步调整，新的事件在出现、价格调整的那一刻就完成了预期兑现。

这也就是为什么市场会流行“买谣言，卖事实”，其背后就是市场情绪对信息的快速贴现。以 2021 年 7 月降准后为例，市场一直认为 7 月降准之后，按照惯例，央行会在 8—9 月继续降准，但市场未能等到央行对降准降息的表态，反而是在表态中不断暗示不会再次采用降准、降息手段，债券价格随着降准预期落空而不断下跌。

直到 10 月 15 日央行金融数据发布会上，央行官员表态“四季度，银行体系流动性供求将继续保持基本平衡，不会出现大的波动。对于政府债券发行和税收缴款以及中期借贷便利（MLF）到期等阶段性影响因素，央行将综合考虑流动性状况、金融机构需求等情况，灵活运用 MLF、公开市场操作等多种货币政策工具，适时适度投放不同期限流动性，熨平短期波动，满足金融机构合理的资金需求，保持流动性合理充裕。同时，结构性货币政策工具的实施在增加流动性总量方面也将发挥一定的作用”。该表态并未提及降准降息，短期内不会降准、降息实锤，市场迅速完成预期兑现，债券价格暴跌（见图 29.2），已跌回 7 月第一次降准时。

资料来源：Wind。

图 29.2　2021 年 10 月 15 日的下跌确认了市场完全吸收了利空

但下跌也在降准、降息完全落空后戛然而止，随后市场预期经济走弱，并交易起来，债券快速反弹，完成了一次“买谣言，卖事实”。

换句话说，预期兑现和性价比是因情绪和市场关注点而同时产生的两个相对应的概念：预期兑现是市场将某个未来的现实（不论其是否实现）折现到现实价格并不断修正的过程，当这个未来的现实被证实或证伪后，预期兑现过程就完成了；性价比指的是市场在预期兑现某个未来现实时可能赋予过高的贴现率，或未能考虑到未来的其他可能性，导致当前的价格虽然包含了市场能获得的所有完整信息，但并没有正确处理，因此存在价值与价格之间的差额。

在了解预期兑现和性价比的特性后，投资者要学会利用市场的预期兑现特性，针对性地设定投资策略，跟随市场情绪抑或是利用市场情绪完成建仓、清仓。

由于债券交易是一个极度机构化的业务，大部分投资者是在为机构交易，因此应力争将大部分问题解决在减仓前。在本章里，我们希望用四个小节及案例的方式串联起前五篇中的知识点，将真实世界里债券投资可能面临的问题连接起来，解决投资者在入市之后可能会遇到的一些交易问题。

第 30 章

了解你的账户性质

债券与股票不同，股票的股息与其价格波动相比较小，因此投资股票的目标比较单一，即获得股票价格波动带来的投资收益。而债券的票息与其价格波动相比则相对较大，因此投资债券的目标是既要获得价格波动的投资收益，也要获得持有债券的票面利率。

而由于债券市场是个高度机构化的市场，债券（特别是利率债）是金融机构调节资本指标、流动性指标的重要工具，债券投资也必须兼顾对金融机构的指标影响。

另外，由于债券市场的交易容量有限，管理规模越大的账户头寸，其捕捉小波动的难度越大，日内波动对其体量而言没有意义，因此要关注更加长期的因素。而管理规模小的账户头寸，则需要通过捕捉小波动的投资机会增厚投资收益。

资金来源同样影响投资策略与账户对风险的容忍度。如果账户资金来源是对资产价格波动极为敏感的客户且客户可以随时申购赎回，那么在实际操作中，操盘者不得不考虑客户的容忍能力，采用波动更小的投资策略；如果账户资金来源是金融机构的自有负债，资金相对稳定，金融机构对账户的考核方式就会影响账户的投资策略选择。

因此，我们通常会根据账户的资金性质和考核性质，将账户分为配置账户和交易账户。配置账户的规模较大、持仓期限通常较长，更加关注长变量、慢变量、长期供需结构的变化，关注债券与长期资金成本之间的息差和性价比，考虑各类监管指标的调节，主要靠票息和骑乘效应获得收益；交易账户的规模较小、持仓期限则更加灵活，除了长变量之外，更加关注市场情绪的变化，也更加关注短期供需，主要靠资本利得实现收益。

30.1 交易账户的策略选择

30.1.1 交易账户资金特点

交易账户通常拥有较小的资金规模，账户头寸方向灵活可变。在债券熊市时也可以通过债券借贷的方式积累空头，在投资交易时，可以选择的策略比较丰富，但较窄的止盈止损线对交易账户而言也是掣肘，投资者不得不谨慎对待头寸的风险承受能力，对短期市场情绪带来的波动必须严阵以待。

交易账户需要关注债券市场的情绪变化，因此更加关注每个交易节点带来的市场情绪的转变，因此，交易账户更关注当前市场在关注什么，这些预期在什么情况下会兑现和反转，在此之前应当跟随市场情绪，做情绪的放大器。

但这并不是让交易账户的管理者沉溺于市场情绪的追踪，交易账户的管理者同样需要关注债券市场的长期趋势，毕竟那才是最大的收入来源。交易账户由于存在止盈止损线的压力，无法承受市场短期较大的波动，因此，需要综合把握市场的长期方向和短期情绪。

市场的长期方向通常意味着时间跨度较长，收益率变动幅度较大，但长期也是由一个个短期因素组成的。收益率的变动同样也与市场情绪这样的短期因素有较大关系。因此对交易账户而言，无论是规避债券市场短期波动对账户的影响，还是利用市场短期波动增厚收益，关注情绪均十分重要。

最后，如果长期趋势和短期情绪存在矛盾，对于交易账户的管理人而言，更合理的操作可能就是通过日内交易抓住市场短期情绪的波动，同时保证日终时头寸永远处于正确的位置。

那么除了裸做多之外，交易账户还能采取什么策略呢？

30.1.2 套利策略

由于交易账户的考核中资本利得的权重较大而利息收入的权重较小①，因此交易账户可以自由使用债券借贷或衍生品丰富自己的投资策略，特别是套利策略。

套利策略指的是利用某一些利差（如新老券利差、期现利差）必然会回归的特性，通过多空组合的方式，既能近似保持总 DVO1 为零且基本不占用资金②，隔绝了利率曲线整体变动带来的市场波动风险，即用时间换空间。

而由于 DVO1 近似为零，因此套利策略的头寸做到很大，在不影响头寸和流动性的情况下可以最大化交易收益。

套利策略并不是时刻有效，需要在有无风险利差的时候操作。例如，10 年期国开债的新老券套利机会 1 年里最多只有 6 次。

30.1.3 曲线策略

本书在介绍利率曲线的时候曾经指出，利率曲线所面临的投资者结构和主要推动因素都是不一样的。因此，当交易账户的管理者感受到市场情绪的不同变化时，就可以通过做多有利的曲线位置同时做空不利的曲线位置，在保持 DVO1 近似为零的情况下，抓住结构性的投资机会。

例如，当超长期国债和地方债供给占比明显增加，而整个债券市场整体的供给并没有明显增加的时候，就可以“做空 30 年期国债＋做多 10 年期国债”。

曲线策略并非完全对冲了风险，当决策失误或当前我们关心的议题并不被市场关注时，曲线策略可能会出现反转和亏损，导致交易策略的失败。

30.2 配置账户的策略选择

30.2.1 配置账户资金特点

债券配置账户的投资逻辑与交易账户明显不同。虽然配置账户同样会受到市

---

① 有些机构甚至不考核交易账户的利息收入部分。

② 利用债券借贷的回笼资金再买入债券，基本不占用资金。

场变动的影响，但是其考核层面对债券市场的波动并不敏感。配置账户资金来源比较稳定且成本较低，在利率低位可能存在一定的配置压力，但是很少会面临较大的止损压力，这是与交易账户最为明显的区别。由于其资金规模较大，难以对小波段造成影响，在市场情绪不利时，规模稍大一点的(100 亿元以上)配置账户的调仓动作都会导致某些品种甚至债券市场出现明显波动，导致“自己砸自己”。

换句话说，配置账户虽然不用担忧短期波动可能会击穿自己的止损线，但与交易账户感知、跟随债券市场情绪的变化不同，配置账户的调仓必须关注一些更慢的变量，做更深的研究，在信息不确定的情况下预测市场的顶部与底部，并坚定执行下去。如果说对交易账户的要求是“快”，即不论到底是不是机会，只要有盈利的机会就可以先开仓，实在不行止损就是，情绪多变且好感知，短期因素确定性大，因此开仓快，平仓也快；那么对配置账户的要求就是“稳”，即长期因素的趋势变化通常只能事后总结时才能发现，在当时当地要在市场情绪的纷纷扰扰之下，判断市场趋势行情的长期因素是什么，以及预测长期因素变动方向的难度可想而知，因此配置账户必须谋定而后动，且一旦确定后必须坚定执行。这也要求配置账户的投资必须要有一定的容错率。例如，在收益率 3.5%位置买入 10 年期国债，显然要比在 2.5%位置买入的容错率更高，因此也比交易账户更加关注性价比。

由于配置账户的投资收益来源有很大一部分来自利息收入，它很难通过债券借贷的方式对冲自己的全部头寸①，因此在熊市时，配置账户不像交易账户那样有那么多的对冲手段，甚至完全可以将 DVO1 调整为负数，在熊市里赚钱，只能在利率曲线上的不同位置调整，以降低不利影响对自身净值的冲击。

因此，配置账户虽然看似盯市压力不大，对短期市场波动也不用做出回应，甚至会拥抱、希望短期出现回调压力以实现其最大化的投放，但其实着眼于更深层次、波动更缓慢、更逆人性、更前瞻性的长期变量，且调仓成本更大，更需要做左侧交易。从这个角度看，配置账户和投资账户的投资思路是截然不同的。

30.2.2 票息策略

债券市场上有句名言“息差为王”(Carry is King)，这说明息差是债券投资者

① 因为头寸规模太大，且债券借贷不仅要支付负利率，还要支付借贷手续费。

最重要的获取收益的方式,只要息差足够大,就可以无视市场波动。若 10 年期国债的净息差能够达到 100bp,则至少可以扛住 12bp 的利率不利变动;若净息差能够达到 200～300bp,则至少可能再扛住 30bp 的市场不利变动。

票息策略的前提是要了解配置账户的资金成本。通常而言,这种资金成本包含了两个方面:一是一般性存款、资本金、央行资金等整体资金成本收益率普遍比较稳定的长期资金成本,二是通过金融市场募集的债券、存单、回购、拆借等短期、长期资金成本,这部分成本与债券市场同步变动,且波动可能更大。换句话说,第一种资金成本所测算出来的息差更加稳定合理,而第二种资金成本所测算出来的息差波动更大,也导致债券的性价比和容错率变动很大。

由于央行资金价格的变动并不剧烈,通常具有一定程度的连续性和周期性,且央行资金价格的变动代表货币政策的变动,也会影响如一般性存款综合利率的变化,因此本书比较推崇的利差是债券与央行资金价格的利差。

票息策略可忽略市场波动的影响,但其采用前提通常为利率已经到相对高位,特别是与央行资金成本利差较大且央行已经有过加息行为后,其安全垫更大。

30.2.3　骑乘策略

本书曾在 6.2.1 节中介绍了债券的骑乘效应。由于利率曲线的斜率并不一致,因此骑乘效应并不匀速,加上 5 年和 10 年这两个特殊的、具有更强流动性的利率曲线节点,导致 6 年左右、4 年左右和 7～8 年这三个节点的债券骑乘效应更大,在持有时间内获得的收益更大。

骑乘策略常用在市场缺乏多头机会,但并没有完全转向空头的市场环境下,或在利率过低、安全垫不足但配置压力较大时。

30.2.4　债券借贷增厚策略

债券借贷的融入方是债券市场的空头力量,因其不看好债券市场的后续走势,借入他人的债券先行卖出,等待价格下跌之后再买回还款。这与股票市场里的融资融券类似,融入方需要支付债券借贷手续费,但同时,由于债券本身存在利息,融入方还需要支付债券借贷卖空期间的债券利息。

对于债券借贷的融出方而言，债券借出去后，该笔债券的流动性指标效应消失，但所有权并没有转移，融出方仍然承担该笔债券的信用风险。作为该笔债券的流动性指标流失的对价，融出者会收到债券借贷手续费。

我们知道，交易账户提供了绝大部分债券借贷的融入需求，而交易账户青睐活跃的10年期、5年期国债和国开债。因此，对于配置账户而言，如果当前债券市场整体震荡颠簸或表现相对较强的时候，可以采用不断买入活跃券并融出的方式增厚收益：以10年期国开债为例，债券借贷费通常为1.2%～1.4%/年，也就是说息差将会增厚120～140bp，能够抵抗不利变动15～20bp。随着活跃券逐步过渡到非活跃券，配置账户也需要随着交易账户交易重心的转移，逐步转移到更新的债券上。

30.2.5 曲线结构调整策略

配置账户在熊市时很难赚钱，但只要没有在利率低位大量买入长久期利率债，配置账户的受损可能并不严重。但是，通过判断债券由牛转熊的核心推动力量，并以此在牛市末端到熊市转换的过程中调整利率持仓结构，我们可以在熊市中尽量守住投资收益。

通常而言，债券牛市的终结都是从资金利率的缓慢抬升开始的，这通常也会导致短期债券在熊市刚开始时风险会远大于长期债券，在熊市开端投资长期债券的风险反而较小。

第 31 章

真实案例的训练

31.1 开始案例训练之前

开始案例训练之前，我们首先要理解以下事项：

(1)你要代入你的角色：你的角色可能是一个新手交易员，也可能是整个配置盘的管理者。你目前可能没有持仓，也可能大量持仓需要止盈或者止损。你需要代入你的角色中，感受持仓和市场带给你的压力。

(2)不要打开虫洞交易：我们会使用真实世界的数据当作案例。这些案例是已经发生过的，不是凭空创造出来的，你可能经历过，也可能没有。如果你经历过，请按照我们的分析步骤分析，不要跳过分析，直接从真实世界里寻找答案。

(3)重要的是分析的过程而不是结论：由于这些都是过去的事情，我们使用过去的事件来分析，不是让大家重新做一遍交易赚很多钱，而是厘清分析的框架和思路，因此不要在乎结论是否正确，只要分析的过程对了就好。

(4)在案例中你能获得的信息有：故事背景，持仓情况，过去 6 个月的市场走势(国债期货日 K 线图及主要技术指标)，过去 3 年的主要经济数据走势，过去 1 年的央行和银行资产负债表、信贷收支表，过去 6 个月地方债和国债的发行情况，监管政策或重要讲话、文件等。

31.2 案例一：新手交易员

(1)故事背景

你是小明，一个新手交易员，机构给你的持仓限制是：

最大总规模为3亿元；最大DVO1为20万元；如果亏损超过60万元，就需要强制止损，清仓并暂停交易。

你目前买入了10年期国开债，做多5 000万元，目前已经浮亏超过10万元。

你当时的开仓逻辑是央行上个月才降了准，且A股正在走弱，应该有机会做多，但买入后就被套2.5bp。

目前市场正在炒作通货膨胀。

领导刚来你办公室，告诉你他比较看空，这个位置价格并不太好，建议你好好考虑一下当前的持仓，但并没有要求你止损。

(2)当时的国债期货市场走势

当时的国债期货市场走势见图31.1。

(3)当时的股票市场走势

当时的股票市场走势见图31.2。

(4)当时的大宗商品市场走势

当时的大宗商品市场走势见图31.3。

(5)当时的资金市场情况

当时的资金市场情况见图31.4。

(6)当时的国债供给

当时的国债供给情况见表31.1。

图 31.1　10 年期国债期货——日线

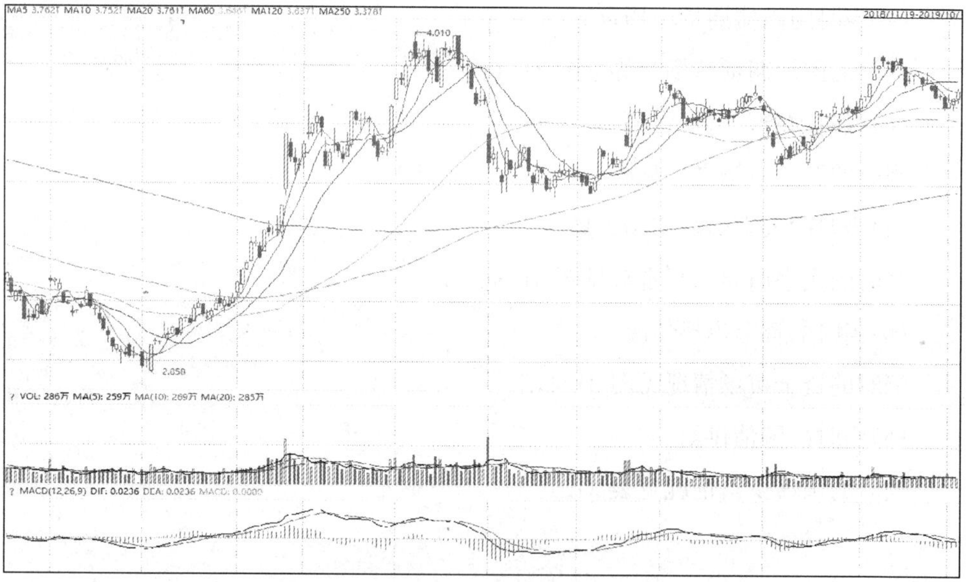

图 31.2　沪深 300 指数基金——日线

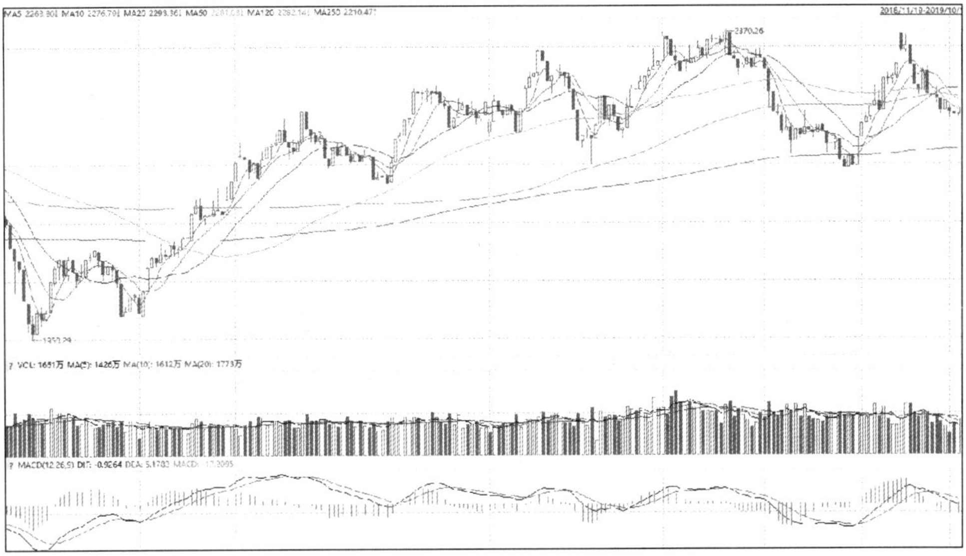

图 31.3　南华工业品指数——日线

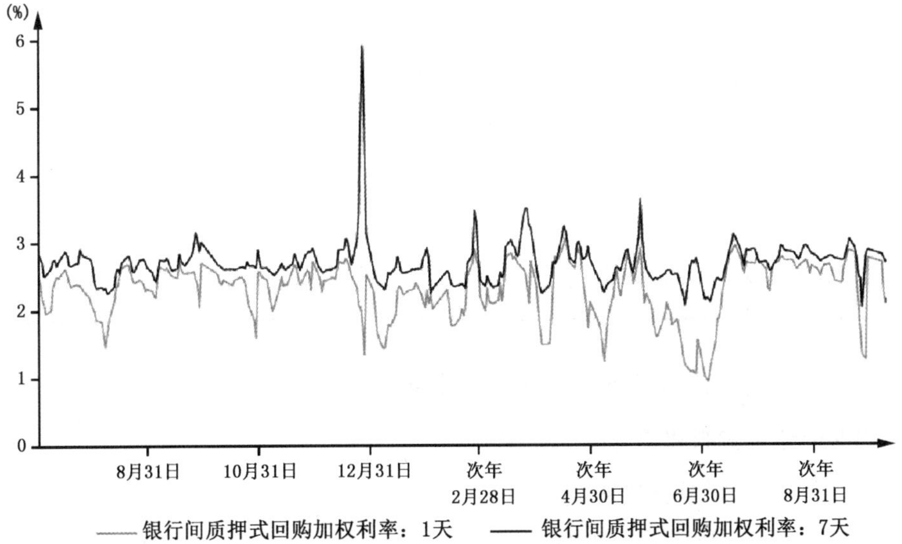

图 31.4　银行间回购利率 1 天 &7 天

表 31.1 **国债供给(周度统计)**

总发行量(亿元)	发行只数	总偿还量(亿元)	净融资额(亿元)	到期偿还量(亿元)
1 451.50	6	421.10	1 030.40	421.10
	0	100.00	−100.00	100.00
100.30	1	100.90	−0.60	100.90
1 369.80	4	366.80	1 003.00	366.80
1 304.60	4	1 250.00	54.60	1 250.00
1 207.20	4	928.20	279.00	928.20
479.50	2	100.10	379.40	100.10
962.40	3	100.10	862.30	100.10
1 276.90	4	1 350.60	−73.70	1 350.60
1 423.30	6	360.00	1 063.30	360.00
102.30	1	100.00	2.30	100.00
101.00	1	1 492.70	1 391.70	1 492.70
1 221.10	4	100.00	1 121.10	100.00
1 200.50	6	451.83	748.67	451.83
1 061.90	3	100.00	961.90	100.00
100.00	1	100.00	0.00	100.00
1 361.40	4	382.70	978.70	382.70
1 420.50	6	1 406.10	14.40	1 406.10
960.50	2	1 043.50	−83.00	1 043.50
471.30	2	100.00	371.30	100.00
981.70	3	100.00	881.70	100.00
1 294.40	4	1 330.60	−36.20	1 330.60
1 705.80	6	547.60	1 158.20	547.60
	0	100.00	−100.00	100.00
100.00	1	1 789.40	−1 689.40	1 789.40
1 596.55	6	200.00	1 396.55	200.00

(7)当时的宏观经济数据 1(通货膨胀数据)

当时的通货膨胀数据见图 31.5。

(8)当时的宏观经济数据 2(工业及固定资产投资)

当时的工业及固定资产投资情况见图 31.6。

(9)当时的宏观经济数据 3(消费)

当时的消费情况见图 31.7。

(10)当时最新一期货币政策委员会例会

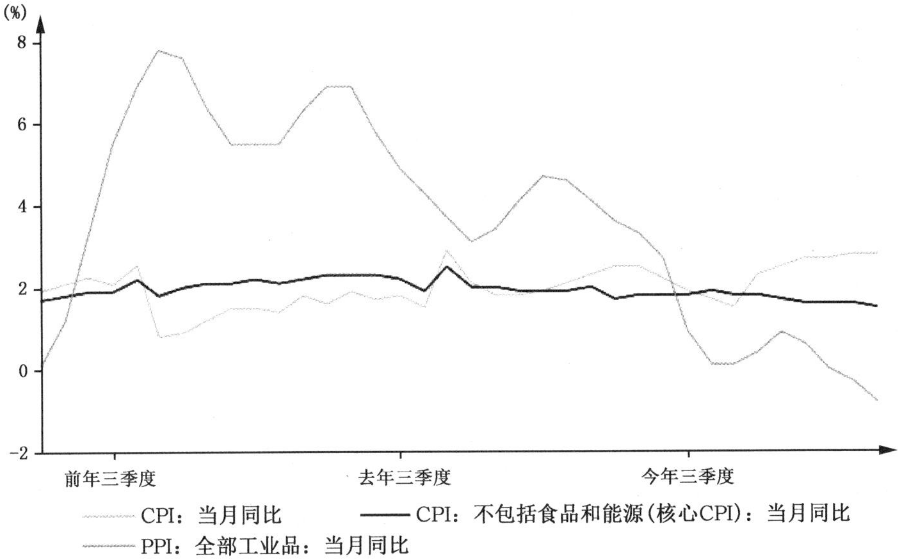

图 31.5 当时的通货膨胀数据

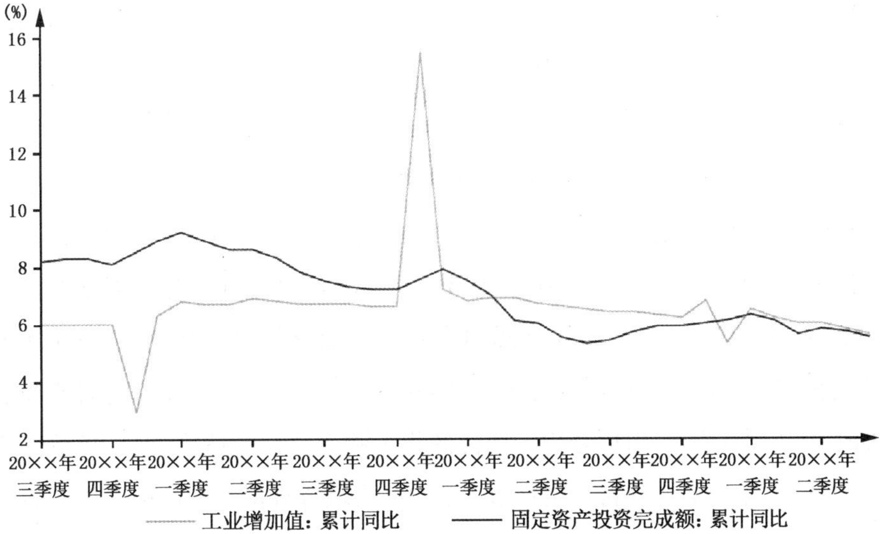

图 31.6 当时的工业及固定资产投资情况

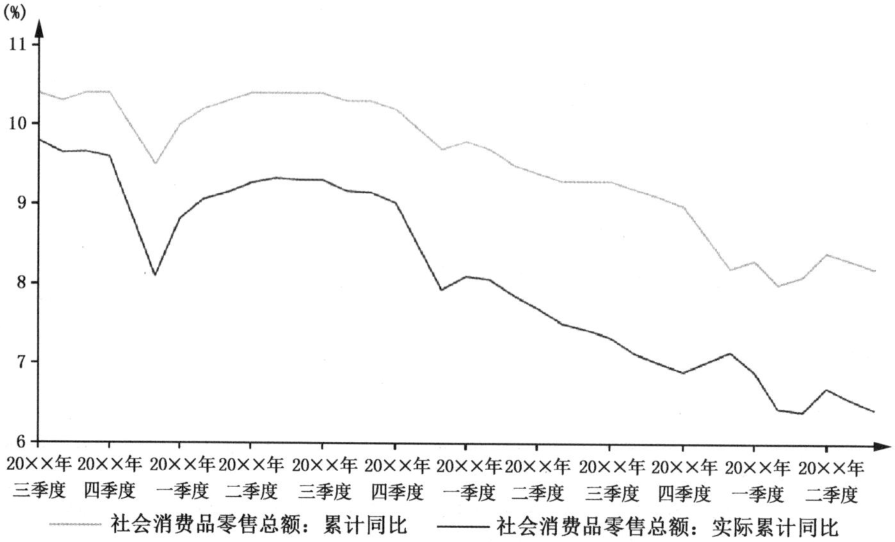

图 31.7　当时的消费情况

当时最新一期货币政策委员会例会情况如下。

会议分析了国内外经济金融形势。会议认为，当前我国主要宏观经济指标保持在合理区间，经济增长保持韧性，增长动力持续转换。人民币汇率总体稳定，双向浮动弹性提升，应对外部冲击的能力增强。稳健的货币政策体现了逆周期调节的要求，宏观杠杆率高速增长势头得到初步遏制，金融风险总体可控，金融服务实体经济的质量和效率逐步提升。国内经济金融领域的结构调整出现积极变化，但经济下行压力加大，国际经济金融形势错综复杂，外部不确定不稳定因素增多。

会议指出，要继续密切关注国际国内经济金融形势的深刻变化，增强忧患意识，保持战略定力，认真办好自己的事。创新和完善宏观调控，加大逆周期调节力度，加强宏观政策协调，形成合力。稳健的货币政策要松紧适度，把好货币供给总闸门，不搞“大水漫灌”，保持广义货币 M2 和社会融资规模增速与国内生产总值名义增速相匹配，保持物价水平总体稳定。继续深化金融体制改革，健全货币政策和宏观审慎政策双支柱调控框架，按照深化金融供给侧结构性改革的要求，优化融资结构和信贷结构，加大对推动高质量发展的支持力度，提升金融体系与供给体系和需求体系的适配性。下大力气疏通货币政策传导，坚持用市场化改革办法促进实际利率水平明显降低，引导金融机构加大对实体经济特别是小微、民营企业的支持力度，努力做到金融对民营企业的支持与民营企业对经济社会发展的贡献相适应，推动供给体系、需求体系和金融体系形成相互支持的三角框架，促进国民经济整体良性循环。进一步扩大金融高水平双向开放，提高开放条件下经济金融管理能力和防控风险能力，提高参与国际金融治理能力。

会议强调，要以习近平新时代中国特色社会主义思想为指导，认真贯彻落实党的十九大、中央经济工作会议和政府工作报告精神，继续按照党中央、国务院的决策部署，坚持稳中求进工作总基调，着力激发微观主体活力，全面做好“六稳”工作。灵活运用多种货币政策工具，保持流动性合理充裕。深化利率市场化改革，完善贷款市场报价利率形成机制，推动实际运用，保持人民币汇率在合理均衡水平上的基本稳定，促进经济持续健康发展。打好防范化解金融风险攻坚战，在推动高质量发展中防范化解风险，把握好处置风险的力度和节奏，稳定市场预期，守住不发生系统性金融风险的底线。

(11)当时上一期货币政策委员会例会(用于对比)

当时上一期货币政策委员会例会情况如下。

会议分析了国内外经济金融形势。会议认为，当前我国经济呈现健康发展，经济增长保持韧性，增长动力加快转换。人民币汇率总体稳定，应对外部冲击的能力增强。稳健的货币政策体现了逆周期调节的要求，宏观杠杆率高速增长势头得到初步遏制，金融风险防控稳妥果断推进，金融服务实体经济的质量和效率逐步提升。国内经济金融领域的结构调整出现积极变化，但仍存在一些深层次问题和突出矛盾，国际经济金融形势错综复杂，外部不确定不稳定因素增多。

会议指出，要继续密切关注国际国内经济金融形势的深刻变化，增强忧患意识，保持战略定力，创新和完善宏观调控，适时适度实施逆周期调节，加强宏观政策协调。稳健的货币政策要松紧适度，把好货币供给总闸门，不搞“大水漫灌”，保持广义货币 M2 和社会融资规模增速与国内生产总值名义增速相匹配。继续深化金融体制改革，健全货币政策和宏观审慎政策双支柱调控框架，进一步疏通货币政策传导渠道。按照深化金融供给侧结构性改革的要求，优化融资结构和信贷结构，加大对高质量发展的支持力度，提升金融体系与供给体系和需求体系的适配性。改进小微企业和“三农”金融服务，努力做到金融对民营企业的支持与民营企业对经济社会发展的贡献相适应，推动供给体系、需求体系和金融体系形成相互支持的三角框架，促进国民经济整体良性循环。进一步扩大金融高水平双向开放，提高开放条件下经济金融管理能力和防控风险能力，提高参与国际金融治理能力。

会议强调，要以习近平新时代中国特色社会主义思想为指导，认真贯彻落实党的十九大、中央经济工作会议和政府工作报告精神，继续按照党中央、国务院的决策部署，坚持稳中求进工作总基调，着力激发微观主体活力，进一步稳就业、稳金融、稳外贸、稳外资、稳投资、稳预期。综合运用多种货币政策工具，保持流动性合理充裕。深化利率市场化改革，保持人民币汇率在合理均衡水平上的基本稳定，促进经济平稳健康发展。打好防范化解金融风险攻坚战，在推动高质量发展中防范化解风险，把握好处置风险的力度和节奏，稳定市场预期，守住不发生系统性金融风险的底线。

(12)最新一期国务院常务会议(摘选)

最新一期国务院常务会议(摘选)情况如下。

会议指出，稳物价事关千家万户切身利益，事关经济社会发展大局。今年以来我国物价总体平稳，前八个月居民消费价格指数涨幅为2.4%，但猪肉等部分食品价格涨幅较大，同时近两个月来工业生产者出厂价格指数连续下降。面对当前形势，要尊重规律，更加注重运用市场办法，遏制部分食品价格过快上涨，保持工业生产者出厂价格基本稳定，保证全年物价总水平处于合理区间。一要强化生活必需品保供稳价。压实“菜篮子”市长负责制，通过取消不合理禁养限养规定、保证主产区饲料供应等，促进生猪产能加快恢复，做好进口和储备调节等工作，增加牛羊肉、鸡肉等禽肉市场供应，保障节假日等重要时段食品市场供应及价格稳定，密切关注部分关联产品价格变化，防止物价联动上涨。二要跟踪分析国际市场大宗商品价格走势，及时预警应对苗头性、倾向性问题，增强调控能力。做好冬季天然气等保供稳价工作。积极扩大有效投资，带动相关产业稳定生产经营、稳定就业。三要加强市场监管和价格监测预警。严肃查处捏造散布虚假信息、操纵价格等违法行为。四要切实保障困难群众和重点群体基本生活。各地要按照社会救助和保障标准与物价上涨挂钩联动机制，及时足额发放价格临时补贴。认真做好大中专院校、中小学等食堂肉食供应工作。

请写下您的看法。

31.3　案例二：投资主管

（1）故事背景

你是一个在债券市场上摸爬滚打10年的老交易员，现在管理某银行的配置账户，也给小交易员做辅导。

债券市场的情绪差到极点，而且市场都在传闻债券供给压力很大，经济恢复得非常好，央行政策会逐步收缩，大家心态都比较慌。

你也有点担心现在配置会不会买在半山腰，毕竟当前的利率也不能算太高，大家的心态都是等一等。

资金面很不稳定。

由于资产到期和存款自然增长，你需要配置30亿元资金，是配置长期利率债、中短期利率债，还是同业存单以规避风险？

行领导刚过来找你，他说利息收入今年压力很大，他需要你在资本利得方面想想办法。

（2）当时的国债期货市场走势

当时的国债期货市场走势见图31.8。

（3）当时的股票市场走势

当时的股票市场走势见图31.9。

（4）当时的大宗商品市场走势

当时的大宗商品市场走势见图31.10。

（5）当时的资金市场情况

当时的资金市场情况见图31.11。

（6）当时的国债供给情况

当时的国债供给情况见表31.2。

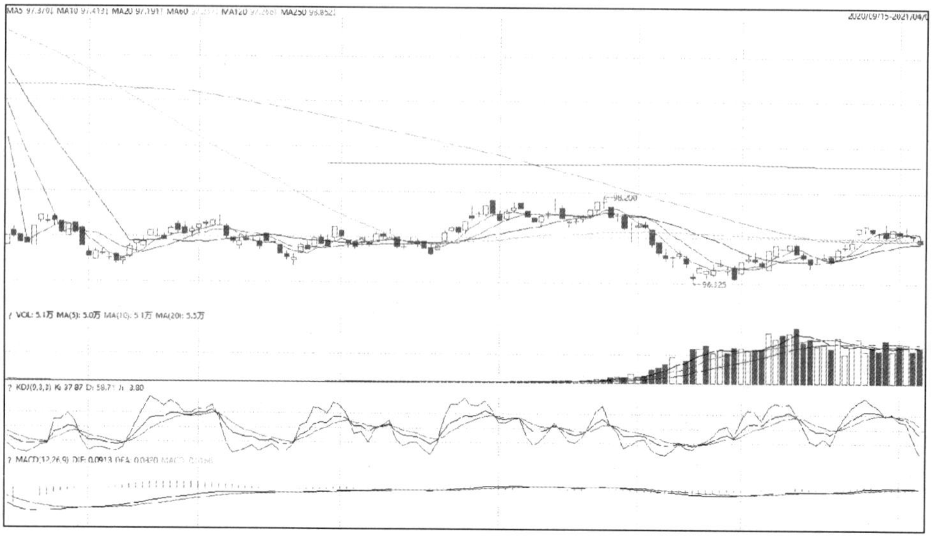

图 31.8　10 年期国债期货——日线

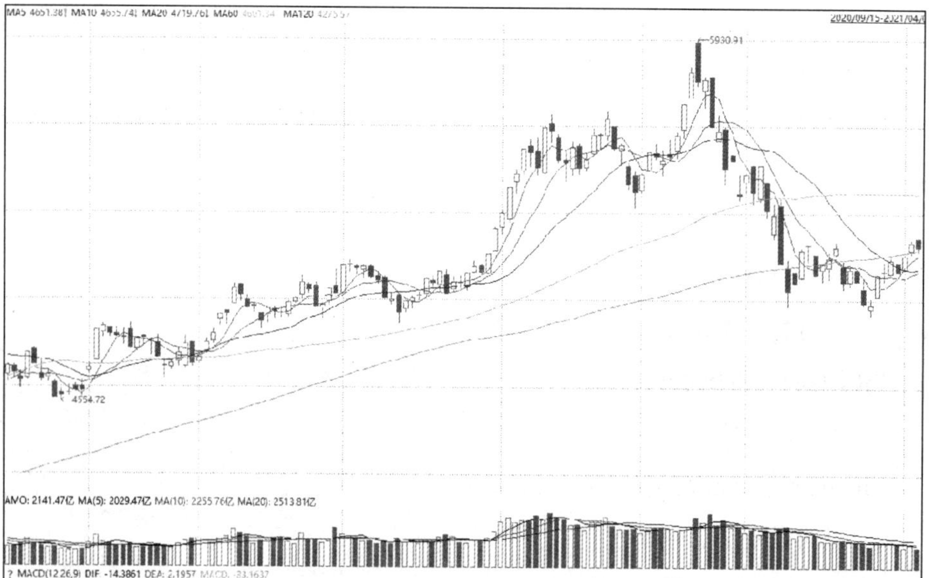

图 31.9　沪深 300 指数基金——日线

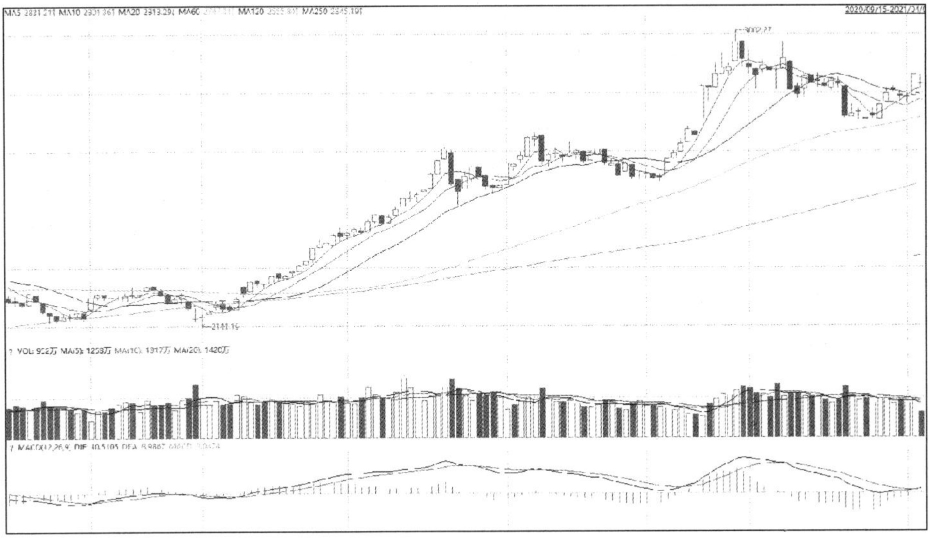

图 31.10 南华工业品指数——日线

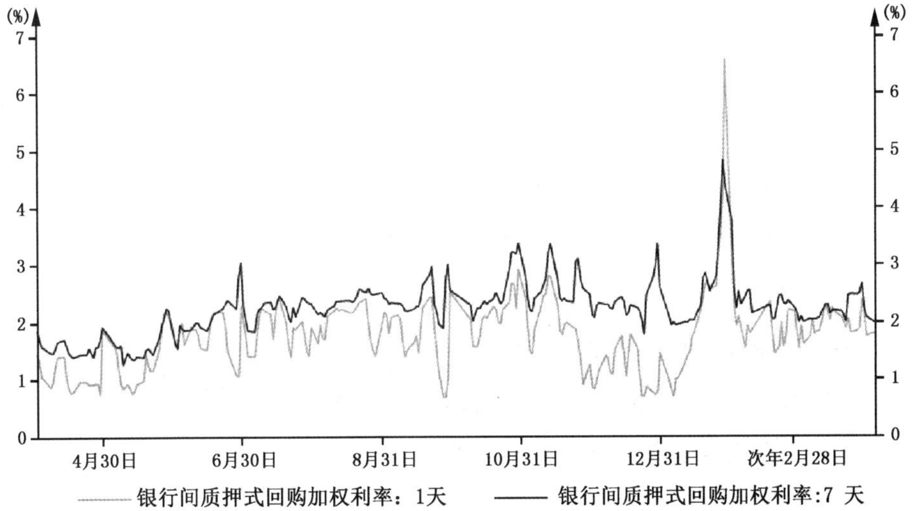

图 31.11 银行间回购利率 1 天 &7 天

表 31.2　　**当时的国债供给情况(周度统计)**

总发行量(亿元)	发行只数	总偿还量(亿元)	净融资额(亿元)	到期偿还量(亿元)
2 051.20	6	400.00	1 651.20	400.00
301.50	2	1 741.90	−1 440.40	1 741.90
500.00	2	500.50	0.50	500.50
1 400.00	4	700.10	699.90	700.10
1 500.00	5	1 109.00	391.00	1 109.00
1 540.00	4	503.30	1 036.70	503.30
1 530.00	4	600.00	929.70	600.30
200.00	1	2 124.00	−1 924.00	2 124.00
	0		0.00	
2 000.00	5	500.60	1 499.40	500.60
200.00	1	904.10	−704.10	904.10
1 550.00	3	1 223.20	326.80	1 223.20
1 990.00	4	1 760.00	230.00	1 760.00
2 000.00	4	2 531.50	−531.50	2 531.50
	0	300.60	−300.60	300.60
1 305.70	3	301.90	1 003.80	301.90
2 166.70	4	609.60	1 557.10	609.60
2 214.50	4	502.30	1 712.20	502.30
2 078.40	4	100.00	1 978.40	100.00
503.30	1	300.50	202.80	300.50
2 240.60	4	100.30	2 140.30	100.30
3 024.10	6	1 196.43	1 827.67	1 196.43
1 801.90	3	200.00	1 601.90	200.00

(7)当时的宏观经济数据 1(通货膨胀数据)

当时的通货膨胀数据见图 31.12。

(8)当时的宏观经济数据 2(工业及固定资产投资)

当时的工业及固定资产投资情况见图 31.13。

(9)当时的宏观经济数据 3(消费)

当时的消费情况见图 31.14。

(10)当时最新一期货币政策委员会例会

当时最新一期货币政策委员会例会情况如下。

会议分析了国内外经济金融形势。会议认为,今年以来坚持统筹经济社会发

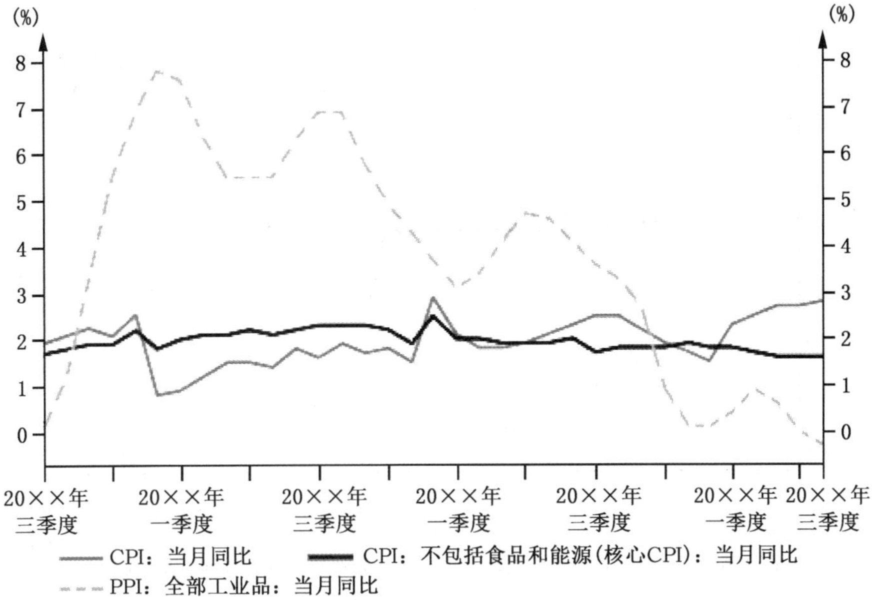

图 31.12 当时的通货膨胀数据

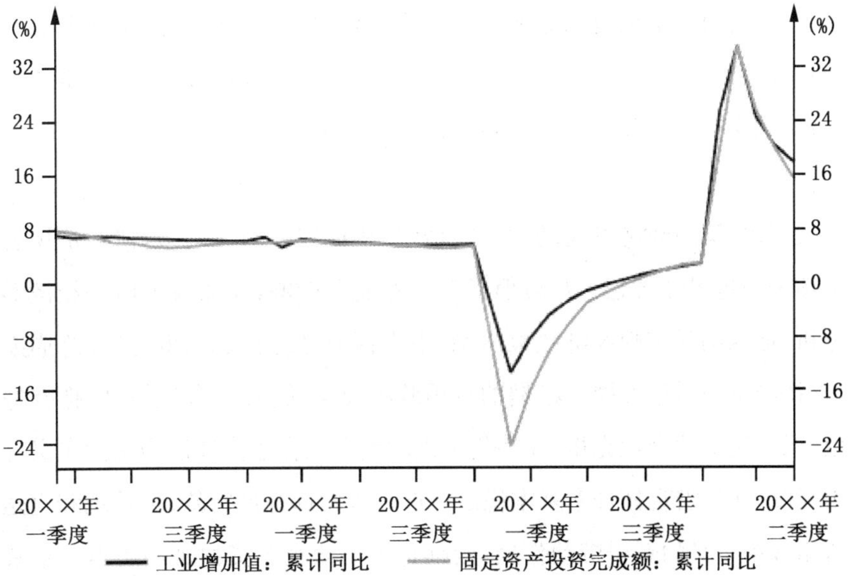

图 31.13 工业及固定资产投资情况

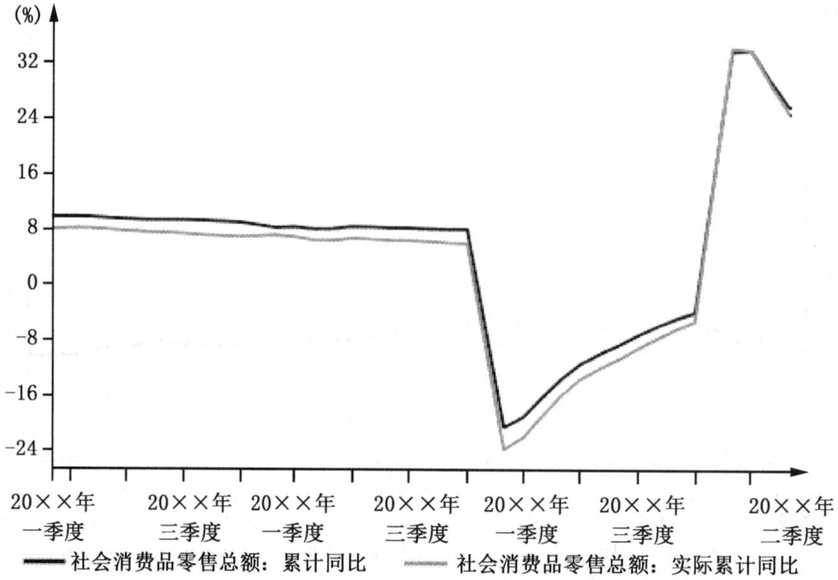

图 31.14　消费情况

展，经济运行持续恢复。稳健的货币政策保持连续性、稳定性、可持续性，预期管理科学有效，保持对经济恢复的必要支持力度，金融风险有效防控，金融服务实体经济的质量和效率逐步提升。贷款市场报价利率改革红利持续释放，货币传导效率增强，贷款利率稳中有降，人民币汇率总体稳定，双向浮动弹性增强，发挥了宏观经济稳定器功能。

会议指出，国内经济发展动力不断增强，积极因素明显增多，但经济恢复进程仍不平衡……世界经济趋于好转但形势依然复杂严峻，要加强国内外经济形势的研判分析，加强国际宏观经济政策协调，集中精力办好自己的事，搞好跨周期政策设计，支持经济高质量发展。稳健的货币政策要灵活精准、合理适度，把握好政策时度效，保持流动性合理充裕，保持货币供应量和社会融资规模增速同名义经济增速基本匹配，保持宏观杠杆率基本稳定。进一步发挥好再贷款、再贴现和直达实体经济货币政策工具的牵引带动作用，延续普惠小微企业贷款延期还本付息政策和信用贷款支持计划，加大再贷款再贴现支持普惠金融力度，引导金融机构加大对科技创新、小微企业和绿色发展等领域的支持。深化金融供给侧结构性改革，引导大银行服务重心下沉，推动中小银行聚焦主责主业，增强金融市场的活力和韧性，健全具有高度适应性、竞争力、普惠性的现代金融体系。健全市场化利率形成和传导机制，完善央行政策利率体系，继续释放改革促进降低贷款利率的潜力，优化存款利率监管，推动实际贷款利率进一步降低。深化汇率市场化改革，增强人民币汇率弹性，引导企业和金融机构坚持“风险中性”理念，加强预期管理，保持人民币汇率在合理均衡水平上的基本稳定。构建金融有效支持实体经济的体制机制，完善金融支持创新体系，围绕创新链和产业链打造资金链，形成金融、科技和产业良性循环和三角互动，引导金融机构增加制造业中长期贷款，努力做到金融对民营企业的支持与民营企业对经济社会发展的贡献相适应，支持区域协调发展，以促进实现“碳达峰”“碳中和”为目标完善绿色金融体系。推进金融高水平双向开放，提高开放条件下经济金融管理能力和防控风险能力。

会议强调，要以习近平新时代中国特色社会主义思想为指导，认真贯彻落实党的十九届五中全会、中央经济工作会议和《政府工作报告》精神，按照党中央、国务院的决策部署，坚持稳中求进工作总基调，稳字当头，立足新发展阶段，贯彻新发展理念，构建新发展格局，以推动高质量发展为主题，以深化供给侧结构性改革为主线，坚持扩大内需战略，巩固拓展经济社会发展成果，扎实做好“六稳”工作，全面落实“六保”任务，灵活精准实施货币政策，处理好恢复经济与防范风险的关系，努力保持经济运行在合理区间，以高质量发展为……开好局。

(11)当时上一期货币政策委员会例会

当时上一期货币政策委员会例会情况如下。

会议指出，当前世界经济形势依然复杂严峻，国内经济内生动力增强，但也面临不稳定不确定因素冲击，要加强经济形势的研判分析，加强国际宏观经济政策协调，集中精力办好自己的事，搞好跨周期政策设计，支持经济高质量发展。稳健的货币政策要灵活精准、合理适度，保持货币政策的连续性、稳定性、可持续性，把握好政策时度效，保持对经济恢复的必要支持力度。综合运用并创新多种货币政策工具，保持流动性合理充裕，保持货币供应量和社会融资规模增速同名义经济增速基本匹配，保持宏观杠杆率基本稳定。进一步发挥好再贷款、再贴现和直达实体经济货币政策工具的牵引带动作用，加大对科技创新、小微企业和绿色发展的金融支持,延续普惠小微企业贷款延期还本付息政策和信用贷款支持计划。深化金融供给侧结构性改革,引导大银行服务重心下沉,推动中小银行聚焦主责主业,增强金融市场的活力和韧性,健全具有高度适应性、竞争力、普惠性的现代金融体系。着力打通货币传导的多种堵点,继续释放改革促进降低贷款利率的潜力,巩固贷款实际利率水平下降成果,促进企业综合融资成本稳中有降。构建金融有效支持实体经济的体制机制,完善金融支持创新体系,围绕创新链和产业链打造资金链,形成金融、科技和产业良性循环和三角互动,引导金融机构增加制造业中长期贷款,努力做到金融对民营企业的支持与民营企业对经济社会发展的贡献相适应,以促进实现"碳达峰""碳中和"为目标完善绿色金融体系。以创新驱动、高质量供给引领和创造新需求,加快构建以国内大循环为主体、国内国际双循环相互促进的新发展格局。推进金融高水平双向开放,提高开放条件下经济金融管理能力和防控风险能力。

会议强调,要以习近平新时代中国特色社会主义思想为指导,认真贯彻落实党的十九届五中全会和中央经济工作会议精神,按照党中央、国务院的决策部署,坚持稳中求进工作总基调,稳字当头,不急转弯,立足新发展阶段,贯彻新发展理念,构建新发展格局,以推动高质量发展为主题,以深化供给侧结构性改革为主线,坚持扩大内需战略,巩固拓展经济社会发展成果,扎实做好"六稳"工作,全面落实"六保"任务,以高质量发展为……开好局。深化利率汇率市场化改革,健全市场化利率形成和传导机制,引导企业和金融机构坚持"风险中性"理念,稳定市场预期,保持人民币汇率在合理均衡水平上的基本稳定。处理好恢复经济和防范风险关系,守住不发生系统性金融风险的底线。

(12)最新一期国务院常务会议(摘选)

最新一期国务院常务会议(摘选)情况如下。

会议围绕更大激发市场主体活力、促进稳就业保民生,确定了深化"放管服"改革的具体举措。一是改善就业环境。压减准入类职业资格数量,推进社会化职业技能等级认定。支持新就业形态健康发展。推进灵活就业职业伤害保障试点,扩大工伤保险覆盖面,维护灵活就业人员合法权益。二是推进涉企审批减环节、减材料、减时限、减费用。加快商标专利注册申请全流程电子化。降低守法合规企业和低风险商品通关查验率,减并港口收费。三是支持扩大内需。清理违规设置的二手车迁入限制,合理放宽旅游民宿等市场准入。四是优化民生服务供给。推动更多涉及民生的服务事项“跨省通办”。推进养老机构发展,引入社会力量扩大能力、提高运营和服务质量。五是进一步推进公正监管。坚持放管结合,把公正监管作为简政放权的必要保障,落实部门监管责任,完善监管规则和标准,建立行政裁量权基准制度,创新和加强事中事后监管,对涉及群众生命健康和公共安全的要严格监管。通过深化改革,做到放出活力、管出公平、服出效率。

会议指出,今年在调整一些阶段性政策的同时……采取对冲措施帮助市场主体恢复元气,巩固经济恢复基础。会议确定了进一步支持小微企业、个体工商户和先进制造业的税收优惠政策。一是加大小微企业所得税优惠力度并将个体工商户纳入优惠政策范围……

请写下您的看法。

参考资料

[1]中国人民银行:《2021年第三季度金融统计数据新闻发布会文字实录》。

[2]中国人民银行:《中国人民银行货币政策委员会召开2019年第三季度例会》。

[3]中国人民银行:《中国人民银行货币政策委员会召开2019年第二季度例会》。

[4]中国国务院:《李克强主持召开国务院常务会议,部署加强市场价格监测预测预警,保持物价基本稳定保障基本民生》。

[5]中国人民银行:《中国人民银行货币政策委员会召开2020年第一季度例会》。

[6]中国人民银行:《中国人民银行货币政策委员会召开2019年第四季度例会》。

[7]中国国务院:《李克强主持召开国务院常务会议,围绕更大激发市场主体活力增强发展后劲,推出深化“放管服”改革新举措,部署推进减税降费落实和优化对小微企业和个体工商户等的减税政策》。

专业术语对照表

英文全称	英文简称	中文全称
Gross Domestic Product	GDP	国内生产总值
Macro Prudential Assessment	MPA	宏观审慎评估体系
Yield to Maturity	YTM	到期收益率
Internal Rate of Return	IRR	内部收益率
Cheapest to delivery	CTD	最便宜可交割债券
Interest Rate Swap	IRS	利率互换
Shanghai Interbank Offered Rate	Shibor	上海银行间同业拆放利率
Open Market Operations	OMO	公开市场操作
Medium-term Lending Facility	MLF	中期借贷便利
Consumer Price Index	CPI	居民消费价格指数
Producer Price Index for Industrial Products	PPI	工业生产者价格指数
Purchasing Price Index of Raw Material,Fuel and Power	PPIRM	原材料、燃料和动力购进价格指数
Loan Prime Rate	LPR	贷款市场报价利率
Pledged Supplementary Lending	PSL	抵押补充贷款
Standing Lending Facility	SLF	常备借贷便利
Liquidity Covered Ratio	LCR	流动性覆盖率
Net Stable Funding Ratio	NSFR	净稳定资金比率
Purchasing Manager's Index	PMI	采购经理人指数
Emerging Industries PMI	EPMI	中国战略性新兴产业采购经理指数
China Containerized Freight Index	CCFI	中国出口集装箱运价指数

Shanghai Containerized Freight Index	SCFI	上海出口集装箱运价指数
Baltic Dry Index	BDI	波罗的海干散货指数
TAKEN	TKN	主动性买盘
GIVEN	GVN	主动性卖盘
TRADE	TRD	协商成交